权威·前沿·原创

皮书系列为
"十二五""十三五""十四五"时期国家重点出版物出版专项规划项目

BLUE BOOK

智 库 成 果 出 版 与 传 播 平 台

中非经贸合作蓝皮书

BLUE BOOK OF CHINA-AFRICA ECONOMIC AND
TRADE COOPERATION

中非经贸合作发展报告
（2025）

**DEVELOPMENT REPORT ON CHINA-AFRICA
ECONOMIC AND TRADE COOPERATION (2025)**

主　编／凌迎兵

副主编／孙友然

社会科学文献出版社
SOCIAL SCIENCES ACADEMIC PRESS (CHINA)

图书在版编目（CIP）数据

中非经贸合作发展报告. 2025 / 凌迎兵主编.
北京：社会科学文献出版社，2025.5. --（中非经贸合
作蓝皮书）. --ISBN 978-7-5228-5360-4

Ⅰ. F125.54

中国国家版本馆 CIP 数据核字第 2025S8F841 号

中非经贸合作蓝皮书
中非经贸合作发展报告（2025）

主　　编 / 凌迎兵
副 主 编 / 孙友然

出 版 人 / 冀祥德
责任编辑 / 张炜丽　路　红
责任印制 / 岳　阳

出　　版 / 社会科学文献出版社·皮书分社（010）59367127
　　　　　　地址：北京市北三环中路甲 29 号院华龙大厦　邮编：100029
　　　　　　网址：www.ssap.com.cn
发　　行 / 社会科学文献出版社（010）59367028
印　　装 / 天津千鹤文化传播有限公司

规　　格 / 开　本：787mm×1092mm　1/16
　　　　　　印　张：24.75　字　数：370 千字
版　　次 / 2025 年 5 月第 1 版　2025 年 5 月第 1 次印刷
书　　号 / ISBN 978-7-5228-5360-4
定　　价 / 168.00 元

读者服务电话：4008918866

主要编撰者简介

凌迎兵 博士，二级教授，博士生导师，南京邮电大学中非经贸数据科学研究院院长，国家文化名家暨"四个一批"人才，人社部新世纪百千万人才工程国家级人选，享受国务院政府特殊津贴。兼任中国统计学会副会长、中国统计教育学会特殊教育分会名誉会长、俄罗斯特殊艺术学院名誉教授及东南大学、南京航空航天大学、天津财经大学等大学教授，"中非经贸合作蓝皮书"等6个系列蓝皮书主编。主持完成国家社会科学基金课题7项、国家自然科学基金课题2项、省部级课题30余项（其中重大、重点课题9项）。获省部级科研、教学奖励19项（其中一等奖4项）。

徐湘平 湖南省中非经贸合作促进研究会会长，兼任清华大学经济外交研究中心高级研究员和省委党校客座教授。历任中国（湖南）自由贸易试验区工作领导小组办公室主任、湖南省发展开放型经济领导小组办公室主任、湖南省人民政府参事及湖南省商务厅党组书记、厅长。长期致力于开放型经济的研究和实践，主导湖南开放型经济的战略定位、战略重点、战略举措等研究和实施，探索形成一系列湖南对接"一带一路"倡议国际化布局的新模式、新举措。先后获"中非经贸深度合作先行"课题专项报告一等奖、"中国产学研合作创新促进奖"、湖南省第四届湖湘智库研究"十大金策"和湖南省人民政府参事室"专项特殊贡献奖"。

摘　要

　　中国是最大的发展中国家，非洲是发展中国家最集中的大陆，中非合作为人类社会和平发展树立了典范。特别是自 2000 年中非合作论坛成立以来，中非关系实现跨越式发展，当前中非关系整体定位已经提升至新时代全天候中非命运共同体，中非合作站上新起点。作为中非合作的重要内容，中非经贸合作不断向纵深发展并保持强劲活力，取得丰硕成果。

　　《中非经贸合作蓝皮书：中非经贸合作发展报告（2025）》包括总报告、国别篇、专题篇、地方篇、附录五部分。总报告《中非经贸合作发展形势与展望（2025）》聚焦中非经贸合作总体态势，剖析了中非经贸合作发展历程、现状、挑战和对策，为政府、企业、社会机构、个人等主体提供决策参考。国别篇分别围绕中国与肯尼亚、尼日利亚、加纳、南非、埃及、马里等国家的经贸合作发展进行了系统深入的分析。专题篇涵盖了中非农业合作、新能源合作、纺织服装贸易投资、中医药合作、矿业合作、园区合作及文旅产业合作等多个领域，深入分析了各领域的合作现状、挑战与对策。地方篇以湖南省、广东省和浙江省为例，总结了这些省份与非洲经贸合作的实践与经验，提出了进一步深化合作的建议。

　　研究结果显示，中非经贸合作历经初期探索、稳步拓展、加速发展和提质增效四个阶段。目前，双方在贸易、投资、基础设施、发展合作及政策机制等方面成果丰硕。贸易规模持续扩大，商品贸易 2023 年超 2800 亿美元，服务贸易 2021 年达 418.66 亿美元，且贸易结构不断优化，贸易范围向多元化、高附加值转型；对非投资流量和存量总体上升，投资领域集中于采矿

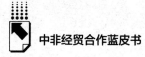

业、建筑业等；基础设施建设成果显著，在交通、电力、通讯、水利等领域开展众多项目；发展合作广泛，涵盖教育、农业、医疗卫生、绿色发展等方面；政策机制不断完善，高层合作框架、贸易投资政策、金融支持政策等为合作提供有力保障。报告首次构建中非经贸评价指标体系，计算中非经贸综合发展指数和平衡发展指数。根据最新的、系统的公开数据，中非经贸综合发展指数从 2005 年的 11.723 提升到 2021 年 69.118，经贸质量指数从 14.386 提升到 65.207，经贸活力指数从 15.363 提升到 69.281，经贸规模指数从 0.100 提高到 92.999，经贸潜力指数从 11.134 提高到 59.287。中非经贸合作平衡发展指数从 2009 年的 36.379 提升到 2021 年 54.978。

关键词： 经贸合作　非洲　中国

序

在百年未有之大变局加速演进的时代背景下,全球发展面临增长动能不足、南北差距扩大、治理体系滞后等多重挑战。中非经贸合作作为南南合作的典范、全球发展倡议的核心实践,正以其独特的战略价值和创新模式,为破解全球发展难题提供着"中非方案"。首部"中非经贸合作蓝皮书"的出版,以宏大的历史视野、严谨的学术逻辑和务实的政策导向,深刻诠释了中非经贸合作的全球意义,为构建新型国际发展合作范式提供了极具价值的理论支撑与实践指引。

一 中非经贸合作:重构全球发展逻辑的战略实践

中非经贸合作的重要性,早已超越了双边经济关系的范畴,成为重塑全球发展格局的关键力量。从历史维度看,中非关系始终以平等互利、共同发展为底色,从早期的坦赞铁路援建到如今的"一带一路"倡议与非盟《2063年议程》深度对接,双方始终在探索符合发展中国家实际的合作路径。这种合作打破了传统国际发展合作中的依附型模式,构建了以"共商共建共享"为原则的新型伙伴关系。数据显示,2024年中非商品贸易额近3000亿美元,中国连续15年稳居非洲第一大贸易伙伴国,对非直接投资存量超400亿美元。这种基于比较优势的产业互补,不仅创造了双边贸易投资的持续增长,更构建了发展中国家间优势互补、协同发展的新范式,为全球经济治理注入了公平与包容的新内涵。从全球发展失衡的现实看,非洲大陆拥有全球60%的未开垦耕地、30%的矿产资源和25%的人口红利，却面临基础设施缺口巨大、工业化进程滞后等挑战。中非经贸合作通过基础设施互联互通、产能合作园区建设和技术转移，正在帮助非洲突破发展瓶颈，加速工业化和现代化进程。这种合作本质上是对"中心—边缘"国际分工体系的重构，为广大发展中国家提供了通过互利合作实现自主发展的成功范例，也为全球减贫事业和可持续发展目标的实现作出了卓越贡献。

二 把握发展趋势：在变革中开辟合作新境界

当前，中非经贸合作正迎来历史性机遇期，呈现三大核心趋势。其一，从"资源驱动"向"创新驱动"转型，重塑产业合作新生态。随着非洲工业化进程加速，中非贸易结构从"初级产品换制成品"转向"技术+资本+服务"的全产业链融合。2023年，中国对非出口中机械及运输设备占比达38.27%，自非进口中制成品占比提升至33.88%，新能源汽车、数字支付、农业科技等领域合作蓬勃发展。中国企业在非洲建设了70%的4G网络和首个5G商用网络，这为中非在人工智能、跨境电商、绿色能源等领域的创新合作开辟了广阔空间。这种基于技术转移和能力建设的合作，正推动非洲从"资源提供者"向"价值创造者"转变，实现"发展权"的实质性提升。其二，从"项目合作"向"制度型合作"升级，构建规则对接新框架。中非合作论坛、非洲大陆自贸区与"一带一路"倡议的联动效应日益凸显，推动合作机制从单一项目实施转向系统性制度建设。截至2024年6月，中国已与52个非洲国家及非洲联盟签署"一带一路"合作谅解备忘录，与27个非洲国家实施98%税目产品零关税，并在标准互认、知识产权、绿色金融等领域建立合作机制。蓝皮书提出的"中非经贸合作综合发展指数"和"中非经贸合作平衡发展指数"，首次以量化方式评估合作成效与区域均衡性，为构建科学的合作评估体系提供了方法论创新。这种制度型合作不仅降低了交易成本，更增强了合作的可预期性和可持续性，为全球经贸规则重塑提供了"中非经验"。其三，从"经济合作"向"发展共同体"深化，拓展人类命运共同体新内涵。中非合作始终坚持"发展为了人民"的理念，将经济合作与民生改善紧密结合。这种"发展共同体"意识，正是人类命运共同体理念在中非关系中的生动实践。

三　蓝皮书的学术价值与时代意义：为全球发展贡献"中国智慧"

本蓝皮书的价值不仅在于数据的详实与分析的深入，更在于其站位的高度与视野的广度。一是学术创新，首次创建中非经贸评价体系，包括了综合发展指数、平衡发展指数、行业指数和区域指数四大模块，既全面反映中非经贸合作的进展和成效，又深度解析产业发展与区域特征，为深化中非合作、实现共同发展提供数据参考和决策依据。二是政策前瞻，破解合作瓶颈的"工具箱"。面对全球经济不确定性、非洲自贸区建设挑战和金融合作机制短板，蓝皮书提出的"深化数字丝绸之路建设""构建中非金融监管协作网络""实施本土化人才培养战略"等对策，既立足当前痛点，又着眼长远布局。三是全球视野，重塑南南合作话语体系。在逆全球化思潮抬头、多边机制效能不足的背景下，蓝皮书通过大量实证研究，驳斥了"新殖民主义"等不实论调，展现了中非合作义利相兼、以义为先的本质。

四　寄语：以蓝皮书为起点，共绘中非发展新蓝图

作为长期关注发展中国家经济增长的研究者，我深知中非经贸合作的成功，本质上是发展理念的胜利——它证明了不同文明、不同发展阶段的国家完全可以通过平等协作实现互利共赢。"中非经贸合作蓝皮书"的出版，不仅是对过往合作的总结，更是新征程的起点。期待这部著作能为政策制定者提供精准施策的依据，为企业界打开深耕非洲的视野，为学术界搭建理论创新的平台。更重要的是，希望国际社会能从中看到：中非合作不是零和博弈，而是构建新型国际关系的生动实践；不是短期利益交换，而是着眼于人

类共同未来的战略选择。在全球发展面临分化与重构的关键时刻，中非携手共进的步伐从未停歇。坚持"真实亲诚"理念，秉持"共商共建共享"原则，是中非经贸合作在高质量发展中不断迈上新台阶的有力保障，能够为推动全球发展倡议落地、构建人类命运共同体作出更大贡献。这既是时代赋予我们的使命，也是"中非经贸合作蓝皮书"的终极价值所在。

中国工程院院士

2025 年 4 月

目 录

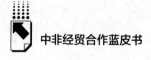
Ⅳ　地方篇

皮书数据库阅读使用指南

总 报 告

B.1

中非经贸合作发展形势与展望（2025）

中非经贸合作发展形势与展望课题组*

摘 要： 近年来，中非经贸合作持续深化，成为推动中非全面战略伙伴关系发展的重要支柱。本报告回顾了中非经贸合作发展的历史进程，从贸易关系、对外投资、基础设施、发展合作及政策机制等方面分析了中非经贸合作发展现状，构建中非经贸合作发展评价指标体系，量化中非经贸发展水平，提出现阶段中非经贸合作在中非经贸博览会发展、中国和非洲自贸区合作、中国对非洲促贸援助、中非金融合作、中非经贸合作人才发展等方面面临的挑战。同时提出构建长效交流机制，推动中非经贸合作升级；深化政治互信，共筑中非合作新基石；深化促贸援助与共建"一带一路"的融合；强化并升级中非金融合作银联体机制框架；中资企业需要针对每个国家的具体情况，制定差异化的本土化人才培养策略等对策建议。

---

* 课题组成员：凌迎兵，二级教授，博士生导师，南京邮电大学中非经贸数据科学研究院院长，研究领域为应用统计；徐湘平，湖南省中非经贸合作促进研究会会长，研究领域为中非经贸合作；杨胡方，博士，南京邮电大学中非经贸数据科学研究院讲师；张新岭，博士，南京邮电大学中非经贸数据科学研究院副教授；易莹莹，博士，南京邮电大学中非经贸数据科学研究院教授；孙友然，博士，教授，南京邮电大学中非经贸数据科学研究院副院长。

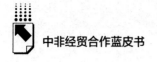
关键词： 综合发展指数 平衡发展指数 可持续发展 中非经贸

中非经贸合作是 21 世纪全球经济格局中的重要组成部分，随着全球化进程的深入和国际经济环境的变化，中非经贸合作迎来了前所未有的发展机遇和挑战。中国与非洲国家的经贸合作，历经几十年的发展，已从传统的贸易往来扩展到基础设施建设、投资、金融服务、科技创新等多个领域，成为南南合作的重要典范。特别是在"一带一路"倡议框架下，中非经贸关系迎来了加速发展期，双边贸易规模不断扩大，投资合作深度和广度显著提升。

然而，随着全球经济形势的变化和非洲各国经济发展阶段的多样化，中非经贸合作也面临着新的发展课题。如何在全球经济的不确定性中把握合作机会，优化资源配置，实现共同发展，已经成为中非经贸合作的重要议题。

一 中非经贸合作发展历程

（一）初期探索阶段（1949~1977年）

新中国成立以来，中国政府始终重视与非洲国家的友好关系，将发展与非洲国家的团结合作作为对外政策的重要组成部分，致力于巩固和发展中非友好关系。1955 年 4 月，29 个亚非国家成功召开万隆会议，通过了指导亚非团结合作的十项原则。① 在此精神指引下，中非关系迅速发展，同中国建交的非洲国家由 1956 年的 1 个增加到 1965 年的 17 个。1968~1976 年，中国帮助建设了坦赞铁路（坦桑尼亚—赞比亚铁路），这是中非友好合作的早期标志之一。② 中非关系的建立为中非经贸合作奠定了良好的政治基础，推

---

① 陈长伟、牛大勇：《中国开创亚非外交新局面的成功范例——万隆会议再探讨》，《中国高校社会科学》2018 年第 4 期。
② 沈喜彭：《中国参与坦赞铁路技术合作的历程与困境》，《历史教学问题》2018 年第 4 期。

动了双边高层互访的频繁，增强了政策协调与战略对接，为贸易投资便利化、基础设施互联互通及产业链协同发展提供了坚实保障。同时，这一稳定的政治环境提升了双方企业合作的信心，促进了多领域务实合作，深化了中非经贸关系，实现了互利共赢和共同发展。

（二）稳步拓展阶段（1978~1999年）

中国从1978年开始实行对外开放政策，将工作的重心转移到经济建设上。随着改革开放的深化，中国经济驶入发展的快车道，经济活力不断增强，对外经贸关系快速发展，经贸格局不断优化。1982年后，中国与非洲经济交往出现了一种新形式，根据非洲国家的需要，由中国一些大型企业出资或同非洲国家政府与个人联合投资建设项目、建立合资或独资企业，到1988年，同中国签订政府间贸易协定的非洲国家增加到40个[①]，1989年中国公司在非洲12个国家新开办了14家合资、独资企业，到1999年底，中非贸易关系已扩大到整个非洲，同中国签订贸易协定的非洲国家达到39个[②]。

随着中国经济的快速发展和全球化进程的加快，中非经贸关系逐渐拓展。1995年，国务院发布《关于改革援外工作有关问题的批复》，是中国对外援助政策的一次重要改革。此次改革引入了两种创新的援助方式——优惠贷款和合资合作模式，显著提升了援外资金的使用效率。优惠贷款不仅拓宽了对非援助的资金渠道，缓解了政府的财政负担，还通过市场化运作降低了非洲国家对中国的依赖程度。[③] 1997年开始，中国对非洲地区的出口由过去的以纺织品、轻工业品等劳动密集型产品为主转为以技术含量和附加值较高的机电产品为主。20世纪90年代中期，中国开始更多地参与非洲的基础设施建设和资源开发项目，中国对非洲国家的直接投资和双边贸易迅速增长。1979~1999年，中国同非洲贸易额由8.2亿美元上升至64.9亿美元，但中非贸易在中国对外贸易中的比重不高，其间，中国同非洲进出口额占中国对

---

① 同加纳签订的贸易协定于1981年失效，未计算在内。
② 李必高：《中非经贸五十年（1949~2000）》，硕士学位论文，上海师范大学，2005。
③ 宋微：《中国对非援助70年——理念与实践创新》，《国际展望》2019年第11期。

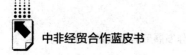

世界进出口总额的比例最高为2.1%，中国对非洲出口额占中国面向全球出口总额的比例最高为2.8%，中国自非进口额占中国自全球进口总额的比例最高为1.5%。

（三）加速发展阶段（2000～2019年）

中非合作论坛（FOCAC）的成立标志着中非关系进入新的阶段。此后，中非贸易额大幅增长，中国成为非洲最大的贸易伙伴，2000年，中非贸易额首次突破百亿美元大关，跃增到106亿美元。2000年后中国在非洲的投资也迅速增加，特别是在矿业、能源、农业和基础设施等领域。

2000～2019年，中非合作论坛成功举办七届。2006年、2015年和2018年召开的三次峰会影响尤为深远。2006年，北京峰会提出了"中非新型战略伙伴关系"，宣布了中国同非洲加强务实合作的八项举措。2015年，约翰内斯堡峰会提出了"中非全面战略合作伙伴关系"，确定了重点实施的十大合作计划，包括工业化、农业现代化、基础设施、金融、绿色发展、贸易投资便利化、减贫惠民、公共卫生、人文交流、和平安全等十大合作领域。2018年，中非合作论坛北京峰会提出了中非在产业促进、设施联通、贸易便利、绿色发展、能力建设、健康卫生、人文交流、和平安全等方面合作的"八大行动"。2019年10月，中国与毛里求斯正式签署自由贸易协定，这是中国与非洲国家的第一个自贸协定。

（四）提质增效阶段（2020年至今）

随着全球和区域形势的变化，中非经贸合作的内容和形式也在不断演进，以适应新的挑战和机遇。2021年1月，非洲大陆自贸区正式启动，成为世界贸易组织成立以来参与国最多的贸易区，覆盖13亿人口的市场，GDP总量达到2.5万亿美元。① 2021年，中非合作论坛达喀尔会议上，确定

① 《非洲自贸区来了！疫情后中非"一带一路"合作迎来新机遇》，中非合作论坛网站，2021年2月19日，http://www.focac.org/zfgx/jmhz/202102/t20210219_10121800.htm。

中非双方将实施卫生健康、减贫惠农、贸易促进、投资驱动、数字创新、绿色发展、能力建设、人文交流、和平安全九项工程，推动中非合作不断提质升级。

2024年1月，国务院批复同意《中非经贸深度合作先行区建设总体方案》。2024年9月4日至6日，中非合作论坛峰会在北京顺利举行。在世界百年未有之大变局加速演进的背景下，这次峰会成为中国面向非洲及广大发展中国家开展的重要外交举措，通过了具有鲜明时代特色的《关于共筑新时代全天候中非命运共同体的北京宣言》和《中非合作论坛—北京行动计划（2025～2027）》两份重要成果文件，将中非关系定位整体提升到新时代全天候中非命运共同体的战略高度。随着非盟《2063年议程》以及《非洲数字化转型战略（2020～2030）》的持续推进，非洲国家正着力改善电信网络，提高互联网接入率，促进数字技术与传统产业结合，产业数字化蓬勃发展为非洲经济发展带来新活力。中非在工业、农业、电信、数字经济、新基建、绿色能源、金融产业等领域势必迎来更多合作机遇。

二　中非经贸合作发展现状

（一）贸易情况

1.贸易规模

（1）商品贸易

中非商品进出口贸易额从2005年的不到400亿美元增长到2023年的超2800亿美元，展现了良好的增长势头。如表1所示，2005～2010年，贸易额增速较为迅猛，但基数相对较低，贸易增长主要来自双方经济合作的初步拓展，2008年贸易额首次超过1000亿美元。2011～2014年，贸易额增长较快，2014年达到2214.70亿美元，同比增长5.45%。2015～2019年，贸易额有一定波动，但总体保持在较高水平，显示出相对稳定的贸易关系。2020

年受到全球疫情影响有所下降，但在 2021 年和 2022 年迅速恢复，2021 年同比增长达到 33.74%，并在 2023 年达到 2817.22 亿美元。

表 1　2005~2023 年中国对非洲商品贸易额及增长率

单位：亿美元，%

年份	出口额	同比增长	进口额	同比增长	进出口额	同比增长
2005	186.03		210.62		396.65	
2006	265.85	42.90	287.71	36.60	553.56	39.56
2007	373.75	40.59	363.60	26.38	737.35	33.20
2008	510.91	36.70	559.67	53.92	1070.58	45.19
2009	476.37	-6.76	433.30	-22.58	909.67	-15.03
2010	598.10	25.55	670.66	54.78	1268.76	39.47
2011	729.21	21.92	932.34	39.02	1661.55	30.96
2012	851.37	16.75	1132.44	21.46	1983.81	19.40
2013	925.76	8.74	1174.54	3.72	2100.30	5.87
2014	1058.38	14.33	1156.31	-1.55	2214.70	5.45
2015	1083.16	2.34	702.58	-39.24	1785.74	-19.37
2016	919.91	-15.07	566.90	-19.31	1486.81	-16.74
2017	945.06	2.73	759.26	33.93	1704.32	14.63
2018	1046.83	10.77	992.81	30.76	2039.64	19.67
2019	1129.95	7.94	958.01	-3.50	2087.97	2.37
2020	1139.74	0.87	737.22	-23.05	1876.96	-10.11
2021	1451.81	27.38	1058.41	43.57	2510.23	33.74
2022	1641.75	13.08	1175.09	11.02	2816.85	12.21
2023	1724.65	5.05	1092.56	-7.02	2817.22	0.01

资料来源：联合国商品贸易统计数据库。

（2）服务贸易

中非服务贸易进出口额从 2005 年的 73.92 亿美元增长到 2021 年的 418.66 亿美元（见表 2）。2005~2015 年中非服务贸易进出口额持续增长，增长率有所下降，2016~2021 年，呈现波折向上的趋势，进出口额在 2009 年、2015 年、2016 年和 2020 年出现了负增长。2005~2021 年，中非服务贸易进出口额无论是在绝对值还是增长率上走势都大致相同，进出口相对平衡。

表 2　2005～2021 年中国对非洲服务贸易额及增长率

单位：亿美元，%

年份	出口额	同比增长	进口额	同比增长	进出口额	同比增长
2005	37.91		36.01		73.92	
2006	47.80	26.07	43.89	21.88	91.68	24.03
2007	68.96	44.28	55.50	26.47	124.47	35.75
2008	94.02	36.34	68.92	24.17	162.94	30.91
2009	88.22	-6.16	73.84	7.13	162.06	-0.54
2010	106.19	20.36	87.82	18.94	194.01	19.71
2011	125.09	17.81	108.50	23.55	233.60	20.41
2012	132.47	5.89	121.40	11.89	253.87	8.68
2013	140.96	6.41	135.93	11.97	276.90	9.07
2014	159.45	13.12	160.52	18.08	319.97	15.56
2015	153.43	-3.78	158.41	-1.31	311.84	-2.54
2016	141.54	-7.75	149.00	-5.94	290.54	-6.83
2017	159.68	12.82	165.13	10.83	324.81	11.80
2018	187.08	17.16	193.54	17.21	380.63	17.18
2019	197.02	5.31	189.38	-2.15	386.40	1.52
2020	181.43	-7.91	161.54	-14.70	342.97	-11.24
2021	221.89	22.30	196.76	21.81	418.66	22.07

资料来源：经济合作与发展组织（OECD）数据。

2. 贸易结构

（1）商品贸易

从进出口结构来看，在中非商品贸易中，2005～2010 年中非进出口贸易差较小，2011～2014 年中国自非进口额显著大于出口额，2015～2023 年中国对非洲出口额大于自非进口额，进出口差额最高超 600 亿美元。

从产品类型结构来看，如图 1 所示，2005～2023 年，中国对非洲出口额中制成品占比基本保持在 95% 以上，初级品占比不到 5%。与之相反，中国自非进口额中，虽然初级品占比呈现下降的趋势，但始终大于制成品。从进出口总额来看，初级品的占比逐年下降，制成品的占比逐年上升，2023 年初级品进出口占比 28.46%，制成品占比 71.54%。中非贸易以非洲资源输出为主，但随着非洲本地工业化进程的推进和中非产能合作的深化，非洲制造业产品开始进入中国市场。

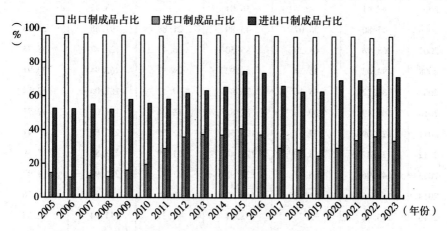

图1　2005～2023年中国对非洲商品贸易进出口制成品占比

资料来源：联合国商品贸易统计数据库。

按照《国际贸易标准分类》，2023 年中国对非洲出口的商品中，机械及运输设备最多，占比 38.27%，其次是按原料分类的制成品和杂项制品，分别占比 27.41%和 21.26%。2023 年中国自非进口的商品中，矿物燃料、润滑油及有关原料最多，占比 32.73%。非食用原料（不包括燃料）和按原料分类的制成品次之，分别占比 31.04%和 22.73%（见图 2）。

（2）服务贸易

从进出口结构来看，在中非服务贸易中，进出口贸易差额较小，2005～2013 年中国对非出口额稍大于中国自非进口额，2016～2019 年，进出口额大致相当，2020 年和 2021 年出口额略大于进口额。

从服务贸易类型来看，将服务贸易分为传统服务贸易和新兴服务贸易。新兴服务贸易占比要高于传统服务贸易，并且差异呈现上升的趋势。对比新兴服务贸易与传统服务贸易的差异，对非出口的新兴服务贸易大于自非进口的新兴服务贸易（见图 3、图 4）。

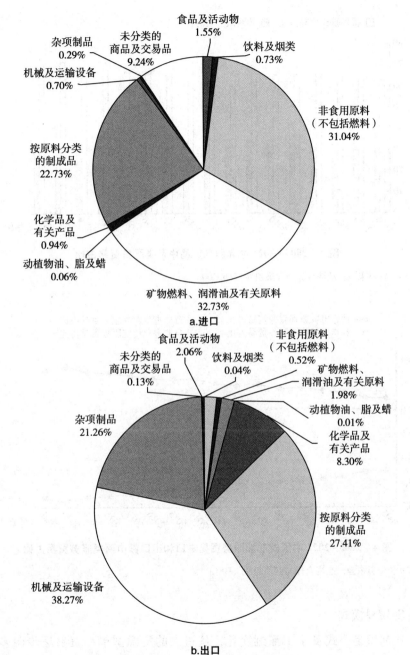

a.进口

b.出口

图2　2023年中国对非洲商品贸易类别进出口比例

资料来源：联合国商品贸易统计数据库。

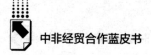
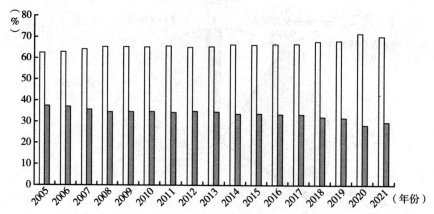

图3　2005~2021中非服务贸易中两类服务贸易占比

资料来源：经济合作与发展组织（OECD）。

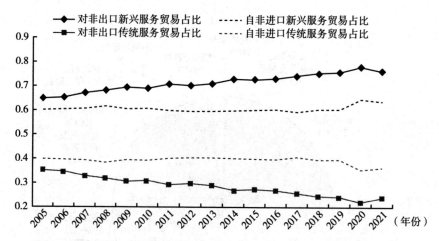

图4　2005~2021中国对非洲服务贸易进口和出口额中两类服务贸易占比

资料来源：经济合作与发展组织（OECD）。

3. 贸易模式

中非贸易模式发生了深刻变化，从过去的资源型单一贸易逐步向多元化、高附加值、技术密集型方向转型。这种变化受多种因素影响，包括非洲本地工业化进程、中国经济升级和"一带一路"倡议的推动等。

能源与矿产行业由单向输入向合作开发转型。传统能源（石油、天然气等）和矿产（铜、钴、稀土等）是非洲出口中国的核心商品。过去，这类商品占中非贸易总额的40%以上。随着合作开发的加深，中国企业不仅进口非洲资源，还参与资源开采、基础设施建设和原材料加工，帮助非洲延长产业链。受绿色转型驱动，新能源相关矿产（锂矿、钴矿等）成为新的贸易热点。

农业与食品行业从单一原料向深加工转型。非洲是农产品出口大洲，向中国提供可可、咖啡、大豆等原料。近年来，中国消费者对非洲深加工农产品（可可粉、冷冻海产品、果干等）的需求增加，非洲国家也在提升产品附加值，非洲冷链技术的发展大幅提升了易腐食品的跨境流通能力。在这一转型过程中，中国帮助非洲推广现代农业技术和灌溉设施，提升非洲农业产量的同时，也为向中国市场提供更高质量的农产品提供了保障。

制造业从成品出口向本地生产转型。过去，中国主要向非洲出口纺织品、电子产品、机械设备等制成品，但随着非洲本地制造业的兴起，这一模式正在发生深刻转变。中国企业通过在非洲设立工业园区和生产基地，就地生产纺织、电子、建筑材料等产品，不仅有效降低了物流成本，更能精准满足区域市场需求。其中，埃及、南非等国家凭借其产业优势，成功吸引了中国电动车和汽车制造企业投资建厂，有力推动了当地产业的升级。与此同时，中国通过提供农业机械、建筑机械等生产设备以及专业技术培训服务，持续助力非洲提升本地制造能力，为非洲工业化进程注入强劲动力。

数字经济与技术服务新兴行业崛起。华为、中兴等中国企业在非洲通信基础设施建设中占据重要地位，为非洲地区的互联网覆盖率提升作出了贡献。中国的支付宝、微信支付等模式在非洲逐步推广，同时，非洲本地电商平台（Jumia等）与中国企业合作，推动了跨境贸易。

贸易形式从单一传统交易向跨境电商转变。2014年，中非跨境电商平台——Kilimall成立，这是第一家进入非洲互联网和电商行业的中国公司，

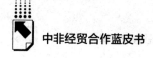

已经成为非洲消费者最喜爱的购物平台之一。电商平台带动中小企业贸易，阿里巴巴、拼多多等中国电商企业积极拓展非洲市场，同时非洲本土电商平台如 Jumia 也成为促进中非贸易的重要渠道。跨境电商绕过传统中介，使中小企业和消费者能够直接参与国际贸易。

（二）对非投资

1. 对非直接投资流量

2003~2022 年，中国对非洲直接投资流量在 2008 年最高，为 54.91 亿美元，相较于上一年增长 248.9%，为 2003 年的 73 倍、2022 年的 3 倍。2022 年中国对非洲直接投资流量 18.12 亿美元，比上年下降 63.7%，为 2003 年的 24.16 倍（见图 5）。中国对非洲直接投资流量的投资主要流向南非、尼日尔、刚果（金）、埃及、科特迪瓦、赞比亚、厄立特里亚、尼日利亚、乌干达、毛里求斯、加纳、津巴布韦等国。

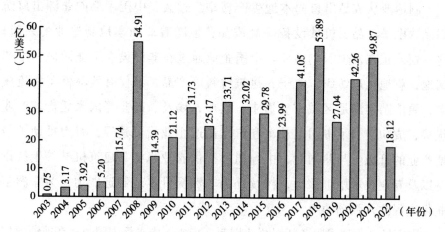

图 5　2003~2022 年中国对非洲直接投资流量

资料来源：历年《中国对外直接投资统计公报》。

2. 对非直接投资存量

2003~2022 年，中国对非洲直接投资存量整体呈现上升趋势。2022 年，中国对非洲直接投资存量 409.01 亿美元，较上年减少 32.85 亿美元，是 2003 年存量的 83.3 倍（见图 6）。中国对非洲直接投资存量的投资主要分布在南非、刚果（金）、埃塞俄比亚、尼日利亚、赞比亚、安哥拉、尼日尔、肯尼亚、阿尔及利亚、津巴布韦、毛里求斯、坦桑尼亚、埃及、莫桑比克、加纳等国。

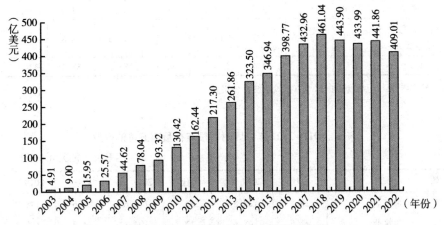

图 6　2003~2022 年中国对非洲投资存量

资料来源：历年《中国对外直接投资统计公报》。

3. 行业分析

2013~2016 年，中国对非投资存量前五位的行业分别为采矿业、建筑业、金融业、制造业、科学研究和技术服务，五个行业投资存量总额占比在 80% 以上（见表 3）。2017~2022 年，中国对非投资存量前五位的行业分别为采矿业、建筑业、金融业、制造业、租赁和商业服务业，投资存量总额占比在 85% 左右（见表 4）。

表 3　2013~2016 年中国对非投资存量前五位的行业

单位：亿美元，%

行业	2013 年		2014 年		2015 年		2016 年	
	占比	投资存量	占比	投资存量	占比	投资存量	占比	投资存量
采矿业	26.4	69.2	24.7	79.8	27.5	95.4	28.3	113.0
建筑业	26.1	68.4	24.5	79.2	27.4	95.1	26.1	104.1

续表

行业	2013 年		2014 年		2015 年		2016 年	
	占比	投资存量	占比	投资存量	占比	投资存量	占比	投资存量
行业	占比	2013 年	占比	2014 年	占比	2015 年	占比	2016 年
金融业	14	36.6	16.4	53.2	13.3	46.3	12.8	50.9
制造业	13.4	35.1	13.6	44.1	9.9	34.2	11.4	45.6
科学研究和技术服务	5.1	13.4	4.2	13.5	4.2	14.6	4.8	19.1
总计	85	222.7	83.4	269.8	82.3	285.6	83.4	332.7

资料来源：历年《中国对外直接投资统计公报》。

表4　2017~2022 年中国对非投资存量前五位的行业

单位：亿美元，%

行业	占比	2017 年	占比	2018 年	占比	2019 年
采矿业	29.8	128.8	32	147.6	30.6	135.9
建筑业	22.5	97.6	22.7	104.8	24.8	110.2
金融业	14	60.8	13	59.7	12.6	55.9
制造业	13.2	57.1	11	50.7	11.8	52.4
租赁和商业服务业	5.3	23.1	6.4	29.7	5.6	24.9
总计	84.8	367.4	85.1	392.5	85.4	379.3
行业	占比	2020 年	占比	2021 年	占比	2022 年
采矿业	34.9	151.5	37	163.4	33.3	136.2
建筑业	20.6	89.4	22.6	99.9	23.8	97.2
金融业	14.1	61.3	13.4	59.3	12.4	50.6
制造业	9.6	41.4	9.5	42	10.7	44
租赁和商业服务业	5.4	23.5	4.6	20.4	5.3	21.6
总计	84.6	367.1	87.1	385	85.5	349.6

资料来源：历年《中国对外直接投资统计公报》。

2022 年，中国对非投资存量在采矿业、建筑业、金融业、制造业及租赁和商业服务业分别为136.2 亿美元、97.2 亿美元、50.6 亿美元、44 亿美元和21.6 亿美元，占比85.5%，其中采矿业占比最高，为33.3%。

（三）基础设施

2000 年，中国成立中非合作论坛对话机制。该机制的成立推动了基础设施的建设，截至 2024 年 6 月，中国企业已在非洲各国累计参与新建和改造超过 1 万公里铁路、近 10 万公里公路、近千座桥梁、近百个港口以及大量医院和学校。[①] 2006 年，中国政府发布了第一份《中国对非洲政策文件》，提出了中国对非政策的总体原则和目标，在基础设施建设领域，"加强中非在交通、通信、水利、电力等基础设施建设领域的合作。中国政府积极支持中国企业参与非洲国家的基础设施建设，进一步扩大对非承包工程业务规模，逐步建立对非承包工程的多、双边合作机制"。

2013 年，中国提出"一带一路"倡议，基础设施发展的互联互通是"一带一路"倡议的核心议题之一。该倡议对非洲国家具有极大吸引力，根据非洲开发银行（African Development Bank，AfDB）的数据，共建"一带一路"有助于满足非洲大陆巨大的基础设施建设融资需求。从投资额度上看，倡议提出后，中国对非直接投资流量 2013 年同比增长 34%，达到 33.71 亿美元，2018 年达到 53.89 亿美元。在国际局势纷繁复杂的背景下，近几年中国对非洲的投资出现了波动。2019 年受贸易摩擦等因素的影响，中国对非直接投资流量下降至 27.04 亿美元。2020 年，在疫情冲击全球的背景下，中国对非直接投资流量不降反升，达到 42.26 亿美元。2021 年，中国对非洲直接投资流量再度上升，达到 49.87 亿美元，2022 年降至 18.12 亿美元。到 2022 年，中国对非直接投资覆盖率已达到 86.7%。

2015 年，中国发布了第二份《中国对非洲政策文件》，全面介绍了中方坚持的"真、实、亲、诚"外交理念，中非将建立和发展政治上平等互信、经济上合作共赢、文明上交流互鉴、安全上守望相助、国际事务中团结协作的全面战略合作伙伴关系。在基础设施投资领域，中国在此前的基础上进一

[①] 《共创中非合作美好未来——报告勾勒中非共建"一带一路"新成效新愿景》，中国政府网，2024 年 8 月 29 日，https://www.gov.cn/lianbo/bumen/202408/content_6971229.htm。

步提出充分发挥政策性金融作用，创新投融资合作模式。坚持市场运作为主、点面结合、注重效益的原则，鼓励和支持中国企业采取多种模式参与非洲铁路、公路、通信、电力、区域航空、港口以及水利等基础设施建设，参与项目投资、运营和管理。新时代中国对非基础设施建设投资中，市场因素正在发挥着越来越重要的作用。

2021年，中国发布《新时代的中非合作》白皮书，对深化中非基础设施建设合作提出了进一步的要求，再次强调了市场的作用。文件提出支持中国企业采取多种模式参与非洲基础设施建设、投资、运营和管理，引导企业采用BOT（建设—经营—转让）、BOO（建设—拥有—经营）、PPP（政府与社会资本合作）等多种模式，推动中非基础设施建设合作向投资建设运营一体化模式转型，促进基础设施项目可持续发展。

在一系列对非投资、与非合作政策的引导下，目前，中国对非投资中基础设施建设投资所占比重较大。据统计，目前中国央企在非开展各类基础设施项目超过1600个。[①] 2018~2022年，中国对非洲直接投资存量前两位的行业始终是采矿业和建筑业。到2020年，中国企业实施的基础设施项目已经占到非洲基础设施项目总额的31.4%。中国企业在非洲基础设施领域的投资主要集中在交通运输、电力工程、通信工程、水利建设等领域。非洲基础设施联盟（Infrastructure Consortium for Africa，ICA）的数据显示，2019~2020年，中国在非洲基础设施建设中的交通运输领域投资数额占比最大。其中，2019年中国在非洲交通运输领域投资额占总投资额的60%，2020年占55%。此前一段时间，中国对非基础设施建设投资主要集中在能源领域，2016~2018年，中国在非能源领域投资都占到基础设施建设总投资的50%左右。反映了中国对非基础设施建设的投资重点近几年正在由能源领域转向交通运输领域。这一时期，中国企业参与投资、建设的代表性基建项目有埃及斋月十日城铁路项目、赞比亚下凯富峡水电站以及科特迪瓦苏布雷水电

---

① 《中国央企赋能非洲》，新浪财经，2024年9月6日，https://finance.sina.com.cn/jjxw/2024-09-06/doc-incnewqs4838467.shtml。

站等。

1. 交通运输

早在 2009 年，肯尼亚政府就与中国路桥签署了蒙内铁路项目谅解及合作备忘录。2012 年 9 月，中非发展基金、海航航空控股有限公司和加纳共同出资在加纳成立非洲世界航空公司（AWA），目前已发展成为加纳最大航空公司。

为进一步完善肯尼亚铁路交通网建设，降低运输成本，促进贸易与投资，2015 年中非合作论坛约翰内斯堡峰会期间，中国交通建设集团与肯尼亚铁路公司签署了肯尼亚内马铁路项目框架协议，由其下属中国路桥工程有限责任公司以 EPC（设计+采购+施工）模式承建。2016 年 10 月，内马铁路一期举行开工仪式；2019 年 10 月一期开通客运；同年 12 月一期货运通车；2020 年 5 月奈瓦沙集装箱内陆港建成，成为内马铁路上重要的货运枢纽。

尼日利亚莱基港项目是第二届"一带一路"国际合作高峰论坛成果项目之一，也是中法非三方市场合作示范项目之一，由中国港湾工程有限责任公司以 BOT 模式实施，法国达飞海运集团负责运营。项目于 2020 年 6 月开工，2022 年 10 月 31 日举行竣工仪式，2023 年 4 月正式开始商业运营。

2. 电力工程

中非电力基础设施项目涵盖了多种形式，涉及发电、输配电等多个领域。

发电项目包括火电、水电、风电和太阳能发电等多种形式。如 2008 年加纳电厂项目，主要是火力发电，补充加纳水电的不足，实现电力供应的稳定。项目的建成显著提高了加纳的电力生产能力，缓解了该国长期以来的电力短缺问题，特别是工业和居民用电的需求得到了满足。其中，水电站项目是中非合作的重点之一，如由中国水电建设集团承建的埃塞俄比亚吉布 3 号水电站，是非洲最大的水电项目之一。

此外，近年来，中国企业还积极参与风能和太阳能等清洁能源项目建设。摩洛哥推动建设的全球最大塔式光热电站——努奥三期光热电站，由中国电力建设集团下属山东电建三公司以 EPC 模式承建，于 2015 年 5 月正式开工建设；2018 年 8 月 15 日首次并网；同年 10 月 20 日顺利完成可靠性运行试验。该项目采用塔式光热技术，装机总容量为 150MW，采用多项国际标准及摩洛哥当地标准，是世界上首次采用混凝土和钢结构混合式结构的光塔，也是世界上最高的光热发电集热塔。

非洲国家的电力输送网络相对薄弱，电力输送损失较大。中国企业参与了多个跨国和国内输电线路项目，如南非输电网升级项目，帮助非洲建立起更为完善的输电和配电网络。中国企业还帮助非洲国家发展本土的电力设备制造能力，提高其自给自足的能力，减少对进口设备的依赖。例如，中国与埃及合作建设的埃及国家电网变电站，不仅推动了当地的电力设备生产，还为当地创造了大量就业机会。

3. 通信工程

华为技术有限公司（以下简称"华为"）自 1998 年进入非洲市场以来，不仅不断改善和发展非洲通信基础设施，还持续完善非洲信息和通信技术（ICT）产业发展所需各类要素，为推动非洲 ICT 产业畅通发展提供硬件支撑和软件保障。

在硬件支撑方面，华为在非洲建设了大量电信和网络基础设施。其中包括 GSM 基站、CDMA 无线电话、LTE 网络、智能水表等，为非洲大陆建设了高达 70% 的 IT 主干网络，开发了约非洲 30% 的 3G 网络和 70% 的 4G 网络，并建成了非洲第一个 5G 商用网络，提供了高速、低成本、高质量的电信服务，为非洲互联网产品的使用创造了条件。此外，华为针对非洲能源供给缺口的问题打造了智能光伏数字能源解决方案，为非洲的电力供应提供有效补充，为非洲的 ICT 产业链发展打下了坚实基础。

在软件保障方面，华为在非洲以多种方式培养了高质量 ICT 人才。华为已在非洲 28 个国家的 600 余所顶尖大学及 ICT 专业院校设立华为 ICT 学院，为学生提供云计算、IP、IT、5G、AI 等方面最前沿的 ICT 技术知识培训，培养了 15 万名非洲 ICT 人才；还开展"未来种子"项目选拔培训非洲优秀青年人才，并通过当地其他人才培养及人才选拔活动，向本地 ICT 行业输送人才，从而促进各个国家 ICT 能力的进步。华为通过技术培训和知识共享填平非洲的数字鸿沟，从根本上推动了非洲 ICT 产业生产率的提高和技术升级，为促进当地产业数字化转型作出了突出贡献。

4. 水利建设

非洲大陆拥有丰富的水资源，但由于基础设施落后，水资源管理能力有限，水资源开发利用率较低，许多非洲国家在农业灌溉、饮用水供应、防洪抗旱等方面的发展存在严重不足。中非水利合作中，中国企业和政府支持了多个具有代表性的水利项目，这些项目涵盖了水库建设、灌溉工程、防洪工程和饮用水供应工程等。

中国为非洲国家提供城镇供水与污水处理方案。马拉博污水处理工程由长江设计集团设计，中水北方勘测设计研究有限责任公司监理，2018 年底完工并移交当地政府。工程日处理污水 2 万立方米，服务人口 20.5 万人，污水系统收集处理了马拉博城区 85%~90% 的污水。工程极大改善了城市卫生状况和人居生活环境，疟疾发病率由以前的 40% 下降到 8%。马拉博污水处理工程为非洲城市污水处理提供了很好的解决方案，具有示范意义。

2019 年，肯尼亚 Karimenu II 大坝供水项目开工建设，由长江设计集团承担项目管理。包括日处理能力 7 万立方米的水厂及 50 多公里长的管线。建成后供水至内罗毕及周边城镇，通过清洁用水保障环境卫生和民众健康安全，受益人口超过 100 万。几内亚苏阿皮蒂项目由中国三峡集团旗下中国水利电力对外有限公司承建，与几内亚政府以 PPP 模式共同开发。于 2016 年 4 月 1 日开工，2021 年 6 月 25 日竣工验收，是几内亚最大的水利枢纽工程，也是中几两国双边经贸合作下最大的投资项目，总装机容量 450 兆瓦，正常蓄水库容 63.17 亿立方米，年发电量 2016 百万度。

上阿特巴拉水利枢纽是苏丹第二大水电站枢纽工程（总装机容量 32 万千瓦）。工程具有灌溉、供水、发电等多种功能，为 300 万人口提供饮用水保障；农业灌溉面积达 50 万公顷，为 700 万人口解决灌溉用水；为上百万人口提供电力供应，使苏丹 1/3 人口直接受益，对促进苏丹东部经济发展、改善当地人民生活具有重大意义。于 2018 年全面投产，2019 年被印在 100

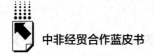

苏丹镑货币上。该项目由中国三峡集团与中国水利电力对外有限公司联合实施，南京水利科学研究院参与建设。

中国援尼日尔水坝及农田整治项目是尼日尔政府 3N（粮食自给自足）计划 1 号主轴的重要组成部分，是落实尼日尔农牧林生产国家发展战略，实现 2021 年零饥饿目标的重要举措。项目在塔瓦大区、津德尔大区、阿加德兹大区建设 9 座水坝，整治和改善 2150 公顷农田灌溉。项目的实施，减轻了洪旱灾害对当地群众的影响，大幅度提升了水资源利用效率，提高了农业产出，逐步实现粮食自给，带动了当地经济发展。

援外培训作为对外合作的重要组成部分，截至 2024 年 8 月，水利部农村电气化研究所作为援外培训机构已为 53 个非洲国家累计培养管理人员、技术专家达 2550 人次。培训内容覆盖从小水电到水利水电、水资源、可再生能源、气候变化、防灾减灾、减贫脱贫、绿色可持续发展等多领域。

（四）发展合作

1. 教育与人才培养合作

人才培养合作是中非合作的重要内容之一。近年来，在共建"一带一路"及中非合作论坛等机制引领下，中非人才培养合作蓬勃开展。随着鲁班工坊、孔子学院、"中非高校百校合作计划"等项目的实施，中国助力非洲培养更多本土专业人才，为非洲国家可持续发展增添动能。

"中非高校百校合作计划"是在"中非高校 20+20 合作计划"基础上推进实施的重要项目。中国高等教育学会 2024 年公布的名单显示，50 所高校入选"中非高校百校合作计划"中方成员高校，252 所高校被吸收为"中非大学联盟"交流机制中方成员高校。中非高校交流机制扩容增效，是中国支持非洲教育的又一重大行动。

国务院新闻办公室于 2021 年 11 月发表的《新时代的中非合作》白皮书显示，中非正加紧扩大教育和人力资源开发合作。2012 年以来，中国在联合国教科文组织设立信托基金项目，累计已在非洲国家培训 1 万余名教师。2018 年以来，中国在埃及、南非、吉布提、肯尼亚等非洲国家与当地院校共建鲁班工坊，同非洲分享中国优质职业教育资源。中国还在非洲合作设立了 61 所孔子学院和 48 个孔子课堂。①

除了政府合作办学，中资企业也在非洲开展合作办学。中国电建在建设赞比亚下凯富峡水电站期间，投资兴建了赞比亚的中国水电培训学院，截至 2023 年已为赞比亚培养了 332 名基建领域的青年，开创了中资企业在非洲办学的先河。②

2. 农业与粮食安全合作

2021 年，有约 2340 万非洲人口陷于严重的粮食不安全，另有约 3440 万非洲人口遭受中度的粮食不安全。③ 非洲可借鉴中国经验，以养活目前依赖粮食进口的十多亿人口。作为非洲科学界的代言人，非洲科学院已与多家中国科研机构和高校签署并实施了谅解备忘录，包括中国农业科学院、中国热带农业科学院、中国科学院、中国工程院和中国林业科学研究院等，中非农业科技创新合作项目不断增加，其宗旨就是实现非洲的粮食自给、粮食主权和零饥饿。

2012 年 10 月，由中国农业农村部对外经济合作中心组织实施的中国—联合国粮农组织—乌干达南南合作项目正式启动，至今已实施 3 期，在乌干达 11 个区的 26 个村开展中国狐尾小米示范种植。④

2013 年，中国援卢旺达农业技术示范中心和中国福建农林大学举办了菌草技术培训班。由于成本低、见效快，菌草技术尤其受到非洲国家青睐，已成功在中非共和国、卢旺达等国推广。菌草技术示范基地在 7 个非洲国家建立，很多非洲学员成为当地脱贫致富的带头人。⑤

---

① 《中非职业教育合作硕果累累（专家解读）》，人民网，2024 年 7 月 22 日，http://world. people. com. cn/n1/2024/0722/c1002-40282118. html。
② 《"一带一路"在地生活丨点亮》，中国一带一路网，2023 年 11 月 9 日，https://www. yidaiyilu. gov. cn/p/0EAI0GN6. html。
③ 《专家文章：中非农业合作助力非洲粮食安全》，参考消息网，2024 年 1 月 21 日。
④ 《中非农业合作，共绘非洲减贫发展蓝图》，中国政府网，2024 年 8 月 26 日，https:// www. gov. cn/yaowen/liebiao/202408/content_6970592. htm。
⑤ 《中非农业合作，共绘非洲减贫发展蓝图》，中国政府网，2024 年 8 月 26 日，https:// www. gov. cn/yaowen/liebiao/202408/content_6970592. htm。

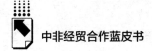

2018 年以来，中国援布基纳法索农业技术专家组在布基纳法索国家 1
号公路附近的纳柳水稻示范区推广中国水稻栽培技术，不仅让示范区的水稻
产量达到当地平均产量的两至三倍，还引种筛选出适合当地种植的 3 个优良
中国水稻品种。中国杂交水稻在 20 多个非洲国家"扎根"，推动多国水稻
产量从平均每公顷 2 吨提升到 7.5 吨；中国农业科学院向 9 个非洲国家发放
1000 多份绿色超级稻材料，累计推广面积 5.7 万公顷，产量比当地品种提
高 20% 以上；中国热带农业科学院向非洲推广"华南 5 号"木薯，产量水
平比当地品种高出 4 倍。①

中方还将建设中国—非洲热带农业海外科技中心，在非洲地区示范推广
木薯新品种新技术 50 万公顷以上；与联合国粮农机构围绕水稻价值链提升、
粮食体系可持续转型、土壤健康等实施合作项目；与联合国粮农组织合作，
在非洲国家启动"一国一品：特色农产品绿色发展全球行动"等。②

根据《中非合作 2035 年愿景》首个三年规划，中国已向非洲派出 500
余名农业专家，培训近 9000 人次农业人才。截至 2023 年底，中国已在非洲
建成 24 个农业技术示范中心，推广了玉米密植、蔬菜栽培、木薯快速繁育
等 300 多项先进农业技术，惠及 100 多万非洲小农户，有力支持了非洲农业
现代化进程。③

3. 医疗卫生与疫情防控合作

医疗卫生领域合作是中国和非洲合作的重点。中国长期致力于帮助非洲
国家改善医疗卫生条件，提升非洲国家的医疗服务保障能力，通过向非洲国
家派遣医疗队、援建疾病预防控制中心等设施、帮助非洲国家培养医疗卫生
人才等方式，推动构建中非卫生健康共同体。

1963 年，中国正式向阿尔及利亚派遣医疗队，拉开了对非医疗援助的

---

① 《中非农业合作，共绘非洲减贫发展蓝图》，中国政府网，2024 年 8 月 26 日，https：//
www. gov. cn/yaowen/liebiao/202408/content_6970592. htm。

② 《中非农业合作，共绘非洲减贫发展蓝图》，中国政府网，2024 年 8 月 26 日，https：//
www. gov. cn/yaowen/liebiao/202408/content_6970592. htm。

③ 《中非农业合作，共绘非洲减贫发展蓝图》，中国政府网，2024 年 8 月 26 日，https：//
www. gov. cn/yaowen/liebiao/202408/content_6970592. htm。

序幕。向非洲国家派遣医疗队是中非开展时间最长、涉及国家最多、成效最为显著的合作项目之一。1963~2023年，中国累计向包括非洲国家在内的76个国家和地区派遣医疗队员3万人次，累计诊治患者2.9亿人次。[①]

同时，中国帮助非洲建立更加完善的医疗体系，近年来，中国企业在马里、乌干达、喀麦隆等国开展医药投资，极大提升了非洲本地药品可及性；中国立项实施援非盟非洲疾控中心总部、布基纳法索博博·迪乌拉索医院等25个医疗卫生项目；向非洲国家提供2.4亿剂疫苗援助，实现了对有疫苗需求国家全覆盖；向非洲提供多批次药品和医疗器械，派遣援外医疗队和专家组赴非开展技术援助。[②]

为推动非洲外科手术发展进程、满足患者品质治疗需求，重庆海扶医疗科技股份有限公司（以下简称海扶医疗）将高强度聚焦超声（HIFU）技术为主体的医学教育及医疗服务引入非洲，帮助非洲实现医疗外科技术从大创到无创的历史性跨越。海扶医疗为非洲HIFU中心提供综合解决方案，涵盖治疗设备、临床技术、工程服务、人才培养、学术交流和网络支持等，多维度全方位推动外科无创技术在非洲的发展。2015年，在中国科技部的资助下，海扶医疗在南非成立第一个HIFU中心；2016年和2021年，海扶医疗又分别在埃及和尼日利亚成立HIFU中心；截至2023年6月，3个HIFU中心已累计救助近2000名患者。连续8年在科技部的资助下举办"一带一路"国家及发展中国家HIFU培训班，累计培训了26个非洲国家的149名资深临床专家；在重庆市教委资助下连续举办两届丝路培训班，培训18个非洲国家知名医院的70余名临床专家；海扶医疗重庆总部是国家卫生健康委授权的超声肿瘤治疗培训基地，在境内累计培训超过2000名国际医护人员，其中包括来自非洲的300余名临床专家。[③]

① 《施仁心仁术，见大爱真情（大使随笔）》，人民网，2023年4月6日，http://world.people.com.cn/n1/2023/0406/c1002-32658104.html。
② 《中非经贸与发展合作成果丰硕》，中国政府网，2024年8月21日，https://www.gov.cn/lianbo/bumen/202408/content_6969582.htm。
③ 中非民间商会：《中国企业投资非洲报告（2023）》，2023。

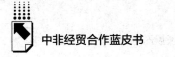

4.绿色发展与环保合作

非洲是全球受气候变化影响最明显的地区之一，推进绿色发展是非洲国家实现可持续发展的必然要求。近年来，中国与非洲国家持续深化在发展清洁能源、应对气候变化等领域的合作，为全球绿色发展作出重要贡献。中国也成功参与和助力了非洲多个绿色项目的开展和落地。

埃及 Benban 太阳能公园项目。埃及 Benban 太阳能公园是非洲最大、全球规模居前的太阳能项目之一，总装机容量约为 1.65 吉瓦。中国企业如华为和中国电建等参与了该项目的建设和技术支持，提供了太阳能组件和解决方案。项目为埃及提供了清洁能源，有助于减少埃及的碳排放，同时也提升了当地电力供应的稳定性。

肯尼亚 Lake Turkana 风力发电站项目。Lake Turkana 风力发电站是非洲最大的风力发电项目，位于肯尼亚北部，装机容量约为 310 兆瓦。该项目由中国公司提供技术和设备支持，并在建设过程中协助进行基础设施建设。为肯尼亚提供了可持续的电力资源，帮助缓解了能源短缺问题，促进了肯尼亚的绿色发展。

埃塞俄比亚植树造林项目。埃塞俄比亚的"大绿墙"项目旨在遏制可用地退化和沙漠化，通过大规模植树造林恢复生态系统。中国向埃塞俄比亚提供了技术和资金支持，帮助实施大规模的植树造林，并培训当地人员进行环境管理。该项目不仅帮助恢复了埃塞俄比亚的土地生态，也提升了当地居民的生计和防沙治沙能力。

坦赞铁路沿线环境治理。坦赞铁路是中非早期的合作成果，但随着时间的推移，沿线生态环境逐渐受到影响。近年来，中国在坦赞铁路沿线地区开展了多个环保项目，包括河流治理、湿地恢复和植被保护，以维护沿线生态系统。通过环境治理，恢复了沿线自然环境，促进了铁路周边城市的可持续发展。

安哥拉水厂项目。安哥拉面临着严重的水污染问题，影响了人民的健康和生计。中国与安哥拉合作清洁水项目，提供了污水处理设备和技术支持，帮助当地改善水环境。为安哥拉提供了清洁水源，减少了水污染，提升了当地居民的生活质量和健康状况。

南非绿色建筑项目。南非致力于推动绿色建筑和可持续城市发展，减少建筑对环境的负面影响。中国建筑公司与南非合作，采用节能环保的建筑材料和技术，建设了多个绿色建筑。这些项目降低了建筑能耗，提升了南非城市的可持续性，并为当地提供了绿色就业机会。

（五）政策机制

中非经贸合作在政策层面得到了中非双方政府和多边机构的高度重视与大力推动。这些政策支持为深化中非经贸关系、优化合作模式、拓展合作领域提供了强有力的保障，部分中非经贸合作相关政策文件如表5所示。

表5　部分中非经贸合作相关政策文件

政策文件	时间
《中华人民共和国和阿拉伯埃及共和国外交部长联合声明》	2024 年 12 月
《开放科学国际合作倡议》	2024 年 11 月
《中华人民共和国生态环境部与尼日利亚联邦共和国环境部应对气候变化南南合作的谅解备忘录》	2024 年 11 月
《中华人民共和国政府与刚果共和国政府关于共同推进"一带一路"建设的合作规划》	2024 年 9 月
《中华人民共和国国家发展和改革委员会与刚果共和国环境、可持续发展和刚果盆地部关于绿色低碳发展合作的谅解备忘录》	2024 年 9 月
《中华人民共和国国家数据局与刚果共和国邮政、电信和数字经济部关于深化数字经济合作的谅解备忘录》	2024 年 9 月
《中华人民共和国政府与尼日利亚联邦共和国政府关于共同推进"一带一路"建设的合作规划》	2024 年 9 月
《中华人民共和国国家发展和改革委员会与尼日利亚联邦共和国预算和经济计划部关于经济发展领域交流合作的谅解备忘录》	2024 年 9 月
《中华人民共和国国家发展和改革委员会与尼日利亚联邦共和国预算和经济计划部关于重点领域三年（2024~2026 年）合作计划》	2024 年 9 月
《中华人民共和国国家能源局和尼日利亚联邦共和国原子能委员会关于和平利用核能合作的谅解备忘录》	2024 年 9 月

政策文件	时间
《中华人民共和国国家发展和改革委员会与非洲联盟委员会关于共建"一带一路"合作项目和事项清单的谅解备忘录》	2024 年 9 月
《中华人民共和国政府与中非共和国政府关于共同推进"一带一路"建设的合作规划》	2024 年 9 月
《中非关于在全球发展倡议框架内深化合作的联合声明》	2024 年 9 月
《中华人民共和国和卢旺达共和国关于共同推动落实三大全球倡议的联合声明》	2024 年 9 月
《中非合作论坛—北京行动计划(2025~2027)》	2024 年 9 月
《关于共筑新时代全天候中非命运共同体的北京宣言》	2024 年 9 月
《中华人民共和国和南非共和国关于建立新时代全方位战略合作伙伴关系的联合声明》	2024 年 9 月

1. 高层合作框架

自 2000 年成立中非合作论坛以来，FOCAC 已成为推动中非合作的重要平台。历届论坛提出的行动计划，包括"北京行动计划""达喀尔行动计划"等，均为中非经贸合作制定了明确的目标与方向。并且越来越多的非洲国家积极参与高质量共建"一带一路"，形成了中非经济发展战略对接的框架，为基础设施建设和经济互联互通提供支持。到 2024 年，52 个非洲国家和非洲联盟已与中国签署了共建"一带一路"合作谅解备忘录，达成了共建"一带一路"理念、原则和目标的高度共识。在此基础上，结合非洲国家经济社会发展需求，中国陆续与多个非洲国家以及非洲联盟签署了共建"一带一路"合作规划，全面深入加强共建"一带一路"与非洲国家发展战略对接，找准重点合作领域和重点合作内容，推进中非共建"一带一路"务实合作。

2. 贸易与投资政策

一方面，中国为非洲最不发达国家出口的产品提供零关税待遇，推动非洲产品更便捷地进入中国市场；另一方面，中国与多个非洲国家签署了投资保护协议，为企业投资非洲提供法律保障。截至 2024 年 6 月，中国对原产于 27 个非洲最不发达国家的 98%税目产品实施零关税，与 34 个非洲国家签署了双边促进和保护投资协定，与 21 个非洲国家签署了避免双重征税协定。

在中非经贸规则"软联通"的支撑和保障下，2023 年中非贸易额达 2821 亿美元，连续两年刷新历史峰值；2023 年，中国对非洲直接投资存量超过 400 亿美元；2024 年中非贸易投资继续保持稳步发展态势，充分显示出中非经贸合作的强大活力和韧性。在标准互认方面，中国已与埃塞俄比亚、苏丹、摩洛哥、尼日尔、贝宁等 5 个非洲国家及非洲电工标准化委员会签署了 8 份标准化合作文件，实现了农业、能源、矿产、交通、气候变化等重点领域的标准互认和融合发展。在知识产权合作方面，中国已与 9 个非洲国家知识产权主管机构和两个非洲知识产权地区组织建立了合作机制，累计签署 25 份双边合作文件，中非知识产权领域合作不断深化。[1]

3. 金融支持政策

在金融支持方面，中国通过提供优惠贷款、出口信贷和融资支持，帮助非洲国家开展基础设施建设、能源开发和工业园区建设。通过中国进出口银行、国家开发银行等机构，支持中非贸易和投资项目，提供长期、低成本的资金来源。自 2009 年起，中国国家开发银行（以下简称国开行）已与非洲进出口银行开展七次授信合作，累计实现贷款发放 8 亿美元。2024 年 2 月，国开行完成对埃及银行 3 亿美元非洲中小企业发展专项贷款项目全额发放，支持了埃及食品加工、教育培训、汽车零配件制造等 29 个领域 9100 多家中小企业，累计发放非洲中小企业专项贷款 30 亿美元，覆盖 32 个非洲国家，直接为当地创造就业机会 27 万个，间接使 11 万农户受益。截至 2024 年 6 月，国开行已与 40 余个非洲国家建立了合作关系，累计向非洲提供融资超过 650 亿美元，重点支持了基础设施、能源资源、经贸合作园区、农业、绿色发展、中小企业、电信等领域发展。[2] 截至 2024 年 9 月，中国进出口银行对非本外币贷款余额约 4000 亿元，覆盖近 50 个国家，累计支持项目超 700 个。[3]

---

[1] 《中国-非洲国家共建"一带一路"发展报告》，中国科技网，2024 年 8 月 29 日，https://www.stdaily.com/web/gdxw/2024-08/29/content_221452.html。

[2] 《国开行：深化金融合作服务共筑高水平中非命运共同体》，国家开发银行，2024 年 9 月 4 日，https://www.cdb.com.cn/ep/202409/t20240904_11891.html。

[3] 《在合作共赢的"一带一路"上：中国进出口银行给非洲带去了什么？》，中国金融新闻网，2024 年 9 月 3 日，https://www.financialnews.com.cn/2024-09/03/content_407548.html。

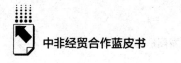

三 中非经贸合作发展评价

中非经贸合作是中非关系中重要的组成部分，近年来，在"一带一路"倡议和中非合作论坛等框架下，中非经贸合作不断深化，取得了丰硕成果。双方在基础设施建设、制造业、农业、数字经济等领域的合作蓬勃发展，为非洲经济社会发展注入了强劲动力，也为中国企业开拓海外市场提供了广阔空间。然而，随着全球经济形势的复杂化以及非洲经济结构的多样化需求的增长，中非经贸合作也面临着一些挑战，如贸易结构不平衡、投资风险、文化差异等。因此，对中非经贸发展进行科学、有效的综合评价，通过多维度数据全面反映中非经贸合作的深度、广度与可持续性，不仅有助于揭示中非经贸合作的动态变化，为政府、企业和学术界提供决策依据，还能帮助识别合作中的短板与潜力领域，推动中非共同发展目标的实现，促进国际社会更好地理解和支持中非合作关系。

（一）中非经贸评价指标体系的构建

1. 评价指标体系构建原则

综合评价指标体系构建原则主要包括相关性、全面性、代表性和动态性。[①]

（1）相关性

相关性指的是所设指标要与评价的内容相关联，避免无关指标参与评价。这是选择评价指标所必须遵循的首要原则，关系到评价的准确性。相关程度越高，则客观性越强、准确性也就越高。

（2）全面性

全面性指将全部相关的指标纳入评价指标体系，减少遗漏项。由于中非

---

① 彭张林、张爱萍、王素凤、白羽：《综合评价指标体系的设计原则与构建流程》，《科研管理》2017 年第 S1 期，第 209~215 页。

经贸发展涉及贸易、经济、投资等各方面，因此对其进行综合评价必须坚持全面性原则。

（3）代表性

由于中非经贸发展评价内容丰富，指标多，因此在制订评价指标体系时一定要选择有代表性的指标，这样的综合发展评价具有可靠性和可比性，能做到客观和公正。

（4）动态性

综合发展评价指标选取以后不是一成不变的，而要随着变化而不断变化，随着发展而不断发展。当出现新的问题需要进行评价时，需要添加新的评价指标；当原来评价的某一方面不需进行评价时，需要删除相关指标。

此外，评价指标要合理划分层次，合理确定同层次指标之间的权重。并且构建的评价指标体系必须紧扣实际，具有较强的可操作性。

2. 评价指标体系设计

在全面理解中非经贸合作发展的特征与内涵基础上，结合中非经贸发展现状，本部分选取具有代表性和科学性的指标，建立了一套较为科学合理的中非经贸合作发展评价指标体系。中非经贸合作发展评价指标体系由涵盖经贸质量、经贸活力、经贸规模和经贸潜力的4个二级指标13个三级指标构成。各二级指标含义如下。①经贸质量综合发展指数主要从新兴服务贸易占比、高技术产品占比及对外直接投资占比三个维度刻画中非经贸合作，不仅仅考虑贸易的总量，还特别关注贸易结构的现代化和多样化。新兴服务贸易和高技术产品的增加代表了中非经贸合作的升级，而对外直接投资占比则表明双方在经贸活动中资金的支持力度和可持续性。②经贸活力综合发展指数由贸易结合度、吸收外资业绩指数及对外贸易依存度三方面构成。贸易结合度反映了中非之间贸易联系的紧密程度和互补性。吸收外资业绩指数衡量了中国在吸引非洲投资方面的表现和潜力。对外贸易依存度则揭示了两者在贸易中的依存关系，通常依赖度较高的经济关系更加活跃。通过三个维度的指标评估双方经贸关系的动态性与持续性。③经贸规模综合发展指数由中非贸易规模、对外直接投资（FDI）规模、人均贸易规模及人均对外直接投资

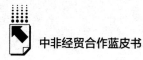

（FDI）规模构成，不仅反映了中非经贸活动的绝对规模，还考察了这些经济活动的分布情况。通过这四个维度的衡量，可以更全面地了解中非经贸关系的深度与广度，尤其是中国在非洲的经济影响力。④经贸潜力综合发展指数从数字贸易规模、贸易互补度及市场潜力三方面衡量。数字贸易规模反映了中非在数字经济领域的合作空间。贸易互补度体现了双方在传统贸易中的互相依赖与合作机会。市场潜力则展示了非洲市场未来的增长潜力。三级指标具体计算公式如表6所示。

表6 中非经贸评价指标体系

一级指标	二级指标	三级指标	计算方法
中非经贸综合发展指数	经贸规模指数	贸易规模	中非进出口贸易总额
		FDI 规模	中国对非洲直接投资流量规模
		人均贸易规模	中非进出口贸易总额与中国总人口数之比
		人均 FDI 规模	中国对非洲直接投资流量与中国总人口数之比
	经贸质量指数	服务贸易中新兴服务贸易占比	中非贸易中新兴服务贸易额与服务贸易额之比
		商品贸易中高技术产品占比	中非贸易中高技术产品贸易额与商品贸易额之比
		对外直接投资占比	中国对非洲直接投资流量与非洲直接投资总流入
	经贸潜力指数	数字贸易规模	中非数字贸易出口与中非贸易出口总额之比
		贸易互补度	计算方法①

---

① 单个商品贸易互补性指数计算公式：$TC_{ijk} = RCA_{xik} \times RCA_{mjk}$。其中，$RCA_{xik} = \dfrac{X_{ik}/X_i}{X_k/X}$，$RCA_{mjk} = \dfrac{M_{jk}/M_j}{M_k/M}$，$RCA_{xik}$表示双边贸易中的$i$国（地区）出口$k$商品的显性比较优势，$X_{ik}$和$X_i$表示$i$国（地区）$k$类商品的出口额和全部商品的出口总额，$X_k$和$X$为世界$k$类商品的出口额和全部商品的出口总额；$RCA_{mjk}$表示双边贸易中的$j$国（地区）进口$k$商品的显性比较劣势，$M_{jk}$和$M_j$表示$j$国（地区）$k$类商品的进口额和全部商品的进口总额，$M_k$和$M$为世界$k$类商品的进口额和全部商品的进口总额。

一级指标	二级指标	三级指标	计算方法
		市场潜力	以空间距离为权重将非洲国家地区国内生产总值加总
	经贸活力指数	贸易结合度	中国对非洲的出口占中国出口总额的比重，与非洲进口总额占世界进口总额的比重之比
		吸收外资业绩指数	非洲对中国直接投资流入量占世界对中国直接投资流入量的比例与中国 GDP 占全世界 GDP 的比
		对非贸易依存度	中非进出口贸易总额与中国 GDP 之比

3. 数据来源

中非经贸合作发展评价指标体系所需数据来自联合国商品贸易数据库（United Nations Comtrade Database，UN Comtrade）、世界银行、中华人民共和国海关总署等公开数据。采集内容包括中非贸易进出口额、国际贸易标准 HS 各类商品的进出口量价、对外投资及经济合作规模以及指数编制需要的其他数据或信息，具体如表 7 所示。

表 7　中非经贸指数数据采集

数据类别	行政区划	数据内容	数据频率	数据颗粒度	数据来源
商品贸易	中国	中国对外贸易	年	商品精确到 HS 编码 6 位	UN Comtrade
	非洲	非洲主要国家对外贸易	年	与中国有关的重点商品类别	UN Comtrade
服务贸易	中国	中国对外服务贸易	年	具体到各行业	OECD
	非洲	非洲及重点国家对全球的服务贸易	年	国家层面；具体到各行业	OECD
直接投资	中国	实际外商直接投资来源地是非洲的重要国家	年	国家层面	中国对外直接投资统计公报
	非洲	对外直接投资流量	年	国家层面	IMF

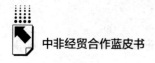

续表

数据类别	行政区划	数据内容	数据频率	数据颗粒度	数据来源
人口	中国	中国每年末的人口数	年	国家层面	OECD
	非洲	非洲每年末的人口数	年	国家层面	OECD
GDP	中国	中国每年的 GDP 值	年	国家层面	OECD
	非洲	非洲每年的 GDP 值	年	国家层面	OECD

4. 权重确定

按权重赋值方式评价方法分为两种：一种是主观评价法，如专家打分法、直接观察法等；另一种是客观评价法，有熵值法、标准差法等。由于每种方法的侧重不同，测算结果存在一定的差异，寻找和选择合适的方法是科学评价中非经贸合作发展水平的关键。本报告主要结合主观评价法中的专家打分法和客观评价法中的熵值法对指标进行赋权来综合测度中非经贸合作发展。

熵值法是根据各测度指标数据的变异程度来确定权重的方法，能尽量消除确定权重时所产生的人为干扰因素，从而保证测算结果更加具有合理性、科学性和客观性。一般来说，若某个指标的信息熵越小，表明指标值的变异程度越大，提供的信息量越多，在综合评价中所能起到的作用也越大，其权重也就越大。相反，某个指标的信息熵越大，表明指标值的变异程度越小，提供的信息量也越少，在综合评价中所起到的作用也越小，其权重也就越小。

由于评价体系涉及多项指标，且指标之间的量纲不同，因而无法直接进行计算比较。所以首先对指标数据进行无量纲化处理，以消除指标体系内量纲不一致带来的影响，处理公式如下：

$$正向指标：A_{ij} = \frac{X_{ij} - \min(X_{ij})}{\max(X_{ij}) - \min(X_{ij})} \tag{1}$$

$$负向指标：A_{ij} = \frac{\max(X_{ij}) - X_{ij}}{\max(X_{ij}) - \min(X_{ij})} \tag{2}$$

其中，X_{ij} 为原始数据，$\min(X_{ij})$ 为该指标统计值的最小值，$\max(X_{ij})$ 为该指标统计值的最大值，A_{ij} 为该指标标准化后的结果值。

熵值法综合评价模型具体步骤如下：

第1步，计算评价体系中第 j 项指标在第 i 年占该指标的比重：

$$P_{ij} = \frac{x_{ij}}{\sum\limits_{i=1}^{n} X_{ij}} \quad (i = 1,2,\cdots,n; j = 1,2,\cdots,m) \tag{3}$$

第2步，计算第 j 项指标的信息熵值：

$$e_j = -\left(\frac{1}{\ln(n)}\right) \sum_{i=1}^{n} P_{ij}\ln(P_{ij}) \tag{4}$$

第3步，计算信息熵冗余度（差异）：

$$d_j = 1 - e_j \tag{5}$$

第4步，计算第 j 项指标的权重：

$$w_j = \frac{d_j}{\sum\limits_{j=1}^{m} d_j} \quad (1 \leqslant j \leqslant m) \tag{6}$$

第5步，用综合指数法计算综合评价得分：

$$F = \sum_{j=1}^{m} w_j A_{ij} \quad (i = 1,2,\cdots,n) \tag{7}$$

（二）中非经贸综合发展指数分析

1. 中非经贸总体综合发展指数

根据上述方法，计算 2005~2021 年中非经贸综合发展指数，结果如表8所示。整体来看，2005~2021 年综合发展指数从 11.723 上升到 69.118，提高了 57.395。分阶段看，2005~2008 年，综合发展指数从 11.723 快速增长到 58.148，整体呈现稳步上升趋势。这一时期是中非经贸合作的加速发展阶段，表明 2006 年中非合作论坛北京峰会隆重举行对中非经贸合作起到了重要推动作用；2009 年开始，中非经贸综合发展指数有所回落，主要受国际金融危机影响，中国对非洲直接投资额大幅下降，导致经贸规模有所下降。为此，中国应非洲国家的需要，积极采取措施促进中非贸易和投资合作，扩大对非援助和融资规模，共同应对金融危机，2010 年和 2011 年中非经贸综合发展指数上升到 49.620 和 53.394；2012 年受中国对非融资覆盖率下降的影响，综合发展指数有所下降，但在 2013 年又迅速回升，2013～2017 年综合发展指数一直维持在 60 左右，中非经贸合作发展维持在较高的稳定水平；2018 年，中非合作论坛北京峰会的召开，及"一带一路"倡议在非洲的深入推进，为中非经贸合作注入了新的动力，综合发展指数在2020 年达到 71.315，表明峰会提出的"八大行动"等举措对中非经贸合作产生了积极影响。

表 8   2005～2021 年中非经贸综合发展指数

年份	2005	2006	2007	2008	2009	2010	2011	2012	2013
综合发展指数	11.723	18.429	35.110	58.148	44.233	49.620	53.394	48.525	55.117
年份	2014	2015	2016	2017	2018	2019	2020	2021	
综合发展指数	58.909	58.804	56.486	63.260	72.241	59.252	71.315	69.118	

2. 分维度中非经贸综合发展指数

根据中非经贸合作发展的构成，本部分对四个维度的子指数进行分析，子指数计算结果如表 9 所示。2005～2021 年，经贸质量、经贸活力、经贸规模和经贸潜力综合发展指数均有所提升，经贸质量综合发展指数从 14.386提升到 65.207，提高了 50.821；经贸活力综合发展指数从 15.363 提升到69.281，提高了 53.918；经贸规模综合发展指数从 0.100 提高到 92.999，提升了 92.899；经贸潜力综合发展指数从 11.134 提高到 59.287，提高了48.153，经贸规模综合发展指数的提升幅度最大，经贸规模综合发展指数也是体现中非经贸发展最直接的指数，说明中非在商品贸易、服务贸易及对外直接投资的规模上都有了较大的提升。在 2006 年中非合作论坛北京峰会的推动下，2008 年四个维度的指标都有较大的提升，指标均达到阶段最高点。随后受全球经济波动（2008 年国际金融危机的后续影响）以及部分非洲国家内部经济结构调整的影响，到 2015 年除经贸活力综合发展指数外，其余指数均有所下降。2015 年中非合作论坛峰会的举办对中非经贸合作发展的积极作用使中非经贸合作发展各维度的指数有所提升，2018 年除经贸潜力综合发展指数外，其余指数均又达到阶段高点，之后中非经贸合作发展各维度指数均较为稳定。

表 9   2005~2021 年分维度中非经贸综合发展指数

年份	经贸质量综合发展指数	经贸活力综合发展指数	经贸规模综合发展指数	经贸潜力综合发展指数
2005	14.386	15.363	0.100	11.134
2006	18.140	26.571	4.801	17.182
2007	28.984	30.366	20.109	57.154
2008	57.302	40.199	68.291	74.617
2009	34.376	37.681	22.636	76.882
2010	33.376	44.656	37.219	82.512
2011	36.399	52.382	56.535	73.116
2012	20.768	60.141	56.246	63.26
2013	32.340	60.231	67.501	68.884
2014	38.459	61.597	68.575	74.424
2015	49.440	59.286	57.552	70.215
2016	54.104	52.532	45.251	70.830
2017	64.068	60.899	67.256	62.726
2018	74.523	65.701	87.655	68.102
2019	50.982	58.679	61.348	68.606
2020	86.547	67.228	71.732	57.691
2021	65.207	69.281	92.999	59.287

（三）中非经贸平衡发展指数分析

1. 中非经贸总体平衡发展指数

中非经贸平衡发展指数是对中非经贸合作发展整体水平、发展平衡性充分性的一种综合度量，需要分别对综合发展水平和发展平衡程度进行量化。具体计算方法参见《清华大学中国平衡发展指数报告》[①]。其中，平衡发展指数是将综合发展指数进行平衡调整后得到[②]。本部分对中国与非洲不同区域经贸合作的综合发展以及经贸质量、经贸活力、经贸规模、经贸潜力的平衡发展指数进行计算，如表10所示。2009年以来，中非经贸合作保持较快发展，平衡发展指数总体呈上升趋势。2021年中非经贸综合发展平衡发展指数为54.978，比2009年上升18.599，提升幅度较为明显。

表10 2009~2021年中非经贸平衡发展指数

年份	2009	2010	2011	2012	2013	2014	2015
平衡发展指数	36.379	40.375	42.713	38.484	43.917	44.943	47.773
年份	2016	2017	2018	2019	2020	2021	
平衡发展指数	42.052	51.611	58.061	47.489	57.239	54.978	

2. 分维度中非经贸平衡发展指数

分维度看，经贸质量、经贸活力和经贸规模的平衡发展指数均有一定程度的提升。如表11所示，2009~2021年，中非经贸质量平衡发展指数由25.308上升至47.298，年均增长率达5.34%；中非经贸活力平衡发展指数由16.119上升至24.557，年均增长率为3.57%；中非经贸规模平衡发展指数由20.432上升至74.215，年均增长率为11.34%，增幅最大，说明中非经贸规模不仅大幅提升，而且地区间的关注差异在缩小。经贸潜力的平衡发展指数有所下降，从2009年的59.101下降到2021年的46.181，下降幅度较小。

---

① 许宪春、白重恩、刘涛雄主编《清华大学中国平衡发展指数报告》，清华大学出版社，2021。
② 平衡发展指数=综合发展指数*不平衡调整系数。

表11　2009~2021 年分维度中非经贸平衡发展指数

年份	经贸质量 平衡发展指数	经贸活力 平衡发展指数	经贸规模 平衡发展指数	经贸潜力 平衡发展指数
2009	25.308	16.119	20.432	59.101
2010	24.727	16.964	32.479	63.768
2011	26.953	19.454	47.462	54.619
2012	15.234	22.071	46.507	46.849
2013	23.717	22.463	56.147	51.676
2014	29.341	24.052	56.638	56.060
2015	36.933	22.993	48.294	54.265
2016	40.279	20.941	37.528	55.212
2017	46.708	23.393	55.495	48.874
2018	55.061	25.242	70.508	53.505
2019	36.256	24.294	49.931	53.054
2020	61.583	24.064	59.460	44.150
2021	47.298	24.557	74.215	46.181

注：由于数据的可获得性，本指数计算年限为 2009~2021 年。下同。

（1）经贸质量

由表9、表 11 可知，2009~2021 年，中非经贸质量综合发展指数为 20.768~86.547，中非经贸质量平衡发展指数总体呈现上升的趋势，区域之间经贸质量不平衡程度有所下降。2012 年经贸质量平衡发展指数最低为 15.234，2013 年有所回升，2013~2018 年，保持上升趋势，2019~2021 年，波动较大。

（2）经贸活力

由表9、表 11 可知，2009~2021 年，中非经贸活力综合发展指数为 37.681~69.281，2009~2014 年中非经贸活力平衡发展指数呈现上升趋势，区域之间经贸活力不平衡程度有所下降。2015 年经贸活力平衡发展指数有所下降，2021 年达到 24.557，相比于 2009 年上升了 8.438。

（3）经贸规模

由表9、表 11 可知，2009~2021 年，中非经贸规模综合发展指数为

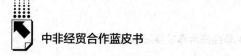
22.636~92.999，2009~2014，中非经贸规模平衡发展指数呈现上升趋势。2015 年和 2016 年中非经贸规模平衡发展指数有所下降，2017~2021 年波动性较大，2021 年达到 74.215，区域之间经贸规模不平衡程度有所下降。

（4）经贸潜力

由表 9、表 11 可知，2009~2021 年，中非经贸潜力综合发展指数为 57.691~82.512，2009~2021 年，中非经贸潜力平衡发展指数总体呈现下降趋势，对比 2009 年，2021 年区域之间经贸潜力不平衡程度有所上升。

四　中非经贸合作发展面临的挑战

（一）中非经贸博览会发展面临的挑战

第一，中非经贸博览会的运作机制需完善。一是受地理位置等条件限制，中非经贸博览会在汇聚全国对非经贸合作资源上的效能有待提升，而诸如浙江、广东等省份，凭借专项政策与经贸论坛等条件，持续深化对非经贸合作，稳固了合作根基；二是相较于拥有专门进口博览机构的中国国际进口博览会，第三届中非经贸博览会虽然已经构建起"会前有对接、会中有服务、会后有回访"的常态化服务机制，但缺乏一个高效的市场化运营团队，这导致在筹备及执行阶段，可能出现组织结构职能重叠、权责界定模糊以及信息传递不畅等问题。

第二，中非经贸博览会内容丰富性待提升。一方面，"经贸+"理念在博览会的展览、会议及论坛等环节的渗透不够，仍旧偏重于贸易、投资、基础设施合作等传统经贸议题。尽管第三届中非经贸博览会成功签约了 120 个项目，总金额高达 103 亿美元，并推介了 99 个对接合作项目，涉及金额 87 亿美元，但在内容架构上，仍有广阔的拓展空间未被充分利用，特别是在人文互动、数字经济、绿色生态等前沿领域。另一方面，闭会期间的相关活动与博览会的联动不足，难以持续增强博览会的关注度和品牌影响力。此外，尽管博览会为品牌搭建了直面消费者的平台，但由于市场供需不匹配以及消费者对展品认知的局限性，使得将"展品转化为热销商品，展商升级为投资主体"的愿景面临挑战。

第三，中非经贸博览会会务设施和服务需优化。就软件设施而言，博览会的国际影响力尚显不足，主要体现在非洲参展商与采购商的参与度不高，以及在全球，尤其是非洲地区的知名度有待增强。至于硬件设施，尽管第三届中非经贸博览会的展览面积有所增加，达到 10 万平方米，但相较于其他如中国—东盟、中国—阿拉伯国家等成熟的双边或区域性经贸博览会，中非经贸博览会起步较晚，面临会展规模小、周边配套设施不够完备、整体环境待优化等挑战。

（二）中国和非洲自贸区合作的挑战

第一，非洲自贸区发展面临政治动力不足与短期利益纠葛等挑战。自贸区建设的初期，非洲国家面临着政治动力不足的挑战，这主要体现在部分国家领导人及利益集团对于自贸区建设的长期利益与短期经济利益之间的权衡上。由于长期依赖区内贸易关税作为财政收入的重要来源，一些国家在面对自贸区带来的关税减免时显得犹豫不决。特别是那些财政收入高度依赖区内贸易关税的国家，如乍得、刚果民主共和国等，自贸区关税减免的全面实施将对其财政收入造成显著影响。此外，部分国家为保护国内幼稚产业，仍坚持实施进口替代政策，这与自贸区倡导的开放市场、促进区域贸易自由化的目标相悖。同时，非关税壁垒的存在，如复杂的边境程序、信息不透明等，也进一步削弱了自贸区建设的政治动力。

第二，非洲自贸区发展面临经济结构不平衡与基础设施不完善问题。非洲国家的经济结构普遍单一，对外部市场依赖度高，这主要源于历史遗留以及发展战略的局限性。资源密集型经济导致出口产品单一，区内贸易活跃度低，国家间经济互补性不强。基础设施的不完善成为制约自贸区建设的关键因素。交通、通信等基础设施的不完善不仅影响了区域内的物流效率，还限制了产业链的构建和制造业的发展。高昂的基础设施建设成本更是加剧了这一挑战，使得自贸区建设在初期就面临着重重困难。

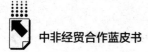

第三，非洲自贸区发展面临资金不足与融资困境。非洲国家长期面临发展资金不足的问题，疫情的暴发和全球经济复苏缓慢更是加剧了这一困境。高债务负担和低经济增长率使许多非洲国家难以承担自贸区建设所需的巨额资金。在资金短缺的背景下，如何吸引外部投资、优化资源配置成为自贸区建设的关键。然而，非洲国家的融资成本高昂，且外部投资者对非洲市场的了解不足，导致融资难度较大，这进一步限制了自贸区建设的进度和规模。

（三）中国对非洲促贸援助的挑战

中国对非洲的促贸援助虽已取得积极成果，但仍面临一些亟待解决的问题。第一，促贸援助的体制机制尚不完善。中国通过形式多样、内容丰富的促贸援助实践，有效提升了非洲的整合贸易便利化和贸易发展能力，但促贸援助作为一种重要的援助方式，尚未建立起完善的制度框架和政策指导，难以充分发挥其潜力。随着贸易与环境保护、可持续发展、产业链供应链稳定及价值链整合紧密联系的日益凸显，中国需进一步完善促贸援助的体制机制，以提升其综合效益。

第二，促贸援助与对非战略的结合尚需深化。为了提升援外的综合效益，须将援外纳入中国对外战略的整体框架，确保其与"一带一路"倡议等战略协同推进。在促贸援助实践中，应强化其战略性和政策导向作用，通过改善非洲国家的贸易条件、增强其贸易发展能力，为共建"一带一路"国家间的贸易畅通奠定坚实基础，促进中非标准互认，推动中非产业链、供应链的深度融合，并为非洲国家实现2030年可持续发展目标贡献中国智慧。面对单边主义、贸易保护主义的抬头以及疫情的持续影响，非洲对外部发展资金的需求急剧增加。单纯依赖中国增加促贸援助的资金与规模并非长远之计，因此，需要更加高效地协调资源，高质量地落实对外援助举措。

（四）中非金融合作面临的挑战

中非金融合作的机制构建与发展，尽管已初步显露其战略意义与合作潜力，但仍处于初期阶段，面临着一系列复杂且多维度的挑战，这些挑战不仅考验着中非金融合作框架的稳固性与系统性，更对合作内容的深度挖掘、合作范围的广泛拓展，以及双方间的相互理解与信任构建提出了更高要求。

第一，中非金融合作机制的体系化与规范化水平需提升。中非金融合作银联体等多边金融合作平台已初步搭建，但其制度设计与组织架构的完善进程依然滞后，导致其实质性的运作效能未能充分释放。同时，双边层面的金融合作，如货币互换协议、合作谅解备忘录等，虽为中非金融合作提供了重要的制度性支撑，但其缺乏必要的法律强制力与执行力，导致合作的实际成效受限。此外，由非官方组织主导的合作论坛与会议，虽为双方提供了交流与对话的平台，但因缺乏官方的持续支持与稳定的运作机制，难以持续推动合作的深化与拓展。

第二，中非在金融监管领域的合作尚显薄弱，双方金融合作亟待深入。非洲国家普遍面临政治不稳定、经济波动性大等复杂挑战，这对中非金融监管机构的合作提出了更为迫切的要求。然而，当前中国证监会仅与少数非洲国家建立了金融监管合作机制，且合作内容相对有限，难以全面覆盖跨境资本流动监管、信息披露与共享、金融合规性审查、争议解决机制及风险防控体系等核心领域。这种合作的局限性，不仅限制了双方金融市场的互联互通与深度融合，也增加了合作中的不确定性与潜在风险。

第三，金融人才的匮乏与培养机制的缺失，是中非金融合作持续发展的关键障碍。中非金融合作的深化，亟须一批既精通金融专业知识，又具备跨文化交流能力的复合型人才。然而，当前双方在金融领域的人才合作尚显不足，且中国教育领域在非洲国别研究及中非经贸金融发展方面的学术研究成果相对匮乏，缺乏针对性的课程体系与教材资源，导致金融人才的培养难以满足合作的实际需求。

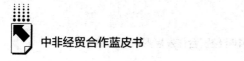

（五）中非经贸合作人才发展的挑战

联合国《世界人口展望 2024》报告预计非洲将在未来几十年内迎来人口爆炸式增长，到 2050 年其人口总数将超过 25 亿，未来 20 年内非洲 10 岁至 24 岁的年轻人口比例将超过 30%，这种变化无疑为非洲的经济发展和社会进步提供了前所未有的动力，也为全球投资者开辟了新的发展道路。年轻人口的增加意味着劳动力资源的丰富，这不仅为非洲的工业化、城市化进程提供了坚实的基础，也为中资企业提供了广阔的用工市场和消费群体。中资企业可以充分利用自身在技术、资金、管理经验等方面的优势，与非洲国家开展深度合作，共同推动基础设施建设、产业升级和经济发展。然而，中资企业在拓展非洲市场的过程中，也面临着人才方面的诸多困难和挑战。首先，非洲的技术和技能人才短缺问题较为突出，这在一定程度上制约了中资企业在非洲市场的竞争力。其次，中资企业在非洲市场的运营和管理也面临着诸多挑战。文化差异、语言障碍、法律法规等方面的差异使中资企业在与非洲当地员工、合作伙伴和政府部门的沟通中常常遇到障碍。

五　中非经贸合作的对策建议

（一）中非经贸博览会发展对策

第一，构建长效交流机制，推动中非经贸合作升级。中非经贸博览会应致力于构建长效的中非经贸交流机制，从顶层设计与基层实践两个层面入手，不断放大其平台作用与辐射效应，推动中非经贸合作向更高阶段、更优质量发展。首要举措是强化顶层设计，确保博览会的发展战略能够紧密贴合中非双方的共同利益，为中非经贸的高质量发展贡献力量。当前，中非在携手推进高质量共建"一带一路"方面势头强劲，面向未来，中国需进一步深化"一带一路"倡议、《中非合作论坛—北京行动计划（2025—2027）》、非盟《2063 年议程》、非洲各国发展战略以及联合国 2030 年可持续发展目标的协同，积极对接非洲大陆自由贸易区建设，发掘并推进中非经贸领域的核心项目，持续释放博览会的平台红利与辐射效应以及与先行示范区域的联动效能，促进中非在经贸往来、投资合作及经济协同发展方面的深度融合。

第二，深化专业化、市场化、国际化办会模式。首先，在中央政府与地方政府的协同办会过程中，需清晰界定两者的权责边界，中央政府应适度放权，为地方政府提供更多自主权，以激发办会效能与活力。其次，需系统性地优化办会环境与制度框架，特别要加强硬件配套设施的完善，同时，强化湖南与浙江、广东等非洲经贸合作大省在物流体系、易货贸易、企业国际化等领域的协作，打破地域壁垒，建立资源共享、建设协同、政策对接、利益共享的"飞地经济"长期合作模式。再次，可借鉴中国国际进口博览会的成功范例，探索实施政府指导、市场主导、企业运营的运作模式，成立专门机构，注重产业与城市发展的深度融合，构建"展馆—主办方—服务商"一体化的会展产业链，为博览会提供全方位、全流程的服务。最后，在博览会举办期间，可在非洲国家同步举办海外展览，并在全球范围内持续开展闭会年对非经贸促进活动，加大对中非经贸博览会的品牌宣传力度，不断提升其国际知名度和影响力。

第三，提升中非经贸合作叙事能力。中非经贸博览会作为关键的展示与对话平台，在内容策划时，虽核心议题围绕经贸，但亦需广泛链接《中非合作论坛—北京行动计划（2025—2027）》的其他维度，运用"经贸+"的新思维，生动展现中非经贸合作的丰富内涵。为此，可以参考中国国际进口博览会中虹桥国际经济论坛的成功模式，于博览会闭会期间增设国际经贸论坛，深入研讨"中非电商合作新机遇""中非减贫合作路径""非洲绿色发展的挑战与机遇""中非医疗合作前景""中非文化交融""中非人才共育"等议题。为构建中非经贸合作的公共知识体系与话语框架，为"一带一路"倡议及全球经贸治理创新提供实践借鉴，应坚持时代导向、全面覆盖、典型示范与实用导向，促进理论与实践的深度融合，持续编纂《中非经贸合作案例方案集》，打造中非经贸合作的案例数据库。在案例库的构建中，不仅

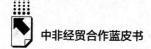

要收录成功的合作典范，也应纳入失败的案例，以激发中国企业投身非洲经贸合作的热情，同时提醒关注经营风险、投资陷阱及政策变动等潜在风险。

第四，发掘新机遇，关注文化交流、数字技术与绿色转型。中非经贸博览会应紧密结合《中非合作论坛—北京行动计划（2025—2027）》的指导方向，聚焦文化交流、数字技术和绿色转型三个关键领域。这不仅有助于加深中非人民之间的情感联系和相互理解，还能分享中国的发展智慧和实践经验，有效回应非洲对中国发展模式的关注，彰显中国作为负责任大国的积极形象。在国际舞台上，通过中非"经贸+"合作的新叙事，进一步拓展双方的合作深度与广度。在文化交流方面，博览会应突出展示中非在文化、教育、卫生、智库交流、青年互动及妇女发展等方面的合作成果，推动更多地方城市与非洲城市建立友好关系，并策划中非青年或妇女专题活动，以此构建一个开放、活跃且富有成效的中非人文交流平台。在数字技术方面，博览会应强调中国在人工智能、云计算、大数据及区块链等前沿数字技术领域的最新进展，发布中非数字经济合作案例，以此促进双方在数字经济领域的深度合作。在绿色转型方面，针对非洲面临的气候变化挑战和能源结构调整需求，博览会应分享中国在绿色发展方面的成功经验，推动中非在清洁能源、航天科技应用、农业可持续发展、森林保护、海洋生态保护、低碳基础设施建设、气象灾害预警、环境监测、灾害预防与应对以及气候适应策略等领域的合作，并将这些合作转化为具体的、富有成效的项目实施。

第五，优化中非经贸博览会运行机制。鉴于当前全球格局的深刻变革，中国需充分激活中非经贸博览会的窗口效应，抓住发展新机遇。在融合线上线下办展策略上，应深化数据技术在中非经贸博览会中的整合应用，通过加强大数据在博览会筹备与执行中的支撑作用，推动线上线下的深度交融，促进中非经贸博览会向数字化与智能化方向转型。在展览内容呈现上，需依托"线上+线下"的中非经贸博览会平台，全面且生动地展示参展商及其产品信息，以增强供需双方的理解与认同。在人员管理与国际交流方面，为促进中非经贸合作与人文往来的深入发展，应预先制定外籍人员本土化管理的政策框架，细化入境、居留等管理措施，并提升相关配套服务的质量；同时，优化工作签证延期流程，探索学生签证的延期及就业管理新机制；此外，还需制定并执行针对中非经贸领域专业人才的支持政策，确保他们享有相应的福利与待遇，为中非经贸合作的深化奠定坚实的人才基础。

（二）促进中国和非洲自贸区合作的对策

多年以来，中国与非洲自贸区在"一带一路"倡议与中非合作论坛的框架下，形成了紧密且富有成效的合作机制，为深化中非命运共同体建设奠定了坚实基础。非洲自贸区作为非洲大陆经济独立与可持续发展的关键平台，不仅渴望中国的坚定支持与积极参与，更为中非合作开辟了广阔的新天地。在当前自贸区建设的初期阶段，中国应充分利用这一历史机遇，深化与非洲自贸区的合作，共同谱写中非合作的新篇章。

第一，深化政治互信，共筑中非合作新基石。面对复杂多变的国际环境，中国与非洲自贸区应进一步加强政治互信，共同应对全球性挑战。双方应秉持相互尊重、平等协商、合作共赢的原则，将构建"中非命运共同体"作为合作发展的核心理念，共同维护中非合作的优势地位。中国应坚定支持非洲自贸区建设，推动"一带一路"倡议与非盟《2063年议程》的深度融合，共同探索符合双方利益的发展道路。在深化政治互信的过程中，中国应与非洲自贸区加强高层互访和战略对话，就重大国际和地区问题及时沟通，协调立场。双方应共同推动中非合作论坛机制化建设，加强政策沟通和战略对接，确保中非合作始终沿着正确方向前进。同时，中国应积极回应外界对中非合作的误解和质疑，通过官方对话、媒体宣传、民间交流等多种渠道，增进互信，讲述中非合作惠及民生的真实故事，树立中非合作的正面形象。

第二，建立长效合作机制，共推自贸区法规建设。为确保中非在非洲自贸区建设中的紧密合作，双方应建立长效合作机制，关注并支持非洲自贸区相关法规的制定与实施。中国应设立专门机构，与非洲大陆自贸区秘书处保持紧密联系，加强沟通与互动，确保双方合作顺畅进行。双方应共同规划谈判进程与路径，为非洲自贸区合作提供政策依据和谈判策略。在法规建设方

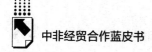

面，中国应与非洲自贸区共同研究制定符合双方利益的贸易规则，推动贸易自由化和投资便利化。双方应加强知识产权保护、电子商务、数字贸易等新兴领域的合作，为非洲自贸区发展注入新动力。同时，中国要积极参与非洲自贸区的能力建设和技术援助项目，帮助非洲国家提高自贸区建设和运营的能力。

第三，实施多维度合作策略，促进产业结构优化升级。非洲自贸区涉及多方利益，双方应实施多维度合作策略，优化产业结构，拓展合作广度与深度。中国应鼓励国内企业投资非洲制造业，推动产业升级和多元化发展，双方共同保护敏感性产业和幼稚产业，通过设立行业统筹机构和制定阶段性开放时间表，促进产业健康有序发展。在农业合作方面，中国应与非洲自贸区共同推动农业现代化进程，加强农业技术交流与合作，提高农业生产效率和质量，共同探索农产品贸易新模式，推动农产品贸易自由化和便利化，促进双方农业产业的可持续发展。

第四，依托技术变革，拓展中非合作新领域。非洲正处于工业化建设和技术变革的关键时期，中非合作应紧抓这一历史机遇，以技术变革为动力，拓展合作新领域。中国应鼓励国内企业与非洲企业开展技术合作，共同研发新技术、新产品，推动产业升级和转型。中国应与非洲自贸区共同推动数字经济发展，加强在5G、人工智能、大数据等领域的合作，推动非洲数字经济的转型和升级，共同探索数字贸易新模式，促进双方数字经济的融合发展。中国应与非洲自贸区分享绿色发展方面的成功经验，加强在能源转型、低碳建设、气候变化应对等方面的合作，共同推动绿色产业发展，促进经济可持续发展，加强环保技术交流与合作，共同应对全球环境挑战。

第五，防范合作风险，推动基础设施建设。在推进中非在非洲自贸区合作的过程中，双方应高度重视风险防范工作，积极借鉴国内外成功经验，以基础设施建设为突破口，推动实现可持续发展目标。中国应与非洲共同加强风险管理和监控体系建设，提高应对突发风险的能力，加强金融合作，推动人民币国际化进程，为中非企业提供更加便捷高效的跨境金融服务。中国应与非洲共同推动交通、能源、通信等关键领域的基础设施建设，加强项目合作与经验分享，提高基础设施建设的质量和效率，探索创新融资模式，吸引更多社会资本参与基础设施建设，为非洲自贸区发展提供有力支撑。

（三）中国对非洲促贸援助对策

促贸援助作为促进非洲国家贸易能力提升、推动其经济自主发展的关键工具，其战略价值在全球化背景下日益凸显。面对非洲大陆独特的经济环境与国际挑战，中国需深化与非洲国家的合作，特别是在共建"一带一路"的框架下，通过优化贸易促进援助的机制设计、提升政策规划的科学性与灵活性，以及加强与外部战略的协同，共同推动中非合作向更深层次、更宽领域拓展。

第一，深化促贸援助与"一带一路"倡议的融合。非洲作为"一带一路"倡议的重要参与方，其经济发展与区域一体化进程为中非双方合作提供了广阔的空间。在此背景下，中国需进一步强化促贸援助对"一带一路"倡议的支撑作用。具体而言，应通过引导性资金投入，优先支持非洲国家建设那些对贸易发展具有关键性影响的基础设施项目，如港口、铁路、公路等，以发挥示范效应，吸引更多市场资金参与中非合作项目。此外，通过组织定向培训与政策对话活动，增强非洲政府官员对"一带一路"倡议的理解与认同，促进双方政策沟通，为战略对接奠定坚实基础。同时，鼓励非洲国家将促贸援助与"一带一路"倡议相结合，制定符合自身国情的贸易发展战略，实现资源的最优配置与效益的最大化。

第二，推动"数字丝绸之路"在非洲的拓展。非洲国家数字化转型步伐加快的同时，其在数字基础设施建设、监管环境优化、网络普及及数字技能提升等方面的不足也凸显出来。《非洲自贸区元年报告》指出，非洲正面临加速发展电子商务、推进数字经济及抓住第四次工业革命机遇的重要时期。在此背景下，中国应充分利用促贸援助，推动"数字丝绸之路"在非洲的深入发展。中国可在加大对非通信基础设施建设援助的同时，聚焦非洲电商发展规划的制定与实施，通过分享中国电商发展的成功经验，促进中非在电商模式创新、治理智慧等方面的交流与合作。此外，中国还可鼓励国内电商企业拓展非洲市场，与当地企业建立合作伙伴关系，共同推动非洲电商产业的快速发展。通过促贸援助，中国不仅能够帮助非洲国家提升数字治理能力，还能深化双方在数字治理规则上的对话与合作，为构建更加开放、包容、平衡、共赢的数字经济体系贡献力量。

第三，加强中非经贸合作区与产业园区的建设。中非经贸合作区与产业园区作为中非合作的重要平台，已吸引众多中外企业入驻，成为推动非洲经济发展的重要力量。然而，部分非洲国家在基础设施配套、园区管理等方面仍存在不足，影响了园区的整体效能。为此，中国需通过促贸援助提供政策保障与技术支持，优化园区规划布局，完善基础设施建设，提升园区综合管理能力。中国可协助非洲国家制定园区发展规划，明确产业定位与发展方向；提供资金支持与技术指导，帮助园区完善水、电、路等基础设施配套；加强与非洲国家的政策沟通与合作机制建设，确保园区发展的政策连续性与稳定性。同时，通过支持中非经贸合作区与产业园区建设，促进中非产能合作与标准对接，扩大非洲对华出口规模与种类；加强双方在产业链、供应链及价值链上的合作与协同，推动形成互利共赢的产业生态体系。这不仅有助于提升非洲国家的经济发展水平与市场竞争力，还能为中国企业提供更广阔的市场空间与投资机会。

第四，建立促贸援助的协同监测机制。设立专门的协同监测机构，可由中国商务部、外交部、相关金融机构以及非洲国家对应部门共同参与组建。该机构通过整合各方资源，能够全面、系统地对援助项目与贸易发展情况进行跟踪与分析。在监测内容上，不仅要关注贸易流量的增减变化，如中非进出口商品的总额、品类数量等，还要深入分析贸易结构的动态调整，包括不同产业、不同技术含量产品在贸易中的占比变化等。同时，密切留意援助项目对非洲当地产业发展、就业水平以及市场环境的影响。依据监测数据，当发现援助项目未能有效带动贸易增长，或者贸易结构出现不合理倾斜时，应及时调整援助策略和促贸援助政策。定期发布翔实的监测报告，展示援助项目对贸易增长的积极作用，以及中非贸易合作的广阔前景。

（四）中非金融合作对策

第一，强化并升级中非金融合作银联体机制框架。在制度框架与组织架构的层面，积极利用中国与非洲国家已建立的合作机制，重点推动中非金融合作银联体框架下的稳定、多层次对话机制的构建。构建并落实银联体的理事会架构，提升其会议层级，使之与中非合作论坛的部长级会议或企业家大会保持同步且定期举行。定期安排银联体高层会议，邀请银联体成员单位以及中国和非洲的其他金融机构，围绕项目合作与对接开展深度交流，促进中非金融领域的信息共享与人员互动，强化银联体作为合作平台的效能，为中非的经济社会可持续发展提供强力支持。扩大货币互换协议的签署范围，增加非洲国家的数量，并提升互换规模。积极推动双边货币互换协议的实际应用，确保双边战略合作协议或谅解备忘录得到有效实施。保持中非金融合作相关论坛或会议的连续性和稳定性，不断优化和拓展现有的中非金融合作机制，为中非金融合作的高质量发展奠定坚实基础。

第二，深化中非金融合作分论坛的体制性建设。创立附属于中非合作论坛框架下的金融合作分论坛。在分论坛正式运作前，先行构建一个指导性机构，由该机构肩负起论坛的战略导向与协调重任。机构内部设立执行秘书处，专门负责分论坛的日常运营与管理工作。构建一个与中非合作论坛相衔接的后续执行与持续对话系统，成立金融合作分论坛后续行动小组，确保分论坛达成的各项共识与成果得到有效执行。该小组的成员将来自中非合作论坛后续机制中涉及金融合作的各个领域，旨在形成中非金融合作的专门分支，避免机制建设上的重复与资源浪费。分论坛成员应具备高度的代表性及专业性，涵盖中非金融界的高层领导、学术界的专家学者以及双方的金融机构和企业代表，以促进理论与实践的深度融合与有效交流。分论坛采取年度定期会议制度，会议地点与主办方可在中非国家间轮流。加大对分论坛及其成果的推广力度，通过构建多语种的官方网站，全面展示分论坛的发展历程、合作成果、具体项目及其实施进展，提升分论坛的国际知名度与影响力。

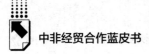

第三，创新并深化中非金融监管合作体系。首先要探索中非金融监管合作的新渠道。通过组织财经高端对话、资本市场策略研讨等系列活动，促进中非双方在金融监管领域的深度对话与协作。双方可联合发表政策宣言，明确监管合作的基本共识，并据此绘制具有前瞻性和操作性的合作蓝图。推动构建跨国金融监管协作网络，邀请非洲国家加入，定期举办高层对话会议，聚焦监管前沿议题与现实挑战，共同制定并实施金融监管合作的战略举措。加强金融监管机构间的跨境技术交流与合作，通过项目推介会、信息分享论坛等形式，搭建起信息互通的桥梁，深化对宏观经济形势、金融市场动态及监管政策走向的理解，在中非之间建立起坚实且富有成效的金融监管合作纽带。其次要构建区域性的金融监管合作架构，增强合作主体在金融风险防控方面的协同作战能力。在中非政府与金融监管机构的协同配合下，加强对金融合作项目与资金运作的风险管理，设立金融风险协同防控小组，由各国金融监管高层代表组成，根据合作实际情况与监管需求，协商制定区域性的监管标准与规范，引导中非金融合作行为。同时要建立风险问题定期沟通机制，涵盖市场准入规则、投资者权益保护及争议解决机制等关键领域，确保信息交流的及时性和有效性。双方还应携手打造金融危机应对与金融恢复体系，强化宏观审慎与微观审慎监管原则，拓展监管合作的边界与深度。在风险预警方面，中国需优化对非项目及国家的信用评估流程，与非洲本土评级机构深化战略合作，建立针对非洲项目的专项信用评估系统，并加强与国际评级机构及征信平台的合作，获取更为全面且准确的信息。推动建立信用担保与风险分担机制，引入国际商业保险与信用担保机制，共同抵御金融风险。最后要拓展金融监管合作领域，推动中非金融监管合作向更高层次发展。为推动中国与更多国家在金融监管领域的深度合作，可签署金融监管合作框架性协议，并根据合作进展动态调整其内容，明确监管责任划分，统一关键监管指标，如资本充足水平、流动性覆盖率等，防止监管套利行为，确保监管标准的一致性和有效性，为中非金融监管合作注入新的动力与活力。

第四，构建中非金融人才培育与交流的新机制。首先要深化高校在金融领域的国际合作，特别是在中非经贸与金融教育的融合上。中国的高等教育机构应致力于开发专门针对中非经贸与金融领域的课程体系和教材，以满足双方日益增长的金融合作需求。鼓励中国经济金融专业的学生赴非洲高校和金融机构进行实地考察与学习，提升学生的实战能力，加深他们对中非金融合作的直观理解。利用非洲留学生资源，通过合作办学模式，整合教育资源，培养既熟悉中国经济金融又认同中国文化的非洲高级管理精英。推动已在中非两地设立分支机构的金融机构与高校建立战略联盟，为两地学生提供实习机会，以此深化对中非金融业务的认知，为未来的金融合作储备人才。其次要探索金融人才培训的新模式。基于中国在非洲多国已成功开展职业教育合作的经验，如中国-赞比亚职业技术学院及中国与卢旺达合作的穆桑泽国际学院，可以进一步拓展金融专业教学，建立常态化的金融人才培训机制。通过组织金融机构、监管机构的官员研修班，金融技术人员的专业培训等，系统性地提升金融实践与监管人才的综合素质。最后要构建金融人才信息交流平台，促进人才流动与资源共享，加快金融人才数据库的建设步伐，完善相关配套制度，确保数据的实时更新与有效利用。建立中非金融人才定期互访机制，涵盖监管机构高层、金融机构管理者等，通过定期报告、专题研讨、实地参访等形式，每半年或一年举行一次交流活动，以此促进双方金融人才的深度互动与信息共享，为中非金融合作的长远发展注入活力。

第五，利用国际多边框架，深化并拓宽中非金融合作路径。通过融入全球性的合作倡议，如"一带一路"倡议及金砖国家合作框架，中非双方能够进一步凝聚合作共识，强化彼此间的身份认同，并推动金融合作平台的多元化与深度发展。"一带一路"倡议为双方合作提供了前所未有的机遇，成为推动中非命运共同体建设的重要引擎。一方面，可以充分利用"一带一路"国际合作高峰论坛的资金融通板块，搭建一个高效的中非金融对话与合作平台。这一板块不仅致力于构建稳定、可持续的投融资体系，还为非洲国家财政部、多边开发银行、金融机构及企业代表提供宝贵的交流机会，促进项目融资协议的签署与合作项目的落地。另一方面，通过"一带一路"倡议下的文化交流活动，进一步增进中非双方对彼此经济金融体系的了解与认同。组织政府、行业、学术界及企业等多维度的人文交流活动，加深非洲对中国经济金融体系的认知，在国别与区域研究中加强对非洲及中非金融合作的深度探讨，为双方合作提供更加坚实的理论基础与实践指导。此外，可以依托金砖国家合作机制，探索中非金融合作的新模式。首先，利用金砖国家交易所联盟，可以深化中非证券交易所之间的合作。以中国与南非证券交易所为起点，逐步推动双方金融产品的互挂交易，并扩展至其他非洲国家，以丰富金融产品种类，提高市场流动性，为全球投资者提供更多参与非洲发展的机会。其次，在"金砖—非洲对话机制"的框架下，进一步加强中非金融合作机制的构建。作为金砖国家与非洲国家的对话平台，该机制有助于整合与协调金砖国家与非洲国家的合作资源。通过此机制，推动双方在基础设施、工业化建设等领域的金融合作，并在国际货币体系改革等议题上深化合作，共同提升非洲及金砖国家在国际金融领域的话语权与影响力。最后，可以借助金砖国家新开发银行的力量，深化中非金融合作。新开发银行南非区域中心的成立，为非洲基础设施建设、可持续发展等提供了有力支持。作为成员国之一，中国可以与其他金砖国家携手合作，通过新开发银行为非洲项目提供人民币贷款或发行人民币债券等融资支持，并鼓励商业银行、金融机构及企业等参与其中，共同推动非洲的繁荣发展。

（五）中非经贸合作人才发展对策

随着中非合作的不断深化，中国企业在非洲的业务范围日益扩大，为了有效应对非洲市场的复杂性和多样性，中资企业需要采取更为灵活和精细的人才培养模式，以确保项目的顺利实施和企业的可持续发展。

第一，中资企业需要针对每个国家的具体情况，制定差异化的本土化人才培养策略。在地理环境方面，非洲大陆广阔，气候条件多样，中资企业需提前了解所在国的地理环境及气候状况，以便合理安排项目实施和人员管理，比如在疟疾等传染病流行的地区，需加强防疫工作，确保员工健康。在历史文化与宗教方面，中资企业需尊重当地的文化习俗和宗教信仰，避免文化冲突。在法律法规方面，非洲各国的法律法规体系各不相同，且受宗主国影响较深。中资企业需深入研究所在国的法律法规，确保项目实施和人员管理的合规性，同时还需与当地政府和工会建立良好的沟通机制，及时解决劳资纠纷。总之，中资企业需要深入了解所在国的国情和市场需求，制定符合当地实际的人力资源管理模式和人才开发计划。同时，加强与当地员工的沟通和交流，了解他们的需求和期望，尽可能满足他们的合理要求，提高员工的归属感和忠诚度。

第二，中资企业需要针对每个企业所需人才专业技能和结构的差异，采取个性化的本土化人才培养策略。以建筑施工企业为例，这类企业急需大量本土化人才来支持项目的实施。由于非洲当地的工人普遍缺乏技术技能，中资企业需通过培训和现场教学等方式，提高当地工人的技术水平和工作效率。同时，还需加强与当地技术人员的合作与交流，共同解决项目实施过程中遇到的技术难题。在人才培养方面，中资企业可与当地职业院校或培训机构合作，开展定向培养和技能培训。通过开设专业课程和实习实训基地，为当地学生提供学习机会和实践平台。此外，还可通过举办技能竞赛和职业发展讲座等活动，激发学生的学习兴趣和职业热情。

第三，中资企业需根据项目特点和市场需求，采取适合的本土化人才支撑策略。在大型综合性项目中，中资企业需组建跨专业的项目团队，涵盖设计、施工、运营等多个环节。为了确保项目的顺利实施和高效运营，中资企业需加强与当地合作伙伴的沟通与协作，共同培养本土化人才，提高当地员工的专业技能和管理水平。在单一性项目中，中资企业可根据项目需求和市场特点，采取灵活的人才培养方式。例如在电力项目中，可与当地电力公司合作开展技能培训和技术交流；在交通项目中，可与当地交通管理部门合作开展交通规划和运营管理等方面的培训。

第四，中资企业需要采取一系列本土化策略，以实现本土化人才的培养和储备。中方人员作为中资企业在非洲的代表和骨干力量，需要深入了解当地的文化习俗和法律法规，以便更好地融入当地社会和工作环境。通过加强语言学习和文化交流等方面的培训，提高中方人员的跨文化沟通能力和适应能力。中方人员还需积极参与当地的社会活动和公益事业，加强与当地社会的联系和互动。通过举办文化展览和交流活动等方式，增进当地民众对中资

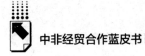

企业的了解和认同。在本土化人才培养方面，中方人员需发挥"传帮带"的作用，积极培养当地员工的专业技能和管理能力，提高当地员工的技术水平和工作效率。

参考文献

田伊霖、程慧、韩爽：《大国竞争背景下的中非关键矿产品贸易：挑战与应对》，《国际贸易》2023 年第 8 期。

王克、张茂庆：《中国国际工程企业非洲本土化人才培养模式与对策研究》，《大连大学学报》2024 年第 3 期。

王康旭：《中非合作论坛研究：历史发展与未来展望》，《中国非洲学刊》2024 年第 2 期。

宋微、尹浩然：《中国促贸援助助推非洲发展：成效、挑战与合作路径分析》，《全球化》2024 年第 1 期。

吴传华、凌荷：《习近平生态文明思想与中非绿色发展合作》，《世界社会主义研究》2023 年第 11 期。

肖皓、唐斌、许和连：《中非经贸博览会的建设成效与展望》，《西亚非洲》2023 年第 3 期。

叶芳：《新时代中非金融合作机制建设进展、问题与对策》，《经济纵横》2024 年第 3 期。

张瑾、张蓝月、王战：《中非命运共同体视角下非洲大陆自由贸易区初期建设研究》，《重庆大学学报》（社会科学版）2023 年第 4 期。

张忠祥：《非洲数字经济发展新态势与中非数字经济合作前景》，《当代世界》2024 年第 9 期。

国 别 篇

B.2
中国—肯尼亚经贸合作发展报告
（2025）

郝睿 马萍*

摘 要： 肯尼亚是非洲地区经济基础较好、多元程度较高的经济体。21世纪以来，肯尼亚政府制定实施远期发展规划及中期计划，经济连续多年保持快速增长，但近年遭遇多重冲击，经济发展面临一些困难，债务负担与财政赤字较突出。中国与肯尼亚长期保持经贸往来，自2013年以来进入全面战略合作加深阶段，中国企业在基础设施、能源、制造业和数字经济等领域与肯尼亚展开深度经贸合作。针对中肯经贸合作面临的国际竞争、政策连续性与安全风险；债务及汇率波动带来不确定性；营商环境不佳等挑战，应持续夯实中肯政治互信与民心互通；积极推动中肯贸易优化结构；不断拓展中肯投资合作领域；丰富和拓宽中肯经贸合作模式；提高防范、应对和管理风险的能力。

---

* 郝睿，高级经济师，博士，中非发展基金综合管理部总经理，研究领域为非洲发展；马萍，中非发展基金评审管理部主管，研究领域为非洲发展。

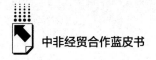

关键词： 经贸合作 肯尼亚 中国

一 肯尼亚经济发展状况

（一）基本国情

肯尼亚位于非洲东部、印度洋西岸，国土面积约58.3万平方公里，人口约5534万。独特的地理位置和发展历史，使肯尼亚成为一个融合斯瓦希里文化、西方文化、伊斯兰文化甚至印度文化的多元国家。自1963年独立以来，该国政局总体保持稳定。肯尼亚是非洲经济基础较好、多元程度较高的经济体，首都内罗毕汇聚了联合国环境规划署和人类住区规划署总部以及全球几十家大型跨国公司非洲或区域总部。肯尼亚的蒙巴萨是东非第一大港，货物可以由此转口至东非、中非地区。肯尼亚是非洲主要的鲜花、茶叶和牛油果出口国，轻纺、建材、家电和汽车组装等产业均有一定基础，服务业发展态势良好，尤其是数字经济发展迅速，是东非金融中心和世界著名旅游目的地。[1]

（二）宏观经济运行

据联合国贸易和发展会议（UNCTAD）统计[2]，2023年肯尼亚国内生产总值（GDP）为1063亿美元，占东非共同体（以下简称"东共体"）的40%以上。第一、第二、第三产业分别占GDP的22.6%、18.8%、58.6%。农业、基础设施、金融服务和信息通信对经济增长贡献最大。加之优越的地理位置，肯尼亚经济长期保持较快的增长水平。2020～2023年，虽接连遭受疫情、气候灾害以及国际金融市场动荡等多重冲击，GDP仍保持5.3%的平

---

[1] 商务部对外投资和经济合作司、商务部国际贸易经济合作研究院、中国驻肯尼亚大使馆经济商务处：《对外投资合作国别（地区）指南——肯尼亚（2024年版）》。

[2] 联合国贸易和发展会议（UNCTAD）数据库，https：//unctadstat.unctad.org/datacentre/。

均增长速度。肯尼亚经济前景稳定，经济学人智库（EIU）预测，2024 年该国经济增速虽有所放缓，但受其货币政策趋于宽松以及结构性改革、数字化和区域一体化的综合影响，2025 年经济将加速增长。肯尼亚是一个净进口国家，长期处于贸易逆差状态。从中长期看，由于肯尼亚经济增长与外部融资渠道均较为稳定，财政状况和外债违约风险仍处于紧平衡的可控范围内。

（三）产业发展与投资环境

2008 年，肯尼亚政府启动《2030 年远景规划》，该规划以及随后制定的《工业化转型计划》和《经济特区法》都将工业化明确作为肯尼亚经济的重要引擎，希望在 2025 年前将制造业占 GDP 的比例提升到 15%，并推动肯尼亚在 2030 年前成为新兴工业化国家。肯尼亚政府还以每五年为一个阶段制定中期计划，将能源、公路、铁路、港口和通信等基建列为优先发展领域，同时重点发展旅游、农业、批发零售业、制造业、采矿业、服务外包和金融服务等产业。肯尼亚政府在执行规划时，能够根据实际情况及时调整方向和策略。总体而言，肯尼亚政府既有发现问题的能力，也有解决问题的意愿，尽管有诸多困难，但仍在努力探索以推动经济增长。

肯尼亚交通设施较为完善，主要集中在蒙巴萨港、内罗毕、基苏木等人口稠密地区。主干路网络基本到位，规划项目包括东非铁路网和拉穆港—南苏丹—埃塞俄比亚交通走廊等，建成后将进一步提升肯尼亚区位优势和经济辐射能力。在基础设施投资与建设的驱动下，肯尼亚经济获得了持续十多年的快速增长。

肯尼亚柴油电站、水电、管道构建、存储设施以及石油勘探等领域发展空间较大，政府出台政策大力吸引地热、风能、太阳能等可再生能源投资。肯尼亚地热资源丰富，品质优、开发程度低，政府已将地热发电列为改善电力结构、增加电力供应和降低电价的首选，积极吸引外资参与建设。

肯尼亚重视信息技术，互联网发展水平在非洲国家中名列前茅，数字基础设施建设较完善，移动通信渗透率达 121.7%，被认为是非洲最成熟的移动

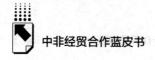

支付市场之一，也是非洲排名第三的电子商务市场，M-Pesa 等金融科技产品和服务得到广泛应用。

肯尼亚基础设施和物流基本完备、市场化程度较高、金融服务便利、外汇政策宽松，营商环境在非洲处于领先地位，是外资进入非洲的"桥头堡"，吸引发达国家、新兴国家、海湾国家的投资不断进入。

二　中国与肯尼亚经贸合作发展历程

中肯友好交往已有 600 余年历史。中肯建交以来，两国经贸合作经历了从政治导向向经济导向的转变，合作领域不断拓宽，合作水平不断提升。

（一）早期建交与合作阶段（1963~1977年）

中肯关系是在中国提出和平共处五项原则与 20 世纪 60 年代不结盟运动的背景下建立起来的，1963 年 12 月 12 日肯尼亚独立，中国于 12 月 14 日同肯尼亚建立外交关系，成为早期与肯尼亚建交的国家之一。1964 年，两国签署了第一个贸易协定，开启了双边经贸合作。这一时期，中国对肯尼亚提供了一定的经济援助和技术支持，特别是在基础设施建设方面。

（二）中肯经贸关系走近阶段（1978~2000年）

1978 年后，随着中国改革开放、肯尼亚政治环境的稳定，肯尼亚政府开始争取多元化外部发展资金的投入，两国经贸合作逐渐加强。丹尼尔·阿拉普·莫伊总统先后于 1980 年 9 月、1988 年 10 月和 1994 年 5 月三次访问中国。这一时期，中国与肯尼亚的经济技术合作增加，包括建设莫伊国际体育中心、参与甘波基-塞勒姆公路项目等。中肯建立经贸合作机制，在贸易、投资、承包、劳务等领域开展交流合作。双边贸易额逐渐增长，中国对肯尼亚的出口开始多样化，包括机械设备、纺织品等。肯尼亚自华进口显著增长，从 1980 年的约 2000 万美元增至 1999 年的约

1亿美元。① 此外，两国在教育、文化等领域的交流也逐步增加。1980年9月，中肯签署文化合作协定；1994年，两国签订高等教育合作议定书。② 中肯文化交流领域的扩展进一步提升了彼此的认知度，为经贸合作奠定了社会基础。

（三）经贸合作加速发展阶段（2001~2012年）

进入21世纪，中肯经贸合作加速发展。这一方面得益于中国在改革开放过程中所取得的积累以及所掌握的技术、设备、人才和管理经验，为肯尼亚经济发展特别是实施《2030年远景规划》所需要；另一方面也源自20年代90年代后非洲国家经济结构调整出现了一系列问题，肯尼亚政府意识到仅依靠西方附加条件的经济发展援助难以为继。自肯尼亚第三任总统姆瓦伊·齐贝吉上台，肯尼亚政府提出了加强与中国合作关系的"向东看"政策主张。这一阶段中肯经贸关系的发展亦依托中非合作的大背景。2000年，中非合作论坛机制建立，在此后历次论坛会议上，中国政府先后宣布实施免债、免关税、提供优惠贷款和优惠出口买方信贷、建立经贸合作区、促进投资、扩大市场准入等一系列举措，推动中非经贸合作迈上新台阶。③ 2001年，中肯两国签订投资保护协定。2011年3月成立双边贸易、投资和经济技术合作联合委员会。基础设施合作成为这一时期的亮点，中国参与了肯尼亚多个重要基础设施建设项目，如内罗毕-锡卡公路、蒙巴萨港口扩建等。中国对肯出口产品种类进一步多样化，包括电子产品、建筑材料等。中国逐渐成为肯尼亚重要的贸易伙伴，中肯贸易从2001年的1.45亿美元增至2012年的28.40亿美元，12年间增长了接近19倍。④ 中国对肯尼亚的直接投资也开始显著增加，中国企业在肯投资建厂，

---

① IMF, various years. Direction of Trade Statistics Yearbook.
② 《中国同肯尼亚的关系》，中国驻肯尼亚大使馆，2021年1月6日，http://ke.china-embassy.gov.cn/zkgx_1/gxgk/202101/t20210106_7123600.htm。
③ 《论坛机制》，中非合作论坛网站，http://www.focac.org.cn/ltjj/ltjz/。
④ 中华人民共和国海关总署编《中国海关统计年鉴2002》，中国海关出版社，2003；中华人民共和国海关总署编《中国海关统计年鉴2013》，中国海关出版社，2013。

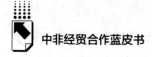

涉及制造业、农业等多个领域。2003 年，中国对肯尼亚直接投资仅占该国吸引外资总量的 0.9%。而到 2012 年，该比例已达 30.4%，中国成为肯尼亚第一大外资来源国。[①]

（四）全面战略合作加深阶段（2013年至今）

2013 年，中肯建立全面合作伙伴关系，中国提出"一带一路"倡议，中肯合作进入新阶段，经贸关系深度融合，特别是在贸易、投融资等领域。2015 年中国超过印度成为肯尼亚最大贸易伙伴，也是其最大进口来源国、第一大工程承包商来源国、第一大投资来源国以及增长最快的海外游客来源国。[②] 肯尼亚也连续数年成为吸引中国投资最多的非洲国家。2017 年"一带一路"国际合作高峰论坛期间，中肯关系进一步提升为全面战略合作伙伴关系。2019 年 5 月，首次中肯经贸联委会召开。联委会期间，中肯贸易畅通工作组首次会议召开，该工作组建立了中国与非洲国家首个旨在推动双边贸易便利化的工作机制。2023 年，两国元首重申"构建新时代更加紧密的中肯命运共同体"。中国企业与肯尼亚的合作项目涉及能源、制造业、信息技术等多个领域，参与了蒙内铁路、内罗毕快速路、蒙巴萨油码头等一大批肯尼亚重大基础设施建设项目，不仅提升了肯尼亚的基础设施水平，也为当地创造了大量就业机会。未来，随着共建"一带一路"的深入推进，中肯经贸合作将进一步深化。2025 年 4 月，肯尼亚总统威廉·萨莫伊·鲁托访华，两国元首将双边关系定位提升至新时代中肯命运共同体，中肯发表的联合声明强调，双方愿依托蒙内铁路等重大项目推动基础设施建设同产业联动融合发展，推动打造中非产业合作增长圈，合作建设陆海联动、协同发展的中非互联互通网络。未来，中肯将进一步加强贸易投资往来，深化在减贫、粮食安全、绿色发展、蓝色经济等领域的合作，还将在数字经济、新能源、

---

① 2011~2013 年度《中国对外直接投资统计公报》。
② 商务部对外投资和经济合作司、商务部国际贸易经济合作研究院、中国驻肯尼亚大使馆经济商务处：《对外投资合作国别（地区）指南——肯尼亚（2024 年版）》。

人工智能、移动技术、区块链、智慧城市等新兴领域培育新的合作增长点。①

三　中国与肯尼亚经贸合作发展现状

（一）中肯贸易合作

1. 贸易规模持续增长

肯尼亚是中国在东非的第一大贸易伙伴，中国是肯尼亚第一大贸易伙伴、第一大进口来源国和第九大出口伙伴国。2020~2022 年，中肯贸易总额逐年增长，自 2020 年的 55.60 亿美元增至 2022 年的 82.37 亿美元。2023年，中肯贸易总额略有下降，但仍然保持在 81.03 亿美元的高水平。其中，中国对肯尼亚出口 78.76 亿美元，同比下降 1.2%；自肯尼亚进口 2.28 亿美元，同比下降 15.4%。

表 1　2020~2023 年中肯双边贸易情况

单位：万美元，%

指标	2020 年	增速	2021 年	增速	2022 年	增速	2023 年	增速
中肯贸易总额	556,026	(+7.2%)	682,247	(+22.7%)	823,723	(+20.7%)	810,334	(-1.6%)
肯尼亚自中国进口额	540,965	(+8.0%)	659,670	(+21.9%)	796,824	(+20.8%)	787,568	(-1.2%)
肯尼亚向中国出口额	15,061	(-15.8%)	22,576	(+49.9%)	26,899	(+19.1%)	22,766	(-15.4%)

资料来源：商务部对外投资和经济合作司、商务部国际贸易经济合作研究院、中国驻肯尼亚大使馆经济商务处：《对外投资合作国别（地区）指南——肯尼亚（2024 年版）》。

2. 贸易互补性较强

从产品结构上看，中肯货物贸易具有较强的互补性。肯尼亚对中国出口

---

① 《中华人民共和国和肯尼亚共和国关于打造新时代全天候中非命运共同体典范的联合声明》，外交部网站，2025 年 4 月 24 日，https：//www.fmprc.gov.cn/zyxw/202504/t20250424_11603289.shtml。

的主要是钛、锆、锰矿砂等资源性商品，以及坚果、咖啡、茶叶等农产品，① 这些商品在中国有广阔的市场。中国对肯尼亚出口产品以工业制成品为主，包括纺织服装、钢铁制品、电力和通信设备、工程机械等，这些商品能够满足肯尼亚消费市场及产业发展需求，特别是工程机械出口额的增长，与该国近年来基础设施建设等项目的推进密切相关。

与此同时，中肯在服务贸易领域也呈现出较强的互补性。肯尼亚作为东非的枢纽地区，在交通运输行业占据传统优势，旅游行业也是其服务贸易创收的重要领域，旅游、运输及保险服务等为肯尼亚对华出口的主要服务贸易类型。除旅游和运输行业外，中国凭借技术、人才和经验优势，在建筑服务、电信计算机和信息服务等领域保持对肯尼亚的持续输出。

3. 贸易结构存在一定不平衡

中肯两国在工业发展水平、经济结构上存在较大差异。肯尼亚工业化能力不足，其对华出口产品仍以原材料和初级加工品为主，而中国货物贸易客观上存在竞争优势，近年来，中国对肯尼亚出口计算机及通信技术产品等高附加值商品量逐渐加大，多因素叠加，导致双边贸易结构存在一定程度的不平衡。肯尼亚对华出口额在 2020~2022 年逐年上涨，2021 年肯尼亚对华出口增幅一度高达 49.9%，超过自华进口的增速（21.9%）；2023 年肯尼亚对华贸易逆差较上一年度有所收窄，但逆差金额仍保持在 76.48 亿美元的较高水平。②

近年来，中国一方面在贸易政策上大力支持肯尼亚优势产品出口至中国。2018 年中国国际进口博览会期间，双方签署实施《中华人民共和国海关总署与肯尼亚共和国农业、畜牧业和渔业部关于实施卫生与植物卫生措施的谅解备忘录》，为肯尼亚农产品进一步扩大对华出口提供制度保障。2019 年 4 月，中肯两国签署《中华人民共和国海关总署与肯尼亚共和国国家植物健康监督局关于肯尼亚冷冻鳄梨输华检验检疫要求的议定书》，推动鳄梨

---

① 《中国同肯尼亚的关系》，外交部网站，2024 年 10 月，https://www.mfa.gov.cn/gjhdq_676201/gj_676203/fz_677316/1206_677946/sbgx_677950/。

② 商务部对外投资和经济合作司、商务部国际贸易经济合作研究院、中国驻肯尼亚大使馆经济商务处：《对外投资合作国别（地区）指南——肯尼亚（2024 年版）》。

进入中国市场。另一方面，中国不断深化对肯尼亚的投资合作。截至 2023 年底，中国在肯尼亚直接投资存量达到 17.28 亿美元，主要集中在建筑、房地产、制造业等领域。[①] 中国对肯尼亚家电、建材、汽车、园区等行业的投资，有利于肯尼亚完善其制造业体系，实现产业结构的优化升级，进而提高产品竞争力，促进出口规模的增长，推动中肯贸易结构的发展趋向平衡。

（二）中肯产业合作

1. 中肯产业合作的重点领域

在基础设施领域，中国企业凭借高效、高质、价优等特点，建立了良好形象与产业优势，参与推动的基建项目为肯尼亚货物运输、人员流动以及东非区域贸易带来积极影响。从合作规模看，目前中国企业在肯尼亚基建领域占据 50% 的市场份额。2023 年新签合同额 19.42 亿美元，完成营业额 15.85 亿美元。[②] 从合作领域看，中国企业承揽的项目主要集中在铁路、公路、输变电和城市供水领域，其中，中国企业承揽的铁路项目在肯尼亚市场份额高达 100%、公路项目达 70%、输变电和城市供水项目达 30%~40%。从重点项目看，中国交建承建的蒙内铁路是肯尼亚独立以来最大的基础设施项目之一，具有标志性、突破性和示范性意义，其开通有效实现了肯尼亚国内物流成本的降低。

在可再生能源领域，中国企业近年来加大与肯尼亚在能源领域的合作，推动向绿色、清洁、低碳转型，参与承建了斯瓦克大坝、加里萨光伏电站等，并推广家用太阳能设备。中国企业积极把握肯尼亚城市化、工业化发展机遇，如友盛集团投资建设了友盛变压器厂、森大集团和科达洁能股份有限公司合资建设了特福瓷砖厂等。

在产业园区领域，肯尼亚政府大力推动园区建设。从空间布局看，中肯

---

① 商务部对外投资和经济合作司、商务部国际贸易经济合作研究院、中国驻肯尼亚大使馆经济商务处：《对外投资合作国别（地区）指南——肯尼亚（2024 年版）》。

② 商务部对外投资和经济合作司、商务部国际贸易经济合作研究院、中国驻肯尼亚大使馆经济商务处：《对外投资合作国别（地区）指南——肯尼亚（2024 年版）》。

合作的产业园区多位于交通便利、地理位置优越、基础设施条件相对较好的地区,包括内罗毕、蒙巴萨、埃尔多雷特等主要城市。从园区主导产业看,目前中肯合作的产业园区涵盖轻工业、仓储物流、医药卫生等产业,如广东新南方集团与肯尼亚非洲经济特区有限公司合作建设肯尼亚珠江经济特区,重点发展电子信息、医药卫生、建材、服装纺织、种桑养蚕农产品加工等产业集群。从产业互动看,中国企业参与的基础设施建设与当地产业发展形成了良性互促。例如,随着蒙内铁路的建成,肯尼亚政府在铁路沿线建设或规划布局包括蒙巴萨经济特区在内的多个产业园区,意在通过蒙内铁路与蒙巴萨、内罗毕两地港口物流基地的对接,建设陆港一体化的产业经济走廊。①

2. 中肯产业合作的主要模式

中国企业在肯尼亚基建、能源、园区等领域的合作仍以传统的工程总承包模式(EPC)为主,在项目面临融资缺口的情况下,多采取"工程总承包+融资"模式(EPC+F),向中国金融机构寻求融资。近年来,中国企业积极推动合作模式向投建营一体化转型,蒙内铁路、内马铁路一期均为投建营一体化模式的典型案例。这一方面促使企业通过布局更高价值的投融资和特许经营环节,进一步提升盈利空间,增强产业链整合能力和综合竞争实力;另一方面也为项目提供了运营管理经验,规避项目因后期运营效率低而失败的风险。投建营一体化模式也对中国企业的投资开发能力、项目融资能力、运营管理能力、资源整合能力以及风险管控能力提出了更高的要求。

在肯尼亚财政赤字加剧、公共资金不足的背景下,肯尼亚政府致力于推动公私合作模式(PPP)。由中国路桥投资开发并建设运营的内罗毕快速路是肯尼亚第一条采用 PPP 模式修建的高等级公路,已于 2022 年 7 月正式投运,项目建设总投资约为 6.7 亿美元。该项目在不增加肯尼亚公共债务的情况下提供公共产品,受到肯尼亚社会的广泛赞誉。肯尼亚政府于 2021 年 12 月颁布《2021 年公私合作法》,在机构职能、采购方法、项目流程等方面做

---

① 王彤宙:《服务互联互通 促进合作共赢勇当推动共建"一带一路"高质量发展排头兵》,《学习时报》2023 年 11 月 15 日。

出优化。目前，肯尼亚已批准拉穆港-南苏丹-埃塞俄比亚交通走廊、乔莫肯雅塔国际机场绿地终端以及道路、发电站、大学宿舍等拟建 PPP 项目，并在财政部专门设立了公私合作部门。然而，在当前财政压力以及总统威廉·萨莫伊·鲁托推动的私有化政策进程放缓的背景下，PPP 项目将受到政府部门新一轮审查，叠加项目融资成本高等因素，PPP 项目预计进展将相对缓慢。

四 中肯经贸合作发展面临的主要挑战

（一）国际竞争、政策连续性与安全风险仍然突出

在世界主要大国竞逐非洲的背景下，中国企业在肯尼亚开展投资经营面临的战略环境正在发生深刻转变，国际竞争进一步加剧。美国曾于 2020 年启动与肯尼亚的双边自由贸易协定谈判。2024 年，美国将肯尼亚列为"非北约主要盟友"，双方建立"双边半导体和技术伙伴关系""气候和清洁能源伙伴关系"。同时，肯尼亚也较依赖世界银行、国际货币基金组织（IMF）等国际金融机构以及美国国际开发金融公司（DFC）提供的金融工具。中美地缘竞争可能影响中国企业在肯投资经营，增大项目融资难度、抬高合作门槛。中肯经贸合作亦长期承受西方媒体以及非政府组织编造、散布的"债务陷阱"等负面舆论压力，项目常常面临破坏环境、输出落后产能、挤占本地就业等无端指责，对中国企业的声誉及项目投资建设均造成一定干扰。

政局稳定性与政策连续性对中国企业的经营生产会产生极大影响，也会影响在当地投资的信心和决心。当前，肯尼亚族群政治的不稳定性风险仍然存在，根植于历史的族群政治互动模式依然以其特有的方式持续推动着肯尼亚国家治理体系的演进。

此外，恐袭风险仍然存在。由于地缘因素及当前经济问题，极端组织与族群冲突和社区矛盾等问题出现合流态势。索马里青年党势力外溢肯尼亚，不仅使肯尼亚东北部安全风险增大，也可能对国内部分族群聚居区的社会生

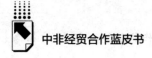

态产生直接影响，使肯尼亚安全赤字进一步放大为族群间矛盾。① 2024 年 7 月，索马里青年党成员在肯尼亚曼德拉郡引发多次冲突，造成人员伤亡。肯尼亚社会治安的恶化可能影响中国企业在肯经营。

（二）债务及汇率波动带来不确定性

随着肯尼亚于 2024 年 6 月结清欧元债券的未偿金额，目前政府债务违约风险可控，但由于财政法案中增税措施的取消，公共财政仍面临较大风险。鉴于肯尼亚债务负担及财政压力突出，政府对于基础设施、能源、制造业等领域的公共投资以及主权担保、优惠政策等可能受到限制，基础设施建设项目也在一定程度上存在政府违反排他性条款、政府延期发放运营许可证、调价机制不兑现、工程拖期欠款等风险。

此外，受疫情对肯尼亚创汇部门冲击及美元加息影响，肯货币持续贬值。2024 年 1 月，汇率进一步跌至 1 美元兑 161 先令，贬值幅度接近 30%，创历史最低水平。② 这不仅影响肯尼亚商品进口成本，也进一步抬高了肯尼亚外币债务的偿债成本，当地市场购买力降低，汇兑风险增大，对肯尼亚经济复苏与中企在肯尼亚营利造成多重负面影响。中国企业股权投资或债权融资多为外汇，用于进口设备或工程服务，但在当地运营所产生的收入为本地币，肯先令持续贬值致使企业承受高额汇兑损失。肯尼亚政府通过下调基准利率和外汇储备管理稳定肯先令汇率，取得一定成效，汇率于 2024 年 4 月起稳定在 1 美元兑 130 肯先令左右。③ 但未来仍有小幅贬值风险。目前，国际和国内金融机构还缺乏相应的产品来对冲汇率风险，套期保值工具少、期限短、成本高，且往往需要综合手段并用，操作难度及合规风险较大。

（三）营商环境不佳

从政策法规看，肯尼亚在商业法规和投资保护方面，存在一定的模糊

---

① 张宏明主编《非洲发展报告 No. 25（2022~2023）》，社会科学文献出版社，2023。
② 《当日汇率》，商务部网站，https：//ke. mofcom. gov. cn/drhl/index. html。
③ 经济学人智库（EIU）。

性。例如，肯尼亚普遍存在土地所有权不清晰的问题，同一块土地多人拥有地契以致引发纠纷屡见不鲜。同时，法律执行力度不足。部分法律要求以仲裁作为争议解决的首要方式，但由于肯尼亚司法程序冗长等问题，争议解决机制运行受阻，企业常常面临法律纠纷难以及时解决的状况。

从基础设施看，一方面，虽然蒙内铁路、内罗毕快速路、蒙巴萨港新油码头、拉穆港 1~3 号泊位等项目取得显著进展，但肯尼亚整体铁路网、公路网覆盖范围仍然有限，三成左右公路需要修复或重建，港口、公路等基础设施运力不足，且运费昂贵，物流成本占总成本 40% 以上。[①] 另一方面，肯尼亚能源供应不稳定，工业配套能力较差。全国电网覆盖率仅 30%，输配电系统线损大又导致电力供应不稳定。部分地区面临供水不足的问题，与埃塞俄比亚等国相比水电费价格过高。

从政府效率看，肯尼亚政府长期面临监管透明度较低、部分监管要求和标准不明确等问题，存在优惠政策落实不足以及资金挪用风险。肯尼亚不同层级政府及政府部门间有时还存在职权划分不清晰等问题，投资建设项目跨部门协同配合难度大。税务、移民和海关等政府部门办事效率不高，行政审批流程较为繁琐，税制不完善且执行不到位，投资便利化水平不高。这些因素均增加了企业在肯尼亚经商的运营成本和时间成本。

五 中肯经贸合作的总体思路及对策建议

（一）总体思路

中国与肯尼亚的经贸合作符合双方的利益诉求。肯尼亚地处东非门户，发挥着地区金融、物流、航运枢纽的作用。中国企业对肯贸易投资可进一步辐射东非、中非区域广阔市场。肯尼亚与美国、欧盟等签署经济伙伴关系协

---

① 商务部对外投资和经济合作司、商务部国际贸易经济合作研究院、中国驻肯尼亚大使馆经济商务处：《对外投资合作国别（地区）指南——肯尼亚（2024 年版）》。

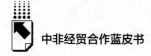

定，享有关税优惠等政策支持，有利于出口加工型企业在肯投资。肯尼亚劳动力资源丰富，用工成本相对低，吸引中国劳动密集优势产业向肯尼亚转移。肯尼亚目前面临财政压力攀升、建设资金短缺的困境，对农产品等对华出口、吸引中国投资有较强需求，中肯进一步深化经贸合作将助力肯尼亚推动其远期发展规划和中期计划落地。

加强中肯经贸合作总体上机遇远大于挑战。2017 年 5 月，中肯建立全面战略合作伙伴关系，两国关系进入建交以来最好时期，各领域合作蓬勃开展。东共体国家中，肯尼亚是中国出口额最高的国家，也是中国直接投资存量最大、工程承包合同额最高的国家，中国对肯尼亚贸易、工程承包、投资和技术合作逐渐形成了有机结合、相互促进的良好态势。尽管肯尼亚工业化发展不足，存在经济波动风险，营商环境仍需提升，但肯尼亚经济韧性相对较强，产业结构相对多元，与欧美、中国等保持良好关系，肯政府坚持执行发展规划，优先发展基础设施、能源、农业、制造业和数字经济等产业，近期出台一系列经济刺激举措，宏观经济已向好发展，这些均为中肯经贸合作带来更多机会。

未来以投资合作为牵引，带动工程承包和贸易，深化中肯经贸合作。继续扩大中肯贸易规模，优化贸易结构，推动贸易平衡发展。推动企业以贸易为先导，拓展至绿地投资、兼并收购等直接投资活动。关注肯尼亚发展规划支持、政策引导的行业，结合中肯双方比较优势与肯尼亚发展诉求，在风险防范的前提下，加大对肯尼亚基础设施、能源电力、制造业、农产品加工、产业园区、数字经济等领域的投资合作。以投资进一步带动对肯贸易和工程承包，鼓励工程企业向投建营一体化转型，拓宽产业链条。

（二）对策建议

1. 持续夯实中肯政治互信与民心互通

在大国竞争背景下，中肯经贸合作可持续发展面临不少障碍和干扰。为此，要统筹政府、企业、民间团体各方力量，持续夯实政治互信与民心互通，积极构建中肯利益共同体。

其一，做好统筹规划，积极对接"一带一路"倡议与肯尼亚《2030 年远景规划》，推进符合肯尼亚关切和战略规划重点领域的经贸合作，关注中肯经贸逆差、肯尼亚债务压力等现实问题，积极拓展合作领域、创新合作模式，夯实双方发展的共同利益。继续发挥好两国政府贸易、投资和经济技术合作联合委员会、中肯贸易畅通工作组等政府层面多双边合作机制，协助企业解决重点难点问题。

其二，引导企业重视践行社会责任，兼顾经济效益和社会效益，积极为项目所在地城市建设、安全生产、环境保护、创造就业等作出贡献。2024年 12 月，"携手推进现代化，共筑命运共同体"肯尼亚中资企业社会责任报告发布会于内罗毕举行。报告显示，2022~2023 年，中资企业在肯雇用 6万余名本地员工，本地化率超过 90%；参与当地基础设施建设，支持肯尼亚经济一体化与工业振兴；践行绿色发展理念，通过多种举措保护环境并应对气候变化；参与社区公益活动和生态保护项目，支持公益慈善。① 未来，应鼓励中国企业进一步融入当地社区，利用好本地媒体、社会网络，树立良好企业形象，赢得当地民众的信任和支持。

其三，推动中肯进一步扩大在志愿服务、文化教育、科技卫生、媒体智库等方面的合作，如通过鲁班工坊等项目，以及中企商会、智库学者、社交媒体等多元渠道，加深肯尼亚民众对中国及中肯关系的了解，消除债务可持续性、劳资待遇和环境影响等负面舆论造成的认知偏差，并围绕可持续发展、互惠互利、构建命运共同体等议题开展各种形式的交流，化被动应对为主动传播。

2. 积极推动中肯贸易优化结构

其一，拓展中国对肯出口新增长点。随着肯尼亚经济向好发展，生产性、投资性消费需求的上升将继续为中肯贸易带来新的机遇，可重点关注肯尼亚交通运输、航空客货运输、沿海航运、民用和公共建筑、加工制造、信息通信等领域贸易需求，通过中国企业对肯尼亚投资、工程承包等，带动装

---

① 《2022~2023 年肯尼亚中资企业社会责任报告》，2024。

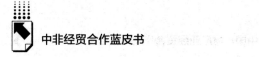

备、技术和标准出口。同时，关注中国竞争性商品对本土市场的冲击，进一步加强在高附加值产品领域的贸易合作。

其二，促进中肯贸易结构平衡发展。利用中非经贸博览会等平台，支持跨境电商、海外仓等新型贸易形式，发掘适合中国市场需要的产品，扩大市场准入政策范围。通过对肯尼亚加工制造业投资，助力培育当地具有优势的产业，推动其提升产品附加值，增加对中国加工农产品、轻工业产品的出口。鼓励中国企业对肯尼亚服务业开展投资合作，助力延伸其在服务贸易特别是运输、旅游、金融、信息通信等领域的优势，拓展教育、医疗等服务领域，提升肯尼亚服务贸易占比，推动中肯贸易结构的不断优化。

3. 不断拓展中肯投资合作领域

结合肯尼亚中长期发展规划，加大与制造业、新能源发电、信息通信等肯尼亚政策导向行业的合作，在发挥中国企业自身技术和经验优势的同时，契合肯尼亚经济社会发展诉求，提升肯尼亚产业链价值，助力其增加就业及税收。就制造业而言，其一，可利用肯尼亚劳动力成本优势，投资劳动密集型加工制造业，包括汽车、家电、建材等领域项目以及经济作物深加工项目，提高当地就业、劳动力效率和技能水平。其二，在实现进口替代的基础上，利用肯尼亚区位优势、市场辐射力及欧美市场准入优惠，进一步推动产品向非洲地区乃至国际市场出口，为肯尼亚创造更多外汇收入。其三，支持定位和运营模式清晰、配套基础设施良好、具备政策优势的工业园区、经济特区，鼓励有产业优势的企业在肯尼亚工业园区内集群发展。

4. 丰富和拓宽中肯经贸合作模式

其一，创新投融资合作模式。在内罗毕快速路项目中，中国信保作为政策性保险机构承保"政府支持函所担保责任"，为PPP模式下具备较强经济可行性的项目融资开拓了新的思路。此外，积极发挥股权投资基金的作用，鼓励其通过多元金融产品加大对非直接投资。

其二，加强货币合作机制。随着中非贸易的持续增长，肯尼亚先令兑人民币结算业务迅速发展，南非标准银行、花旗银行、中国银行等多家银行提供人民币账户服务。肯尼亚也已将人民币作为储备货币。未来，应适时推进中肯签订货币互换协议和人民币结算协议等安排，设立中非跨境人民币中心，鼓励中国企业在当地贸易和投资活动中使用人民币进行结算，降低汇率波动风险的影响。

其三，推进国际三方合作。通过与欧美企业以及国际和地区多边金融机构，如世界银行、国际货币基金组织、非洲开发银行等共同开展投资合作，一方面融合各方知识、经验、资金，引导撬动更多资本；另一方面与相关方实现利益捆绑与合作共赢，更好规避项目面临的地缘政治经济风险，为项目的稳定运营营造良好环境。

5. 提高防范、应对和管理风险的能力

其一，重视安全风险预警与防范。保持与我国驻肯尼亚使馆和经商处、东部非洲中国总商会、肯尼亚华侨华人联合会、肯尼亚中华总商会等华人团体，以及在肯中国企业的密切沟通，及时跟踪当地媒体对肯尼亚安全形势、社会动态、族群冲突等的新闻报道，按需调整经营建设活动，保持与冲突中心的安全距离，并在大选等易引发安全问题的特殊时点做好紧急情况预案。

其二，做好事前调查与风险评估。充分利用公开信息、政策性文件、国际咨询公司、研究机构等外部资源，对项目所在地的商业风险、投资项目的建设生产条件、上下游市场情况、行业竞争格局等进行充分调研，做好项目可行性分析。积极利用保险、担保、银行等金融机构和其他专业风险管理机构，特别是中国信保的海外投资风险，实现对自身利益的保障。

其三，提高本土化经营水平。充分了解肯尼亚商业法规和投资保护政策，包括外国投资法、外资优惠政策、行业规定、安全审查规定、税收制度、土地法、环境保护法等，与当地政府和相关行政机构充分交流，做好提早申请等应对措施，同时注重企业自身利益与当地经济、环境利益的平衡，尊重当地文化与风俗习惯，在遇到争议纠纷时利用法律工具维护自身权益。

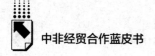
参考文献

李新烽、邓延庭、张梦颖：《中国与肯尼亚友好合作》，中国社会科学出版社，2018。

田丰、曾省存：《"一带一路"背景下中肯经贸合作现状与前景》，《财经智库》2018年第4期。

赵文杰：《中国与肯尼亚经贸合作研究（1993~2013）》，硕士学位论文，上海师范大学，2015。

Edward O. Mogire, *From Conflictive to Cooperative Interaction：A Study in Kenya-China Relations*（Nairobi：IDIS Thesis, 1993）.

Elijah Siringi, "Kenya China Trade Relations," *Journal of Economics and Finance*,（2018）.

Getachew Toma, Xiaolong Zou, "Effectiveness and Driving Factors of Chinese Cooperation towards East Asia：Case Study of China and Kenya（1964-2021）," *Journal of African Foreign Affairs*（2022）.

B.3
中国—尼日利亚经贸合作发展报告（2025）

毛小菁 姜菲菲*

摘 要： 尼日利亚是非洲最大的经济体和人口最多的国家，也是中国在非洲重要的经贸合作伙伴。本报告在介绍尼日利亚基本国情和经济发展概况的基础上，梳理了中国与尼日利亚经贸合作发展的历程和现状，重点分析了当前中尼经贸合作在政策、经济、社会等方面面临的各类发展风险，并提出加强双边经贸合作制度建设，积极推进重点领域合作，强化在尼利益保护，拓展人文交流合作，增强中企在尼社会责任意识等对策建议。

关键词： 经贸合作 尼日利亚 中国

一 尼日利亚情况简介

尼日利亚是非洲文明古国，于1963年10月1日宣布独立，成立尼日利亚联邦共和国。目前，尼日利亚是非洲最大经济体，也是非洲人口最多的国家，在非洲地区具有举足轻重的地位。

尼日利亚经济总体发展较为稳定。2020年，受疫情影响，尼日利亚经济下跌1.8%；2021年随着石油价格的一路上涨，尼日利亚经济增长也实现强劲反弹，增长3.6%；2022年和2023年的经济增速放缓，根据世界银行预测，

---

* 毛小菁，商务部国际贸易经济合作研究院西亚与非洲研究所所长、研究员，研究领域为中非经贸合作与发展合作；姜菲菲，商务部国际贸易经济合作研究院西亚与非洲研究所副研究员，研究领域为中非经贸合作。

2024~2026 年尼经济将实现稳步增长，增长率分别为 3.3%、3.5% 和 3.7%，[1] 主要受益于石油产量的增加、通货膨胀率的下降和消费需求的增长。[2]

尼日利亚自然资源丰富，已探明具有商业开采价值的矿产资源 44 种，主要有石油、天然气、煤、石灰石、大理石、铁矿、锌矿以及锂、锡、铌、钽和铀等。[3] 尼日利亚石油储量丰富，油质优良，开采难度低，是非洲第一大产油国，2023 年原油产量为 150 万桶/日，位居世界第十五位；已探明的石油储量约 368.9 亿桶，居非洲第二位，世界第十一位。已探明天然气储量达 5.76 万亿立方米，居非洲第一位，世界第八位，出口以液化天然气（LNG）为主，是世界第五大 LNG 出口国，预计 2030 年 LNG 出口量将达到 41 亿立方米，管道天然气出口量将达到 3.5 亿立方米。油气产业是尼日利亚最核心产业，约占其 GDP 的 5.5%，油气收入是尼日利亚最重要的经济收入来源，占其出口外汇收入的 92% 左右。此外，尼日利亚已探明高品位铁矿石储量约 30 亿吨，天然沥青储量 420 亿吨，优质煤矿预测储量约 27.5 亿吨，是西非唯一的产煤国。

2022 年，尼日利亚农业产值约 47.94 万亿奈拉（约合 924 亿美元），占 GDP 的 24.1%。其中，尼日利亚木薯年产量 4000 万吨，位居世界第一；尼也是世界第四大可可豆生产国。尼日利亚主要出口的农产品多为经济作物，包括可可豆、腰果、姜、橡胶、芝麻、棉花等，而粮食不能自给，需要进口小麦、大米、棕榈油、糖、鱼类等。

二 中国—尼日利亚经贸合作发展历程

1971 年 2 月，中国和尼日利亚正式建立外交关系，而中国与尼日利亚

---

[1] World Bank, Global Economic Prospects: Sub-Saharan Africa, June 2024.

[2] Nigeria Economic Outlook, https://www.afdb.org/en/countries-west-africa-nigeria-nigeria-economic-outlook.

[3] 商务部对外投资和经济合作司、商务部国际贸易经济合作研究院、中国驻尼日利亚大使馆经济商务处：《对外投资合作国别（地区）指南——尼日利亚（2024 年版）》。

的经贸合作则早在20世纪50年代就已经开始，从早期的贸易往来逐步拓展到工程合作和多双边经济技术合作，中国对尼投资也逐渐发展。数十年来，中尼经贸合作的领域不断丰富，规模不断扩大，为进一步提升中尼经贸合作奠定了良好基础。

（一）起步阶段（20世纪50年代~70年代末）

中国与尼日利亚的经贸合作起步于货物贸易。1953年中尼两国开始贸易往来，初期年贸易额不足100万美元。尼日利亚独立后，中尼两国贸易额不断增长，但最高年份也仅达800多万美元。20世纪70年代到80年代初，随着尼日利亚开发石油产量的不断增加，中尼贸易迅速发展，贸易额最高年份曾达4968万。[①]

（二）发展阶段（20世纪80年代~20世纪末）

20世纪80年代到90年代，随着中国改革开放政策的实施，一些中国承包工程企业开始积极拓展非洲市场，对非投资也开始起步，在此背景下，中国与尼日利亚的经贸合作开始进入发展阶段，合作方式更加多元。在双边贸易方面，80年代初期到中期，由于尼日利亚的石油大幅减产，中尼的贸易额也出现大幅下降，到80年代中后期开始又重新恢复增长，尤其是90年代以后，随着中国对外贸易体制改革的深化和市场多元化战略的实施，中尼两国贸易额连续跨越式增长。1993年中国对尼出口突破1亿美元大关，在中国对非洲各国出口中仅次于南非和埃及，位列第三；1995年，中尼贸易额突破2亿美元，1997年突破3亿美元。[②]自20世纪80年代初，中国公司相继进入尼日利亚承包工程，承建项目不断增多。早期中国企业承揽的项目主要集中于打井、供水、房建等中小型土建项目，从1995年开始，在经过多年的经验积累和国家"走出去"战略的积极推动下，中国企业在尼承包

[①] 《贸易》，中国驻尼日利亚大使馆经济商务处网站，2016年9月23日，https://nigeria. mofcom. gov. cn/znhz/hzjj/art/2016/art_93e6565d9d7e4a62a5a54a57395112b6. html。

[②] 同上。

业务迅速发展，开始逐步拓展到铁路、公路、港口、水利、石油服务、电力和通信等多领域，且项目规模逐年扩大。[1] 在投资方面，从80年代开始，一些中国私有企业开始在非洲进行餐厅、超市、日用品生产等投资，但总体规模小，较为零散。自90年代中期，中国与尼日利亚在多边框架下开始开展经济技术合作。1994年，发展中国家技术合作会议（TCDC）在阿布贾召开，中国政府与尼政府签订了57个项目协议，开始对尼进行多边技术援助，合作领域涉及水稻种植、蔬菜种植、农机、气象预报、太阳能利用、淡水养鱼、沼气、小水电技术、计算机等。[2]

（三）提升阶段（21世纪以来）

21世纪，中尼经贸合作快速发展，进入提升阶段。中尼贸易发展迅猛，不断刷新历史纪录。2004年双边贸易额突破20亿美元，2006年突破30亿美元，2007年达到40亿美元，2011年则首次突破100亿美元，中国成为尼日利亚第二大贸易伙伴，并于2012年超越美国成为尼日利亚第一大进口来源国。随着尼日利亚经济发展的加速和石油价格的高涨，尼迫切希望发展工业和基础设施建设，为中国企业承揽项目带来了更多机遇，尼日利亚成为中国重要的承包工程市场。2012年中国企业在尼日利亚新签承包工程合同206份，新签合同额102.11亿美元，完成营业额49.95亿美元。[3] 中国企业在尼承建了一大批具有代表性的项目，如华为承建了尼日利亚电信项目，中国土木工程集团有限公司承建了巴达格瑞高速公路项目，中国水利水电建设股份有限公司承建了700MW宗格鲁水电站等。中国对尼日利亚的投资也在不断扩大。自2006年开始，尼日利亚成为中国在撒哈拉以南非洲最大的投资目的地之一，中国对尼直接投资流量在0.50亿~3.50亿美元。从2002年开

---

① 《承包劳务》，中国驻尼日利亚大使馆经济商务处网站，2014年7月23日，https：// nigeria. mofcom. gov. cn/znhz/hzjj/art/2014/art_39344dee3d0141728f749ac11832731c. html。

② 《多边技术合作》，中国驻尼日利亚大使馆经济商务处网站，2007年4月18日，https：// nigeria. mofcom. gov. cn/znhz/hzjj/art/2007/art_82162178f43b4353bfefee702e433f2b. html。

③ 《承包劳务》，中国驻尼日利亚大使馆经济商务处网站，2014年7月23日，https：// nigeria. mofcom. gov. cn/znhz/hzjj/art/2014/art_39344dee3d0141728f749ac11832731c. html。

始，中国向尼日利亚提供双边援助，以物资援助、人员培训、民生援助为主，包括向尼提供抗疟药品、防虫蚊帐、抗禽流感物资，为尼方培训官员和技术人员，为尼贫困地区打井供水，等等。[①]

三　中国—尼日利亚经贸合作发展现状

尼日利亚是中国在非洲的重要经贸合作伙伴。近年来，中尼双边经贸关系不断发展，经济合作步伐进一步加快。两国政府间签署了一系列双边协定，包括《相互促进和保护投资协定》（2010 年 2 月生效）、《避免双重征税协定》（2009 年 3 月生效）等。中尼之间设有经贸联委会，至 2024 年已举办过 7 届会议。

（一）双边贸易

近年来，受石油价格波动、两国国内经济发展等因素影响，中尼贸易额出现一定幅度的上下波动。如图 1 所示，2020 年，虽受疫情冲击，中尼贸易额仅出现 0.21% 的微小下降，而在 2021 年双边贸易额即实现了强劲反弹，达到历史新高值 256.83 亿美元，增长 33.56%，为近十年来的最大涨幅；2022 年，由于中国自尼进口减少，双边贸易额降至 238.99 亿美元，较上年减少 6.95%。2023 年双边贸易额进一步降至 225.64 亿美元，同比下降 5.6%，其中中国向尼日利亚出口 201.78 亿美元，同比下降 9.5%，自尼日利亚进口 23.86 亿美元，同比增长 49.1%。中国多年来保持尼日利亚第一大贸易伙伴和第一大进口来源国地位；2021 年尼日利亚是中国在非洲第二大贸易伙伴（仅次于南非）和第一大出口市场，而 2022 年和 2023 年，尼日利亚是中国在非洲的第三大贸易伙伴（位于南非和安哥拉之后）和第二大出口市场（仅次于南非）。

[①]《政府间经济技术合作》，中国驻尼日利亚大使馆经济商务处网站，2007 年 4 月 18 日，https://nigeria.mofcom.gov.cn/znhz/hzjj/art/2007/art_05b23f81ca6447e1aa88cac1c5567237.html。

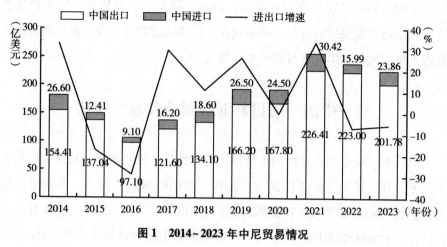

图1 2014~2023年中尼贸易情况

资料来源：中国海关总署。

中尼贸易互补性强。中国对尼日利亚出口商品主要类别包括电机、电气、音像设备及其零附件；锅炉、机械器具及其零件；服装及衣着附件；化学纤维长丝；车辆及其零附件；钢铁制品；塑料及其制品等。中国从尼日利亚进口商品主要类别包括矿物燃料、矿物油及其产品；矿砂、矿渣及矿灰；其他矿产品；铜及其制品；含油子仁及果实等。尼日利亚是中国自非进口天然气和石油的重要国家，2023年中国自尼日利亚进口矿物燃料和矿物油、矿砂、其他矿产品三大类产品在总进口中的占比分别为59.5%、16.7%和12.8%，合计达到89%。①

尼日利亚对中国贸易存在较大逆差。近年来，尼日利亚自华进口额总体保持增长态势，而中国自尼进口有一定的起伏波动，加上原油价格波动影响，尼对华贸易逆差有不断扩大趋势。2016年，由于尼日利亚自华进口大幅减少，尼对华贸易逆差也缩小为88亿美元，此后逆差不断扩大，2021年达到195.99亿美元，2022年更是达到历史峰值207.01亿美元。2023年，随着尼自华进口的减少，中国自尼进口的增加，尼贸易逆差降至177.92亿美元。

① 中国海关统计数据。

（二）对尼投资

中国对尼日利亚投资较为稳定。近年来中国对尼直接投资流量依然保持在 0.50 亿~3.50 亿美元，直接投资存量基本稳定在 20 亿~30 亿美元（见图2）。2022 年，中国对尼日利亚直接投资流量 1.20 亿美元，2023 年直接投资流量增至 1.86 亿美元；截至 2023 年底，中国企业对尼日利亚直接投资存量达 26.62 亿美元，尼日利亚是中国在非第四大投资目的地。目前在尼日利亚的较大型中资企业有 120 余家，投资领域主要包括石油开采、经贸合作区建设、通信广播、固体矿产资源开发、家电及车辆装配、食品饮料及桶装水生产、纺织品生产及加工、农业生产等。

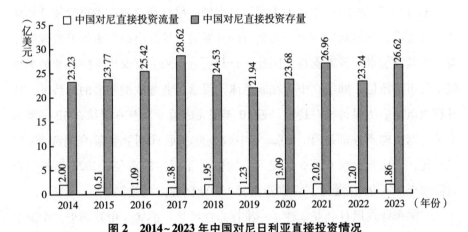

图2　2014~2023 年中国对尼日利亚直接投资情况

资料来源：2014~2023 年度《中国对外直接投资统计公报》。

境外经贸合作区发挥重要投资平台作用。中国企业在尼日利亚投资建设了莱基自由贸易区和奥贡广东自由贸易区两个经贸合作区，迄今，两个经贸合作区已初具规模。尼日利亚莱基自由贸易区是中国政府批准的国家级境外经贸合作区，占地 30 平方公里，是由中国铁建股份有限公司、中非发展基金有限公司、中国土木工程集团有限公司和南京江宁经济技术开发集团有限公司组建成立的中非莱基投资有限公司，与拉各斯州政府和莱基全球投资有

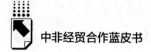

限公司共同投资和建设的经济特区。截至 2022 年 9 月，已有 174 家企业完成注册，其中 110 家企业（中资 70 家，外资 40 家）签署入园投资协议，在园区安家落户并陆续建成、投产和运营。① 中非投资有限公司与尼日利亚奥贡州政府合作开发的奥贡广东自由贸易区，成立于 2008 年，规划总面积 100 平方公里，合作期 99 年。启动区 2.24 平方公里已全部开发完毕，目前正在进行二期开发。截至 2024 年 5 月，共有约 140 家企业入区建设和运营。② 两个经贸合作区为企业对尼投资搭建了良好平台，对推动尼日利亚国家工业化进程，增加就业和税收、扩大出口创汇作出了积极贡献。

（三）基础设施合作

尼日利亚是中国在非最大工程承包市场。尼日利亚基础设施发展总体依然较为滞后，发展缺口较大。为支持经济发展，尼政府高度重视基础设施建设，不断增加财政预算支持，因此尼日利亚近年来一直保持中国在非最大承包工程市场地位，即使在中国在非总体工程承包业务收缩明显的趋势下，尼日利亚市场依然保持相对稳定，近 10 年来完成营业额基本保持在 40 亿美元上下。据中国商务部统计，2022 年中国企业在尼日利亚新签合同额 99.57 亿美元，完成营业额 45.90 亿美元，均位居非洲国家首位；2023 年新签合同额增至 104.00 亿美元，完成营业额 40.00 亿美元（见图 3）。

中国企业在尼日利亚承建了一批标志性项目。例如，由葛洲坝、中国水电、中地海外三家联合承建的尼日利亚蒙贝拉水电站被誉为尼日利亚的"三峡工程"，是尼日利亚最大的基础设施工程项目；由中国土木工程集团有限公司承建的拉各斯—伊巴丹铁路是西非首条现代化双线标准轨铁路，也是当时非洲最长的双线标准轨铁路，该公司承建的拉各斯蓝线轻轨项目也是西非首条电气化轻轨。此外中企还承建了莱基深水港项目、阿布贾-巴罗-

---

① 《自贸区简介》，中非莱基投资有限公司网站，http：//www.calekki.com/col/col15193/index.html。

② 商务部对外投资和经济合作司、商务部国际贸易经济合作研究院、中国驻尼日利亚大使馆经济商务处：《对外投资合作国别（地区）指南——尼日利亚（2024 年版）》。

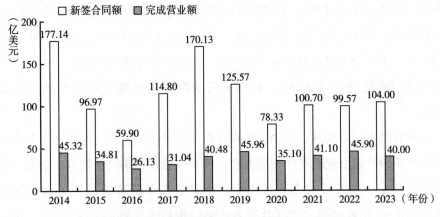

图3　2014~2023年中国在尼日利亚承包工程情况

资料来源：2014~2023年度《中国对外承包工程统计公报》。

阿贾奥库塔中线铁路项目、新月岛填海造地项目、Petrolex 1200MW联合循环燃气电站项目等大型项目，涉及公路、铁路、电力、通信、航空、石油等各领域，为尼基础设施建设和工业发展作出了积极贡献。

四　中国—尼日利亚经贸合作发展风险分析

虽然中尼经贸合作稳步发展，但也应该看到中国企业在与尼日利亚开展投资合作中仍面临着政策、安全、经济、社会等各方面的风险，需要密切关注，妥善应对。

（一）政策风险

近年来，尼日利亚政局总体较为稳定，但国家治理水平较弱，政府监管能力、执行能力和办事效率有待加强。监测非洲国家治理绩效的"易卜拉欣非洲国家治理指数（IIAG）"① 显示，2023年，尼日利亚国家治理指数

---

① 包括安全与法治，公众参与、人权和包容发展，创造经济机会的基础，人类发展4个指标，每个指标下又各细分了4个二级指标和4~7个不等的三级指标。

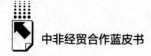

为45.7（总指数为100），在非洲54个国家中排第33位，较2014年下降了3个位次。其中，安全与法治这一指标仅为39.7，远低于非洲平均（47.9）。而公众对法治的看法（13.5）、公众对获得经济机会的看法（14）、消除政府机构腐败（20.4）、公众对反腐的看法（20.7）等三级指标都较低。①

尼日利亚政府治理水平弱也体现在政策波动性大、缺乏连续性、与投资合作相关的政策法规时有调整等方面，给企业投资带来严重障碍。例如，尼日利亚汽车工业发展计划（NAIDP）规定了汽车产品的进口关税区间为30%~70%，但政府在《2021年财政法案》中却随意将其下调至5%，这一政策逆转导致尼日利亚的54家组装厂濒临关闭，投资损失超过10亿美元。② 2023年，博拉·提努布总统上台后推行了一系列政策和经济改革，从实施浮动汇率到放弃实施多年的燃料补贴，再到推出新的税收改革，使尼日利亚的政策和经济发生重大变化，引发了投资者的谨慎，宝洁公司、生物医药公司葛兰素史克、医药企业赛诺菲等纷纷退出尼日利亚市场。③ 此外，尼日利亚行政审批环节多，各部门在审批时相互推诿，权力寻租情况严重，增加了企业投资合作的时间成本和风险。④

（二）经济风险

尼日利亚经济发展面临重重挑战。长期较为单一的经济结构致使全球油价波动对尼日利亚经济的影响非常明显，近年来油价下跌导致尼日利亚外汇储备持续下降，再加上欧洲债券市场准入受限以及资本外流增加，尼日利亚的外汇储备下降明显。外汇短缺造成企业不能及时向国外供货商支付货款，

---

① Nigeria country data, Mo Ibrahim Foundation, https：//iiag. online/locations/ng. html.
② 朴英姬：《尼日利亚经济发展困境及其治理》，《区域与全球发展》2022年第3期，第109~130、158页。
③ 《吸引力消退？大型跨国公司从非洲撤退》，东方财富网，2024年5月9日，https：//finance. eastmoney. com/a/202405093071651720. html。
④ 商务部对外投资和经济合作司、商务部国际贸易经济合作研究院、中国驻尼日利亚大使馆经济商务处：《对外投资合作国别（地区）指南——尼日利亚（2024年版）》。

对吸引外国投资带来不利影响。2023 年尼日利亚奈拉成为非洲表现最差的货币之一，贬值一度超过 70%，到 2024 年 8 月已贬值 43%，[①] 使得尼日利亚家庭储蓄受到严重侵蚀，也使投资企业的利润大幅缩水。尼日利亚央行不得不使用外汇储备来捍卫奈拉，外汇流动性进一步受限，对经济整体形势造成负面冲击。内外交困的经济也导致尼日利亚通胀严重，根据尼日利亚国家统计局 2023 年 12 月发布的数据，该国通胀率高达 28.2%，食品类通货膨胀更是达到 40%。受 2023 年下半年尼政府取消燃油补贴的延宕影响，尼日利亚 2024 年通货膨胀率进一步高涨，于 6 月达到最高值 34.2%，之后小幅下降到 8 月的 32.2%。[②] 外汇短缺、货币贬值、通货膨胀等不利因素造成企业运营成本大幅上升，给投资合作带来负面影响。

尼日利亚基础设施不完备，营商硬件环境较为落后。非洲开发银行发布的"2022 年非洲基础设施发展指数"显示，2022 年尼日利亚仅为 24.5325，其中交通指数 5.5997，电力指数 2.7217，信息和通信技术指数 18.7643，供水和卫生设施指数 69.2181。[③] 电力供应方面，尼日利亚电力基础设施老旧，电网建设不健全，电力供应严重不足。自 2021 年以来，尼日利亚电网多次崩溃，造成大规模甚至全国性停电。世界银行估计，尼日利亚因电力供应不稳定导致的全国大停电，每年造成 290 亿美元的经济损失。由于电网供电不稳定，企业不得不购置柴油或汽油发电机备用。交通基础设施方面，尼铁路总长 4332 公里，其中绝大多数为窄轨单轨线，只能提供最低程度的运输服务，运力严重不足。公路是尼日利亚的交通命脉，但普遍年久失修，尤其是东南部和西北部公路段路面毁损严重，乡村地区道路状况差。据估计，尼日利亚道路仅有 15%通行状况比较理想，而有近 30%状况十分落后。[④] 通信方面，尼日利亚移动网络覆盖面广，总人口覆盖率超过 92%，但主要提供 2G、

①　World Bank, Transforming Education for Inclusive Growth. Africa's Pulse, No. 30, October 2024.
②　World Bank, Transforming Education for Inclusive Growth. Africa's Pulse, No. 30, October 2024.
③　Africa Development Bank, Africa Infrastructure Index 2022.
④　商务部对外投资和经济合作司、商务部国际贸易经济合作研究院、中国驻尼日利亚大使馆经济商务处：《对外投资合作国别（地区）指南——尼日利亚（2024 年版）》。

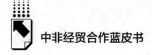

3G 和 4G 服务。截至 2022 年底，2G 用户数占比 59%，3G 用户数占比 18%，4G 用户数占比 23%，通信质量较差。① 且由于不同运营商网络间互联互通较差，许多移动电话用户不得不持有多个手机号码。基础设施落后大大增加了企业的投资和运营成本。

总体来看，尼日利亚营商环境仍有待改善。瑞士洛桑管理学院发布的"2024 年世界竞争力指数"② 显示，尼日利亚在目前所测 67 个经济体中位列第 64，其中营商效率③排名 58 位，基础设施④排名 66 位。

（三）社会风险

尼日利亚的教育投入不足，技术型劳动力短缺。自 2015 年以来，尼日利亚政府对教育的投入持续减少，2023 年教育支出占政府支出的比重仅为 4%，远低于撒哈拉以南非洲的平均值（13.9%）。⑤ 尼日利亚成人识字率仅为 63%，也低于撒哈拉以南非洲的平均值（68%）。⑥ 受教育程度低使得尼民众难以获得正式就业机会，虽然尼的就业率达到 75.8%，但在就业人口中只有 13.6% 是有薪雇员，而 86.4% 的就业人口都是个体户或从事非正规就业，⑦也使得尼难以提供熟练的技术工人和管理人员。世界银行发布的"2020 年人力资本指数"（0~1）显示，尼日利亚人力资源指数为 0.36，低于撒哈拉以南非洲国家的平均水平（0.4），在全球 174 个经济体中排名第

---

① 商务部对外投资和经济合作司、商务部国际贸易经济合作研究院、中国驻尼日利亚大使馆经济商务处：《对外投资合作国别（地区）指南——尼日利亚（2024 年版）》。
② 世界竞争力指数目前对世界 67 个经济体进行测算，包含了经济表现、政府效率、营商效率和基础设施四个指标，每个指标下又分了 5 个子指标。
③ 营商效率指标包含了产能与效率、劳动力市场、金融、管理能力、对商业的态度与准则 5 个子指标。
④ 基础设施指标包含了基本基础设施、技术基础设施、科学基础设施、卫生与环境、教育 5 个子指标。
⑤ 世界银行数据库。
⑥ 世界银行数据库。
⑦ World Bank，Staying the course：Progress amid pressing challenges，Nigeria Development Update，October 2024.

168 位。[①]

　　尼日利亚的工会和非政府组织力量强大，也需要中资企业特别关注。2024 年尼日利亚爆发的多次全国性罢工凸显了劳工组织与政府在工资和劳工权益等问题上的深刻分歧，也反映了尼的社会深层次矛盾。大规模罢工对国家经济、企业运营和社会治安都产生了负面影响。尼日利亚除工会组织外，各类非政府组织繁多，包括各民族、各宗教的原生非政府组织、各行各业的行业协会，或是专注于环保、人权、民主、女性权益等的专业组织，此外还有一些境外的人权、环保等非政府组织亦较为活跃，其影响皆不容小觑。[②] 中资企业也需要关注这些工会组织和非政府组织的影响，处理好与这些组织及协会的关系。

　　此外，尼日利亚的安全形势较为复杂，恐袭风险居高不下，属于恐怖主义高风险国家。社会治安状况也不容乐观，绑架、抢劫案件时有发生。近年来，尼日利亚政府持续加大反恐力度，取得一定成效，"博科圣地"遭受重创，活动范围不断缩小，但安全事故仍时有发生。中国驻尼日利亚使领馆近年来也多次发布安全防范提醒通知，提醒在尼中资企业和中国公民做好安防工作。

五　中国—尼日利亚经贸合作发展对策建议

　　作为非洲第一大经济体，尼日利亚在中国对非经贸合作中具有重要地位和影响。一方面，我国需要把控对尼经贸合作中的风险，另一方面也应该看到中尼经贸合作中的机遇。长期来看，尼日利亚仍有较大的经济发展潜力，自然资源丰富，劳动力资源充足，市场规模大，市场开放度相对较高，对周边国家有较强辐射力，这些有利因素为中尼继续拓展经贸合作创造了条件。

---

① 朴英姬：《尼日利亚经济发展困境及其治理》，《区域与全球发展》2022 年第 3 期，第 109~130、158 页。

② 李文刚：《中国—尼日利亚共建"一带一路"：优势、挑战及前景》，《当代世界》2020 年第 6 期，第 74~79 页。

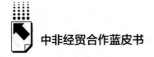

为此，应从政策、实践、保障机制等多方面入手，进一步促进中尼经贸合作深入发展。

（一）加强双边经贸合作制度建设

构建良好的合作制度框架将有利于中尼经贸合作的长久稳定发展。当前中尼经贸合作面临的许多风险和制度性障碍无法仅凭企业自身力量解决，中尼双方政府层面应加强协商合作，完善双边经贸合作制度建设。中尼签署了《相互促进和保护投资协定》《避免双重征税协定》，近年来中尼投资合作已有了较大发展，应根据最新合作发展需要及时更新既有协定内容，为在尼投资合作的中国企业合理减轻负担。同时中国应与尼日利亚积极沟通，推动签署共同发展经济伙伴关系框架协定，为中尼经贸合作提供长期、稳定、可预期的制度保障。

（二）积极推进重点领域合作

中国与尼日利亚在经贸领域优势互补，互有需求，尤其在一些重点领域仍有较大的合作空间，如基础设施建设、制造业、数字经济、清洁能源等，可积极推进在这些领域的合作。例如在基础设施建设领域，尼日利亚制定了《2020~2043年国家综合基础设施总体规划》，旨在到2043年将尼日利亚的基础设施建设总量从GDP的35%~40%提高到不低于70%，将每年用于基础设施建设的投资从GDP的3%~5%提升至9%。[①] 尼日利亚基建发展的巨大需求为我国承包工程企业进一步开拓尼市场提供了很大的空间。在数字经济领域，尼日利亚发展迅速，涌现出Jumia、Kobo等数字平台，同时金融科技、电子支付、电子商务等数字应用领域蓬勃发展，尼日利亚政府专门发布了《国家数字经济政策与战略2020~2030》，明确了政策制定、软件和硬件基础设施、数字应用等领域的重点发展方向，也将为中尼数字经济合作提供更多新机遇。

---

① 商务部对外投资和经济合作司、商务部国际贸易经济合作研究院、中国驻尼日利亚大使馆经济商务处：《对外投资合作国别（地区）指南——尼日利亚（2024年版）》。

（三）强化在尼利益保护

针对尼日利亚政治安全风险攀升的问题，我国应加强在尼利益保护机制建设，建立政策和市场有机结合的多元利益保护体系。一方面，应完善在尼投资合作风险预警机制，建设风险预警政府公共服务平台，为企业赴尼开展经贸合作提供权威的风险分析服务，并动员多方资源提供相关风险信息，尽可能及时准确掌握尼政局和社会变动情况，同时建立信息联通网络体系，使政治与安全风险预警等情报信息能够被中国在尼各经营主体迅速接收、共享、传递，以便做出及时的反应和行动。另一方面，应强化中国企业的雇主安全责任，推动在尼经营的中国企业加大必要的安保投入，鼓励进行重大投资的企业购买政策性保险，避免因政治、安全风险给企业带来重大经济损失。

（四）拓展人文交流合作

加强人文交流、促进民心相通可以为中尼经贸合作奠定良好的民间基础。中国政府可以继续邀请尼日利亚政府官员、技术人员、新闻媒体人员等来华参加人力资源培训，促进中尼发展经验交流互鉴和中国适用技术在尼日利亚的传播，使更多的尼日利亚官员和民众了解中国，增进对中国发展理念的理解和认同。同时可通过加强教育合作、青年交流、相互举办文化艺术活动、热播电视节目输出等活动，促进民间往来，增进相互了解和民间友谊。

（五）增强中企在尼社会责任意识

中国政府和驻外使馆应督促中国在尼经营企业加强合规经营意识，遵循尼日利亚的法律法规要求，注重环境保护，妥善处理劳资纠纷，与当地员工和工会建立良好的交流沟通机制，为其经营合作构建良好环境。可发挥当地中国企业商协会作用，对在尼中资企业定期开展合规性评价，促使企业加强自律管理。同时中国企业应着眼于长远发展，积极承担企业社会责任，扩大本土化经营，与当地社区共享发展福利，使企业能够真正实现可持续发展。

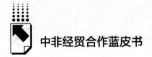

参考文献

刘仁华、倪善芹、安伟才等：《尼日利亚矿产资源及相关产业投资前景分析》，《中国矿业》2017 年第 11 期。

王永中、万军：《尼日利亚经济发展与中尼经贸合作》，《海外投资与出口信贷》2020 年第 1 期。

World Bank，Nigeria Country Economic Memorandum：Charting a New Course，December 2022.

B.4

中国—加纳经贸合作发展报告（2025）

徐姝　任国平　刘刚　钱骅*

摘　要:　中非经贸合作作为南南合作的重要组成部分,对促进非洲经济发展和中国深化对外开放具有重要战略意义。本报告系统探讨了中国与加纳双边经贸合作的历史演进、现状特征及未来发展趋势。首先对加纳国情进行了多维度剖析,为理解中加经贸合作背景提供了理论基础。其次,梳理了中加经贸合作的发展历程,总结了合作模式的主要特点,包括贸易结构、投资领域及合作机制的演变。在此基础上,深入剖析了中加经贸合作面临的挑战,涵盖加纳国内经济结构性困境、外部经济环境冲击、加纳国内产业链薄弱、企业投资风险以及政策法规稳定性不足等挑战。最后,针对全面评估加纳投资环境;加快投资法律制度顶层设计;精准推进产业深度融合;加强金融合作与风险研判等方面提出了相应对策建议。

关键词:　经贸合作　产业链协同　风险防控　中加

一　加纳状况简介

加纳全名加纳共和国 (The Republic of Ghana),地处非洲西部、几内亚湾北岸,西邻科特迪瓦,北接布基纳法索,东毗多哥,南濒大西洋几内亚

---

* 徐姝,湖南城市学院二级教授,博士生导师,主要研究领域为区域创新与发展、中非经贸与文化交流;任国平,湖南城市学院教授、硕士生导师,主要研究领域为公共政策管理、国际贸易;刘刚,湖南城市学院副教授,主要研究领域为中非国际贸易研究;钱骅,博士,湖南城市学院高级工程师,主要研究领域为城市经济。

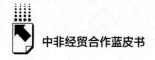
湾，海岸线长约 562 公里。

1960 年加纳与中国建立外交关系，是非洲第一批与中国建交的国家。

加纳的自然资源禀赋丰厚，主要包括矿产资源、渔业资源、森林资源和旅游资源。其矿产资源以黄金、钻石、铝矾土、铁、锰和油气等为主。

加纳的政治环境相对稳定，是非洲政治稳定和民主发展的典范之一。实行一院制和多党制，有罗林斯派、丹夸-布西亚派和恩克鲁玛派三大政党派系。

加纳是非洲大陆规模较大的经济体，长期位列非洲经济体排名前 10 位，也是西非地区重要的对外港口和货物集散中心，可辐射西非经济共同体 3 亿多人口大市场。

近来中加贸易发展迅速，中国已成为加纳第一大进口来源地。2023 年中加双边货物贸易总额为 110.4 亿美元，同比增长 10.4%。① 中国对加纳投资总体稳步增加，已连续多年成为其重要外资来源国。

加纳是一个多元文化国家，拥有丰富的民族和语言资源。共有 50 多个部族，主要有阿肯族（45.7%）、莫莱-达戈巴尼族（18.5%）、埃维族（12.8%）3 个部族。加纳人习俗特点可概括为：宾朋待人亲，厚道感情真；乐于助人有传统，重视感情有风范。

二 中国—加纳经贸合作发展概况

（一）中国—加纳经贸合作发展历程和概况

中国与加纳共和国于 1960 年 7 月 5 日建交，合作发展历程大致分为以下几个阶段。

第一阶段是建交初期（20 世纪 60~70 年代）。1960 年 7 月 5 日，中国与加纳正式建交后，签署《中华人民共和国和加纳共和国建交联合公报》，

---

① 《加强对华合作是非洲的正确选择（国际论坛）》，光明国际，2024 年 8 月 9 日，https：//world.gmw.cn/2024-08/09/content_37489852.htm。

加纳成为撒哈拉以南非洲首个与中国建立外交关系的国家。这一时期，中国以经济技术援助为主要合作形式，重点支持加纳的基础设施建设，体现了中国对加纳发展需求的积极响应，为双边关系奠定了坚实基础。受 1966 年加纳政变影响，中加关系一度出现波动，但双方迅速调整并恢复友好合作。这一阶段，尽管政治环境复杂，但双方通过务实合作保持了关系的稳定性，展现了中加关系的韧性。

第二阶段是合作深化阶段（20 世纪 80～90 年代）。1989 年，中加签订《中华人民共和国政府和加纳共和国政府贸易协定》，双边经贸关系进入制度化发展阶段。

第三阶段是快速发展阶段（21 世纪初）。2000 年，中非合作论坛的成立为中加经贸合作提供了新的平台，推动双边关系进入快速发展阶段。2006年，中加签署《中华人民共和国和加纳共和国联合公报》，进一步明确合作方向。2008 年，中国成为加纳最大的贸易伙伴之一，双边贸易额大幅增长，合作领域从传统行业向能源、基础设施等多元化方向拓展。

第四阶段是全面合作阶段（21 世纪 10 年代至今）。首先，合作规模显著扩大，2007 年，中国援建的加纳布维水电站项目开工，这是中国在加纳最大的援建项目之一。其次，合作机制更加完善，2013 年，中国提出"一带一路"倡议，加纳积极响应并参与相关合作；2016 年，中加两国签署产能合作协议。再次，合作领域不断拓宽，2017 年，《中华人民共和国政府和加纳共和国政府关于互免持外交、公务护照人员签证的协定》正式生效，为双方人员往来和经贸交流提供了便利；2018 年，中加两国签署《中华人民共和国政府与加纳共和国政府关于推进丝绸之路经济带和 21 世纪海上丝绸之路建设的谅解备忘录》，双边合作进入新阶段。2024 年 9 月，中加建立战略伙伴关系，双边关系迈向更高水平。标志着两国关系向政治互信、战略协同全面升级，为未来合作奠定了更加坚实的基础。

随着中非交往的增多，中非贸易规模日益扩大。2023 年，中加双边贸易额为 110.41 亿美元，同比增长 10.4%。其中中方出口额 92.25 亿美元；进口额 18.16 亿美元。2024 年 1～6 月中加双边贸易额为 59.98 亿美元，同

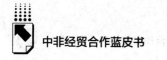

比增长 13.3%,其中中方出口额 48.77 亿美元,同比增长 8.7%;进口额 11.21 亿美元,同比增长 39.1%。①

据《2022 年度中国对外直接投资统计公报》统计,2022 年中国对加纳直接投资流量 8853 万美元;截至 2022 年末中国对加纳直接投资存量 10.58 亿美元。② 2023 年,中国共在加纳投资 31 个项目,总额 2.1189 亿美元。③ 中国在加纳投资企业主要集中在能矿业、加工业、旅游餐饮业、服务业。在加纳投资的主要中国企业有深能安所固电力、山东黄金、赤峰黄金、海南航空、新安阳光、森拓(钢铁、瓷砖)、森大集团(五金、纸尿裤、洗衣粉、瓷砖、房产)、山东江泉加纳分公司(纸箱包装厂)、中大科技加纳有限公司(重型车辆)、旺康陶瓷、三宝药业等。

(二)中加经贸合作发展特点

1.立足中非合作背景 中加贸易稳步提升

在中非双方战略引领下,中方各部门、各地方、各企业持续深化沟通与合作,推动中非经贸合作取得丰硕成果。中国连续 15 年保持非洲第一大贸易伙伴国地位。2023 年,中非贸易额达 2821 亿美元,与 2021 年相比增长近 11%,连续第二年刷新历史峰值。中非投资合作稳步增长。截至 2023 年底,中国对非直接投资存量超过 400 亿美元,是非洲最主要的外资来源国之一。立足于中非合作背景,中加贸易稳步提升。2020 年中加双边货物贸易总额为 84.97 亿美元,同比增长 13.6%。2021 年中加双边货物贸易总额为 95.7 亿美元,同比增长 12.6%。2022 年中加双边货物贸易总额为 102.7 亿美元,同比增长 7.3%。2023 年中加双边货物贸易总额为 110.4 亿美元,同比增长 7.5%。2024 年 1~11 月中加双边货物进出口额为 106.92 亿美元,相比上年同期增长 6.37 亿美元,同比增长 6.3%。④

---

① 外交部数据。
② 商务部、国家统计局、国家外汇管理局:《2022 年度中国对外直接投资统计公报》。
③ 根据中国对外承包工程协会数据统计。
④ 中国海关数据。

2. 中加经贸关系紧密 中国保持加纳第一大进口来源国地位

近年来，中加两国高层互访频繁，经贸关系紧密。2018年9月，加纳总统纳纳·阿库福-阿多出席中非合作论坛北京峰会，并对中国进行国事访问。2019年11月，孙春兰副总理成功访问加纳。2023年中国对加纳出口339亿塞迪，较2022年的264亿塞迪增长超过25%，保持加纳第一大进口来源国地位。加纳从中国进口的主要产品包括钢铁、车辆及配件、化工产品、机械设备及电子设备等。[①]

3. 投资领域多元 进出口覆盖范围广

中国在加纳投资项目领域覆盖全面，梯次衔接紧密，国企、民企投资齐头并进。深圳能源和中非基金共同投资天然气电站，助力加纳政府解决电力供应难题。海南航空、中非基金与加纳本地资金共同投资非洲世界航空公司，该公司是中国在非洲投资运营的首个航空公司。此外，民营企业在加纳投资也十分活跃，有力支持了加纳"一县一厂"战略与国家工业化进程。据中国海关统计，中国对加纳出口商品主要类别包括机电、钢铁、车辆、电子、塑料及制品；鞋靴、护腿和类似品及其零件；杂项化学品；针织或钩编的服装及衣着附件等。中国从加纳进口商品主要类别包括石油、矿产品、原木及木制品、可可及其制品、铝及其制品等。

4. 合作机制完善 经济合作与人文交流并重

中加两国政府通过签署多项合作协议，建立了政策沟通机制，确保双边经贸合作的可持续发展。这些协议涵盖了投资保护、关税优惠、技术转让等方面，降低了双边贸易和投资的风险，鼓励更多中国企业在加纳投资。在推动经贸合作的同时，中加两国还注重文化、教育和人才培训方面的合作。中国通过开设奖学金项目、文化交流、技术培训等方式帮助加纳培养人才，促进了两国人民之间的相互理解和友好往来，为经贸合作奠定了良好的社会基础。

[①] https：//www.statsghana.gov.gh.

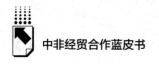
三 中国—加纳经贸合作面临的挑战

随着全球经济环境的变化以及疫情后经济复苏的加快,中国与加纳的经贸合作进入了新阶段。然而,国际局势的不确定性、全球供应链的调整、能源价格波动等因素对两国合作提出了新挑战。在加纳国内,经济结构单一、产业升级缓慢等问题依旧存在,同时中资企业在加纳的运营也面临政策、法律和市场风险,以下为中加经贸合作发展存在的问题分析。

(一)加纳国内经济结构性困境

加纳作为西非的重要经济体,依赖大宗商品出口的经济结构未有根本改变。尽管石油开发在一定程度上推动了加纳经济增长,但其经济依然严重依赖黄金和可可等资源型及初级产品的出口。随着全球市场需求波动,尤其是受疫情和俄乌冲突等国际因素的影响,全球供应链出现中断,导致加纳的出口收入不稳定。国际能源价格的波动也对加纳经济带来了双重压力:一方面石油出口收入波动,另一方面能源进口成本上升,导致通货膨胀和财政赤字加剧。[1][2]

加纳政府虽然试图通过产业多元化和吸引外资来推动经济结构调整,但缺乏足够的基础设施和技术支持,使得产业升级困难重重。制造业、信息技术等高附加值产业仍未成规模,导致加纳经济增长的内生动力不足。在这样的背景下,中国对加纳的投资虽然带动了基础设施建设和就业增长,但加纳整体经济的韧性较低,未来合作的可持续性仍面临挑战。

(二)外部经济环境冲击

随着全球地缘政治局势复杂程度的加剧,尤其是俄乌冲突带来的全球能

---

① https://www.imf.org/en/Countries/GHA.

② https://www.statsghana.gov.gh.

源市场震荡，国际经济形势的不确定性进一步加剧。加纳经济高度依赖大宗商品，全球供应链的不稳定性和能源价格的波动对其产生了显著影响。例如，国际能源价格大幅上涨直接提高了加纳的生产和生活成本，进一步加剧了通货膨胀。[①] 这对中资企业在加纳的运营构成了挑战，特别是那些依赖能源和原材料的行业，运营成本上升使得盈利能力下降。

与此同时，全球绿色转型的加速也给加纳带来了新的挑战和机遇。虽然加纳是一个资源丰富的国家，但其经济和能源结构相对传统，过度依赖化石能源，难以快速适应全球对可再生能源的需求增长。中国企业在加纳投资的项目中，若能抓住全球绿色经济转型的机遇，可能会在新能源领域开辟新的合作空间。

（三）加纳国内产业链薄弱

加纳产业结构单一，技术水平落后，在全球价值链中的位置较低。中国的投资在一定程度上推动了加纳的基础设施建设和农业现代化，但加纳的制造业、服务业等发展相对滞后，难以有效吸纳大量的劳动人口，失业率居高不下。[②] 随着全球经济数字化转型的加快，信息技术和数字经济成为各国发展的新引擎，而加纳在这一领域的基础薄弱，难以迅速跟上全球技术发展的步伐。

加纳在技能人才培养和技术创新方面也面临严峻挑战。中国与加纳在教育和技能培训方面已有合作，但现有的教育资源和技术支持不足以支撑加纳实现产业升级和技术转移。中资企业在加纳的运营，尤其是在高技术含量项目方面，可能会因为当地技术工人短缺而面临效率低等问题。此外，基础设施建设项目也常常因为技术支持不足和劳动力专业水平低而受到延误。

（四）企业投资风险

中资企业在加纳投资的过程中，面临着复杂的政策和法律风险。尽管加

---

① https：//www.imf.org/en/Countries/GHA.
② https：//www.gipcghana.com.

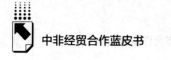

纳政局相对稳定，但其法律体系相对不完善，特别是在投资保护和税收政策上，存在不确定性，中资企业需要适应不断变化的政策环境。

汇率波动也是中资企业在加纳面临的主要风险之一。加纳塞地与美元汇率的不稳定导致企业在资金调动和利润结算时面临汇率损失。此外，国际金融市场的不稳定性增加了企业运营资金成本，这对依赖外汇的中资企业来说是一个挑战。由于加纳的金融体系相对不成熟，资本流动性较低，企业在调度资金时可能面临较大的操作风险。

（五）政策法规稳定性不足

加纳的政策法规体系复杂且常有变化，尤其是在外资准入、税收和环境保护等领域。加纳政府频繁调整政策以应对国际经济变化，这给外资企业带来了不确定性。此外，地方政府与中央政府在政策执行上的不一致性，也给企业带来了额外的管理难题，特别是在数字经济和新能源领域，尽管加纳政府积极推进相关法规的制定，但政策的实施力度和执行效果存在不确定性。中资企业在拓展新兴产业投资时，可能会面临法规不健全带来的市场准入和运营挑战。

综上所述，全球经济环境变化、加纳经济结构的局限性以及中资企业在加纳面临的各种挑战，都影响着中加经贸合作的未来发展。未来，中加经贸合作需要在更高层次上统筹协调。中国可以通过"一带一路"倡议和中非合作论坛等平台，继续加大对加纳的投资和援助力度，促进双方的经济融合和互利共赢。双方应进一步加强政策沟通和战略对接，在应对全球不确定性和挑战的过程中，寻求新的合作模式，共同推动中加经贸合作的高质量、可持续发展。

四 中国—加纳经贸合作发展对策建议

（一）全面评估加纳投资环境

1. 深入了解加纳宏观经济环境

一是做好加纳经济指标分析。关注加纳的 GDP 增长率、通胀率、汇率等关键经济指标，评估其经济稳定性和增长潜力。分析加纳的经济结构，了解其主要产业和经济增长点。从加纳经济指标分析可见，加纳投资吸引力主要体现在以下两方面。首先，加纳拥有丰富的黄金、钻石、铝矾土、锰及油气等自然资源，其土地和劳动力资源也非常可观。其次，加纳工业发展落后的现状为外国直接投资（FDI）的进入提供了商机。加纳工业基础较薄弱，技术装备落后陈旧，工业发展总体水平滞后，产品品种少、规格单一、质量不高，主要工业制成品和大部分日常用品都依靠进口。中国可以据此展开与加纳的自然资源贸易、轻工业贸易的商务合作，进行资源共享。二是进一步加强加纳政策环境评估。要研究加纳政府的经济发展规划和政策，特别是与外商投资相关的法律法规。关注加纳政府对外商投资的优惠政策，如税收减免、关税优惠等，我国政府据此可制定有针对性的投资策略。应灵活调整对加出口产品品类，同时兼顾多档次、多品种的系列产品开发，以增强对加纳乃至西非市场的适应能力。

2. 评估加纳政治稳定性与安全性

一是做好加纳政治稳定性分析，加强加纳安全性评估。了解加纳的政治体制和政府更迭情况，评估政治稳定性对投资环境的影响。关注加纳政府的外交政策和国际关系，评估其对国际投资者的态度和立场。分析加纳的社会治安状况，包括犯罪率、暴力事件等。了解加纳政府为保障外国投资者安全所采取的措施，随时跟踪加纳民主化进程，比如密切关注加纳政局变化、新政策的实施等，提前对风险进行评估，做好风险防范措施等。二是增强风险防范意识，建立风险防范机制。中加应共同抵制国际贸易保护主义，应增强风险防范意识，建立共同的风险防范机制，抵御外部市场的侵袭，中国应强化和加纳在进出口标准检疫检验体系、风险防范和经济安全等方面的交流。中加应该扩大对双边产业、贸易、投资等的监管、优化以及调整，提高抵抗外部冲击的实力。

3. 考察加纳基础设施与配套服务

一是做好加纳基础设施评估。通过考察加纳的交通、能源、通信等基础设施状况，评估其对投资项目的支持能力。近年来，加纳铁路发展部积极制定政策、计划和方案，以推动现代铁路网络和相关基础设施的快速发展。中加已经签署阿克拉轻轨项目特许经营协议，预计建设一个价值 26 亿美元的轻轨系统，这将极大提升阿克拉市的公共交通效率。加纳国家电网增加了发电能力，提高了电力供应的稳定性。同时，加纳还在积极推动太阳能、风能等可再生能源项目的发展，以实现 2030 年能源结构目标。加纳的通信和信息技术服务相对完善，手机运营商如 MTN、Vodafone 等提供了广泛的网络覆盖和通信服务。此外，随着互联网的普及，加纳的电子商务和在线服务平台也在不断发展壮大。这些加纳政府在基础设施建设方面的规划和投资都将成为中国投资的重要依据，中国政府应根据加纳的投资环境评估结果，制定符合自身特点和加方需求的投资策略。二是加强加纳配套服务评估。了解加纳的金融服务、法律服务、人力资源服务等配套服务状况，可以评估这些服务的质量和效率是否满足投资项目的需求。从签证与入境来看，加纳为外国游客和商务人士提供了相对便捷的签证申请流程；入境后，游客和商务人士可以更换为工作签或长期居留签；加纳的金融服务体系相对完善，包括银行、保险公司、货币兑换机构等；为中加经贸合作提供了良好环境。

（二）加快投资法律制度顶层设计

1. 构建中加贸易技术性举措评议机制

中加贸易技术性举措评议机制的作用主要体现在调查、分析、引导、促进、整合、平台搭建等方面。一是公共咨询服务。为中国政府、产业和企业提供有关加纳国家技术贸易壁垒的公共咨询、国外市场调研信息及相关技术与智库支持。二是信息系统建设。加强对加纳市场技术性壁垒信息的深度研究，建立动态跟踪与研判机制，推动构建中国对加技术性贸易壁垒信息系统。三是贸易规则精通。围绕贸易便利化、贸易畅通等问题，深入研究有关贸易规则、贸易制度的磋商和争端处理机制，促进与加纳贸易部门的互联互通。四是规范化建设。建立起不同国家对口部门的规范化联系机制，致力于消除制约贸易畅通的技术贸易壁垒以及制度和程序障碍。五是标准化实施。积极实施标准化战略，促进企业完善生产标准，提升技术质量标准，着力建设国际化认证体系，加快建立与加纳的相互认证认可制度，抢占中非经贸深度合作中的标准制定权与话语权。六是合法性评估。开展对加纳有关技术性壁垒的合法性评估工作，帮助了解进口国的技术标准及法规，指导企业积极应对贸易争端。

2. 加快完善与中加经贸合作相关的法律体制

打造互联共通的中加法治交流机制，畅通中加法治交流，深挖加纳法律制度本源，掌握制度现实运行，是促进中加法律互鉴、制度共融和有效处理涉加经贸纠纷的关键。一是搭建高质量的对话平台。依托中非法学院院长论坛，打造高质量中加法治交流对话平台，不断深化中加法治人才交流模式，拓宽学习互访、研讨培训、智库合作等务实合作渠道。二是开展系统性的人文交流。依托中国在加纳设立的孔子学院，打造以人文交流为抓手的孔子学院高校联盟，充分发挥区域性集合优势，以点带面推进中加人文交流和青年互动，促进人文与经济相互交融，推动高质量发展，以集聚中非民心，增进中非互信。三是拓宽双向涉加法治人才培养供给机制。优化涉加法治人才供给结构，开放性培养涉非法治人才，促进人才供给对接国家需求。"走出去"方面，充分发挥中加法学院院长论坛效能；"引进来"方面，着力提升非洲来华留学生培养质量，保障在加企业人才补给，帮助企业应对本地化用工政策，为涉加法治人才供给持续赋能。

（三）精准推进产业深度融合

1. 加强中加高层次统筹协调

一是加强中加政策沟通。与加纳就海关、税收、工商、金融等政策进行沟通，为企业争取税收、外汇等方面的优惠政策，加大企业对加纳直接投资的政策支持力度，保障中国投资企业合法权益。二是建立系统化的投资合作机制。从整体着眼制定规划布局方案，整合各类中资企业及其投资项目，对投资、援助、工程承包等主要经济合作方式统筹安排、协同配合，强化区域合作与联动，形成合力。三是建立中加合作项目库。依托项目库，引导企业有序理性地对加开展投资，邀请全球企业参与"一带一路"加纳市场建设，从传统的"国企+国企"向"国企+民企""国企+外企"等多元合作模式转变。四是加强项目合作前期的可行性分析和决策咨询。由驻非盟使团及驻非各国使领馆牵头联合第三方咨询机构和智库团队，客观评估并分析项目优势和潜在问题，为企业对加投资出谋划策，营造良好的舆论环境。组织中介机构、研究机构及高校等群体，发挥专业性优势，研究中加合作项目中的问题，编制并适时调整发展定位、产业选择、建设投资等规划方案。

2. 宏观经济增长与产业合作潜力分析

一是统筹推进加纳基础设施互联互通。化解交通、电力等痛点，加强基础设施项目的综合配套建设，在大型路网工程周边规划、打造产业带和经济走廊，发挥援外资金的综合效用，推动加纳一体化进程。做好基础设施项目的整体布局及可持续运营等综合配套工作，针对加纳基础设施的关键痛点难题，加大水利、电力、路网等重点配套领域的建设力度。二是强化中加农业合作。妥善选择投资加纳农产品品类，联合研发适合加纳农业生产的农资和农业技术装备，提高加纳粮食自给能力和农业现代化水平。三是探索医药领域合作。鼓励中国企业"走出去"，开展药品本地化生产，提高药品在加纳的可及性，支持中国卫生机构赴加纳开办医院、提供医疗服务。四是加强中加双边旅游合作。推进旅游签证便利化，增加直航航线，以旅游消费拉动加纳经济增长。

3. 创新投融资合作模式

一是拓展多元化投融资渠道。通过设立专项基金、发行债券等方式，为合作项目提供稳定的资金支持。同时，鼓励两国金融机构加强合作，提供跨境金融服务，降低融资成本和风险。二是探索创新合作模式。重视发挥对加金融投资机构的股权投资作用，使实业股权和金融股权搭配入股相应项目或企业，金融机构在股权投资方面发挥资金优势，企业在管理方面发挥技术优势，金融机构还可委托相关企业代为行使股东权利。三是做好政策保障机制。注重发挥政策性信用保险机构的作用；与有关国际机构和非洲当地机构加强合作，实现利益和风险共担；与相应非洲国家建立双边投资保护机制，既敦促中资机构在非合法合规经营，又切实保护在非中资机构的利益。

（四）加强金融合作与风险研判

1. 深化中加贸易与金融合作

一是优化供应链融资安排。以控股或参股形式加强对当地企业的技术转移和能力培育，拓展产业端融资来源，引导纯中资金融机构更多地成为提升供应链韧性的兜底性融资来源，提升供应链韧性，摊薄援非项目融资成本。二是完善传统金融业务布局。通过参与股权多元化改革、设立合资机构等方式，在银行及保险机构较集中的地区及保险业务基础较好的地区积极扩大业务和产品线合作，提升银联卡在加纳的使用率，推动中资资管、保险产品落地。三是培育金融经济领域友华力量。借力中非"能力建设工程"，借助非洲高端人才研修研讨、非洲留学生就业直通车等平台，积极开展加纳金融人才培训，增进加纳金融、经济界人士对中国经济发展成就，在非洲经济金融领域营造对华友好氛围，培养友华群体。

2. 加大对加纳的教育与技术援助

一是围绕战略精准投放援助项目。围绕"一带一路"倡议精准投放教育援助项目，促进教育资源在对外援助框架内科学合理地流动。高校聚焦培养或派遣支援重点区域需要的行业领军人才和优秀技能人才，加强对外教育援助基地的建设，提升中国教育援助基地区域辐射能力，极大提升教育援助开展的广度和深度。二是整合资源协调推进援助计划。整体的系统规划要求教育援助项目服从于援助框架，并进行中长期的动态调整。应进一步整合国内外资源、推进省部签约共建、凝聚社会力量，在大规模、多维度的教育援助中建立耦合网络机制，实现对加教育援助的集约化、规模化和可持续发展。三是评估教育援助项目的可行性。在教育援助资源分配过程中，应注重资源配置和效能增长，保证教育援助的资金和教育资源创造社会价值；应注重援助比例的调配，选择更为有效的援助机构，将其援助给予最需要的地区；可采用注重绩效表现和目标导向的援助项目，增强地方教育机构及其教师的能力，使对加教育援助更具备可持续性。

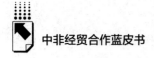

3. 强化风险预警与风险评估

一是建设投资风险监测与服务平台。整合资信评估、融资服务、投资业务分析等市场优质服务资源，搭建中加经贸深度合作投资风险监测与服务平台，平台服务功能应包括跨境贸易、对加投融资全流程信用风险管理与咨询、对加投融资金融对接、统一的大数据风险预警监测系统等。二是建立境外风险排查处置机制。建立针对境外公共安全风险的排查与处置机制，加强安全教育培训，加强与驻外使馆的沟通联系。针对地缘政治引发的投资纠纷，建议利用国际投资协定向东道国政府提起投资仲裁，寻求投资救济。针对税务与汇率风险，企业应加强税务筹划，将汇率变动风险纳入合同价格或约定货币保值条款，做好汇率风险转移和风险共担，科学运用衍生金融工具锁定汇率风险。三是建立境外风险分担与补偿机制。创新和丰富对加投资风险分担与补偿产品，完善对加投资风险分担与补偿机制；建立多边金融合作机制，为对加合作企业提供长期稳定的初始资本，鼓励更多金融机构和民间资本参与，进一步分散企业融资风险。建立政策性银行坏账准备金制度，建立稳定的内源性资本补充机制。创新风险分担模式，逐步完善商业性担保机构风险补偿机制，将金融机构、担保公司和律师事务所等纳入风险分担机制，进一步降低对加投资风险。

参考文献

周玉渊：《非洲跨区域合作与中国的角色：探寻新的多边合作范式》，《国际展望》2025 年第 1 期。

王达、王筱寒：《中非次国家行为体参与环境与气候治理合作：现状、挑战及对策》，《环境经济研究》2024 年第 4 期。

徐佳利、张利利：《地缘竞合视角下非洲粮食安全治理与中非合作》，《中国非洲学刊》2024 年第 4 期。

姜璐：《中非发展合作的可持续推进路径探索——基于发展中国家自主性的视角》，《国际经济评论》2024 年第 6 期。

张芸：《境外农业园区成为推动中非农业合作的重要载体——以境外农业合作示范区为例》，《世界农业》2024 年第 11 期。

B.5
中国—南非经贸合作发展报告（2025）

中国—南非经贸合作发展报告课题组*

摘　要： 在经济全球化的浪潮中，中国与南非经贸合作备受瞩目，其发展状况对双方及地区经济格局影响深远。本报告全面深入地探究了这一合作关系，涵盖南非基本概况、贸易、投资、协定等多方面内容，采用数据收集与分析、文献研究、案例剖析等方法，对双边贸易、投资数据风险管控及众多案例展开研究。结果表明，建交后双边经贸成果显著，贸易额增长，投资领域广泛，协定众多。然而，合作中存在诸多挑战，宏观经济方面，油价和汇率波动影响企业效益；公共安全方面，犯罪事件威胁企业人员安全与经营；政策法律层面，政府更迭与执法问题影响企业发展；社会环境方面，不实舆论与文化差异引发误解冲突。基于上述研究，得出重要结论，中国和南非双方应深化基础设施投资与合作；加强安全保障与风险评估；加强政府间沟通与合作；在开展经贸合作时，中国企业应深入了解南非的文化、宗教和风俗习惯，尊重当地的传统价值观；推动贸易多元化等。以此应对挑战，提升合作水平，实现互利共赢，为中非经贸合作提供示范，助力全球经济合作发展。

关键词： 经贸关系　南非　中国

---

* 课题组成员：秦效顺，南非大学教授，博士，中非中小农协会主席，研究领域为中非农业合作与发展；Mammo Muchie，非洲科学院院士、南非科学院院士，茨瓦内理工大学教授，研究领域为中非关系、中非农业合作、中非科技创新合作等；Kojo Amanor，加纳大学教授，研究领域为中非农业合作与发展、人类学、脱贫与乡村发展等；贺越，浙江师范大学，非洲研究院；赵麒宇，中央民族大学，非洲研究院；薛溪，浙江师范大学，非洲研究院；陈何佳，浙江师范大学，非洲研究院。

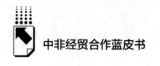
一 南非情况简介

南非共和国（The Republic of South Africa），简称南非，位于非洲大陆的最南端，国土面积约为121.9万平方公里。[①] 南非东、南、西三面被印度洋和大西洋环抱，北面与纳米比亚、博茨瓦纳、莱索托、津巴布韦、莫桑比克和斯威士兰接壤。南非是一个拥有三个首都的国家：行政首都为比勒陀利亚，立法首都为开普敦，司法首都为布隆方丹。

南非因其多元的文化和丰富的民族背景被誉为"彩虹之国"，旅游业在不断发展，吸引着大量游客前来体验其独特的自然景观和文化魅力。

南非是非洲经济最发达的国家之一，属于中等收入发展中国家。地理位置优越、自然资源丰富、基础设施完善、法律体系健全，是非洲工业化程度最高的国家，也是二十国集团唯一的非洲成员。

近年来，南非GDP增长仍然缓慢。GDP增长从2022年的1.9%放缓至2023年的0.6%。预计2025年的GDP增长率为1.6%，基础设施投资将支持建筑业和其他行业复苏。[②]

制造业、服务业和金融业是南非经济生产的主要驱动力。矿产资源丰富，尤其是黄金、铂族金属和钻石的生产量均占世界首位。[③] 近年来，尽管制造业的相对重要性有所下降，但仍在南非经济中占有相当大的份额。南非的制造业门类齐全，主要产品包括钢铁、化工、运输设备和食品加工等，制造业约占GDP的12.6%。

南非是非洲最具经济实力的国家之一，但也面临着诸多挑战。该国经济一直受到高失业率、低工资增长率和高负债水平的困扰。近年来，南非经济

---

① 商务部对外投资和经济合作司、商务部国际贸易经济合作研究院、中国驻南非共和国大使馆经济商务处：《对外投资合作国别（地区）指南——南非（2024年版）》。

② 商务部对外投资和经济合作司、商务部国际贸易经济合作研究院、中国驻南非共和国大使馆经济商务处：《对外投资合作国别（地区）指南——南非（2024年版）》。

③ 商务部对外投资和经济合作司、商务部国际贸易经济合作研究院、中国驻南非共和国大使馆经济商务处：《对外投资合作国别（地区）指南——南非（2024年版）》。

也受到全球贸易放缓、农产品价格下跌以及能源价格上升的影响。同时，南非还面临着财政赤字和公共债务水平较高的问题。频繁的电力中断和轮流停电（当地称为负荷削减），也影响了经济活动的正常开展。

目前，南非政府正在着手解决经济问题，包括推出新的经济政策以促进增长，加强对农业、制造业和服务业的支持等。南非还寻求与国际社会建立新的贸易关系，以稳定其经济。南非在非洲和国际舞台上扮演着重要的角色，其稳定的政治环境和不断发展的经济使其成为非洲大陆的重要力量，为区域合作和发展作出了突出贡献。

二 中国—南非经贸合作发展历程

中华人民共和国与南非共和国于 1998 年 1 月 1 日正式建交，并由此拉开了中南两国贸易往来的序幕。[①] 2004 年，中南两国正式确立平等互利、共同发展的战略伙伴关系；2006 年 6 月，签署了《中华人民共和国和南非共和国关于深化战略伙伴关系的合作纲要》，鼓励中非扩大双边贸易，鼓励两国企业进一步发掘贸易自身潜力，鼓励双方相互支持对方企业投资。自 2010 年南非加入金砖国家后，中南两国之间贸易又上升到一个新的台阶。[②] 2015 年 12 月，南非在非洲国家中率先同中国签署共建"一带一路"合作谅解备忘录。[③] 2018 年 11 月，南非作为主宾国参加首届中国国际进口博览会。2023 年 11 月，南非在第六届中国国际进口博览会上再次担任主宾国。中南两国双向投资规模不断扩大，双方经济互补性很强，合作潜力巨大。中国自南非进口以资源型产品为主，对南非出口以机电设备、纺织品、贱金属制品等制成品为主。

---

① 商务部对外投资和经济合作司、商务部国际贸易经济合作研究院、中国驻南非共和国大使馆经济商务处：《对外投资合作国别（地区）指南——南非（2024 年版）》。

② Miranda, Isabella Tamine Parra, et al., "A review on green technology practices at BRICS countries: Brazil, Russia, India, China, and South Africa," *Sage Open* (2021).

③ 商务部对外投资和经济合作司、商务部国际贸易经济合作研究院、中国驻南非共和国大使馆经济商务处：《对外投资合作国别（地区）指南——南非（2024 年版）》。

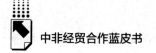

经济关系的发展有了政治和外交关系作保障，中南两国开始大力实施双边贸易、援助、投资、承包劳务等经济合作。用前中国驻南非大使钟建华的话说，"中南经贸关系可以说是'起步晚，发展快'"。目前，中国是南非最大的贸易伙伴国，而南非则是中国在非洲最大的贸易伙伴国。

中南双方经济合作涉及多个方面，覆盖面十分广泛。统计数据显示，1998 年中南建交时，双边贸易额仅为 15.7 亿美元。2003 年，中南双边贸易额增长了 1.46 倍，达到 38.7 亿美元。① 2004 年，中国和南非正式建立战略伙伴关系，两国关系进入一个新的发展阶段，两国的经贸关系发展也更加迅猛。2008 年，中南双边贸易额攀升到 178.2 亿美元，是 1998 年建交时的 11.35 倍。2009 年，尽管面对全球性金融危机的猛烈冲击，中南贸易额仍然达到 160.6 亿美元，占中非贸易额的近 20%，并一举超越美国成为南非最大的贸易伙伴和南非商品最大的出口市场。2010 年，全球经济尚未从经济危机的影响中走出来，南非吸引的外国投资也大幅减少，即使是在这样的情况下，中南双边贸易额也达到 256 亿美元，较上年增长了近 100 亿美元。2012 年，中南贸易额达到 599.5 亿美元。2013 年中国与南非双边贸易总额为 651.5 亿美元，同比增长 8.7%。2015 年，南非加入"一带一路"倡议，中南双方在基础设施、能源、制造业等领域的合作不断深化。2016 年中国与南非的双边贸易总额为 353.44 亿美元。2020 年疫情期间，中南贸易额逆势增长，全年达 358.36 亿美元，显示出两国经贸关系的抗风险能力和韧性。2021~2022 年，双边贸易迅速回弹并创新高，进一步体现合作潜力。2023 年虽然略有下降至 556.2 亿美元，但总体仍保持在较高水平，显示了两国经贸关系的韧性。

总体而言，自 1998 年以来，中国与南非的双边贸易关系取得了长足进

---

① 商务部对外投资和经济合作司、商务部国际贸易经济合作研究院、中国驻南非共和国大使馆经济商务处：《对外投资合作国别（地区）指南——南非（2024 年版）》。

展，贸易额持续增长，合作领域不断拓宽。未来，两国有望在更广泛的领域深化合作，实现互利共赢。

三 中国—南非经贸合作发展现状

近年来中国—南非经贸合作持续健康发展，成为中南关系的"推进器"和"压舱石"，中南双方共同维护开放、包容、透明的双边及多边贸易体制，成为中非以及南南务实合作的典范。中国将与南非一起，继续采取积极有效措施，扩大贸易投资规模、深化产业链供应链合作、助力维护多元稳定的国际经济格局，在新的历史起点上推动中南经贸关系高质量发展。

（一）双边协定

中国与南非相继签订了《中华人民共和国和南非共和国关于相互鼓励和保护投资协定》《中华人民共和国和南非共和国贸易经济和技术合作协定》《中华人民共和国和南非共和国关于成立两国经济贸易联合委员会协定》《中华人民共和国和南非共和国关于避免双重征税和偷漏税协议》和《中华人民共和国和南非共和国关于促进两国贸易和经济技术合作的谅解备忘录》等经贸合作协议。2004年6月，南非宣布承认中国的市场经济地位。2006年6月，签署《中华人民共和国政府与南非共和国政府关于林业合作的备忘录》，双方同意在森林资源管理领域开展合作，包含政策的制定与规划、研究与开发、贸易与商务、机构建设与人才培训等。2018年11月，南非作为主宾国在上海参加首届中国国际进口博览会。此外，中南双方就鲜梨、大豆、柑橘、玉米、苹果、苜蓿草、冷冻牛肉、红柚、鳄梨等农产品签订了输华协议。中南双边本币互换协议于2015年4月首签，并于2018年、2021年续签。

中国和南非还签署了《中南关于同意深化"一带一路"合作的意向书》《中华人民共和国商务部和南非共和国总统府电力部关于推动新能源电力投

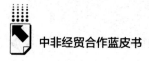

资合作的框架协议》《中华人民共和国科学技术部与南非共和国科学创新部关于加强科技创新合作的谅解备忘录》《中华人民共和国商务部和南非共和国贸易、工业和竞争部关于深化蓝色经济合作的谅解备忘录》《中华人民共和国政府与南非共和国政府高等教育和培训领域合作协议》《援南电力设备项目立项换文》《中国载人航天工程办公室与南非国家航天局关于载人航天领域合作谅解备忘录》《中华人民共和国政府与南非共和国政府关于公共卫生和医学科学合作谅解备忘录》《中华人民共和国海关总署与南非共和国农业、土地改革和农村发展部关于南非鳄梨输华植物检疫要求的议定书》《中国国家开发银行与南非国有企业部合作框架协议》《中国国家电网公司同南非电力公司战略合作备忘录》《中国工商银行和标准银行集团关于推进全面战略合作的 5 年行动纲要（2024~2028）》等一系列合作协议，以促进中南经贸合作发展。

2024 年 9 月，南非共和国总统西里尔·拉马福萨对中华人民共和国进行国事访问，为进一步深化友好合作，巩固互信互通，拓展多领域合作，加强双边及多边协作，两国元首一致决定将中南关系提升为新时代全方位战略合作伙伴关系，在牢固的政治互信基础上，促进贸易合作，加快经济转型增长，促进南非及非洲现代化建设，实现共同繁荣、共同富裕，共建中南人类命运共同体。

（二）双边贸易

南非是中国在非洲的第一大贸易伙伴，中国是南非最大贸易伙伴。据中国海关统计，2024 年，中国与南非双边货物贸易总额达 524.6 亿美元，累计比去年同期下降 5.7%。其中，中国对南非出口 218.1 亿美元，累计比去年同期下降 7.8%；中国自南非进口额达 306.4 亿美元，累计比去年同期下降 4.2%（见表 1）。中国自南非主要进口商品有黄金等贵金属、矿产品、纺织品、农产品、贱金属制品等；对南非主要出口商品有制造机电产品、计算机、五金、电子产品、纺织品、贱金属制品等。

表1 2019~2024年中国对南非双边货物贸易情况

单位：亿美元，%

年份	总额	增长率	出口	增长率	进口	增长率
2019	424.8	-2.4	165.4	1.8	259.4	-4.9
2020	360.1	-15.2	152.4	-7.9	207.7	-19.9
2021	537.4	49.3	207.9	36.4	329.5	58.7
2022	562.8	4.7	238.4	14.7	324.5	-1.4
2023	556.4	-1.2	236.5	-0.8	319.9	-1.5
2024	524.6	-5.7	218.1	-7.8	306.4	-4.2

注：增长率为未进位小数点之前数据计算所得。
资料来源：中国海关总署。

（三）双边投资

南非是中国企业在非洲投资的重点国家之一。根据中国商务部统计，2023年，中国对南非直接投资流量为3.5亿美元，截至2023年12月底，中国对南非直接投资存量为58.4亿美元（见表2）。

表2 2019~2023年中国对南非直接投资情况

单位：万美元

指标	2019年	2020年	2021年	2022年	2023年
直接投资流量	33891	40043	36359	38309	35390
直接投资存量	614657	541722	529417	574169	584164

资料来源：中国商务部、国家统计局和国家外汇管理局《2024年度中国对外直接投资统计公报》。

中资企业在南非的投资主要分布在豪登省的约翰内斯堡及各省的经济特区、工业园区中，投资项目涉及能源、纺织服装、矿业、机械、家电、基础设施建设、食品、金融、交通物流、农业、信息通信、房地产开发等多个领域。投资项目包括中广核南非TFC光伏项目、南非奥亚混合能源电站、中

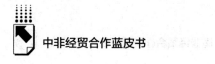

钢集团铬矿项目、南非 Samancor 光伏直供电项目、河北钢铁集团铜矿项目、海信集团家电项目、北汽南非汽车工厂项目等。

四 中国—南非经贸合作面临的挑战与风险

（一）宏观经济风险

宏观经济风险主要包括金融危机、通货膨胀或通货紧缩、大宗商品价格波动、汇率波动等，这些问题都将直接影响到中国企业在南非开展商业项目或对南非直接投资的利润大小和贷款偿还。

以国际油价为例，2024 年开年，国际原油价格延续了 2023 年末的萎靡不振状态，但自 3 月中旬开始，国际油价持续上涨，并在 4 月 4 日涨破每桶 90 美元的水平，但仅 7 个交易日维持在每桶 90 美元以上。4 月中旬之后，国际石油价格转入跌势，5 月份跌势加剧，6 月初跌破每桶 80 美元大关，但从 6 月中旬开始又重回每桶 80 美元以上并一直保持到 7 月底，其间最高涨至 87.43 美元/桶。从 7 月底开始，国际石油价格又跌破每桶 80 美元的水平，其后虽有几个交易日有所反弹，但总体上是逐渐降低的，并在进入 9 月份之后跌幅加大。南非虽是资源大国，但其自然资源主要集中于铂族金属、锰矿石、铬矿石、铝硅酸盐、黄金、钻石、氟石、钒、蛭石、锆族矿石、钛族矿石等矿产资源，油气资源则较为缺乏。南非能源主要依靠煤炭资源，而石油、天然气主要依赖进口，国际油价的变动将直接影响中国企业在南非的投资成本。且南非经济结构中，制造业占比较高，超过 GDP 总量的 10%，油价的变动也将直接影响南非本土企业的经济效益，从而可能间接导致中国在南投资难以收回工程款等问题，甚至会出现因缺乏资金，而推迟乃至取消原计划等情况。

此外，中国企业在非洲签订的合同大多以美元、欧元或当地货币作为结算单位，因此汇率的变化也会直接影响中国企业在非的投资收益。世界银行的资料显示，2020~2023 年，南非官方货币兰特兑美元平均汇率不断变化，每年的变化幅度都超过 10%，展现出兰特价值的不稳定性，而近年来人民币的升值也间接削弱了中国企业的竞争力，由于在投资初始阶段就需要签订相关意向合同，因此有必要考虑不同结算货币对企业效益的影响，以避免因时间差而产生的汇率差所造成的损失。

（二）公共安全风险

公共安全风险主要包括战争、恐怖袭击、刑事犯罪、传染性疾病及诈骗等风险。当下南非政局相对稳定，但就局部而言，仍存在潜在的公共安全风险，分离主义、民族主义在南非仍然盛行，这都构成了中南经贸合作的潜在威胁。谋杀、抢劫与绑架等严重暴力犯罪案件在南非各地均有发生，这类安全风险的存在使在南非的中国企业不得不加大在安保方面的资金和人力投入，造成经营成本上升，阻碍了中国企业在南非已有商贸活动的顺利开展。[1]

（三）政策法律风险

政策法律风险主要包括合作对象国政权更迭，及其造成的当地法律政策缺乏连续性、执行不力等问题。南非非洲人国民大会在其国内支持率持续下降，为中南经贸合作带来了挑战。

此外，南非虽有相对完善的法律制度和监察制度，具备完整的法律体系，但在实际操作过程中，往往并不能得到贯彻。当中国企业遇到法律问题，寻求法律帮助时，政策的不完善往往使中国企业维权艰难。且中国企业对于当地法律的了解也不充分，往往不能利用法律维护自身权利，或是在无意识情况下违反了当地法律，这些问题都亟待解决。

（四）社会环境风险

社会环境因素主要包括合作对象国或地区的风俗习惯、征地、舆论、环

---

[1] 《南非接连发生中国商人被绑架案！有家属一度被勒索 600 万元》，腾讯网，2024 年 11 月 20 日，https://news.qq.com/rain/a/20241120A06JPA00。

境保护等。中国与南非的开发合作面临着环境保护等问题，尽管中方企业在设计和施工时严格执行了相应的环保标准，但如果在宣传、拆迁补偿等问题上处理不当，也会导致地方民众误解，最终影响项目的进展。这一风险很大程度上源于中国企业对南非的了解不足，特别是南非存在制度化的传统领袖制度，传统领袖在南非的广大农村、较落后的城镇等地区均具有较大的权力，尤其在土地开发、劳动力、调解冲突等方面。

中南的贸易结构存在互补性。中国能够消化南非充分的矿产资源，解决南非的销售问题；同时也向南非出口机械，弥补南非工业化链条的不足。但从根本而言，中国通过与南非的经贸交往，帮助南非工业化发展，使南非能够自我加工矿业原料从而赚取更高的附加价值，并使机械设备国产化以缓解机械依赖进口的现状，是中非经贸合作高质量发展的关键。

五 中国—南非经贸合作发展对策建议

（一）应对南非宏观经济风险的措施

第一，中国与南非应深化基础设施投资与合作。南非目前的经济困境，与其基础设施滞后密切相关。南非的电力短缺、交通设施老化等问题，限制了其经济的发展，特别是在工业化和经济多元化方面。中国在基础设施建设方面具备丰富的经验和强大的资本优势，可以通过"一带一路"倡议加大在南非的投资，尤其是电力、交通、通信等关键领域。[①] 中国企业可以参与南非的铁路、公路、港口等重大基础设施项目，不仅能够缓解南非的能源和运输瓶颈，还能为南非提供大量就业机会，促进经济增长。例如，中国中铁、中国电建等，可以通过提供资金、技术和管理支持，帮助南非建设现代化的基础设施。此外，随着南非财政赤字和债务负担的加重，融资困难成为

---

① 《南非黑暗时代：当供电成为国家灾难》，欧亚系统科学研究会网站，2023 年 6 月 25 日 https：//www.essra.org.cn/view-1000-5164.aspx。

其经济发展的瓶颈。中国金融机构可以通过提供低息贷款、建设项目融资等，支持南非基础设施建设，帮助其提升经济发展动力。

第二，中国与南非应加强贸易多元化，推动产业升级。目前，中南贸易主要集中在矿产资源和能源领域，南非是中国的矿产资源（黄金、铂金等）重要进口来源国。而南非的农产品（葡萄酒、坚果、柑橘等）和一些轻工业产品也具备较大的出口潜力。因此，双方应进一步推动贸易品类多元化，拓展双边贸易合作空间。中国可以向南非出口更多的高科技产品、机械设备、电子产品、家电和消费品，同时，南非可以进一步开拓中国市场，尤其是在农业和食品领域。[①] 中国企业在南非投资建立加工厂、物流中心等，帮助南非提升产品附加值，推动产业升级。双方可在农业领域加强合作，通过技术转让和联合研发，提高南非农业的生产效率和产品质量，以增强南非在全球市场的竞争力。

第三，应推动金融合作与信息安全合作。南非面临较大的债务负担和财政赤字，金融稳定性存在一定风险。同时，诈骗和网络犯罪在全球范围内愈演愈烈。[②] 中国金融机构可通过提供资金支持、与南非银行建立金融合作机制，帮助南非稳定金融市场和汇率，促进经济复苏。此外，中国可以与南非加强金融与信息安全合作，特别是在跨境支付和电子商务领域，防范诈骗和网络攻击。双方可以共同推动数字货币、区块链等技术的应用，以增强交易的透明度和安全性。金融监管部门也可以加强合作，防范非法资金流动和洗钱活动。同时，双方应加强金融合作，推动人民币在南非的使用，减少汇率波动对双边贸易和投资的影响。通过中南两国银行之间的互联互通与跨境支付系统建设，推动两国在金融领域的深度合作。此外，中国的金融科技企业也可以为南非提供创新的金融服务，帮助南非提升金融体系的效率和普及度，降低金融风险。

---

① 《中国同南非的关系》，外交部网站，2024 年 10 月 https：//www.mfa.gov.cn/web/gjhdq_676201/gj_676203/fz_677316/1206_678284/sbgx_678288/。

② 《南非财长表示南非财政状况前景改善》，人民网，2022 年 2 月 25 日，http：//world.people.com.cn/n1/2022/0225/c1002-32359300.html。

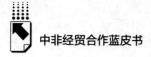

第四，应当推动能源合作，支持绿色转型。南非目前面临严重的能源危机，电力供应不足成为制约其经济增长的重要因素。中国在新能源和可再生能源领域的技术优势可以帮助南非解决能源短缺问题。南非可以借助中国在太阳能、风能、氢能、核电和水力发电等绿色能源领域的技术与经验，推动能源结构的转型。此外，中国企业可以参与南非的能源基础设施建设，尤其是清洁能源项目。通过绿色融资和技术合作，帮助南非实现低碳转型，减少对传统化石能源的依赖，从而改善能源供给，推动经济的可持续发展。

第五，应当加强科技创新合作，提升竞争力。南非面临的经济问题不仅仅是短期的财政危机，更是长期产业结构不合理、科技创新能力不足的结果。因此，推动两国在高科技领域的合作，尤其是在信息技术、人工智能、大数据和生物医药等领域的合作，将是推动南非经济转型和增长的重要途径。中国在科技创新方面取得了显著成就，南非可以借助中国在 5G 通信、人工智能、新能源汽车等领域的技术，提升自身的创新能力。通过合作研发和技术转让，推动南非各行各业的现代化，进而提高其在全球经济中的竞争力。

第六，应当加强人文交流与社会合作。经济合作的顺利发展离不开民间和文化交流的支持。中国和南非应进一步加强教育、文化、旅游等领域的合作，减少误解和冲突的发生，培育更加健康和稳定的经贸合作环境。通过增设奖学金、推动文化交流项目、举办旅游推广活动等方式，增进两国人民之间的理解与支持，减少误解和冲突的发生，促进更加健康和稳定的经贸合作。

（二）应对公共安全风险的措施

第一，加强安全保障与风险评估。中国企业在南非投资时，首先需要加强对安全风险的评估和管理。特别是在某些高风险地区，可以通过购买保险、与当地安全公司合作、设立自己的安保公司、加强企业驻外员工的安全培训等方式，降低由恐怖袭击或刑事犯罪等引发的风险。同时，中国和南非政府可以加强执法和司法合作，打击跨国犯罪、恐怖活动和其他犯罪行为，确保商业环境的安全稳定。

第二，加强防疫合作，确保公共健康安全。南非在应对传染性疾病（艾滋病等）方面面临一定挑战。中国可以与南非加强公共卫生领域的合作，尤其是在疫苗研发、疾病预防和治疗技术等方面。中国可以提供相关的医疗援助、技术支持和物资援助，帮助南非提升疫情应对能力。[①] 此外，加强两国在疫情期间的经济合作，推动远程工作和线上交易，有助于减少因疫情导致的经济损失。

第三，加强应急管理与危机应对机制。在面对战争或重大自然灾害及疫情等极端风险时，中国与南非可以建立更有效的应急管理与危机应对机制。两国可以签署应急合作协议，在出现重大风险时，及时共享信息、调动资源，确保双方企业和投资项目能够迅速恢复。中国企业可以加强在南非的风险管理体系建设，尤其是跨境供应链的风险评估与应急预案，减少外部不稳定因素对经济合作的冲击。

（三）应对政策法律风险的措施

第一，加强政府间沟通与合作。在政府更迭的背景下，中南两国应通过政府间的定期沟通和合作机制，确保政策的连续性和稳定性。中国可以与南非建立更加稳固的政府合作框架，推动政策协调，尤其是在税收、贸易和投资方面，确保合作项目的顺利进行。

第二，应当加强法律合规与风险预判，并建立多元化的风险管理机制。中国企业在南非投资时，特别重视法律风险评估。与当地法律顾问和专业机构合作，确保遵循南非的法律法规。通过完善的合规体系和预判机制，降低政策变动带来的风险。中国企业可以采取多元化的风险管理策略，如通过购买政治风险保险、采用灵活的合同条款等来应对潜在的政策调整或法律变化。

---

① 《"神奇血液"在南非：人类离终结艾滋还有多远?》，华大制造网站，2024 年 7 月 17 日，https://www.mgitech.cn/News/info/id/773。

第三，应当促进民间合作与长期投资。除了政府层面的合作，鼓励中南民间和企业之间的合作也很重要。可以通过长期的商业合作和社会责任项目，增强民间互信，减少政治风险对经贸合作的干扰。

（四）应对社会环境风险、外部环境风险的措施

第一，在开展经贸合作时，中国企业应深入了解南非的文化、宗教和风俗习惯，尊重当地的传统价值观。例如，在招聘、劳工权益保护、产品营销等方面，确保符合南非的社会文化规范，避免因文化差异引发不必要冲突。

第二，应当妥善处理征地问题。南非部分地区存在征地与土地使用的争议，尤其是在农业和基础设施项目中。中国企业可以通过与当地社区和政府进行充分沟通，确保项目的合法性与公平性，避免因征地引发社会问题。

第三，随着全球信息传播的加速，企业的社会责任和公众形象日益重要。中国企业在南非开展业务时，应建立有效的公共关系管理机制，积极回应公众关切，塑造良好的企业形象，避免因不当行为引起负面舆论。

第四，在推动经济合作的同时，重视环保是至关重要的。中国企业应遵守南非的环保法规，采用绿色技术和可持续发展模式，降低对环境的负面影响。

（五）应对贸易不平衡问题的措施

第一，推动贸易多元化。目前，中南贸易以中国对南非的出口为主，主要集中在机械设备、电子产品等领域，而南非对中国的出口则以矿产资源和农产品为主。为了促进贸易平衡，双方应推动贸易多元化，增添南非向中国出口的品类，如推动南非的农产品、制造业产品和可再生能源技术进入中国市场。同时，中国可以增加对南非高附加值产品的进口，避免贸易依赖单一商品。[1]

---

[1] 《2024 年 2 月中国与南非双边贸易额与贸易差额统计》，华经情报网，2024 年 4 月 16 日，https://www.huaon.com/channel/tradedata/978455.html。

第二，加强投资合作。通过增加在南非的直接投资，特别是在基础设施建设、制造业和农业领域，中国企业可以帮助南非提升生产能力和产品质量，推动南非产业升级，促进其出口增加。这不仅能缓解贸易逆差问题，还能为南非创造更多就业机会，推动其经济增长。

第三，促进技术合作与产业升级。中国可以向南非提供先进的技术和管理经验，帮助南非提升产业链的附加值，尤其是在制造业和高技术产业领域。这将有助于南非改善贸易结构，增强其在全球市场的竞争力。

第四，推动人民币国际化。通过推动人民币在中南贸易中的使用，降低汇率波动的影响，有助于提升贸易便利性，减少外汇风险，促进双方贸易的稳定和健康发展。

B.6
中国—埃及经贸合作发展报告（2025）

蒋 敏 刘晓红 赵 彤*

摘 要： 中国—埃及经贸合作是中非经贸合作的重要组成部分，具有显著的战略意义。本报告就中国—埃及经贸合作发展状况进行了分析。首先，概括了埃及的宏观经济、产业结构和对外经济活动情况。其次，介绍了中国—埃及经贸合作的发展历程。再次，分析了商品贸易产品集中，服务贸易潜能受限；中国对埃及的投资领域过于集中；中埃数字经济发展水平差异较大等主要问题。最后，为了促进中国—埃及经贸合作发展，在贸易、投资和数字经济合作方面提出了埃及需要提升出口产品的竞争力，丰富出口产品结构；中国应在加强中埃贸易合作的同时帮助埃及减轻贸易逆差压力，促进双方贸易的平衡与健康发展等对策建议。

关键词： 经贸合作 数字经济 埃及 中国

阿拉伯埃及共和国，简称埃及，地处亚非欧三大洲交界处，是阿拉伯国家联盟总部所在地，也是非洲联盟成员国，在阿拉伯国家、非洲和国际事务中发挥着重要作用。自1956年建交以来，中埃两国在政治、经贸、文化等领域展开了广泛的合作，双边关系发展顺利。作为最早加入共建"一带一路"倡议的国家之一，埃及与中国在该框架下开展了卓有成效的合作，中埃关系已经成为中国同阿拉伯国家、非洲和发展中国家团结协作、互利共赢的生动写照。

---

　* 蒋敏，博士，南京晓庄学院讲师，研究领域为服务贸易；刘晓红，博士，南京晓庄学院教授，研究领域为区域经济；赵彤，教授，南京晓庄学院商学院院长，研究领域为区域经济与管理。

一　埃及经济形势概述

近十年来，埃及经济总体呈现出平稳上升的态势。根据世界银行数据，2022年，名义GDP产值为4767.48亿美元，实际增长率达6.59%。2023年，埃及名义GDP为3959.26亿美元，比上年减少808.22亿美元，但实际GDP同比增长3.76%。从中长期看，预计2024/2025财年埃及经济增长将在4.1%。[①] 从名义GDP和实际GDP不同的增长趋势不难看出，埃及经济增长中伴随着严重的通货膨胀。当前，遏制通货膨胀、缓解货币贬值压力，已成为政府经济调控的首要任务。[②]

埃及的产业结构较为稳定，呈现出服务业占主体地位的经济结构。2014~2023年，第一产业占GDP比重始终维持在10.50%~12.00%；第二产业占比处于30%~40%，第三产业占比则始终保持在50%以上。2023年，第一产业增加值为419.69亿美元，较上年减少102.15亿美元，占GDP比重为10.60%；第二产业增加值为1296.04亿美元，较上年减少263.47亿美元，占GDP比重为32.73%；第三产业增加值占GDP比重为51.65%。

埃及是传统农业国，也是农产品净进口国。由于可耕种面积严重不足（约占国土面积的3.5%），埃及是世界最大的粮食进口国之一[③]。在第二产业中，制造业占比较高。2023年，制造业增加值占GDP和工业增加值的比重分别为15.06%和46.01%。

服务业是埃及国民经济的主导行业，主要收入来源于旅游业和航运业。

---

① 《【2024年汇市展望】埃及镑2024年或将继续贬值》，新华财经网站，2024年1月5日，https://www.cnfin.com/hs-lb/detail/20240105/3995842_1.html。

② 《货币贬值40%下的埃及：通胀飙涨、外汇短缺、债务高企》，东方财富网，2024年3月14日，https://finance.eastmoney.com/a/202403143012242161.html。

③ 《埃及贸易指南（2024年）》，商务部外贸发展事务局网站，2024年12月16日，https://www.tdb.org.cn/u/cms/www/202411/201038390p09.pdf。

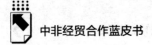

2022/2023 财年埃及旅游业收入达 136 亿美元，创历史新高。① 苏伊士运河承载着约 12% 的全球贸易，苏伊士运河收入是埃及财政收入和外汇储备的重要来源。2023/2024 财年，受红海沿岸国家地缘政治冲突影响，运河收入为 72 亿美元，较上一财年下降 23.4%，反映出航道安全和物流效率对埃及航运业发展的影响。②

埃及主要贸易伙伴包括中国、美国、法国、德国、意大利、英国、日本、沙特、阿联酋等。根据联合国贸易数据库数据，2014~2023 年，埃及进出口货物贸易额呈现较大的波动性。2015~2017 年，进出口贸易额呈现缓慢下降趋势，由 958.57 亿美元下降至 932.02 亿美元。2018 年，受石油和电力部门贸易发展的影响，进出口贸易额均大幅上涨。2019~2022 年，进出口贸易额呈现先下降后上升的势头。2023 年，埃及进出口贸易额为 1252.10 万亿美元，较 2022 年下降 15.57%。③

2014~2022 年，埃及服务贸易额稳定增长，在总贸易额的占比处于 24%~31%，主要为交通服务贸易和旅游服务贸易。④ 进口额总体呈稳定上升的趋势。从出口额来看，虽然总体上升，但样本期间呈现较大波动，可能和埃及的服务贸易出口以旅游业和航运业为主有关。

根据 WTO 数据库统计，2014~2023 年，埃及对外直接投资（FDI）流出额总体偏低且波动较大。埃及十年间一直处于外国直接投资净流入的状态，且净流入额总体处于上升趋势，体现出埃及较低的对外投资水平以及对外资较强的吸引力。

① 《埃及 2022/2023 财年旅游业收入 136 亿美元，创历史新高》，中国驻埃及大使馆经济商务处网站，2023 年 10 月 10 日，http://eg.mofcom.gov.cn/jmxw/art/2023/art_062f6a7d1838487283fa111736dc4f6d.html。
② 《今年以来埃及苏伊士运河收入下降 60%》，新华网，2024 年 10 月 7 日，https://www.news.cn/world/20241007/dc9f6166583540558796fba5abed6ee2/c.html。
③ 《埃及国家概况》，外交部网站，2024 年 10 月，https://www.fmprc.gov.cn/web/gjhdq_676201/gj_676203/fz_677316/1206_677342/1206x0_677344/。
④ 《埃及 2022/2023 财年旅游业收入 136 亿美元，创历史新高》，中国驻埃及大使馆经济商务处网站，2023 年 10 月 10 日，http://eg.mofcom.gov.cn/jmxw/art/2023/art_062f6a7d1838487283fa111736dc4f6d.html。

二　中国—埃及经贸合作发展历程

（一）建交与初步合作阶段（1956~2000年）

中国和埃及同为文明古国，有着悠久的经贸往来历史。1956年5月30日，中埃两国政府宣布建立外交关系，埃及成为首个和中华人民共和国建交的阿拉伯国家和非洲国家。1956年10月，中埃两国政府签订支付协定，规定两国贸易通过记账清算。1960年2月，中国政府与埃及政府在北京签署贸易协议附加议定书。随后，贸易协定不断更新，双边贸易额逐年增长，并于1975年突破1亿美元大关。1985年8月，中埃政府签订了新的贸易协定，将记账贸易改为现汇贸易。

1992年，两国政府建立经贸混合委员会交流机制。1994年4月和1997年8月，两国分别签订《投资保护协定》和《关于对所得避免双重征税和防偷漏税的协定》，进一步消除了在经贸交流上的障碍。1998年5月，合作成立中埃投资股份公司，参与埃及第一个经济特区——埃及苏伊士湾西北经济区建设。1999年4月，两国签署战略合作协议，埃及成为首个与中国建立战略合作关系的阿拉伯和非洲国家，也是首个同中国建立战略合作关系的发展中国家。此后，两国关系开启了政治、经济、文化合作交流的新征程。

（二）合作机制完善与贸易快速增长阶段（2001~2013年）

进入21世纪，中埃友好往来持续巩固和发展。经济关系不再局限于传统的进出口贸易，而是往双边投资和共建项目的方向发展。2001年，中埃双边民间交流机制正式启动，推动了两国交流范围的扩大。2006年，两国外交部建立战略对话机制，并签署了关于深化战略合作关系的实施纲要，进一步明确了合作的重点和方向。2007年，中国全国人大和埃及人民议会建立定期交流机制，加强了两国议会间的联系与合作，为两国关系的深入发展提供了政治保障。此后，双方陆续签署多项经济技术合作协定，涵盖投资保护、技术转移、资金融通等多个方面。2013 年，中国提出"一带一路"倡议，埃及是最早加入"一带一路"倡议的国家之一，两国在共建"一带一路"框架下展开卓有成效的合作。

（三）全面战略伙伴关系与"一带一路"深度合作阶段（2014～2023年）

2014 年 12 月，埃及总统阿卜杜勒·法塔赫·塞西访华并与习近平主席会晤，两国关系升级为全面战略伙伴关系，为两国在各个领域的合作创造了更大的空间。2016 年 1 月，习近平主席出访埃及，两国签署了《加强全面战略伙伴关系五年实施纲要》和共同推进"一带一路"建设谅解备忘录等 21 项协议和项目合同，中埃经贸务实合作驶入快车道。同年，埃及政府推出"2030 可持续发展愿景"（以下简称"2030 愿景"），与中国"一带一路"倡议完全契合。此后，中埃两国持续共同推动"一带一路"倡议与"2030 愿景"的深度对接。在此阶段，两国高层交往频繁，政治互信不断增强，双边贸易额不断扩大，中国稳居埃及第一大贸易伙伴地位，在文化、科技等领域的交流合作也日益活跃。

（四）新时代构建命运共同体阶段（2024年至今）

2024 年 1 月，中埃签署《中华人民共和国和阿拉伯埃及共和国全面战略伙伴关系实施纲要（2024～2028）》，旨在以近年来两国关系取得的务实成果为基础，发展双边关系并将其提升至更高水平。同时，埃及正式加入金砖国家，中埃双方通过本币结算合作减少对美元的依赖，探索多边贸易优惠政策。2024 年 5 月，塞西总统再次访华，期间习近平主席和塞西总统宣布 2024 年为"中埃伙伴年"，两国元首共同见证签署关于推进共建"一带一路"合作规划，为推动中埃全面战略伙伴关系迈向下一个"黄金十年"注入新动能。2024 年 9 月，中非合作论坛在北京举行，中埃继续加强对话，为构建人类命运共同体注入了强劲动力。在这一阶段，两国在经贸、人文、科技等领域的合作更加深入。在经贸合作上，双边贸易额继续保持增长态势，在投资、产能、数字经济等领域的合作不断取得新成果。同时，在教育、文化、旅游等领域的交流合作更加频繁，在云计算、数字经济和人工智能等领域的合作不断深化，助力埃及数字化转型。

三 中国—埃及经贸合作发展现状

（一）中埃双边贸易现状

自 20 世纪 90 年代以来，中埃贸易快速发展，中埃贸易额占埃及贸易总额的比重逐步上升。联合国贸易数据库统计，1994 年中埃贸易额为2.05 亿美元，仅占埃及贸易总额的 1.57%；1999 年中埃贸易额为 6.34 亿美元，占埃及贸易总额比重上升至 3.26%（见图 1）。进入 21 世纪后，中埃经贸往来加深，贸易发展速度加快。2012 年，中埃贸易额为 73.38 亿美元，占埃及贸易总额的 7.39%。2014 年 12 月，中埃全面战略伙伴关系的建立，使中埃贸易在埃及贸易中的重要性进一步攀升。2015~2023 年，除2017 年以外，中埃贸易在埃及总贸易中的比重始终保持在 10% 以上。2023年，中埃贸易为 138.51 亿美元，占埃及总贸易额的比重达 11.06%。自2012 年以来，中国已连续 12 年稳居埃及第一大贸易伙伴国地位。

埃及与中国的进出口贸易以货物贸易为主。2014~2023 年，埃及对中国贸易的进口额远远大于其出口额，贸易逆差严重（见表 1）。2014 年，埃及自中国的进口额为 80.58 亿美元，占双边贸易总额的 96.07%，出口额为3.3 亿美元，占双边贸易总额的 3.93%。中埃全面贸易伙伴关系建立以后，在双边贸易快速发展的同时，埃及对中国的商品出口增速加快。2022 年，埃及自中国进口商品额为 147.64 亿美元，占双边贸易额的 88.84%，对中国的出口额达 18.54 亿美元，占双边贸易额的比重提升至 11.16%。2023 年，埃及对中国的进出口贸易额均有所下降，进口额为 129.42 亿美元，同比下降 12.34%，出口额为 9.09 亿美元，同比下降 50.97%。

图 1　1994~2022 年中埃贸易发展趋势图

资料来源：联合国贸易数据库。

表 1　2014~2023 年埃及对中国的进出口情况

单位：亿美元，%

年份	埃及进口额	占比	埃及出口额	占比	贸易逆差
2014	80.58	96.07	3.3	3.93	77.28
2015	97.26	95.67	4.4	4.33	92.86
2016	89.95	94.76	4.98	5.24	84.97
2017	81.12	92.09	6.96	7.91	74.16
2018	115.82	91.8	10.35	8.2	105.47
2019	116.92	95.53	5.46	4.47	111.46
2020	116.86	93.94	7.54	6.06	109.32
2021	144.24	90.72	14.75	9.28	129.49
2022	147.64	88.84	18.54	11.16	129.1
2023	129.42	93.44	9.09	6.56	120.33

资料来源：联合国贸易数据库。

根据中国海关总署统计，从中埃贸易结构来看，2023 年，埃及从中国进口的产品主要为机械、电气、音像以及电子设备及其零部件、纺织品/服装/鞋帽制品、金属及其制品以及化学品及化工品，这几类产品占埃及自中国总进口额的 70% 以上；埃及对中国出口的产品主要为矿产品和农产品，这两类商品占埃及对中国出口额的 90% 以上，其中矿产品包括能源、石材和金属等，农产品主要为水果、亚麻、糖渣以及棉花等。

（二）中埃双边投资现状

中国是近年来对埃及投资最活跃、增速最快的国家之一，对埃及经济复苏作出了重要贡献。根据中国商务部统计，2023 年，中国对埃及直接投资流量为 2.04 亿美元，截至 2023 年末，中国对埃及的直接投资存量为 12.87 亿美元，相较于 2014 年涨幅为 95.89%，总体呈大幅上涨态势（见表 2）。但是从同比增速来看，受埃及政治、经济局面以及疫情等因素的影响，中国对埃投资流量呈现剧烈波动，例如，2018 年，中国对埃直接投资流量为 2.22 亿美元，较 2017 年的 0.97 亿美元涨幅达 128.87%；而在 2019 年，直接投资流量仅为 0.11 亿美元，同比下降 95.05%；到 2021 年，该数值又增长至 1.96 亿美元，同比上涨 625.93%。受直接投资流量大幅变动的影响，中国对埃直接投资存量也有明显波动。据埃及投资和自由区管理总局（GAFI）的统计，截至 2022/2023 财年底，在埃注册的中国企业有 2508 家，主要集中在能源、制造、建筑、信息技术服务、农业等领域。

表 2 2014~2023 年中国对埃及投资统计

单位：亿美元，%

年份	2014	2015	2016	2017	2018	2019	2020	2021	2022	2023
直接投资流量	1.63	0.81	1.20	0.97	2.22	0.11	0.27	1.96	2.30	2.04
同比增长	601.42	-50.31	48.15	-19.17	128.87	-95.05	145.45	625.93	17.35	-11.30
直接投资存量	6.57	6.63	8.89	8.35	10.79	10.86	11.92	12.73	12.03	12.87
同比增长	28.56	0.91	34.09	-6.07	29.22	0.65	9.76	6.80	-5.50	6.98

资料来源：中国商务部。

中埃·泰达苏伊士经贸合作区是中国政府批准的第二批国家级境外经贸合作区，也是唯一两获国家领导人授牌的境外合作区，已成为中埃经贸合作示范区。合作区位于苏伊士运河经济特区,紧邻艾因苏赫纳港,距离首都开罗 120 公里,并处于中国"一带一路"建设和埃及"苏伊士运河走廊经济带"的叠加区,从 1998 年的初创规划阶段开始,经历了大规模开发建设阶段、产业导入阶段,目前进入到产业升级阶段,已初步形成了新型建材、石油装备、高低压设备、机械制造等四大主导产业。[①] 据统计,自 2008 年正式建立至 2024 年 7 月,合作区已吸引超过 170 家企业入驻,吸引实际投资额超 21 亿美元,累计销售额近 49 亿美元,缴纳税费超 2.7 亿美元,直接解决当地就业近 1 万人,间接带动就业近 8 万人。[②] 合作区已成为埃及目前综合环境最优、投资密度最大、单位产出最高、中资企业最集中的工业园区,是共建"一带一路"的标志性项目之一。

(三)中埃数字经济合作

埃及政策环境良好,数字产业发展势头强劲,互联网用户数量激增,而中国数字经济规模庞大、数字技术优势突出、数字发展经验丰富,双方开展数字经济合作具有强大互补性与巨大潜力,数字经济合作已逐渐成为双方合作的新高地。2017 年 12 月,中国与埃及、沙特、阿联酋等国共同发起《"一带一路"数字经济国际合作倡议》,开启了中埃数字经济合作新篇章,目前中埃数字经济合作主要表现在数字基础设施建设、数字人才培养、数字贸易等方面。

1. 数字基础设施建设

中国企业广泛参与埃及宽带网络、数据中心、物联网等数字基础设施建设,为埃及数字经济发展奠定了坚实基础。例如,2016~2023 年,中兴通讯通过与埃及电信在网络提速升级项目、埃及村通项目等方面的合作持续助力埃及通信基础设施的建设,将埃及的互联网速度提升了数十倍,不仅丰富了当地民众的生活,也为当地数字经济发展注入了活力。2022 年 5

---

① 《中国企业助力埃及光伏产业发展》,中国经济网,2024 年 12 月 2 日,http://www.ce.cn/xwzx/gnsz/gdxw/202412/02/t20241202_39222191.shtml。

② 《红海岸边崛起国际化工业新城》,《天津日报》2024 年 9 月 7 日。

月，中国移动国际有限公司携手 Facebook、沙特电信、埃及电信等企业投资建设 2Africa 海底电缆，该电缆将使非洲与欧洲及中东无缝互联，极大地促进非洲互联网普及，满足数字化持续发展对带宽增长的需求。同年 10 月，中国移动与 Etisalat Egypt 电信公司签署战略合作备忘录，共同推进物联网领域解决方案的开发部署和市场拓展，助力埃及当地企业发展物联网智慧服务。

埃及市场是华为公司最早进行拓展的海外市场之一。1999 年起，华为就开始在埃及开展业务，与当地电信运营商、政府与行业客户建立了广泛而深入的合作。2012 年，华为开启埃及网络运营中心，为当地电信运营商提供前台业务、后端业务、劳动力管理、运营支持管理、网络性能维护等方面的专业服务。2017 年，华为在开罗建立北非首个开放实验室，在公共安全、智能电网、智慧城市和智慧政务等领域提供解决方案，志在与当地产业联盟和合作伙伴共同应对行业数字化转型。2024 年 5 月，华为启用埃及境内首个主流厂商公有云节点——云开罗节点，该节点能够将埃及用户访问华为云的速度提升约 80%，并提供包括 AI 平台、数据平台、开发平台在内的 200 多种云服务，极大地完善了当地的普惠算力基础设施。此外，华为还将为埃及带来人工智能、阿拉伯语大语言模型、数据库等众多创新技术。

2. 数字人才培养

为实现"数字埃及"愿景，埃及高度重视能力建设，希望通过与国际企业的合作提升该领域人才的能力，扩大人才储备。中国企业持续助力埃及数字人才培养与就业，对提升埃及青年数字素养和技能发挥了积极作用。2017 年，网龙网络公司与埃及政府开启了数字教育合作，并于 2019 年初签署数字教育合作谅解备忘录，通过搭建可移动智慧教室提升埃及的教育信息化水平。与此同时，华为自 2019 年起联合埃及多所高校设立华为 ICT 学院，旨在为埃及高校带来大数据、云计算等最新的信息通信技术知识及应用，持续帮助埃及高校培养青年信息通信技术人才。2020 年，华为与埃及国家通信研究院签署"华为信息通信技术学院"合作谅解备忘录，设立埃及首个国家级数字化转型培训中心，该中心将基于埃及数字化转型的需求，定期和华为联合开展专业人才培训。同年，华为还携手联合国教科文组织和埃及教育部共同开展了为期三年的"技术支持的全民开放学校"项目，为数字课程开发专家及中小学教师提供培训，并通过网络连接、云平台等构建国家远程教育中心，供全国教育工作者使用，以保持学习的连续性、公平性和包容性。2024 年，华为推出埃及首个公有云，计划未来 5 年在当地培养 1 万名本地开发者和 10 万名数字化专业人才，以满足本地智能化转型的人才需求。除华为外，自 2017 年起，阿里巴巴为包括埃及在内的非洲年轻人制订"互联网创业者计划"，为其提供在阿里巴巴学习互联网商业和创业知识的机会，为非洲的互联网创业播下普惠式全球化"种子"。

3. 数字贸易

在"一带一路"倡议及中非合作论坛背景下，中埃双方签署了多项电子商务合作协议，以推动双方的跨境电商发展。2017 年，中埃签署了《关于加强"网上丝绸之路"建设合作促进信息互联互通的谅解备忘录》，旨在深化双方在电子商务、"互联网+"等领域的交流合作。在政策推动下，以 SHEIN、AliExpress、TikTok Shop 为代表的中国跨境电商纷纷布局埃及市场，与以亚马逊为代表的全球性电商巨头和以 Noon 为代表的中东本土电商形成三足鼎立的局面。[①] 中国跨境电商企业在埃及的布局也为中国物流运输企业带来了发展机遇。2021 年 9 月，中通投资品牌速达非在开罗成立了埃及的第一个网点，并以此为根据地切入埃及快递服务市场；2022 年 6 月，极兔快递在埃及正式起网运营，并在当地建立起多个转运中心和集散中心；2023 年 2 月，顺丰国际将服务拓展至埃及，中国发往埃及的国际包裹可以通过顺丰进行发运、中转与派送。

除跨境电商以外，中埃双方还积极探索合作数字贸易合作基地，以深化在数字贸易领域的全面合作。例如，2024 年 9 月，天津经济技术开发区国家数字服务出口基地与埃及泰达特区开发公司共同签署"共建中埃数字贸

---

① 《全球跨境电商竞逐中东市场》，北京日报客户端，2024 年 5 月 17 日，https://baijiahao. baidu.com/s？id=1799284897732985127&wfr=spider&for=pc。

易国际合作区"的框架协议，旨在围绕贸易合作、技术合作、金融合作、产业合作、人才交流与培养等共同打造中埃数字贸易国际合作区，充分发挥天津经济技术开发区国家数字服务出口基地的优势作用，推进中埃贸易高质量发展。

四　中国—埃及经贸合作发展问题分析

1. 商品贸易产品集中，服务贸易潜能受限

当前，中埃贸易以货物贸易为主，且贸易产品较为集中。中国对埃及的出口以机电产品、机械设备、纺织品等工业品为主，从埃及的进口则集中为原油、矿产、棉花和农产品等初级产品。这种模式有助于发挥两国的产业互补优势，但是单一的贸易结构导致双方贸易潜能受限，贸易抗风险能力较弱。在服务贸易领域，中埃服务贸易主要集中在运输、旅游、工程承包等传统领域，而金融、保险、信息技术等现代服务业合作占比较低。值得注意的是，传统服务贸易的潜能也并未得到充分释放，例如，2023 年中国赴埃游客 23 万人次，同比增长 250%，但仅占埃及接待的游客总量的 1.54%。① 因此，推进贸易结构多元化、释放各领域贸易潜能不仅是提升中埃贸易质量的现实需要，更是强化中埃全面战略伙伴关系的重要路径。

2. 中国对埃及的投资领域过于集中

中埃双边投资额不仅规模较小而且投资领域较为集中。在中国对埃及的投资中，基础设施建设和能源为主要的投资领域。中国对埃及的基础设施建设投资取得了巨大成就，除了由中国企业承建的新行政首都中央商务区，多个铁路、港口等基础设施标志性项目都有中国企业的参与。但在埃及债务高企的背景下，将投资集中于基建领域不仅面临着较大的回款风险，而且限制了中埃投资发展水平的提升。目前，中国仍然存在较高的能源需求，因此仍

---

① 《埃及今年一季度接待中国游客达 9 万人次　同比增长 178%》，中国新闻网，2024 年 5 月 27 日，http：//www.chinanews.com.cn/cj/2024/05-27/10224093.shtml。

需扩大对埃及的能源进口和投资规模。但埃及能源领域投资竞争激烈，除了埃及本土企业大力投资能源产业，美国、欧盟、英国等发达国家及地区以及周边的海湾国家均将能源产业视为埃及重要的投资领域，中国想要拓展埃及能源市场面临着激烈的竞争。埃及一直致力于绿色能源发展和产业结构多元化发展。在"2030愿景"中，埃及大力推行制造业、农业、信息和通信技术（ICT）、基础设施等领域的发展，并积极推动绿色能源转型。随着埃及重点和优先发展产业的确定，上述领域成为国际金融机构和企业对埃投融资合作最为活跃的领域。

3. 中埃数字经济发展水平差异较大

从中埃数字经济综合发展水平来看，两国的实力差距较大，这使得中埃数字经济合作高质量发展受到制约。中国信息通信研究院发布的《中国数字经济发展研究报告（2024）》显示，2023年，中国数字经济规模达到53.9万亿元，其对GDP增长的贡献率达66.45%。尽管近年来埃及数字经济保持快速增长，但对经济的贡献仍然有限。根据埃及通信和信息技术部的数据，ICT产业连续5年成为埃及增长最快的产业，年增长率超过16%，但2023年对经济的贡献率仅为5.8%。目前，埃及还存在较为严峻的数字鸿沟问题，在限制ICT产业经济贡献度的同时也成了中埃"数字丝绸之路"高质量发展的主要障碍。[①] 在数字基础设施方面，尽管埃及的互联网普及率和手机使用率在非洲均处于较高水平，但埃及通信水平还有待提升，例如，虽然埃及运营商从2017年就进入了4G时代，但埃及大部分土地为沙漠，一些偏远地区信号覆盖仍然不足。在数字素养方面，埃及仍有相当比例的人口缺乏必要的数字素养，如不会使用电脑、智能手机，不会进行网络搜索和线上交易等。国际电信联盟的统计数据显示，2022年，埃及ICT基本技能普及率为57%，标准技能普及率为36%，高级技能普及率为2%。这意味着不仅埃及现有的人才储备难以适应埃及数字经济发展需要，在中国与埃及的数

---

① 黄超：《埃及的数字经济转型：路径与影响》，《中国投资》（中英文）2024年第Z4期，第94~97页。

字经济合作中，埃及当地也难以为中资企业提供必要的人才资源。此外，埃及电子支付发展起步较晚，2021 年 11 月，埃及中央银行才批准了电子支付条例，允许居民通过手机在银行账户之间进行即时支付，这也导致许多居民尚未养成数字经济行为习惯。在跨境支付方面发展则更加滞后，埃及跨境支付平台稀缺且支付生态系统复杂，致使在埃及进行跨境支付往往面临非常冗长的过程和较高的风险。

五　促进中国—埃及经贸合作发展的对策建议

（一）中埃贸易对策

中埃贸易具有很强的互补性，贸易额增长迅速，商品种类规模不断扩大，发展前景广阔。但与此同时，中埃贸易关系也在经历新的调整和挑战。在推动贸易增长的同时，如何平衡贸易关系，确保双方都能从中受益，是中埃需要共同面对和解决的问题。

对于埃及而言，需要提升出口产品的竞争力，优化出口产品结构。对于出口优势产品，如矿产品和农产品，应在扩大出口的同时注重提升产品质量。对于产品结构，埃及出口产品结构单一的主要原因是经济结构存在制造业短板。在资金、技术、人才等短缺的不利情况下，鼓励外资企业在埃及投资生产成为填补制造业短板的有效途径。此外，埃及服务业发达，但埃及对中国的服务贸易出口规模较小。为扩大对中国的旅游服务出口，埃及采取了多项举措吸引中国游客前往，包括制定专门针对中国游客的政策和服务、在中国举办旅游展会、加强与中国旅游运营商的合作等。2024 年前三季度，埃及接待中国游客达 26.5 万人次，同比增长 65%，可以预见旅游服务贸易将为中埃贸易发展带来新的机遇。①

---

① 《埃及旅游和文物部长：中国市场成埃及旅业复苏标志之一》，观察者网站，2024 年 10 月 21 日，https://www.guancha.cn/qiche/2024_10_21_752476.shtml。

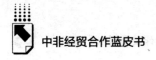

对于中国来说，应在加强中埃贸易合作的同时帮助埃及减轻贸易逆差压力，促进双方贸易的平衡与健康发展。目前，中国已推出了多项贸易促进和贸易便利化措施，如加强两国海关合作、优化贸易通关程序、推动标准对接和结果互认等。特别地，中国为埃及农产品设立了"绿色通道"，并搭建一系列展会平台促进埃及产品和市场对接。未来，还可以从以下方面进一步入手。一是继续优化中埃贸易合作环境，构建更加有助于互利合作的制度安排。二是深化产业链和供应链合作，充分释放中埃贸易的互补优势。三是增进中埃供应商和购买商之间的了解和对接，建立起互信稳定的合作关系。四是加强双方跨境电商合作，充分利用埃及数字产业发展为贸易带来的优势，通过电商拓宽贸易渠道、拓展贸易种类。

（二）中埃投资对策

2023 年 1 月，在开罗举行的中埃经济和投资论坛将新能源产业、汽车业、制造业、基础设施行业和经贸区建设作为重要合作领域。2024 年 5 月，习近平主席在与埃及总统塞西的会谈中表示，中埃双方应深挖在基础设施、工业、电力、农业等传统领域的合作潜能，同时展开在医疗卫生、信息通信、可再生能源等新兴领域的合作。由此可以看出，中埃投资合作不应局限于某一领域，应该深化、拓展双边合作内涵，在推动优势互补和不同产业衔接的同时分散投资风险。中国企业应该根据自身优势和市场需求，选择有潜力的投资领域。在投资合作方式上，可以通过产业对接和产能合作、工业园区和产业投资、基础设施和产业基础、技术转移和人才培养等方式，与埃及共同推动产业链发展和转型。

深化金融领域合作将成为中埃合作的新篇章。埃及常年深陷债务危机，面临严重的资金短缺问题，需要来自国际社会的广泛金融支持。中国对埃及的金融和资产活动以专项贷款为主，中国进出口银行、国家开发银行等政策性银行为埃及大型基础设施建设、能源开发等项目提供长期、低息的贷款，在支持中资企业投资埃及方面发挥着重要作用。[①] 截至 2024 年 4 月，国家开发银行累计对埃发放贷款 77 亿美元，并通过中非发展基金对埃投资 4.29 亿美元。[②] 近年来，中埃双方也在积极推动中埃资本市场的开放合作。2023 年 5 月，中国银行牵头埃及在中国银行间债券市场成功发行了 35 亿元可持续发展熊猫债券，埃及成为非洲首个在中国市场发行熊猫债券的国家。[③] 此举是中埃资本市场合作的重要尝试，不仅能促进埃及资金来源的多样化，也推动了人民币的国际化进程。除融资支持外，中埃还存在多样化的金融合作。例如，通过推动人民币跨境结算和人民币投资为中资企业提供金融便利化支持，推动中资企业对埃及金融机构进行战略性投资，深化两国金融机构之间的绿色金融、数字金融合作等等。

（三）中埃数字经济合作对策

随着两国数字产业的不断夯实，中埃数字经济合作的内容持续深化，可合作的领域也不断拓展。一方面，数字基础设施建设合作仍然是中埃当前和未来长期合作的关键领域。例如，埃及的 5G 网络建设目前尚处于起步阶段，中国通信企业可凭借 5G 技术优势积极参与埃及 5G 网络的商用部署与规模建设，提升埃及移动通信网络性能。另一方面，随着埃及数字化进程的加快，新的合作重心也不断产生。2024 年 4 月，中国能建和华为技术有限公司承建的埃及国家大数据中心项目落成，该项目是埃及乃至北非第一个分析和处理大数据的人工智能中心，大幅提升了埃及的数字存储、处理和服务能力。在数字经济的大力驱动下，埃及数字经济市场必将继续蓬勃发展，为中埃合作创造更多空间。此外，在数字支付领域，中国是佼佼者，埃及也处

---

① 拉尼亚·马沙特：《埃及与中国进出口银行开展可持续合作的数十年历程》，《海外投资和出口信贷》2024 年第 3 期，第 5~8 页。

② 《国家开发银行 10 亿美元支持埃及中小企业等领域发展》，央视新闻客户端，2024 年 5 月 31 日，https://content - static.cctvnews.cctv.com/snow - book/index.html? item_id = 5148084006216896705&channelId = 1119&track_id = 7fe2adea - 6cba - 4964 - 87b5 - 4f81822ff52e。

③ 《亚投行助力非洲首笔熊猫债落地中国银行间债券市场》，澎湃新闻客户端，2023 年 11 月 4 日，https://www.thepaper.cn/newsDetail_forward_25184506。

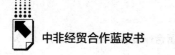

于迅猛发展阶段，但中国企业在该领域的参与尚不深入，随着移动设备在非洲的普及和推广，移动支付将创造巨大市场，中国企业应抓住机遇，把握市场。

在网络安全方面，为保障数字经济发展，埃及越发重视网络安全和数据治理问题。近年来，埃及不断制定和完善相应法律法规，发布《反网络犯罪法》《数据保护法》《电子签名法》《互联网用户保护规则》《移动钱包监管规则》等，并不断加强在网络安全和数字治理方面的国际交流合作。近年来，中国积极履行国际责任，加强网络安全领域合作伙伴关系，发布和提出《网络空间国际合作战略》"全球数据安全倡议"、"中非携手构建网络空间命运共同体倡议"等，体现了中国与非洲国家共同捍卫网络安全的决心。2024 年，华为启动的云开罗节点则是埃及的首个公有云节点，能够为埃及网站提供安全、经济的本地存储方案，大幅提升本地网络访问速度和安全性。未来，中埃双方应继续以政府、企业、行业组织等多方为主体，就推动数据保护、跨境数据流动、数字平台监管、互联网法律法规等方面加强合作，协商构建统一的数字技术标准与数据治理规范；并共同建立国家级计算机应急响应组织，开展跨境网络安全事件处置、信息共享和经验交流，打造网络空间命运共同体。

在人才培养方面，埃及当前面临着严重的数字人才短缺问题，中埃双方应继续从政府、企业、高校等多方面加强合作，创新人才培养模式，消除埃及在人才素养方面的"数字鸿沟"。在政府层面，中埃双方可在数字人才培养政策制定方面加强沟通，通过举办中埃数字人才培养合作论坛，推动双方企业、高校、科研院所的交流合作，鼓励人才流动，并通过数字教育平台分享优质数字教育资源。在企业和高校层面，除继续加强两国企业和高校之间的交流合作以外，还可以深化两国之间的产教融合和校企合作，共同构建与本国数字经济发展水平相匹配的专业集群，并通过校企联合建立健全数字职业标准和评价标准体系，优化数字技能人才培养生态。

参考文献

郭晓莹、吴昊：《中埃数字经济合作：现状、挑战与深化路径》，《对外经贸实务》2023 年第 7 期。

佘莉：《中埃苏伊士经贸合作区：背景、成效、发展机遇》，《国际经济合作》2018 年第 7 期。

B.7
中国—马里经贸合作发展报告（2025）

易荣归　徐盈之*

摘　要：　本报告以中国与马里共和国的经贸合作为研究主题，系统分析了马里经济概况，基于世界银行、国际货币基金组织等多源数据，结合案例分析，揭示了马里经济高度依赖农业与采矿业，基础设施薄弱，且存在安全、经济、环境等多重问题。报告发现，中马经贸合作自建交以来持续深化，在经贸、投资等领域取得显著成效；然而，马里国内存在社会环境需不断改善、基础设施落后与配套政策不足、环境保护与资源管理机制不够完善、市场波动与大宗商品价格依赖严重、农业技术落后与创新乏力、通货膨胀与货币贬值、融资渠道狭窄与项目进行受阻等问题，严重制约了中马合作潜力。报告建议，双方应通过加强双边合作机制与法律框架建设；促进基础设施合作中的环保与可持续发展；推动农业现代化合作，增强粮食安全；强化多领域经贸合作，降低资金获取难度；实现可持续发展与互利共赢，为深化中非合作提供新范式。

关键词：　经贸合作　互利共赢　马里　中国

一　马里共和国概况

马里共和国地处非洲西部，属于内陆国家，其总面积达到124万平方公

---

* 易荣归，中非经贸深度合作研究中心主任，湖南骁禹咨询有限公司董事长；徐盈之，东南大学经济管理学院教授，博士生导师，研究领域为产业经济、环境经济。

里，地貌特征丰富多样，是西非面积排名第二的国家。[①] 该国北部覆盖着广阔的撒哈拉沙漠；中部则为萨赫勒半干旱区；而南部地区则呈现热带稀树草原景观，适宜开展农业活动。此外，马里的矿产资源主要分布在其南部及中部区域。从地理位置上看，马里东面与尼日尔相邻，南边与布基纳法索和科特迪瓦接壤，西南方向紧邻几内亚，西面则是塞内加尔和毛里塔尼亚，北接阿尔及利亚。由于其独特的地理位置，马里在西非经济、政治乃至军事领域均扮演着关键角色，成为推动西非地区经济一体化以及跨撒哈拉贸易往来的重要枢纽之一。

马里经济主要依赖农业与采矿业，2023 年国内生产总值（GDP）增长率达到 4.7%，相较 2022 年的 3.5% 有所提升。[②] 这一增长势头主要归功于黄金出口量的增加以及农业生产活动的恢复。在马里，农业主要种植作物有棉花、玉米、花生以及大米。虽然该国农业发展得到了国际援助及基础设施建设支持，但依旧面临着诸如气候变化导致的干旱问题和水资源短缺等重大挑战。此外，由于该国经济结构相对单一，且对大宗货物出口有高依赖性，易受到国际市场价格波动的影响。例如，2020 年受全球及国内局势变化影响，马里的经济增长率出现了 −1.2% 的负增长。[③]

马里拥有丰富的自然资源，其中黄金是最主要的出口产品之一，同时，棉花也是马里重要的出口商品之一，每年棉花对国民经济贡献达 850 亿 ~ 1230 亿西非法郎，占国内生产总值的 8%。此外，马里还蕴藏着大量的铁矿石、锂矿以及磷矿资源，特别是锂矿资源因其在新能源领域的重要作用而备受瞩目。

马里基础设施建设相对滞后，尤其是在交通、能源及通信领域设施明显不足，极大地限制了该国经济的发展。2023 年 5 月，由中国地质工程集团

---

① 《马里国家概况》，外交部网站，2024 年 9 月，https：//wwwfmprcgovcn/web/gjhdq_ 676201/ gj_ 676203/fz_677316/1206_678140/1206x0_ 678142/。

② 《GDP 增长率（年百分比）-Mali》，世界银行官网，2024 年 12 月 1 日，https：//data. worldbank. org. cn/indicator/NY. GDP. MKTP. KD. ZG？ end＝2023&locations＝ML&start＝1968。

③ 《GDP 增长率（年百分比）-Mali》，世界银行官网，2024 年 12 月 1 日，https：//data. worldbank. org. cn/indicator/NY. GDP. MKTP. KD. ZG？ end＝2023&locations＝ML&start＝1968。

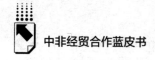

有限公司承建的中国援助马里太阳能示范村项目在马里科尼奥布拉村和卡兰村通过竣工验收，显著提升了乡村地区的电力供给，当地直接受益民众达上万人。在通信方面，光纤网络等基础设施建设扩大了通信服务范围，为数字经济发展提供了重要支撑。然而，偏远及农村区域的互联网接入水平依然偏低，这些地区仍需进一步加大投资以缩小数字鸿沟。

马里当前的投资环境面临多方面的挑战，包括全国形势的复杂性、治理效能的提升空间受限以及法律体系的不完善等。与此同时，部分地区存在的不稳定因素也为外国投资者的商业活动带来了一定的不确定性。这些情况表明，马里在吸引外资方面仍需通过系统性改革来优化整体营商环境。为优化投资环境，马里政府已采取一系列改革措施，如简化投资审批流程、成立专门的投资促进机构等。然而，这些改革进展相对缓慢，仍需深化法律制度改革，提升政府部门透明度和效率，并加强国际安全保障合作，以切实保障投资者的权益。

二　中国—马里经贸合作发展历程

（一）初期建立与基础合作阶段（20世纪60~70年代）

中马两国之间的经济贸易合作自双方建立外交关系之初便已启动。1960年，中国与马里正式确立外交关系，标志着双边友好合作关系的开启。在此期间，中国向马里提供了大量的经济援助，支持了包括纺织厂、糖厂、皮革厂、制药厂在内的多个工业项目，以及体育场、会议中心和医院等公共设施的建设。这些项目的实施不仅促进了马里的基础设施发展，还为其工业化进程打下了坚实的基础。与此同时，中国主要从马里进口农产品及矿产品，尽管当时的双边贸易规模较小，但这为两国未来更广泛的合作奠定了基础。

（二）经济合作逐步深化阶段（20世纪80~90年代）

20世纪80年代到90年代，中国与马里的经贸合作关系显著提升。

1978 年 10 月签署的贸易协议为双方经济交流奠定了法律基础。随着这一时期双边贸易额的增长，中方企业在马里实施了多个基础设施建设和农业领域的合作项目，例如在塞古地区开展的甘蔗种植和糖业生产合作，有效地促进了当地农业及工业生产能力的提升，进一步加强了两国之间的经济联系。

（三）全面合作与"一带一路"推动阶段（2000~2019年）

自 21 世纪以来，中国与马里的经济贸易合作步入了一个全新的发展阶段。2009 年 2 月，双方正式签订了双边投资保护协定，并建立了经贸联合委员会，此举极大地促进了两国之间的投资及贸易往来。至 2019 年 7 月，中马两国进一步签署了共建"一带一路"合作备忘录，为双方未来的经济合作关系开辟了更加广阔的发展空间。这一时期内，两国间的贸易总额显著增长，2019 年双边贸易额达 6 亿美元，同比增长 37.2%。[①] 与此同时，中方企业对马里市场的参与程度也在不断提高，其业务范围涵盖了基础设施建设、农业发展以及矿业开采等多个关键领域。

（四）战略伙伴关系深化阶段（2020年至今）

2024 年 9 月，中国与马里两国领导人共同宣布将双边关系升级至战略伙伴关系，此举旨在促进双方合作迈上新的台阶。近年来，中马之间的经贸联系日益紧密，2023 年度的贸易总额达到了 8.8 亿美元，相较于前一年增长了 32.7%。[②] 中国持续助力马里的基础设施建设，例如对巴马科大学卡巴拉校区二期项目进行援助等。此外，在农业、能源开发、矿产资源利用及基础设施建设等多个领域，两国的合作也在不断加深，为各自的经济发展注入活力。在"一带一路"倡议以及新建立的战略伙伴关系框架指导下，预计中马间的

---

① 《书写中马友谊新的辉煌篇章（大使随笔）》，人民网，2020 年 10 月 25 日，http：//world.people.com.cn/n1/2020/1025/c1002-31904726.html。

② 《中国同马里的关系》，外交部官网，2024 年 9 月，https：//wwwmfagovcn/web/gjhdq_676201/gj_676203/fz_677316/1206_678140/sbgx_678144/。

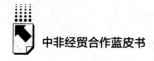
经济贸易往来将在更多领域取得进展，并扩大合作规模，实现双方利益的最大化。

三 中国—马里经贸合作发展现状

在当今全球化进程不断加速的背景下，中国与马里的经贸合作关系已经成为两国交往中的一大亮点，展现了强劲的增长势头和广阔的合作空间。作为非洲大陆上具有重要影响力的国家之一，马里凭借其丰富的自然资源和独特的地缘优势吸引了国际社会的广泛关注。与此同时，中国作为全球第二大经济体，在基础设施建设、制造业及农业等多个领域均展现出了强大的竞争力。近年来，双方基于互惠互利的原则持续加强合作，这不仅促进了各自经济的发展壮大，还为深化中非关系带来了新的契机与推动力。

（一）双边关系

中马两国的友好关系始于1960年10月25日，这一天双方正式建立外交关系。这一里程碑式的事件为两国长期的合作与交流奠定了坚实的基础。进入新世纪后，双边关系取得了显著进展，并于2024年9月正式提升至战略伙伴关系级别，此举预示着未来双方将在更广泛的领域展开更为密切的合作，同时也反映了马方对中国重大事项的支持态度。特别是在维护国家安全方面，中方一贯尊重马里的主权完整，支持其政府处理内部事务，并积极倡导国际社会助力马里推进其政治进程。此外，两国还在诸如医疗卫生、教育事业以及文化交流等方面持续深化合作，由中国驻马里大使馆主办的"共建新时代中马命运共同体"合作论坛便是一个很好的例证，该活动覆盖了从科学教育到公共健康等多个重要议题。

（二）双边贸易

1.贸易规模的演变与趋势

近来，中马两国之间的贸易往来显著增加，展现出良好的增长趋势。据统计，2023 年中国与马里双边货物进出口额为 88141.74 万美元，相比 2022 年同期增长了 21243.19 万美元，同比增长 31.8%。这一成就不仅彰显了双方在经贸领域的活跃交流，也突显了在全球化经济环境下两国合作关系的关键作用。具体而言，2023 年中国对马里出口商品总值为 80285.91 万美元，相比 2022 年同期增长了 22155.27 万美元，同比增长 38.1%；中国自马里进口商品总值为 7855.83 万美元，相比 2022 年同期减少了 912.09 万美元，同比下降 10.4%。[①]

2. 贸易结构的变化

自 1960 年建交以来，中国与马里的贸易结构经历了显著的演变。20 世纪 60 至 90 年代，中国对马里出口以消费品及纺织品等基础工业制成品为主，而从马里进口的主要产品是棉花，贸易规模相对较小但呈逐步增长态势。自 2000 年以后，中国出口马里商品逐渐丰富，增加了机械、电子等产品，进口则仍以初级产品为主。自 2010 年后，中国对马里出口的柴油、汽油、机械和食品类商品显著增加，同时进口产品也更加多样化，包括黄金、棉花和活禽等，贸易额在 2017 年达到 56.4 亿美元，其中出口约 25.3 亿美元，进口约 31.1 亿美元。2020 年以后，中国对马里的出口商品以工业制成品为主，尤其是机械设备和纺织品，而马里对中国的出口商品仍然以矿产品为主。总体来看，中马贸易结构的不断优化和商品种类的日益丰富，不仅体现了中国制造业竞争力的提升，也为两国经济合作的稳健性和持续性奠定了坚实基础。

（三）中国对马里的投资

近年来，中国对马里的投资额持续增长，涉及领域广泛，包括矿产资源开发、农业生产以及基础设施建设等。这一系列投资活动不仅促进了马里经济的增长，还通过引入先进的技术与增加就业机会的方式，有效提升了当地

---

① 《2023 年中国与马里双边贸易额与贸易差额统计》，华经情报网，2024 年 1 月 26 日，https://www.huaon.com/channel/tradedata/959669.html。

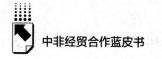
产业的整体水平。

首先，马里丰富的黄金资源引起了中方企业的极大兴趣。其中，中国中铁股份有限公司通过其下属的中海外马里公司，在该国成功开展了多项基础设施建设项目，进一步促进了双方在矿业领域的合作。这些由中方企业进行的投资不仅提高了马里的黄金产量和外汇收入水平，还通过改善相关基础设施优化了当地的交通状况。

其次，农业领域的合作和技术转移也是双方关注的重点。鉴于农业在马里国民经济中的关键地位，中国通过向其出口先进的农业机械及提供相关技术培训，助力该国农业实现现代化转型。据统计，2024 年 1 月至 11 月，中国向马里出口的商品总额达到了 9.1 亿美元，相较于上年同期增长了24.8%，其中农业设备与加工技术占据相当大的比例。① 特别在水稻和棉花的种植项目中引入了来自中国的高效灌溉技术，这一举措极大地促进了当地农作物产量的增长。

再次，制造业与服务业领域也是中马合作的重心。中国投资者在马里的制造行业主要关注纺织品及建筑材料的生产，此举有助于降低马里对外部商品供应的依赖程度。与此同时，在通信技术和物流服务领域的投资也促进了马里本地服务业向现代化发展。

此外，教育与文化领域的投资也是中马合作的关键组成部分。中国支持的巴马科大学卡巴拉校区扩建项目显著提升了马里的教育水平，并为该国培育了大量高素质人才。该项目不仅改善了当地的教学条件，还通过师资培训、学术交流等方式促进了教育资源的优化配置，为马里经济社会发展提供了智力支持，同时也深化了中马两国在人文领域的交流与合作。

（四）基础设施合作

基础设施建设构成了中国与马里合作的关键部分，涉及交通运输、能源

---

① 《2024 年 11 月中国与马里双边贸易额与贸易差额统计》，华经情报网，2024 年 12 月 29 日，https://www.huaon.com/channel/tradedata/1042664.html。

供给及城市建设等多个方面，旨在促进马里的经济长期稳定增长。

1. 交通基础设施

自 20 世纪 90 年代以来，中国中铁股份有限公司通过其子公司中海外马里公司，在当地成功完成了超过 500 个项目。这些项目不仅涵盖了首都巴马科约 90% 的道路网络建设，还包括了诸如马里二桥和卡优大桥等具有重要象征意义的基础设施工程，极大地改善了该国首都与北部、东部地区的交通状况。2023 年，由中国资助修建的从巴马科通往塞古的主要道路正式开通使用，这条道路成为促进马里核心经济区域间联系的关键通道，对于加强农产品流通和地区间的贸易往来起到了至关重要的作用。[①]

2. 能源基础设施

在"一带一路"倡议的引领下，中方企业与马里在能源领域展开了广泛合作。2014 年 4 月，由中国水电十五局承建的费鲁水电站投入商业运营，至今已平稳运行 10 余年。2022 年 3 月，在西非四国领导人的见证下，由中国水电十五局承建的古伊那水电站正式投产发电。2025 年 1 月，赣锋锂业集团股份有限公司与马里合作的太阳能光伏发电项目也顺利推进。该项目充分利用马里充足的阳光资源，并探索实施"光伏+储能"的创新模式，为马里向更加多元化的能源体系转型作出了积极贡献。这些项目不仅为马里提供了稳定且价格低廉的电力，也推动了中国清洁能源技术走向世界。

四 中国—马里经贸合作面临的挑战

中国与马里的经贸合作近年来在"一带一路"倡议的框架下蓬勃发展，涵盖基础设施、能源、矿产资源开发、农业等多个领域。然而，随着合作的深入，双方经贸合作也面临诸多复杂的问题。这些合作问题源自马里国内的社会、经济、政治等因素，也受到全球经济波动的影响。

---

① 《八千里路云和月——中海外马里公司三十年扎根西非发展综述》，中国中铁股份有限公司官网，2023 年 11 月 12 日，https：//www.crecg.com/web/10089492/10091154/10261805/index.html。

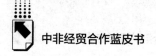

（一）社会环境需不断改善

马里社会环境的复杂性是深化中马经贸合作的挑战之一。一方面，安全风险是制约中马经贸合作的关键因素。一是马里北部和中部地区的不安定因素较多，联合国马里多层面综合稳定特派团（MINUSMA）的报告指出，自2012年开始，马里北部针对基础设施和矿产开发的意外事件频发，跨国企业虽然已投入高额成本强化产业安全保障，但是仍难以完全规避运营中断的风险；二是部分治安事件在马里仍时有发生，这与马里的高失业率与贫困问题息息相关，此类治安事件可能会威胁企业财产安全，导致物流受阻、员工人身安全风险上升，影响了跨国经贸合作项目进度。

另一方面，马里区域发展失衡进一步放大了中马经贸合作的挑战性。联合国开发计划署（UNDP）称，2022年马里北部和中部的贫困率分别达到了50%和48%，远高于南部的20%。[①] 这种结构性失衡加剧了地方利益分配冲突，外资企业在推进项目时频繁遭遇社区和地方政府诉求分歧、土地权属争议等问题，部分地区基础设施薄弱与地方冲突交织，工人罢工、运输线路屡遭破坏或封锁，均会使企业的运营成本上升。

（二）基础设施落后与配套政策不足

尽管针对基础设施的投资逐渐增加，但目前马里仍存在基础设施落后的问题。例如，马里的公路长期失修，港口设备陈旧，货物吞吐量受限，运输效率低。在铁路方面，马里也面临着线路稀疏，难以串联经济区域等问题。与此同时，与其相关配套政策的不足又进一步加剧了基础设施的困境。政策法规的不稳定使部分针对基础设施建设的长期投资计划难以落地。例如，税收政策细则不明，土地审批流程繁琐，使基础设施建设项目面临重重阻碍，难以吸引足够的资金与技术投入。尽管马里出台了一系列鼓励贸易与投资的

---

① HUMAN DEVELOPMENT REPORT 2023-24-Breaking the gridlock：Reimagining cooperation in a polarized world，https：//hdr. undp. org/content/human-development-report-2023-24.

政策，但是由于交通物流不畅，货物运输困难，企业在实际运营过程中仍然面临高昂的成本和诸多不便。

（三）环境保护与资源管理机制不够完善

中马合作项目的环境保护机制不健全，资源管理不善问题突出，尤其是在矿产资源和农业开发领域，环境问题日益严重。环境问题不仅威胁到项目的可持续性，还可能引发当地社区的强烈反对，导致企业与当地居民的矛盾加剧，甚至导致项目中断。其次，气候变化也是中方企业在马里开展农业项目时面临的挑战之一。马里近年来频繁遭遇干旱和洪水等极端天气，这对农业生产和水资源管理构成了巨大挑战。气候变化带来的不确定性增加了中方企业在农业领域的投资风险，特别是长周期的项目更容易受到气候变化的影响。

此外，马里在资源管理方面存在诸多不完善之处。在资源规划层面，缺乏科学长远的规划，各类资源的开发与利用缺乏整体布局和统筹安排。在能源开发上，没有根据国家长期发展需求制定合理的开发计划，导致能源开发过度集中在易于开采的领域，而对新兴能源和可持续能源的开发投入不足。这使中马在能源领域的经贸合作难以形成系统性的长期合作，进而阻碍了中马经贸合作的深入拓展。

（四）市场波动与大宗商品价格依赖严重

马里经济结构单一，过度依赖黄金和棉花等大宗商品的出口，使其经济极易受到国际市场波动的影响。当国际黄金价格下跌时，马里的出口收入会显著下降，外汇储备紧张，这不仅会对该国经济产生负面影响，也将直接影响在马里运营的中方企业的收益。棉花价格波动同样影响农业领域的投资回报。2022年全球棉花价格波动较大，导致马里的棉花出口收入大跌。大宗商品价格波动使中方企业在马里的投资面临较大的市场风险。马里政府为了应对财政压力，常常在大宗商品价格波动时调整税收政策，企业利润空间就会受到挤压，这种政策调整进一步加剧了企业的财务压力，增加了项目的运营成本。

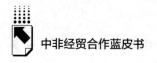

（五）农业技术落后与创新乏力

中马经贸合作在农业领域的双向流通遭遇多重阻碍。马里农产品因标准化程度低，缺乏统一质量标准与检测体系，在农药残留、产品规格等方面难以契合中国市场进口要求，极大限制了对华出口规模。而中国出口至马里的农业生产资料，如化肥、农药等，多数无法适配马里农业生产条件，造成了资源浪费，将阻碍农业贸易合作的长期稳定发展。在灌溉方面，马里仍普遍采用桶舀水浇地的原始方式，这与现代化农业灌溉技术差距较大。尽管在2023年马里糖联新垦蔗田尝试采用了滴灌、喷灌等高效节水灌溉技术，但普及范围十分有限。在整个马里，依赖自然降水进行灌溉的农田占比仍较高。即便有灌溉设施的农田，其中采用漫灌这种低效率方式的也是占据绝大多数，其效率远低于国际先进水平。播种环节同样落后，机械化播种普及率低，在主要粮食作物种植中，机械化播种覆盖率不足，多数农民仍依赖人工撒种，效率低且播种质量难以保证。在农业创新领域，马里政府对农业科研的资金支持有限，农业科研机构缺乏先进的实验设备与专业人才，导致新技术、新品种的研发进展缓慢。同时，农业院校与科研机构和实际农业生产脱节，研发成果难以转化为实际生产力，使农产品在国际市场上缺乏竞争力，严重阻碍了中马双方的农业经贸合作。

（六）通货膨胀与货币贬值

马里长期面临较高的通货膨胀和货币贬值压力。世界银行数据显示，2022年马里的通货膨胀率为9.621%，而2021年为3.926%，通货膨胀的上升直接推高了企业的运营成本，尤其是建筑材料和燃料价格的上涨尤为显著。建筑材料和燃料价格的上涨给中方企业在马里的基础设施建设项目带来了巨大的成本压力，特别是长期项目，受通胀影响更加明显，项目支出很可能超出预算。

与此同时，马里的货币西非法郎虽与欧元挂钩，但其兑换美元的汇率波动较大。近些年，西非法郎兑换美元的汇率持续下跌，这使依赖进口设备和材料的外资企业遭遇了较大的汇兑损失。货币贬值不仅影响了中方企业的采购成本，还增加了资金回流的难度，特别是在汇率波动剧烈时，企业需要额外承担汇率风险和财务管理成本。

（七）融资渠道狭窄与项目推进受阻

马里本土金融机构数量较少，且普遍存在服务能力有限、资金规模不足等问题。在信贷投放上倾向于风险较低、回报稳定的传统行业。对中马合作项目，尤其是涉及外资的项目，马里要求提供高额抵押物，加之冗长的贷款审批周期，使许多具备发展潜力的合作项目错失启动的黄金时机。

企业投身马里合作项目时，除在当地金融机构获取资金的难度极大外，在其他跨国融资方面也同样困难重重。国际金融机构对马里项目的评估标准繁复，审批流程复杂冗长，严重束缚了中马经贸合作规模的拓展与发展速度的提升。

五　中国—马里经贸合作政策建议

在全球化日益加深的今天，中国与马里作为发展中国家中的重要成员，其经贸合作不仅承载着两国共同发展的美好愿景，也是构建南南合作新典范、推动全球经济复苏与繁荣的重要力量。随着"一带一路"倡议的深入实施，中马两国在贸易往来、投资合作、基础设施建设、农业现代化及金融保障等多个领域展现出广阔的合作空间与巨大的发展潜力。

（一）加强双边合作机制与法律框架建设

为了进一步深化中马之间的经贸合作，确保双方在经济交流中的互利共赢，必须通过制度化的沟通、法律保障和冲突解决机制，为双边经贸合作提供坚实的支撑。一是建议双方定期召开高层经贸会议，并成立专门的双边合作办公室。可以在现有双边合作框架的基础上，进一步加强政策沟通与协调。双方应当及时分享经济发展战略、政策调整信息以及市场动态，确保双方在经贸合作中的步调一致。同时，双边合作办公室可以作为常设机构，负责日常的沟通与协调工作，确保各合作项目的顺利推进。二是应当加快建立和完善与经贸合作相关的法律法规，特别是在知识产权保护、合同执行和外资权益保障等方面。这不仅有助于吸引更多的中方企业到马里投资，也能为马里企业进入中国市场创造更加公平的竞争环境。三是建议成立地方冲突协调机构，该机构可以由中马双方政府代表、企业代表和当地社区代表共同组成。地方冲突协调机构可以在法律框架下调解和仲裁在经贸合作项目的实施过程中产生的相关问题，确保冲突得到公正、合理的解决。通过这一机制，不仅可以避免因冲突导致的合作中断，还能增强当地社区对合作项目的支持，推动经贸合作项目平稳、高效实施。

（二）促进基础设施合作中的环保与可持续发展

基础设施建设是马里经济发展的基石，但目前该国基础设施仍相对落后，难以支撑其经济的可持续增长。中国在全球基础设施建设领域拥有丰富的经验和技术优势，未来应当继续在这一领域与马里展开深度合作。通过参与马里的公路、铁路、机场和能源项目建设，中方企业不仅能够帮助马里改善国内交通网络，还可以推动区域互联互通。这将为马里吸引更多的外资、促进贸易往来、增强经济活力提供必要条件。此外，双方可以探索在智能基础设施、绿色建筑等新兴领域的合作，为马里打造可持续发展的现代化基础设施体系，同时也可以实现环境保护与绿色可持续发展。基于此，提出以下建议。一是强化环保材料的使用。在推进双方基础设施合作的过程中，应当注重环保和可持续发展。例如，可沿交通建设路径设置环境监测点进行实时环境指标监测，也可根据实际需求配备清洁能源供应设施，充分利用马里的自然资源，尤其是丰富的太阳能资源和水资源。二是建议中马双方在合作协议中明确环保标准和要求，确保所有基础设施项目的设计和建设符合国际环保标准。三是利用中国在可持续发展方面的经验，帮助马里在项目建设过程中引入可持续发展理念，建设集中式或分布式的污水处理厂，同时大力开展清洁能源项目，推动马里能源结构的优化和转型，实现绿色低碳发展。

（三）推动农业现代化合作，增强粮食安全

农业是马里经济的支柱产业，但目前面临着生产方式落后、机械化程度低、抗风险能力弱等挑战。中国在农业现代化方面积累了丰富的经验，可以通过技术援助、设备输出和人才培训等方式，帮助马里实现农业现代化升级。双方的合作不仅可以提高马里的粮食产量和质量，保障粮食安全，还可以推动农业产业链的发展，包括农产品加工、储存和运输等环节，提升农业附加值。此外，双方可以在农业科技创新、智能农业等领域深入合作，推动马里农业的可持续发展，为马里农民创造更多就业机会和收入来源。基于此，建议中方从农业现代化和农业科技化两个方面入手开展相关工作。一是实现农业现代化，中国拥有高产种子、节水灌溉技术和病虫害防治措施等现代化农业技术，可以通过输出中国先进的农业技术和设备，结合马里当地气候条件进行拓展、推广，帮助马里提高农作物的生产效率和质量，增强马里的粮食安全。二是实现农业科技化，一方面，双方可以在农产品加工和供应链管理方面展开合作，通过引入中国现代化的加工和物流技术，提高马里农产品的附加值和市场竞争力。另一方面，中国可以在马里建立农业技术培训中心以及示范农场，培训马里农业技术人员和当地农民，提升马里农业技术水平和管理能力。

（四）强化多领域经贸合作，降低资金获取难度

一方面，随着马里经济的开放和市场潜力的释放，中马两国的投资与贸易合作前景广阔。中方企业可以通过加大对马里矿业、制造业和服务业等领域的投资，助力马里工业化进程。同时，马里丰富的资源和广阔的市场也为中方企业提供了良好的发展机会。通过加强双边贸易合作，特别是在农产品、矿产资源和轻工业产品等领域的贸易往来，中马两国可以实现优势互补、共赢发展。双方可以探讨建立自由贸易区或互惠贸易协定，以进一步降低贸易壁垒，扩大双边贸易规模，提升经贸合作水平。这种双向扩大的合作模式，将有助于提升马里在国际市场的竞争力，同时为中方企业开拓非洲市

场提供重要支持。另一方面，中方企业应当注意提高项目成本管控能力。例如，可在长期基础设施建设项目合同中增设价格调整条款，依据马里通货膨胀指数以及建筑材料、能源等关键物资价格波动情况，定期合理调整项目价格，有效缓解通货膨胀导致的成本压力。与此同时，中方企业还应当注重强化汇率风险管理。例如，在马里开展业务时，中方企业要密切关注汇率走势，积极借助金融衍生工具，如远期外汇合约、货币互换等，锁定汇率，减少货币贬值造成的汇兑损失，同时优化资金管理，加快资金回流，缩短资金在当地的停留时长。此外，中马双方应当加强金融机构稳定资金供给的能力，通过联合贷款、银团贷款等形式，为中马合作项目提供资金支持。在此过程中，中国金融机构还可分享经验、输出技术，助力马里本土金融机构提升服务能力，共同研发契合中马合作项目的金融产品。两国政府或相关行业协会也可共同出资设立中马经贸合作专项基金，为处于起步阶段但潜力巨大的合作项目提供低息贷款、股权投资等支持，降低项目融资门槛，推动项目顺利启动与实施。

参考文献

蒋和平：《马里农业发展现状及政策建议》，《世界农业》2011 年第 8 期。

秦云帆、王海涛：《中国与马里建交以来的交流合作探析》，《西南林业大学学报》（社会科学版）2022 年第 3 期。

萨立夫、黎尔平：《中国与马里教育合作中的影响因素分析》，《昆明理工大学学报》（社会科学版）2020 年第 2 期。

刘志刚、孙竹贤：《马里的金属矿产资源与开采前景》，《世界有色金属》2013 年第 5 期。

欧玛杜：《马里人口增长及其影响因素研究》，硕士学位论文，首都经济贸易大学，2015。

Kadidiatou Bathily：《中国对马里直接投资的决定因素及其影响》，硕士学位论文，吉林大学，2020。

西塞（Cisse M. S.）：《中国与马里政治、经济及文化关系研究》，硕士学位论文，东北师范大学，2013。

高亚（Yacouba G.）：《马里基础教育的问题及改进思路之综合性研究》，博士学位论文，湖南师范大学，2021。

Mali economic update：Strengthening financial resilience of pastoralists to drought，https：//documents1. worldbank. org/curated/en/099071023135519653/pdf/P1792990b679f00ca09464027f0bb513cbe. pdf.

IMF Country Report No. 23/209 Mali, https：//www. imf. org/en/Home.

Mali：Annual Report, 2023, https：//www. unicef. org/mali/media/4876/file/Mali - AnnualReport-2023-ENG-web. pdf. pdf.

Introduction to the Republic of Mali, https：//www. afdb. org/en/countries/west-africa/mali.

专题篇

B.8
中非农业合作发展报告（2025）

陈 弘 文春晖 金 都*

摘 要： 中非农业合作历史悠久，从 20 世纪 50 年代至今，大致经历纯农业援助、农业互利合作探索、农业产业链深化合作三阶段，从单纯的政府间合作向多层次、多领域、全方位合作发展，由援助、贸易、投资合作上升到产业合作及全产业链合作。当前，中非农业贸易合作势头强劲，双方在农业种植源头链、加工增值链、储运保障链和品牌营销链上的合作取得了巨大进展。中非农业合作机遇与挑战并存，一方面，合作机制持续优化，中国前沿科技进步，非洲经济增长与人口红利为深化合作创造有利条件；另一方面，市场机制的不健全以及国际环境的持续变化构成了现实阻碍。中非双方应理性审视机遇与挑战，探寻农业合作共赢发展之路径。一是构建比较优势转化机制，开拓合作领域；二是完善价值链攀升机制，提

* 陈弘，湖南农业大学公共管理与法学学院二级教授，博士生导师，研究领域为中非农业现代化与公共治理；文春晖，湖南农业大学经济学院教授，博士生导师，国际交流与合作处副处长，中非农业发展与合作基地执行副主任，研究领域为中非农业合作与经济发展；金都，湖南农业大学公共管理与法学学院博士，研究领域为中非农业现代化与公共管理。

152

升合作效益；三是深化合作模式创新机制，激发市场活力；四是强化中非战略互信机制，确保合作合规稳定；五是健全可持续发展保障机制，实现绿色合作；以期更好地推动中非农业合作持续深化发展。

关键词： 农业合作　农业产业链　机制构建　中非

一　中非农业合作发展历程

中非农业合作源远流长，最早可追溯至 20 世纪 50 年代。[①] 历经纯农业援助、农业互利合作探索以及农业产业链深化合作三个主要阶段，并在各阶段呈现出不同的发展特征。值得注意的是，这三个阶段在实际的演进过程中并未呈现泾渭分明的界限。因国际关系的复杂性、双方发展战略的动态调整以及农业领域自身的多元性与综合性等多种因素的交互影响，不同阶段常常存在着相互交叉或重叠的现象。这一现象也进一步反映出中非农业合作是一个有机、动态演进且充满活力的历史进程，其发展轨迹深受多种内外部因素的综合影响。

（一）第一阶段：纯农业援助阶段（1949~1978年）

第一阶段主要是在 20 世纪 50 年代初至 70 年代末期。新中国成立初期，基于拓展外交格局之考量，开启了与非洲在农业领域的合作进程，主要形式是中国对非洲几乎无偿提供人才、农场建设、农业技术等援助。[②] 在这一时期，中国援助非洲实施的农业项目数量约 180 项。1961 年，中国选派 7 名农业技术专家前往位于撒哈拉沙漠边缘、气候酷热干旱的马里，成功助力其开展茶树与甘蔗的试种工作；另外，中国在非洲受干旱等极端天气的影响时

---

① 刘坚：《中非农业合作源远流长》，《世界农业》2000 年第 10 期，第 3~4 页。
② 叶前林、翟亚超、何维达：《中非农业合作的历史发展特征、经验及挑战》，《国际贸易》2019 年第 10 期，第 11~18 页。

对其进行多项紧急粮食援助，包括提供谷物、蔬菜和食糖等生活必需品。①
20 世纪 60 年代至 70 年代末，中国与非洲农业的合作增加，其间中国与几
内亚、马里、坦桑尼亚、刚果（布）、索马里、毛里塔尼亚等 12 个非洲国
家签订了经济技术合作协定，帮助他们建设了一批农业技术试验站、推广站
和农场，支持其发展水稻、甘蔗、烟草、茶叶、蔬菜等作物的生产，如坦桑
尼亚的姆巴拉利农场和鲁伏农场、索马里的费诺利农场、乌干达的奇奔巴农
场等。此外，中国还派遣农业技术人员到当地指导开垦荒地和修建农田，传
授农业技术。

（二）第二阶段：农业互利合作探索阶段（1979~1999年）

第二阶段主要是在 20 世纪 70 年代末至 90 年代末期。在 20 世纪 80 年
代初，受非洲局势变动和中国内外政策调整的影响，中国政府宣布了与非洲
国家开展经济技术合作的四项原则，即平等互利、讲求实效、形式多样、共
同发展，中非关系逐渐由以农业援助为主，转向以农业互利合作为主。② 在
此期间，中国致力于通过多边途径与非洲国家开展农业合作，如 1986 年，
中国提出一个包括中国、发达国家相关机构以及国际组织（世界银行和联
合国开发计划署等）在内的合作计划，该计划旨在为非洲国家培训农业技
术和管理人才，其中，中国提供技术援助，其他两方提供资金和物质援助，
非洲国家则提供土地和人力，共同推动非洲的粮食生产和农业发展。由此，
农业科技成为推动中非合作迈向互利共赢格局的关键力量。如中国农业专家
针对非洲水稻垦区实施了经营管理模式的创新优化以及技术层面的迭代升级
举措，将农业技术与管理经验引入非洲农业领域，助力其发展。20 世纪 90
年代，中国在援外合资合作项目基金和援外优惠贷款制度支持下，进一步推
动中国企业"走出去"，通过对援助项目的企业化和市场化改革，提高对非
农业援助项目的运行效率和可持续发展能力。这使中非双边关系得到巩固，

---

① 文春晖主编《中非农业合作与非洲农业产业化》，湖南人民出版社，2023。
② 袁晓慧：《中非合作论坛框架下中非农业合作回顾与展望》，《国际经济合作》2022 年第 6
　期，第 43~51、87~88 页。

也为中非农业合作迈向 21 世纪奠定了坚实的政治和经济基础。

在此阶段，中非之间农业产业链合作处于摸索阶段，规模还较小，主要表现为初级农产品贸易、技术合作、种植业和畜牧业投资。这开启了中非农业合作从单一援助向多元互利合作转变的新局面，亦在一定程度上适应了当时国际经济合作趋势与中非双方发展需求的动态变化，为中非日后延伸农业产业链的合作发挥着重要的铺垫作用。

（三）第三阶段：农业产业链深化合作阶段（2000年至今）

第三阶段主要是 21 世纪以来。2000 年 10 月，中非合作论坛成立。自该论坛机制建立以来，中非农业合作的形式、内容、途径等都更加多样化。在中非合作论坛第二届部长级会议中，通过了《中非合作论坛—亚的斯亚贝巴行动计划（2004~2006 年）》，该计划提出应继续推动中非在土地和水资源管理、农业基础设施建设、种植和养殖、加强粮食安全、农业实用技术交流和转让、技能转让、技术援助、农用机械生产、农副产品加工等领域的合作。由此，中非农业合作开始深入探索从生产到加工的农业产业链合作模式。2012 年，第五届中非合作论坛提出"鼓励中国金融机构支持中非企业开展农业种植、农产品加工等领域的合作"，突出了中国对农业产业合作的重视与资金支持。

2019~2022 年，中国已经向联合国粮农组织-中国南南合作计划累计投入超过 1.3 亿美元，并通过这一合作平台向非洲国家传授了超过 500 项农业实用技术，开展了 300 余个试点项目。[1] 2021 年中非合作论坛发布了中非合作的中长期规划《中非合作 2035 年愿景》，将农业列为中非产业合作的首个重点产业，继续深化农业合作向全产业链延伸。2024 年 9 月，习近平主席在中非合作论坛北京峰会的主旨讲话中提出，未来三年，中非要携手推进现代化十大伙伴行动，具体措施包括打造中非农业现代化合作网络，援建或升级 10 个农业技术示范中心，建设不少于 10 万亩中国农业标准化海外示范

---

[1] 张思齐、郭梦玲、唐溪源：《新时代的中非农业合作》，《中国投资》（中英文）2022 年第 Z0 期，第 94~95 页。

区；向非洲国家提供价值 10 亿元人民币紧急粮食援助；建设中非农业科技创新联盟，打造 100 个农业减贫示范村，推进中非菌草合作中心和中非竹子中心建设和发展；进一步支持非洲消除饥饿、实现粮食安全和农业可持续发展。①

综上，中非农业合作已从单纯的政府间合作向多层次、多领域、全方位合作发展，由援助、贸易、投资合作上升到产业合作及全产业链合作。近 70 年来，中国不仅"授人以鱼"，也注重"授人以渔"，不断推动中非农业产业链合作的可持续发展。

表 1 2000~2024 年中非合作论坛进展

时间	事件	标志进展
2000 年	中非合作论坛北京 2000 年部长级会议	中非合作论坛机制正式建立，开启中非集体对话与合作的新篇章
2003 年	中非合作论坛第二届部长级会议	推动中非在农业、基础设施建设、贸易、投资等方面的合作进一步深化
2006 年	中非合作论坛北京峰会暨第三届部长级会议	确立中非新型战略伙伴关系，宣布对非务实合作八项举措，推动非洲农业在技术、产能等方面提升
2009 年	中非合作论坛第四届部长级会议	拓展中非合作领域，推动双方在农业、金融、医疗卫生、人力资源开发等领域合作项目的实施与深化
2012 年	中非合作论坛第五届部长级会议	深化中非新型战略伙伴关系，推进基础设施建设、贸易与投资便利化、能源资源合作、人文交流
2015 年	中非合作论坛约翰内斯堡峰会暨第六届部长级会议	确立中非全面战略合作伙伴关系，提出中非"十大合作计划"，涵盖农业现代化、基础设施建设、减贫惠民等领域
2018 年	中非合作论坛北京峰会暨第七届部长级会议	确定构建更加紧密的中非命运共同体，推动中非关系进入历史最好时期
2021 年	中非合作论坛第八届部长级会议	宣布中非合作"九项工程"，涉及减贫惠农、贸易促进、投资驱动、数字创新、绿色发展等领域
2024 年	中非合作论坛北京峰会暨第九届部长级会议	中非关系整体定位提升至新时代全天候中非命运共同体，形成全方位、多层次、宽领域的合作格局

资料来源：依据中国外交部官网公布资料整理所得。

---

① 《习近平在中非合作论坛北京峰会开幕式上的主旨讲话（全文）》，中国政府网，2024 年 9 月 5 日，https：//www.gov.cn/yaowen/liebiao/202409/content_6972495.htm。

二 中非农业合作发展现状

（一）中非农产品进出口现状

1. 中非农产品进出口总览

2023 年，中国与非洲地区国家农产品进出口额呈现双增长局面，中非贸易表现出积极的发展态势。据海关统计，2023 年，中国对非农产品贸易总额达 93.49 亿美元，比上年同期增长 6.1%，占中国农产品进出口总额的 2.8%；其中，出口 40.27 亿美元，比上年同期增长 11.40%，占中国农产品出口总额的 4.1%；进口 53.22 亿美元，比上年同期增长 2.42%，占中国农产品进口总额的 2.3%（见图 1）。从近四年数据来看，2023 年中非农产品贸易总额较 2020 年增加 17.58 亿美元，其中进口额增加 10.64 亿美元，占总增加额的 60.52%，这凸显了非洲农产品在中国市场的需求增长趋势以及中国市场对非洲农业经济发展的拉动作用。2020~2023 年，中非农产品贸易总额增速最快的是 2021 年，增速达 14.40%，4 年的年均增速为 5.04%。这表明中非农产品贸易在长期发展中具有较强的韧性和增长潜力，不仅受益于双方经济的稳定增长和市场需求的持续扩张，也得益于中非合作论坛等多边合作机制下不断深化的贸易便利化措施、农业技术合作以及政策沟通协调，为中非农产品贸易的可持续增长营造的良好政策环境和合作氛围，预示着未来双方在农产品贸易乃至农业全产业链合作方面具有广阔的空间。

2. 中非主要农产品进出口情况

2023 年，中国从非洲进口的农产品品类丰富，主要包括芝麻、花生、柑橘类水果、饲料用鱼粉、坚果及其制品等。这一年，中国从非洲国家购入的油籽油料总计价值约 20.5 亿美元，较上年微降 0.1%，占中国从非洲进口农产品总额的 38.5%。其中，芝麻进口额为 11.4 亿美元，同比下降 12.5%；花生进口额达 6.3 亿美元，同比增长 13.9%；大豆进口额是 2.8 亿美元，增

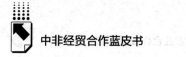

长幅度高达43%。水果及其制品进口额共计3.8亿美元，同比增长1%，占进口总额的7.1%，柑橘类水果进口额为2.4亿美元，同比下降6.3%，但冷冻草莓和苹果的进口额分别增长了7.7%和33.3%。饲料进口额为3.3亿美元，同比下降11.8%，其中饲料用鱼粉进口额为1.7亿美元，同比增长9%，粕类进口额为1.3亿美元，同比下降23.3%。坚果及其制品进口额为3亿美元，同比增长5%，仅夏威夷果进口额就达1.6亿美元，同比增幅高达29%。①

而中国对非洲地区出口的农产品以鱼类及其制品、绿茶、蔬菜及其制品等为主。2023年，中国向非洲国家出口的水海产品及制品总额达7.9亿美元，较上年微增0.01%，占对非农产品出口总额的19.6%。其中，鱼类及其制品出口额为7.4亿美元，同比增长2.5%。茶叶出口额为7.7亿美元，同比增长5.5%，占出口总额的19.1%，主要以绿茶出口为主。蔬菜及其制品的出口额为5.6亿美元，同比增长31.8%，占出口总额的13.9%，其中番茄制品出口额为3.75亿美元，同比增长25.3%，大蒜制品出口额为1.4亿美元，同比增长40.8%。此外，稻谷和大米的出口额为2.9亿美元，同比下降16.5%；调味品出口额为1.8亿美元，同比增长10.2%。

（二）中非农业合作现状

1. 种植源头链

品种引进与改良一直是中非农业合作的重点领域。为了提高非洲农作物的产量和品质，中非双方积极开展品种引进和改良合作。中国向非洲提供了适应非洲气候和土壤条件的优良品种，如杂交水稻、高产玉米等，并在非洲多地进行试种和推广。近年来，中国杂交水稻在20多个非洲国家"扎根"，推动多国水稻产量从每公顷平均2吨提升到7.5吨；中国农业科学院向9个非洲国家发放1000多份绿色超级稻材料，累计推广面积5.7万公顷，产量比当地品种提高20%以上；中国热带农业科学院向非洲推广"华南5号"

---

① 依据中国海关总署统计数据整理所得。

木薯，产量水平比当地品种高出 4 倍。

中非农业合作种植规模扩大与合作模式多元化。中国企业通过建立农业园区、合作社以及现代化农业基地，引入机械化耕作和高效的生产管理模式，帮助非洲农民实现大规模种植。如在赞比亚有两个中非农业标准化合作示范区项目，其中奇邦博农场种植万寿菊达 9 万亩，锡纳宗圭农场种植辣椒为 3 万亩，两个农场累计为赞比亚提供了上万个就业岗位。越来越多的中国企业以直接投资、合资经营等方式参与非洲农业开发，带动当地农业现代化发展，并通过"公司+农户"的模式，将当地小农户纳入产业链，实现互惠互利。

2. 加工增值链

中非农产品加工合作正从初级加工向精深加工转型升级。非洲丰富的农产品资源为发展农产品加工业提供了巨大潜力。如在粮食加工领域，中国专家指导非洲企业运用先进的仓储技术与精细加工工艺，使玉米等谷物加工从粗放式的脱粒磨粉，向生产高附加值的玉米淀粉糖、玉米油等产品转变，显著提升了产品的经济价值。在特色农产品加工上，以肯尼亚的花卉产业为例，在中国技术支持下，从简单的采摘包装向花卉精油提取、干花工艺品制作等精深加工拓展，产品远销欧美高端市场。

产能合作、标准对接同样是中非农产品加工合作的重要内容。中国企业积极参与非洲农产品加工厂的建设和运营，通过投资建厂、技术转让等方式，帮助非洲国家提升农产品加工能力，从单纯的贸易合作逐渐向产业共建、技术研发合作等多元化方向发展。如袁氏种业在马达加斯加通过"公司+政府（国际组织）/金融组织（贷款）+农户"组合模式，实现了杂交水稻育制种、种植、加工及销售的全产业链本土化覆盖，马达加斯加也成为非洲第一个实现杂交水稻商业化的国家。近年来，中国帮助非洲国家建立和完善农产品加工标准体系，并开展技术培训，提高非洲农产品加工的质量和安全水平。比如在棉花加工领域，中国与苏丹开展了标准对接合作，中国向苏丹传授了先进的棉花加工技术和质量控制标准，包括棉花的分级标准、轧花工艺的优化以及棉籽的综合利用等。通过标准对接，苏丹的棉花加工产业

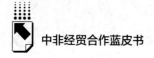
得到升级，其加工后的棉花产品在中国市场的竞争力显著增强。同时，中非双方也加强在检验检疫、认证认可等方面的合作，促进非洲农产品进入国际市场。

3. 储运保障链

中非农产品物流合作持续加强，推进了交通道路建设和运输效率提升，并在仓储设施建设上已取得显著进展。中非双方在非洲地区的主要农业生产区域，通过改善公路、铁路及港口设施的衔接，提升了农产品运输的便利性和效率，大大降低了农产品物流成本。中国通过技术援助和投资，帮助非洲建设了多个大型仓储设施，其中包括专门用于存储农产品的冷库。中国外运股份有限公司自 2008 年起开始在非洲大陆精心编织物流网络，覆盖安哥拉、刚果（布）、吉布提、埃及、坦桑尼亚、南非等国家，形成了辐射撒哈拉以南非洲的物流骨干网络，现在非洲拥有超过 10 万平方米的仓库与堆场资源以及百余台车辆，为中非贸易提供物流保障。这几年来，中国外运股份有限公司通过合同物流仓配一体化解决方案，不断优化仓储布局、提升配送效率，努力降低物流成本，为非洲市场带来更加便捷、高效的供应链服务。此外，中国的技术团队还参与了非洲仓储管理人员的培训，提高了当地仓储的运营水平，为中非农产品贸易提供了更加稳定的后勤保障。

4. 品牌营销链

中非双方不断深化农产品品牌建设、市场营销合作。一是双方注重挖掘非洲农产品的独特价值与文化内涵，合力打造具有地域特色和文化底蕴的品牌形象。如埃塞俄比亚咖啡凭借独特风味与悠久种植历史，通过中非合作被赋予更丰富的品牌故事和文化价值，在国际市场树立了高端、纯正的品牌形象。二是中国企业积极协助非洲农产品进行品牌定位与包装设计，使其更符合国际市场的审美与需求。如南非红酒在中国企业的助力下，突出了其酿造工艺与葡萄品种的优势，品牌知名度和美誉度不断提升。三是在传统营销渠道方面，双方共同参与各类国际农业博览会、食品展销会等专业展会，如德国科隆国际食品展等，通过现场展示、品尝、文化表演等形式，向全球采购商和消费者展示中非农产品的特色与优势，有效提升了产品的曝光度和市场影响力。四是在新兴营销领域，中非合作借助社交媒体、网络直播等数字化手段开展创新营销。利用微博、抖音等平台，邀请美食博主、网红等进行产品推荐和体验分享，引发了大量消费者的关注和兴趣，如非洲的水果、坚果等特色农产品通过网络直播走进了千家万户，进一步拓宽了市场渠道。阿里巴巴国际站为非洲农产品开辟了专门的推广页面和销售通道，借助其大数据分析和精准营销技术，将非洲的咖啡豆、可可豆等优质农产品精准推送给全球潜在客户，极大地提高了销售效率。京东集团则通过与非洲各国建立直采基地，保障产品质量和供应稳定性，并开展直播带货活动，让消费者更直观地了解农产品的产地和生产过程，增强了消费者对非洲农产品的信任度和购买意愿。

三　中非农业合作的机遇与挑战

（一）中非农业合作的机遇

1. 制度层面：中非农业合作机制不断健全

中非农业产业链合作的蓬勃发展得益于中非农业合作机制的不断健全，这为双方深化农业领域合作提供了重要机遇。近年来，中非合作论坛通过政策对接和行动计划的推进，明确了农业合作的优先发展方向，涵盖粮食安全、农业现代化和农产品贸易等关键领域。这一机制通过高层对话和多边协调，保障了合作的系统性和长期性，成为推动中非农业产业链协作的重要制度支柱。在 2021 年的第 76 届联合国大会上，中国提出"全球发展倡议"，将通过"一带一路"倡议加强南南合作，同国际社会一道应对全球粮食危机，推进中国与非洲农业合作，突破农业生产的信息壁垒，建立完善粮食安全跨国监管预警机制，做到有效地防范和化解跨境粮食安全风险。同时，中国与多个非洲国家签署了涵盖农业技术转移、投资保护及农产品市场准入的双边协议，为合作提供了法律依据和政策框架，进一步促进了生产、加工和流通环节的全链条对接。

此外，中非农业合作在机制创新上也成效显著。从"政府引导、企业主导、农户参与"的合作模式,到关税优惠、出口信贷等支持政策的落地,制度设计的灵活性与针对性显著提升了合作效率。在 2024 年中非合作论坛北京峰会上,中方提出愿主动单方面扩大市场开放,决定给予包括 33 个非洲国家在内的所有同中国建交的最不发达国家 100% 税目产品零关税待遇,缩小中非间现有的贸易差距,优化对非的整体贸易结构并整合产业链,推动中国大市场成为非洲大机遇。这不仅增强了非洲国家农业生产能力,也为中国市场引入优质农产品开辟了新渠道。同时,非洲区域一体化农业战略与"一带一路"倡议的对接,推动了跨国项目的协同性和可持续性。由此,中非农业合作机制的不断完善,以及正在构建的稳定、高效的农业产业链合作体系,为双方在全球农业领域的深度合作创造了长期机遇。

2. 经济层面:非洲经济增长释放农业合作潜力

近年来,非洲经济年平均增长率超过 5%,展现出强劲的增长势头。尽管因受到疫情冲击、地缘政治紧张等多重因素的影响,非洲经济复苏仍面临一定挑战,但从长期来看,非洲依然是世界经济发展最具潜力的地区之一。其经济增长不仅表现在总量的稳步提升方面,也反映在经济结构的优化和区域合作的深化方面,这种增长为农业投资奠定了坚实的宏观基础,成为中非农业产业链合作的重要机遇。

非洲的经济增长为农业发展提供了多重利好。随着人口的快速增长,非洲对粮食和农产品的需求持续攀升,这种内需增长为中非农业合作创造了广阔市场。同时,经济增长推动非洲国家加大对农业基础设施的投入,包括灌溉系统建设、农田机械化升级和物流网络完善等,这些都显著提升了农业生产效率和农产品流通能力,为中非农业产业链的全链条合作提供了有力支撑。更重要的是,非洲的经济增长与其丰富的农业资源形成叠加效应,进一步增强了农业领域的投资吸引力。非洲拥有全球约 64% 的农业用地,且气候条件适宜多种农产品种植,为中非农业合作项目的开展提供了得天独厚的资源基础。在当前全球粮食安全问题日益凸显的背景下,非洲不仅是满足全球粮食供给的重要力量,也为中国市场提供了多元化的粮食和农产品供应来源。这种资源与市场的双重潜力,使非洲成为国际农业投资的焦点,更为中非合作提供了独特的战略优势。

3. 社会层面：非洲粮食安全需求与人口红利凸显

非洲国家长期面临粮食短缺的严峻挑战，对粮食安全的重视日益提升。这一问题不仅关系到非洲的经济发展，更攸关地区的社会稳定和民众生计。根据2024年《世界粮食安全和营养状况》报告，2022~2023年，非洲每五人中就有一人面临饥饿问题，显示出非洲在全球粮食安全格局中的脆弱性。非洲粮食生产量仅能满足本地区消费量的10%，供需之间的巨大缺口迫使非洲不得不依赖粮食进口，而这进一步加剧了其对国际市场波动的敏感性。随着非洲人口的快速增长，粮食需求日益增加。这一趋势使粮食供需矛盾更加突出，发展农业以实现粮食自给自足已经成为非洲国家的紧迫任务。相对于发达国家的农业援助，非洲国家更倾向与新兴国家的农业合作，比如中非农业合作更受当地居民的欢迎，中国对非洲农业援助本质是从技术根源上实现粮食的稳定生产，能够满足非洲未来长期粮食安全的需求。在这种背景下，非洲粮食安全需求与中非农业产业链合作之间形成了高度契合，为双方合作创造了重要机遇。

非洲劳动力人口较多，拥有较大的人口红利，可为当地农业建设及发展提供强大的动力支持。这一人口结构优势不仅是非洲经济发展的潜在引擎，也是中非农业产业链合作的重要机遇。截至2022年，非洲人口增长率仍高达2.73%，为全球最高水平。[①] 预计到2050年，非洲新增人口将占全球人口增长的一半以上，这种人口红利为非洲农业现代化和粮食安全提供了强有力的人力资源保障，同时也为中国企业在非洲农业投资与合作开辟了广阔空间。首先，非洲年轻劳动力充足且人口增长迅速，为农业生产提供了可持续的劳动力基础。相比其他地区，非洲的农业发展受益于较低的劳动力成本，同时青年人口对新技术的接受度较高，这为推广现代农业技术和智能化农业设备提供了理想条件。中国企业可通过技术培训、劳动力技能提升计划以及农业教育合作等，将非洲的劳动力优势转化为高效的生产力，从而推动当地

---

① 联合国：《世界人口展望2022》，2022。

农业建设和农产品供应链的全面升级。其次，非洲人口增长所带来的巨大内需市场，为中非农业产业链合作创造了更多机会。随着人口增加和城市化进程的加速，非洲对粮食和高附加值农产品的需求将持续增长。中国可通过加强与非洲在种植、加工、仓储、物流和市场分销等环节的合作，构建从生产到消费的完整产业链，既满足非洲本地市场需求，也为中国企业开辟出口新市场。

4. 科技层面：中国农业科技和数字化技术快速发展

近年来，中国农业科技和数字化技术取得了巨大成就，从种植技术的精准化到供应链的智能化管理，已经构建了较完整的现代农业技术体系。这些技术成果不仅大幅提高了中国农业的生产效率和资源利用率，也为中非农业产业链合作开辟了新赛道。在传统农业转型升级的过程中，中国通过遥感技术、精准灌溉、无人机植保和智能农机设备，解决了大规模农业生产中存在的效率和可持续性问题。这些技术同样适用于非洲，能够帮助非洲国家在有限的资源条件下提升农业生产力，减少粮食短缺问题对经济和社会的影响。此外，中国在农业大数据、区块链溯源和电子商务等领域的创新，也为非洲国家提供了跳跃式发展的路径。通过技术赋能，中非可以共同打造覆盖种植、加工、运输、销售的全产业链数字化合作模式，这不仅是确保粮食安全的必要手段，也是实现中非农业产业现代化的重要抓手。

更重要的是，中国农业科技和数字化技术的快速发展还提供了推动中非合作机制创新的机遇。非洲国家存在着较大的数字技术鸿沟，中国能帮助其建立数字化发展体系。在中非农业产业链合作中，中国的技术不仅是"工具"，更是赋能非洲农业价值链的核心驱动力。例如，基于物联网的智能监测系统和气候分析技术，能够帮助非洲国家更科学地管理农田资源，优化种植结构，提高农业抗风险能力。同时，中国电子商务平台的广泛应用，也为非洲特色农产品进入国际市场创造了新的途径。构建数字化农业生态系统，强化以技术为核心的合作，将成为中非农业产业链合作升级的重要引擎。①

---

① 贺鉴、王筱寒：《中非数字合作：进展、挑战与深化路径》，《国际问题研究》2024 年第 5 期，第 79~99、140~141 页。

（二）中非农业合作的挑战

非洲市场机制的落后增加了中国对非洲农业合作投资的压力，成为中非农业产业链合作的重要挑战之一。非洲商品经济整体发展较为滞后，粮食价格机制尚未完全实现市场化，许多国家长期实施价格管制政策，对粮食价格进行严格调控。这种管控政策虽然在短期内保护了本地消费者免受国际市场价格波动的冲击，但从长期来看，抑制了市场的自发调节能力，降低了农业投资的吸引力。特别是在国际粮价不断攀升的背景下，严格的价格干预进一步压缩了粮食作物投资的利润空间，使中国企业在非洲的农业合作面临回报不确定性增加的难题。

同时，全球粮食供应链紧张与地区性冲突的叠加效应进一步加剧了这一挑战。近年来，极端天气频发、全球粮食供需失衡等对粮食和化肥出口的重大影响，导致国际粮食和农业投入品价格大幅上涨，直接加深了非洲粮食安全危机的严峻性。[1] 非洲许多国家在进口依赖加剧的情况下，外汇需求飙升，本币贬值和通胀压力持续加大，这种双重困境不仅削弱了非洲国家的进口能力，也对中国企业参与非洲农业市场的贸易和投资造成了额外成本负担。市场机制的缺乏使非洲许多地区的粮食流通网络仍然不够完善，物流和基础设施薄弱，农产品生产与消费市场存在脱节，进一步制约着中非农业合作的效益。

四　中非农业合作的政策建议

（一）构建比较优势转化机制，开拓合作领域

中非农业产业链合作具有明显的互补性，通过构建比较优势转化机制，

---

[1]　黄沁、陈永斌、于孟亮：《俄乌冲突背景下粮食危机现状及对中国的影响》，《金融经济》2023 年第 1 期，第 90~99 页。

双方充分发挥各自的优势，将资源转化为经济效益，推动农业合作向多元化、高效化发展。中非双方应探索构建"资源-技术-市场"三位一体的联动机制，推动农业资源优势的全领域开发。构建这一机制的核心在于如何将中国的技术、资金和市场需求与非洲丰富的土地、自然和劳动力资源相结合，以资源为基础，技术为支撑，市场为导向，持续探索合作新领域，开拓多样化的合作机会。

在资源开发方面，非洲拥有大量未充分利用的可耕地和多样化的生态条件，为高附加值农业的发展提供了天然优势。通过针对性地引入中国的精准农业技术，可以推动资源利用的高效化和可持续性。例如，针对非洲不同地区的气候特点和土壤类型，中国可以与非洲国家共同研究适应性强的农作物种植技术，包括热带水果、高产粮食作物以及经济作物的开发。这种资源导向型的技术合作，不仅有助于非洲优化农业结构，还能为双方探索有机农业、生态农业等新领域奠定基础。

在技术创新方面，"资源-技术-市场"联动机制的关键在于技术赋能，以实现从资源开发到产业优化的全面升级。例如，可以利用中国在农业机械、智能化灌溉和农业物联网领域的技术优势，为非洲引入现代农业管理模式。通过农业数字化系统的建立，可以实时监控作物生长、优化资源分配，从而提高农业生产效率和品质。同时，发展与非洲本地条件相适应的绿色农业技术，例如减少农药使用的生物防治技术和高效水资源管理方案，也可以为中非农业合作注入创新动力。

在市场拓展方面，中国消费市场对非洲特色农产品的需求日益增长，为合作创造了巨大的空间。例如，可以通过中国的电子商务平台和冷链物流技术，将非洲的热带水果、咖啡、可可等特色产品直接推向中国消费者。反向地，中国还可以通过技术合作帮助非洲国家实现粮食的高效生产，从而为非洲创造更多出口机会。通过这种双向互动的市场导向合作，中非可以突破传统农业领域的局限，共同开发新型高附加值农业产品，扩大双方的经济收益。"资源-技术-市场"三位一体的联动机制，能够帮助中非从资源开发出发，通过与技术创新和市场拓展的结合，开拓农业合作的新领域。

（二）完善价值链攀升机制，提升合作效益

中非农业产业链的合作不仅应聚焦初级农产品生产，还需通过完善价值链攀升机制，推动合作向高附加值环节延伸，持续深化供需两端中非农业产业链合作，提升产业整体效益。非洲大陆农业生产资源丰富，农业是大部分非洲国家的支柱产业，无论在农业生产领域还是农产品贸易领域，中非都存在巨大合作潜力。合作应着眼于非洲产业链中的适用技术缺口，挖掘非洲特色优势农产品，锚定产前良种繁育、技术研发、农资储备与供应，产中机械化耕作、植保技术和智能监管，产后农产品保鲜、加工、减损、市场拓展等，联合科研攻关推动非洲农业向现代化、品牌化发展。因此，要促进中非农业贸易稳步增长，须推动农业产业链合作"两端升级"。

在供应端，一是提升非洲农产品生产能力。非洲农产品生产能力不足、对农业援助的依赖性较高，导致农产品生产能力的可持续性较差。可加大中非农业产能合作力度，提炼并推广以袁氏种业等为代表的对非农业合作企业的经验和模式，帮助非洲提高自主农产品生产能力。[1] 二是提升非洲农产品加工能力。非洲农产品加工能力较弱，大部分国家仍无力将低附加值的原材料加工转换为高附加值的制成品加以出口。应当增加对非洲农产品初加工的投资，引导企业考虑从简单加工起步，选择不需要太多中间投入、仅需采用简单技术的加工方式，增加非洲当地初加工环节，探索"援助+农产品+农机+农业服务"联合"走出去"新模式。此外，按照中国农产品进口标准，通过在非洲设立农产品加工园区等方式切实帮助非洲国家提升农产品加工能力。[2]

在需求端，一是强化非洲农产品品牌建设。非洲农产品资源丰富，但因为产品质量参差不齐、缺少自己的品牌，中国消费者对非洲产品的了解十分有限。中国在千亿级商贸产业集群湖南高桥大市场中设置了中非经贸博览会

---

[1] 张芸：《境外农业园区成为推动中非农业合作的重要载体——以境外农业合作示范区为例》，《世界农业》2024 年第 11 期，第 142~144 页。

[2] 谢冬生：《中非农业合作情况与发展建议》，《世界农业》2024 年第 6 期，第 138~141 页。

常设展馆，建设中非经贸合作促进创新示范园，为非洲产品孵化品牌、定制包装、打造精品化路线，通过加强非洲农产品品牌建设，助力非洲产品走进中国市场。二是完善线上线下综合营销体系。以建设非洲非资源性产品集散交易中心为核心，加快打造面向国内市场的非洲优质产品全产业链。通过建设优质农产品产业营销中心，帮助非洲优质农产品快速打开中国市场。营销中心基于优质的农产品研发，以生产商、专业用户、连锁加盟体系等为通道，能够将优质的产品快速输送到全国的企业与个人客户手中。中方应加快落实"九项工程"，充分用好中国国际进口博览会、中非经贸博览会等平台，进一步发挥好非洲农产品输华"绿色通道"作用，利用好电商、直播等平台，帮助非洲农产品融入中国市场销售体系，提升中非农产品贸易规模和便利化水平。

（三）深化合作模式创新机制，激发市场活力

面对全球农业市场竞争的日益激烈以及中非市场需求的快速变化，传统合作模式已难以适应新形势的要求。通过创新合作模式激发市场活力，不仅能够提升合作效率，还能扩大合作的深度与广度，为中非农产品合作注入持久动力。

一是深化中非"平台化合作"模式，实现资源的高效整合。深化中非农业合作综合平台建设，集技术共享、市场对接和资金支持于一体。例如，搭建一个中非农业电子平台，为农业企业、农户和投资者提供从生产计划到市场销售的全链条服务。平台可以通过整合供需信息、提供数据分析和技术支持，优化农业资源配置，减少信息不对称问题。同时，引入区块链技术，为农产品的溯源、交易和物流提供透明保障，从而提升市场信任度，提高产品的流通效率。

二是创新"共享经济"合作模式，降低成本提高效率。以共享农业设备、技术和服务为核心，通过农业服务合作社或共享经济平台，非洲小农户可以以较低的成本获得高效农机、种子和技术支持。例如，中国企业可以在非洲建设共享农机中心，提供设备租赁服务，同时开展相关技术培训，帮助

当地农户提升生产能力。这种模式不仅能够降低农户的生产成本，还能通过规模化运作激发农业市场的活力。

三是探索推广"高校/科研院所+基地+农户"模式。该模式由国内高校或科研院所负责运营，如吉林农业大学、福建农林大学和中国热带农业科学院与受援国当地高校进行对接，积极为当地大学提供教育、科研服务以及实习机会，同时开展农业科技人才培养。吸引中资企业入驻，增加投资，进行技术培训和设备采购，以确保示范中心公益性目标的实现。以中国热带农业科学院负责运营的刚果（布）农业技术示范中心为例，该示范中心通过申报项目获得资助，项目经费用于试验、示范和推广等公益性活动。刚果（布）农业技术示范中心的畜产品养殖项目尽管在现代化经营和科学化管理上与国内有较大差距，但适合当地生产水平和条件，作为当地大学教育基地，发挥了养殖技术示范推广作用。

四是探索推广以"生产性投入基金"推广杂交水稻种植的模式。由中国驻非专家组提供购买种子、肥料、农药的生产性投入资金，农民收获后把专家组提供的首期投入资金集中返还到指定账户供下季生产，以此循环解决资金投入问题，进而实现可持续发展。如在布隆迪，中国专家选取布班扎省基航加县的林格四村作为"援布水稻技术减贫示范村"进行试点，到目前，该村已全部脱贫，人均年收入从 2015 年的 25 美元提升到 2022 年的 450 美元，成为布隆迪发展的国家级示范村。

（四）强化中非战略互信机制，确保合作合规稳定

中非农业产业链合作的稳定性亟待加强，首先，应通过强化法律和政策保障，确保双方合作的合规性与稳定性；其次，深化文化与情感认同，促进长期战略伙伴关系的建立。只有在法律、政策、文化等多维度的共同推动下，中非农业合作才能在外部挑战中稳步前行，实现互利共赢，确保合作的长期可持续性。

一是加强法律和政策保障，维护合作环境稳定。为了促进中非农业产业链的可持续发展，中方应积极推动与非洲国家在法律和政策层面的深度对

接，制定明确的双边合作协议。这些协议应涵盖农业投资、贸易、技术转让等领域，确保双方的合作框架合法、透明并具有强制执行力。加强与非洲主要经济体的政策对话，定期评估合作项目的实际效果，为长期合作提供政策保障。通过健全法律与政策框架，不仅能够稳定合作环境，还能为中非合作的深度发展奠定坚实的法律基础。加快建立跨国法律协调机制，减少合作中的法律摩擦，确保非洲国家在开展农业合作时能够享有更多的自主权与决策空间。在面对外部政治压力时，进一步完善与非洲国家的贸易保护条款，还可通过双边或多边协定，共同维护合作区域的政治稳定和社会安全，减少外部干扰对农业合作的负面影响。此外，中非双方在农业合作上应加强与国际组织的紧密联系，例如世界粮食计划署和联合国粮农组织，借助多边力量提升风险防控能力，确保合作环境的长期安全。

二是深化文化与情感认同，构建长期战略伙伴关系。中非合作不仅需要依托政策与经济的支持，更应在文化层面找到共鸣，以便建立持久且深远的战略伙伴关系。中非双方可通过定期的文化交流活动，例如农业展览、技术交流与培训，增强彼此的文化理解与认同。除了政府间的合作，民间的互动与参与同样重要。中国的农村发展经验、技术支持及非洲传统农业智慧的结合，可以通过"文化合作区"或"农业合作示范村"等形式展现，成为双方文化交流的生动实践。这不仅能拉近两地民众的距离，还能让合作具有更广泛的社会基础。与此同时，中非应重视塑造合作的"情感品牌"，通过媒体、影视作品等传播彼此在农业领域的成功案例，提升合作的情感认同感。通过建立共同的文化价值体系与情感纽带，双方能够有效抵制外部干扰，推动合作更加深远和稳定，促进中非农业的共同繁荣。

（五）健全可持续发展保障机制，实现绿色发展

在全球气候变化和环境压力日益加剧的背景下，中非农业合作需要以绿色发展为目标，建立和强化中非农业合作可持续发展保障机制，为农业合作注入可持续发展的动力。这不仅关乎生态环境的保护，更是实现合作长期稳定和互利共赢的必由之路。

一是构建绿色技术推广机制，推动低碳高效生产。可持续发展离不开先进技术的支撑，中国可依托自身在绿色农业技术方面的优势，将适应非洲生态条件的技术带到当地。例如，推广节水灌溉技术、精准施肥技术以及农业废弃物循环利用技术，可以有效降低资源浪费和环境污染。同时，鼓励双方联合设立绿色农业技术示范基地，将低碳农业技术应用于实践，并通过培训和推广，提高非洲农户对绿色生产方式的认知和采纳率。这样的机制既能保护非洲的自然生态系统，又能提高农业生产效率，推动农业的现代化与绿色化。

二是建立"绿色投资+生态补偿"机制，保障环境可持续性。中非可以共同设立绿色农业基金，专门用于支持绿色农业项目和技术创新。与此同时，引入生态补偿机制，对因环境保护而减少经济活动的区域提供资金支持，确保其在生态保护的同时实现经济可持续发展。例如，在森林覆盖率较高的地区，优先发展碳汇农业，通过碳市场交易机制，吸引国际资本投资，形成农业绿色发展的经济激励模式。这种机制的建立，不仅能解决绿色农业初期投入高的问题，还能为非洲提供更多生态保护收益。

三是加强环境监测与合作机制建设，提升绿色发展治理能力。可持续发展需要精细化的环境管理和风险防控。中非可以共同建立农业环境监测网络，利用遥感技术、大数据和人工智能对农业活动的生态影响进行动态评估。例如，监测土壤退化、农业面源污染和生物多样性变化，为政策制定和产业优化提供科学依据。此外，强化在气候变化适应领域的合作，针对非洲频发的旱涝灾害，共同制定应对方案，进一步增强农业系统的韧性。

参考文献

张哲：《中非农业合作发展模式研究》，上海交通大学出版社，2024。
李源正：《从援助到发展合作：21世纪初中非关系演进研究》，社会科学文献出版社，2021。
肖皓、唐斌、许和连：《扩大非洲农产品进口与建设"绿色通道"研究》，社会科学

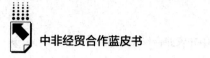

文献出版社,2023。

高贵现、朱月季、周德翼:《中非农业合作的困境、地位和出路》,《中国软科学》2014年第1期。

姜璐:《中非发展合作的可持续推进路径探索——基于发展中国家自主性的视角》,《国际经济评论》2024年第6期。

安春英:《自主知识体系视角下的新时代中非减贫合作》,《西北大学学报》(哲学社会科学版)2024年第3期。

吴传华、凌荷:《习近平生态文明思想与中非绿色发展合作》《世界社会主义研究》2023年第11期。

金晔、林青宁、毛世平:《深化中非农业投资合作面临的挑战与对策》,《国际贸易》2022年第10期。

唐丽霞、赵文杰、李小云:《中非合作论坛框架下中非农业合作的新发展与新挑战》,《西亚非洲》2020年第5期。

B.9
中非新能源合作发展报告（2025）

吴亮　宋磊　贺嘉琦*

摘　要：　中非新能源合作自1978年以来经历了发展起步、转型与合作深化和现代化合作与可持续发展三个阶段，从早期的援助为主逐渐向多元化、互利共赢模式转变，合作领域涵盖太阳能、风能、地热能、生物质能和小水电等。近年来，中非新能源合作取得显著进展，合作项目遍布非洲40余个国家，新增电力装机容量达1.2亿千瓦，显著提升了非洲的电力供应能力。然而，中非新能源合作仍面临诸多挑战，包括政治与政策、跨国协作、营商环境与基础设施、投融资与货币、自然与环境、国际局势与市场竞争等六方面的风险与挑战。为应对这些挑战，报告建议加强政策协调，完善治理框架；创新项目开发路径和模式；推动新能源产业链本土化发展；深化金融合作；提升公众与国际合作的认知度。

关键词：　中非合作　新能源　绿色发展　技术转移

一　中非新能源合作发展历程

（一）发展起步阶段（1978~1999年）

小水电和生物质能作为在中国发展较早且具有一定优势的新能源领

---

* 吴亮，同济大学特聘教授、同济大学国家现代化研究院执行院长、中国国际文化交流中心理事，研究领域为公共政策设计、智库理论、国家现代化比较；宋磊，艾利艾智库研究员，研究领域为国际宏观政治经济形势、企业国际化、中企对非合作；贺嘉琦，艾利艾智库研究员，研究领域为新能源产业研究、中非经贸合作、中企品牌海外传播。

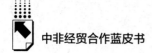

域①，成为中非新能源合作初期的重要内容。② 在水电领域，中国帮助非洲国家修建了多座中小型水电站及输变电站，如援布隆迪穆杰雷水电站、援马达加斯加安塔夫夫水电站、援刚果（布）昂扎水电站等，极大改善了当地工农业生产和民生用电条件。据统计，1956~1985 年，中国对外援助的 52 个能源电力项目里，就有 8 个水电站和若干小水电项目③，这些项目多位于非洲国家。④ 同一时期，在生物质能领域，中国向乌干达等国传授了沼气技术，帮助受援国减少了对进口燃料的依赖。

这一阶段，新能源的概念尚未被广泛引入，清洁、可再生的标准也未成为项目设立的重要考量。中国对非援助的方式开始从最初的纯资助逐渐发展成多元化的合作模式（代管经营、租赁经营、合资经营等）。尽管刚刚起步，但这些早期的经验为进入 21 世纪中非新能源合作的深化奠定了坚实的基础。

（二）转型与合作深化阶段（2000~2020年）

进入 21 世纪后，随着中国经济的崛起和国际地位的提升，尤其是中国逐步深入参与全球环境治理和气候变化合作，清洁、可再生的概念开始融入中非能源合作的框架，双方向着更加多元化、互利共赢的合作模式转型。

2000 年，中非合作论坛成立，成为中国与非洲友好国家开展集体对话的重要平台，中非新能源合作逐步拓展并取得显著成效。2006 年，中非合作论坛北京峰会通过了《中非合作论坛—北京行动计划（2007~2009 年）》，明确提出中方帮助非洲国家将能源、资源优势转变为发展优势，促进当地经济社会的可持续发展。2009 年，在埃及举行的中非合作论坛第四届部长级会议上，

---

① 本报告中新能源主要指除常规能源和大型水力发电之外的太阳能、风能、地热能、生物质能、水能（主要指小型水电）和氢能。

② 《〈中国的对外援助〉白皮书（中文）》，中国国家国际发展合作署网站，2018 年 8 月 6 日，http://www.cidca.gov.cn/2018-08/06/c_129925064_5.htm。

③ 根据联合国工业发展组织（UNIDO）和国际小水电联合会（INSHP）2019 年发布的《小水电技术导则》，小型水电站指的是装机容量在 30 兆瓦及以下的水电站。

④ 石林主编《当代中国的对外经济合作》，中国社会科学出版社，1989。

中国决定在未来三年援助非洲 100 个小型太阳能、沼气、小水电等项目。2015
年，中非合作论坛约翰内斯堡峰会上发布的第二份《中国对非洲政策文件》
强调中国支持非洲电网建设，推进中非风能、太阳能、水电等可再生能源和
低碳绿色能源的开发合作。2018 年，《中非合作论坛—北京行动计划（2019~
2021 年）》进一步强调双方要在能源和资源领域加强政策对话和技术交流，
支持企业开展能源贸易、投资和能力建设。一系列政策文件的发布标志着中
非新能源合作的逐步深化，绿色可持续发展成为核心议题，合作内容和形式
不断拓展，经济合作和投资成为重要驱动力之一。

在中非合作论坛的框架下，多个标志性项目相继落地。太阳能方面，中
国援建东非最大的光伏电站肯尼亚加里萨 50 兆瓦电站，为 7 万户家庭共计
38 万人提供电力；2015 年中非合作论坛框架下的"万村通"项目，为非洲
20 多个国家提供了太阳能电力。风能方面，中国帮助埃塞俄比亚建设了首
个阿达玛风电项目，为该市 30 万人口提供稳定电力；在南非建设德阿风电
项目，每年可发电超 7.5 亿千瓦时，相当于节约 20 多万吨标准煤，同时创
造了 700 多个就业机会。地热能方面，中国以优惠贷款方式支持肯尼亚 56
口地热井建设，大大降低了肯尼亚民众的用电成本。生物质能方面，中国与
突尼斯、几内亚等国家开展沼气技术合作，并捐赠苏丹白尼罗河州 25 套户
用沼气设备。水电方面，由中国电工与中国电建历时 10 年联合承建的尼日
利亚宗格鲁水电站，援马达加斯加、莫桑比克、赞比亚、乌干达等小水电站
项目都极大满足了当地的能源需求。此外，在技术培训方面，中国还为部分
非洲国家举办专业培训，2000~2009 年共举办 50 余期培训，如"非洲法语
国家太阳能应用技术培训班"和"发展中国家风能应用技术培训班"等。

这一时期，中国已经成为非洲新能源开发的主要合作伙伴。国际能源署
2016 年发布的《促进撒哈拉以南非洲电力发展：中国的参与》报告显示，
2010~2015 年，中国企业作为主要承包商承建的发电装机容量占撒哈拉以南
非洲总新增容量的 30%。2010~2020 年，中企在撒哈拉以南非洲承建了超
过 200 个电力项目，总装机容量约为 17 吉瓦，约占撒哈拉以南非洲现有电
力装机容量的 10%。这些项目覆盖撒哈拉以南 54 个国家，水电项目占比

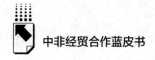

49%，其他可再生能源项目占比7%。资金方面，2000～2020年，中国进出口银行和国家开发银行共向非洲国家可再生能源项目提供179亿美元的融资支持。[①] 中国进出口银行是中方承建项目的最大融资方，超过60%的项目由其融资，主要融资方式为EPC合同和债权贷款。

（三）现代化合作与可持续发展阶段（2021年至今）

2021年至今，中非新能源合作呈现向清洁、低碳、可再生能源加速转型和推进的显著特点。

2021年9月，中国在联合国气候变化大会上宣布停止支持海外煤电项目，并加大对非洲可再生能源合作项目的投资，标志着中国对外能源合作的战略转型。同年，中国与非盟建立能源伙伴关系，发布《新时代的中非合作》白皮书、《中非合作2035年愿景》和《中非应对气候变化合作宣言》等战略性文件，进一步强调了能源合作要向清洁、低碳转型。中国在中非合作论坛框架内实施了上百个清洁能源和绿色发展项目，进一步扩大在光伏、风能等可再生能源、节能技术，高新技术产业，绿色低碳产业等低排放项目的对非投资规模。2024年，《中非合作论坛—北京行动计划（2025～2027）》明确新能源为战略性新兴产业，是未来产业转型和经济发展的关键。

这一阶段，中非大幅拓宽新能源领域的合作空间，延展产业合作链条、扩大相关投资、深化产能对接，落地多个标志性项目。2023年，中国在首届非洲气候峰会上宣布启动"非洲光带"项目，目前已与布隆迪、乍得等五个非洲国家签署合作协议，解决了近2万户家庭的用电问题。同年，在中国-非盟能源伙伴关系框架下，中非能源创新合作加速器项目正式启动，该项目将招募光伏发电、小规模沼气工程、低成本绿氢制储等多类项目，促进更多"小而美"项目落地非洲。2024年，南非Samancor TFC光伏项目正式开工，作为中资企业在南非最大和最快形成实质协议的自备光伏发电厂项目，该项目投入使用后预计每年为南非减少二氧化碳排放17.6万吨。

---

① 根据美国波士顿大学全球发展政策研究中心的中国全球能源融资数据库数据计算所得。

这一阶段中非新能源合作有了更明确的政策转型，更强调绿色、低碳能源的优先发展。中国助力非洲能源产业结构升级的目标更为具体，并提出了具体的支持政策、技术方向、产业投资方向和示范性项目。中国正在通过项目合作、技术转让和金融支持，体系化地改善非洲国家电力基础设施，推动新能源与非洲经济的协同发展。

二 中非新能源合作发展现状

（一）非洲新能源开发现状

1. 非洲新能源储备丰富，但开发程度普遍较低

非洲拥有巨大的太阳能发电潜力，丰富的水能、风能和地热能。但由于高度依赖原料出口、工业化水平低、农业生产力落后，目前非洲的电力供应大部分还是依赖传统化石燃料。非洲开发银行评估，太阳能、风能、地热能和生物质能应用合计仅占非洲全部能源类型应用的 3.7%。

表 1 非洲新能源储备及开发状况

能源类型	新能源开发现状
太阳能	非洲是全球太阳能资源最丰富的地区之一，国际能源署的数据显示，非洲拥有全球优质太阳能资源的 60%，但光伏装机容量仅占全球的 1%
风能	世界银行数据显示，非洲拥有 59000 吉瓦的陆上风能和海上风能发电潜力，这足以满足非洲大陆 250 倍以上的能源需求。截至 2021 年底，非洲风电装机容量仅 7 吉瓦，约占其风能潜力的 0.01%，更多风能还未被开发
地热能	根据联合国环境规划署（UNEP）的数据，南部非洲的莫桑比克、马拉维和坦桑尼亚拥有地热发电的巨大潜力，东非大裂谷地区地热能蕴藏量约 1 万兆瓦。预测到 2050 年，非洲地热发电将吸引至少 350 亿美元的投资，成为满足非洲能源需求的关键
生物质能	根据美国能源信息署的数据，仅西非每年就有 1 亿吨的农作物残余物可以被转化为生物燃料，为生物质能的利用提供了巨大的潜力。目前发展规模很小，以 2017 年的数据为例，非洲生物能源产量仅占全球的不到 0.2%
水能（小水电）	非洲水能资源蕴藏量达 11.55 亿千瓦，居世界第二，技术可开发的水能资源达 6.28 亿千瓦，居世界第三，但目前仅开发了 10%

能源类型	新能源开发现状
氢能	绿氢的生产依赖可再生能源,阳光丰沛的非洲大陆为生产氢能提供了理想的条件。欧洲投资银行(EIB)指出,非洲具备每年实现 1 万亿欧元绿氢产值的潜力,到 2035 年可生产 5000 万吨绿氢,成本低于 2 欧元/千克,具有经济可行性

资料来源:根据公开资料,作者整理所得。

2. 非洲新能源近年来发展迅速,但各国间发展水平差异大

根据国际可再生能源机构(IRENA)的数据,2012~2021 年,非洲清洁能源发展迅速,装机规模从 28 吉瓦增长至 60 吉瓦,发电量从 115 太瓦时增长至 202 太瓦时,装机容量年均增速达 7%(见图 1)。

图 1　2012~2021 年非洲清洁能源装机规模和发电量

资料来源:根据国际可再生能源机构(IRENA)*Renewable Energy Statistics* 2022 报告数据,作者整理计算所得。

其中,太阳能和风能的增长最为显著。2011~2020 年,非洲太阳能装机容量实现了 54% 的年均增长率,是风能(22.5%)的 2.4 倍、地热能(14.7%)的近 4 倍和水能(3.2%)的近 17 倍。光伏和风电目前已经占据了非洲发电增量的绝大部分,它们也是未来几十年非洲电力供应的核心,预计到 2050 年非洲光伏装机容量将占整体发电装机容量的 40%,风能将占 20%。

由于各国能源禀赋、发展需求和经济水平等方面的差异，非洲新能源发展呈现内部差异大、各国发展不平衡等特点。2020 年，南非（57%）和埃及（16%）是非洲最大的太阳能发电生产国，占非洲太阳能装机容量的近四分之三。南非（41%）、摩洛哥（22%）和埃及（21%）以及肯尼亚、埃塞俄比亚和突尼斯，六国合计占非洲总风能装机容量的 95% 以上。肯尼亚地热能发展突出，发电容量占其全国发电量的近一半。埃及氢能发展处于领先地位，到 2040 年绿氢市场份额预计将占到全球的 8%。

3. 非洲国家在政策和法规层面积极推动新能源发展

非洲各国明确认识到新能源对能源绿色转型和可持续发展的关键作用，在推动新能源发展方面采取了积极的政策和措施。自 2015 年非盟提出《2063 年议程》（Agenda 2063）以来，非洲多个国家设定了明确的清洁能源目标，如安哥拉、肯尼亚和埃及等国力求大幅提高可再生能源在能源结构中的比例。主要政策措施包括逐步减少对化石燃料项目的投资、实施碳定价机制，以及加大对新能源项目的投资。南非、埃及、肯尼亚等国已积极推广太阳能、风能和水能（小水电）等新能源应用，并在偏远地区和低收入社区深化新能源布局。这些政策为非洲能源转型奠定了坚实基础，显示出非洲推动绿色发展的决心和潜力。

（二）中非新能源合作的多元化发展态势

近年来，中非双方在新能源合作领域取得了显著进展，共同推动破解能源可及和能源转型难题，形成了以太阳能、风能为先导，地热能、生物质能、水能（小水电）和氢能等新兴能源齐头并进的多元化发展态势。

太阳能方面，合作项目众多且成效显著。根据中国光伏行业协会统计，2021 年我国对非地区光伏组件出口量约占我国光伏组件产量的 3.1%，输出产品主要是离网太阳能发电设备等小型应用系统。另有许多具有示范意义的工程不断涌现，如埃塞俄比亚索马里州的离网光伏电站项目是世界银行"点亮非洲"计划的首批示范工程之一；摩洛哥努奥二期和三期光热电站项目是世界最大规模的光热电站，每年可减少约 30 万吨的二氧化碳排放，荣获摩洛哥颁发的"社会贡献奖"。风能方面，中非合作前景广阔。2020年，中国风力发电机主要出口南非和埃塞俄比亚，两国共占中国对非风电机组出口额的99.9%。南非的德阿风电项目是中国在非洲投资建设运营的首个风电项目，每年为当地稳定供应清洁电力约7.6亿千瓦时，发电量相当于节约标煤21.58万吨，减排二氧化碳61.99万吨。中非新能源合作还涉及更多方面，如剑麻沼气发电厂——坦桑尼亚剑麻废液产沼气发电厂等；地热能项目——埃塞俄比亚图鲁莫耶一期地热电站等；小型水力发电项目——尼日利亚小型水电能力中心等；氢能项目——埃及绿氢和绿氨项目等。

《中国—非洲国家共建"一带一路"发展报告》显示，中非共建了一批技术先进、环境友好的能源合作项目，遍布非洲40余个国家和地区，涉及多个新能源领域，新增电力装机容量达到1.2亿千瓦，电网建设线路总长度达6.6万公里，显著提升了非洲的电力供应能力，为该地区的能源转型和绿色发展提供了有力支持。

（三）中非新能源合作的应用场景及解决方案

1. 分布式发电解决方案

与集中式发电依靠大型发电设施提供电力不同，分布式发电是将发电单元分散布置在用户附近，不依赖复杂且昂贵的电网基础设施，能够更加灵活地满足局部电力需求。具体来看，分布式光伏发电在非的发展前景尤为广阔。由于非洲有着丰富的太阳能资源，分布式光伏系统能够根据不同地区的实际需求定制，灵活、就近解决区域性电力短缺问题。"非洲光带"项目就是最典型的案例。该项目以家庭为单位，通过户用分布式光伏系统直接满足一家一户的生活用电需求和生产需求，综合提升非洲地区原无电人口的生活品质。东方国际安哥拉柴光互补分布式发电项目为安哥拉定制了"柴光互补"的综合能源解决方案，也为当地带来了稳定可靠的电力供应。中国向非洲国家援助的分布式光伏储能系统成为最适合非洲发展的能源解决方案之一。建设小型水电站也是解决非洲电力短缺的主要方式，尤其面对大型水电站资金短缺、审批繁琐等情况时，这种去中心化的解决方案能够充分利用非洲广泛分布且具备适宜坡度的水流资源，提供分散、稳定、环境友好的能源供应。

2. 离网/微电网系统

离网系统（Off-Grid System）完全独立于传统电力供应网络之外，通常用于电网覆盖不到的偏远地区或者需要独立供电的特殊场合，规模可以从非常小（家庭单位的照明系统）到中等规模（一个村庄的供电系统），多见于太阳能和风能的离网发电。中国援助非洲的"万村通"项目就是很典型的案例。该项目为20余个非洲国家提供了离网太阳能设备和相关设施，帮助当地民众获取电力。埃塞俄比亚索马里州的离网光伏电站项目，为该国能源结构转型树立了标杆。

微电网系统（Microgrid System）是本地化的电力系统，利用储能和控制装置进行实时调节，实现网络内部电力电量平衡，运行模式更为灵活，可并网运行也可离网运行。在许多电力稀缺和电力不可及的非洲偏远村庄，微电网堪称"救命稻草"。典型案例有华为在喀麦隆部署的微电网解决方案，为农村地区建设了1000座光伏发电厂，覆盖了尚未接入电网的区域。三一硅能在赞比亚西北省卡邦波瑞达矿业矿区启动的光伏储能微网发电项目，构建了集光伏、储能和柴发于一体的先进微电网综合能源系统。

3. 新能源小型应用

新能源小型应用主要是指针对小规模用户群体（农场、商业、社区等）的太阳能板、储能电池以及便携式能源设备（太阳能充电器、灯具等）。这种小型、灵活且投资门槛较低的新能源产品，在偏远地区成为推动能源普及和本地转型的关键力量。2022年初，隆基绿能为非洲16个国家提供隆基光伏发电产品就是很好的例子。2023年，中国援马里太阳能示范村项目通过竣工验收，此项目共安装1195套离网太阳能户用系统、200套太阳能路灯系统、17套太阳能水泵系统。

（四）中非新能源合作的主要方式及参与者

中非新能源合作主要通过贸易、工程承包、绿地投资和发展援助等多种方式展开。这些合作方式因地域、经济发展水平不同而有所差异。贸易是中非新能源合作的重要形式，中国机电产品成为对非出口的"主力军"，2023年，中非贸易额达 2821 亿美元，光伏产品出口同比增长 57%。工程承包方面，近年来在中非合作论坛和中非经贸博览会的推动下，中非双方签署了多个包括光伏、风能、水电等能源基础设施建设的工程承包合同，进一步巩固了双方的绿色合作基础。绿地投资是中国企业在非洲的长远战略布局之一，中国通过在非洲新建企业或生产单位，从零开始，一方面降低生产成本，有助于长期深耕非洲当地市场，另一方面也帮助非洲生产能力和就业水平的提升。2017~2022 年，中国对非直接绿地投资为 740 亿美元，占域外对非直接绿地投资的 18%。① 发展援助是中非历史最为悠久的合作方式，中国通过援助非洲分布式光伏储能系统、新能源供电专项工程、风能和太阳能等多个新能源项目，为非洲提供资金、技术、人才等全方位的支持。值得一提的是，中国高度重视帮助非洲培育造血机制，加强技术支持和人才培养，不断提升非洲内生动力，如"鲁班工坊"项目，自 2019 年中国宣布设立以来，已为非洲多国培养了一批新能源领域的应用技术人才。

在中非新能源合作中，央国企在投资和建设中占据主导地位，成为夯实中非命运共同体的重要实践者和推动者。一方面，在非洲参与投资电力建设的中国企业当中，大型国有企业占据 72% 的市场份额，中国水利水电建设集团有限公司、中国葛洲坝集团有限公司、中国电力工程有限公司等五大央国企主导了中国在非洲的能源建设，地方国企占 18%，民营企业占10%。另一方面，社会资本逐渐增多。以华为、隆基股份、阳光电源为代表的民营企业，兼具领先技术与丰富经验，占据越来越重要的地位。华为表现最为突出，截至 2022 年，在非洲参与建设的太阳能电站总容量已超过 2.5 吉瓦。隆基股份作为全球最大的单晶硅光伏产品制造商之一，已在南非等地设立生产基地。阳光电源作为全球领先的光伏逆变器和储能系统

---

① 《2023 年 8 月 18 日外交部发言人汪文斌主持例行记者会》，中华人民共和国驻中非共和国大使馆，2023 年 8 月 18 日，http：//cf. china-embassy. gov. cn/fyrth/202308/t20230818_11128713. htm。

供应商，也积极进军非洲市场，参与投建了多个大型太阳能电站项目。尽管民营企业对非投资逐渐增多，但与发达国家相比仍显滞后，未来仍有较大增长空间。

三　中非新能源合作的风险与挑战

现阶段中非新能源合作主要面临政治与政策、跨国协作、营商环境与基础设施、投融资与货币、自然与环境和国际局势与市场竞争共六方面的风险与挑战。

（一）政治与政策风险

1. 政局动荡与领导层更替

非洲的政治局势不稳定和领导层的频繁更替，导致当地政策缺乏连续性，给中非新能源合作带来很大不确定性。2024 年，至少有八个非洲国家面临政府选举，如南非、博茨瓦纳、加纳、毛里求斯、莫桑比克、纳米比亚、卢旺达和突尼斯，许多国家投票选举在冲突和动荡下进行。政府领导人的更替也会改变能源领域的政策方向和合作态度，致使新能源的发展面临很大不确定性。

2. 缺乏政策框架和监管机制

由于非洲新能源领域发展起步较晚，很多非洲国家目前还缺乏针对新能源产业的统一的政策框架和透明的监管机制。根据非洲开发银行的报告，在统计的 43 个非洲国家中，有 30 个国家的电价无法充分反映成本变化，部分国家没有建立完善的电力价格机制和输电网络规则，23 个国家处于低水平的电力市场监管状态。另一方面，非洲国家政府对新能源项目的优惠政策经常遭遇管理困境，比如审批程序冗杂、管理效率低等，致使很多新能源项目停滞或半途而废。例如摩洛哥虽然制定了相关优惠政策和激励措施，但其审批流程繁琐，补贴政策操作复杂，严重影响了企业投资的积极性和项目推进效率。

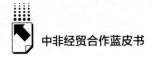

（二）跨国协作风险

1. 项目开发模式缺乏创新和灵活性

中国企业在非洲新能源领域的投资和承建项目，大多基于传统的业务模式，存在路径依赖，缺乏业务模式转型的能力。长期以来，中国企业主要通过两种路径参与非洲清洁能源项目。一是承担中国政府的援建项目，二是通过与东道国政府直接合作，获得项目开发授权，并以 EPC（工程、采购、施工）或 EPC+F（加融资）模式承建项目。这种合作模式的优点是中国企业能够获得政府背书，减少海外经营风险，在执行项目时不必面临过多的市场竞争和项目管理压力。然而，随着新能源技术的成熟和开发成本的降低，特别是在光伏和风电领域，非洲国家的能源政策发生了变化，很多国家的合作模式已从过去的固定电价双边谈判转向了公开竞争招标。这一转变要求参与企业不仅具备技术和资金实力，还需要具备更强的市场竞争力和精细化的成本管控能力，但部分中国企业依然依赖传统的承包模式，缺乏在国际市场竞争中的创新性和灵活性。此外，非洲多国在基础设施建设过程中日益强调环境和社会责任，而部分中国企业短时间内却难以适应东道国的这类新要求。

2. 多方利益协调的挑战

中非新能源合作涉及政府、企业、金融机构、非政府组织和国际援助机构等多个合作方，目标和需求差异较大，法律、文化和监管差异增加了项目推进的复杂性。政府通常侧重能源安全和社会稳定，但企业更加关注商业回报，金融机构更加关注项目的财务可行性，这些可能与政府的长期社会效益目标发生冲突。此外，非政府组织和国际援助机构经常要求更高的环境和社会标准，进一步增加了协调难度。

（三）营商环境与基础设施风险

1. 非洲整体营商环境不成熟

根据世界银行 2024 年发布的《营商环境成熟度评估报告 2024》，卢旺达和毛里求斯是撒哈拉以南非洲地区仅有的两个营商环境全球排名在前50位的经济体。[①] 部分非洲国家政府在招标环节经常存在内容不规范、审批流程不透明等问题，导致项目实施受阻。一些非洲电力公司常被特定集团作为实施政治酬庸、谋取垄断经济利益的工具。非洲营商环境整体缺乏透明度和效率，进一步降低了外资进入该市场的意愿。

2.能源基础设施发展滞后

非洲的电力基础设施发展水平滞后，区域间的电力传输难以实现互联互通。很多国家的电力系统由于缺乏后期维护资金而被迫中断，有的还会因为大量降水或其他极端天气造成停电，这都导致非洲发电容易送电难，现有的电网设施无法将富余的电力有效地输送到有需求的地区，电力输送难以形成产业化规模。电力设施老旧以及输配电损耗大也直接影响了新能源项目的落地。例如，尼日利亚的发电装机容量达13兆瓦，但其老旧的电网系统只能为2亿人口提供5兆瓦电力，容量与供应的不对称反映出尼日利亚的电网基础设施无法有效传输和分配已发的电力。[②] 这导致新建的新能源项目往往需要单独建设电网和变电站，这个过程可能会大幅增加成本和开发风险。比如肯尼亚图尔卡纳湖风电项目尽管于2017年按计划完工，但由于需要专门建设一条272英里的输电线路，且建设过程面临复杂的征地事务，最终实际投入使用时间延后了15个月。非洲新能源行业的发展亟须区域间的互联互通以及多方合作。

（四）投融资与货币风险

1.融资困难

与传统的大型能源项目相比，非洲新能源项目的投资规模普遍较小，政府对新能源项目的关注度相对较低，通常不会提供主权信用担保。这种情况

[①] Business Ready（B-READY）2024 World Bank Group, Business Ready 2024, https：//www. worldbank. org/en/businessready.

[②] EED Advisory, Decarbonising Africa's Grid Electricity Generation, May 2021, https：//assets. cdcgroup. com/wp-content/uploads/2021/05/25111607/Decarbonising-Africas-grid-electricity. pdf.

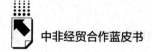

直接影响了中国金融机构在评估项目风险时的态度，导致其采取更为保守的投资策略，从而限制了新能源项目的融资规模和可行性。

另外，非洲国家债务负担重，对新能源项目给予的公共资金支持或担保力度有限。据世界银行统计，2021 年非洲国家政府将其收入的 16.5% 用于偿还外债，相较 2010 年的不到 5% 大幅上升。此外，联合国开发计划署发布的《2022 年度报告》指出，全球面临债务危机的 54 个低收入国家中，有 24 个来自非洲。[①] 由于债务负担加重，许多非洲国家无法为新能源项目提供直接的公共资金支持或主权担保。此外，新能源项目通常需要较高的前期资本投入，且回报周期较长，尤其是光伏和风电项目在撒哈拉以南非洲缺乏足够的业绩记录，这些都进一步加大了融资难度。

2. 货币波动和通货膨胀

非洲许多新能源项目以美元或欧元等外币进行融资，而项目的收入和资产则以当地货币计价。这种外币与当地货币之间的差异，导致了高外汇风险和汇率贬值风险。特别是在货币波动性较大的非洲国家，货币贬值会加剧债务偿还的难度，增加了新能源项目的财务风险。

（五）自然与环境风险

在全球应对气候变化最脆弱的 42 个国家中，非洲占据了 31 个，乍得、中非、厄立特里亚、刚果（金）和几内亚比绍等国位居前列。[②] 全球变暖导致撒哈拉沙漠及其边缘地区频繁遭遇热浪，这些气候变化直接影响了新能源项目的稳定性和可持续性。世界气象组织预估，到 2030 年，非洲将有 1.08 亿~1.16 亿人面临海平面上升的风险；到 2050 年，气候影响可能使非洲国家每年损失 500 亿美元。[③]

---

① United Nations, UN Development Programme Calls for Debt Relief Now for 54 Countries, 11 October 2022, https：//news. un. org/en/story/2022/10/1129427.

② University of Notre Dame, ND-GAIN Country Index, https：//gain. nd. edu/our-work/country-index/rankings/.

③《非洲观察 | 乞力马扎罗雪山即将消失？非洲正遭受严重气候变化影响》，央视新闻客户端，2022 年 10 月 2 日，http：//ysxw. cctv. cn/article. html？item_id=9656555417423614712.

（六）国际局势与市场竞争风险[1]

全球能源市场动荡不安，国际能源价格飙升，非洲本土能源供应紧张。全球经济的不确定性导致非洲国家的融资成本急剧上升，融资条件更加严苛。据统计，非洲清洁能源项目的融资成本比发达经济体高两到三倍，严重影响了非洲推进能源转型的步伐。

从全球来看，主要发达国家和地区如美国、欧盟和日本正加速推进新能源战略，凭借其清晰的政策框架、具体的实施措施、雄厚的资本和先进的技术，主导着全球新能源产业和技术竞争的新格局。同时，新兴大国如印度和巴西也积极发挥其地理优势和独特技术，在全球新能源市场中积极争夺份额。

四　中非新能源合作对策建议

根据国际能源署的评估，到 2030 年，全球仍将有约 6.6 亿无电人口，而其中 85% 将集中在撒哈拉以南非洲。非洲是中国在推动能源可及性方面合作的重点区域，基于这一背景，中非新能源合作将致力于探索新能源的开发与消除能源贫困相结合的新模式，分享中国成功实现 14 亿人普及电力的经验，助力非洲国家加速实现电力全覆盖，增进这一现代社会最基本的民生福祉。

（一）加强政策协调，完善治理框架

1. 深化政策对话与协作

中非政府部门和相关行业组织应加强政策对话与协作，尤其是与非洲区域组织、次区域组织和重点国家的合作。通过深入交流与讨论，帮助非洲国

---

[1] IEA, Clean Energy Transitions in the Greater Horn of Africa 2022, October 2022, https://www.iea.org/reports/clean-energy-transitions-in-the-greater-horn-of-africa.

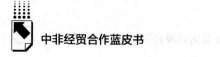

家形成符合其国情的能源转型战略，建立有利于新能源发展的市场机制和政策框架，如激励商业投资的项目开发机制、促进新能源消纳的电力市场机制、纳入中国设备与技术标准的条款、对接国际标准的绿色金融政策等等。通过这种方式，中非能源合作有望从简单的技术援助和资金支持转向更深层次的治理协同和本地化应用。

2.因地制宜开发规划

中非新能源合作高度尊重非洲国家的自主性，不将自身发展理念和产业外溢强加于他国，中国能够为非洲国家提供更切实可行、负担得起且可持续的开发规划。尤其是针对非洲的资源禀赋和电力需求，中国因地制宜地推广小型水电、小型风能、生物能和家用太阳能等分布式能源系统。在制定规划时为合作国家制定可行、可负担、可持续的规划方案，优先保障能源普遍可得，确保每个人都能获得满足最低生活需求的能源。

（二）创新项目开发路径和模式

1.鼓励私营企业发挥独特优势

随着非洲新能源市场的逐步开放，技术的不断进步，非洲能源政策正向市场化转型，这一转变带来了更开放和竞争的市场环境。中国企业也需要突破传统模式，提升自身创新性和灵活性。世界银行埃塞俄比亚高管特克鲁特斯法耶（Teklu Tesfaye）曾表示"私营企业是经济体发展的驱动引擎，我们需要鼓励私营企业在中非合作中发挥更重要的作用。"基于此，中国可实施"私人先行"战略，鼓励私营企业通过PPP（政府和社会资本合作）的方式参与其中。一方面，政府可以通过政策激励，引导私营企业采用更灵活、更创新的方式因地制宜地推动新能源方案的落地，快速实现电力"从无到有"的转变；另一方面，企业也应积极响应政策激励，探索灵活的商业模式，同时注意资源整合和统筹协调，形成"抱团出海"的合力，从而形成产业链辐射效应，并将这一效应作为优势提高中企的国际竞争力。

2.着力打造"小而美"的项目

"小而美"项目指的是规模适中、成本低、实施周期短且高度契合当地需求的项目，能够快速产生实际效益。中国企业可以从这类项目入手，实践中可以快速形成可复制的商业模式，多点联动、扩大合作范围、积累信任，达到中非新能源"接地气、聚人气"的示范效果。具体建议聚焦以下三大领域。首先，为无法获得现代能源服务的群体提供离网电力、清洁炉灶和太阳能小家电等，推动实现新能源应用"从无到有"的进步；其次，针对有生产性用能需求的群体，提供"风能+光伏+水能+储能""农业+光伏""小型工业+风能"等复合能源解决方案，将能源援助从"救济式"和"输入式"转向结合当地禀赋的"开发式"和"自助式"，提升受益群体的自我发展能力；最后，针对缺电的教育、医疗和社会福利机构，提供稳定的能源支持，助力公共服务的提升。

（三）推动新能源产业链本土化发展

1. 以援助带合作，充分发挥援助项目的杠杆作用

援助对非洲发展至关重要，尤其在资源丰富、市场潜力巨大的背景下，非洲仍面临资金和技术短缺的问题。在中非合作论坛框架下，中国的援助应更加注重综合性和示范性，涵盖资本运作、管理经营和技术转移等，形成"一揽子"的援助方案。这种综合援助能够促进非洲的能源转型，帮助其提升本土生产能力，提升自主创新能力，从而推动中非新能源合作向更深层次发展。

2. 帮助非洲健全新能源产业链

中国能源转型的重要经验之一是成功打造了新能源开发与装备制造之间的良性循环，这一经验具有在非洲多个国家落地的潜力。据"人人享有可持续能源"组织的评估，一些非洲国家已经拥有装备制造业发展的基础，摩洛哥、南非、加纳等国在太阳能和电池生产本地化方面具备较高的可行性。[①] 建议与有发展意愿和潜力的国家优先开展合作，打通

---

① SEforALL, New Africa Renewable Energy Manufacturing Initiative Will Help Unleash 1. 2 Terawatts of Renewable Energy, Create up to 14 Million Jobs, And Increase GDP by over Six Percent by 2050, January 17, 2023, https：//www. seforall. org/press－releases/new－africa－renewable－energy－manufacturing－initiative－will－help－unleash－12－terawatts.

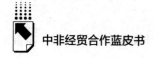

"资源—装备—项目"的合作链条，通过投资建设生产基地，推动本地装备制造，提升非洲国家的自主能力，并为中国企业提供提升全球市场份额的机会。

3. 推动行之有效的技术合作与能力提升

提升非洲本土人才的专业技能成为双方合作的关键。非洲在新能源开发、治理和管理领域缺乏足够的专业技术人才，而中国具有强大的技术优势，并且能够深刻理解发展中国家在能源安全与能源转型之间的平衡困境。基于此，中国可以通过技术转移、能力建设等方式，帮助非洲国家提高在新能源领域的技术水平和管理能力。优先选择技术要求较低、工艺简单、资金投入较少的项目，因地制宜地探索分布式新能源、新型储能、余热利用等新模式。同时开展综合性能力建设项目，为非洲新能源领域专家、企业和团体赋能。

（四）深化金融合作

1. 借鉴国际成熟经验

中国可以积极参与世界银行及其附属机构（国际金融公司、多边投资担保机构等）等多边金融机构的对非新能源合作，借鉴其在增信、避险、担保、调动私人投资等方面的成熟经验，借助绿色债券、新能源合同标准化和项目捆绑等金融工具，发挥多边金融机构的纽带作用，引导中国企业通过规划咨询等方式进一步介入非洲各国市场。此外，中国也可借鉴欧美政策性银行和多边金融机构的经验，尝试设立项目前期开发基金，利用不用偿还的捐助资金为项目早期开发提供支持，并在项目进展后将捐助资金转化为股权投资，促进项目的顺利开展。

2. 创新投融资产品

中国金融机构可以推出周期短、规模小的"定制化"保险和融资产品，这些产品更加契合中国新能源企业"走出去"的需求。有些新能源项目有布局分散、融资规模小、项目周期短（一般为4~10个月）的特点，且与传统能源项目的融资条件有明显差异（通常不含"照付不议"条款①或国家电网的购电协议），金融机构可以有针对性地优化融资审批流程，加快审批进度，以适应新能源项目"短、平、快"特性。中国一些开发性金融机构可以发挥引领作用，推出如绿色保险、绿色信贷、绿色债券等绿色融资工具。同时，金融机构可以提供更具竞争力的融资利率和政治险费率，为新能源项目提供优惠。

（五）提升公众与国际合作的认知度

1. 加强对非新能源合作透明度

中国在应对气候变化、节能减排和绿色技术领域的努力，现阶段还未能得到国际社会的充分认可。因此，中国应加强环保和气候变化领域的透明度，积极展示中非新能源合作的优秀项目，强化国际影响力。同时积极参与全球气候治理，特别是在联合国气候变化框架公约等多边平台中发挥更大作用，为全球气候目标的实现贡献中国智慧，争取更多国际支持。

2. 平衡利益推动共赢

当今国际关系复杂多变，平衡各国利益与需求尤为关键。中国应在与欧美国家、非洲国家及国际组织的互动中，合理利用各方资源，推动共赢合作。尤其在与世界银行、联合国等国际组织和欧美国家的合作中，注重沟通与公平合作，避免技术封锁和政策壁垒，在复杂国际环境中树立负责任大国形象，提升在全球能源格局中的话语权。

中非新能源合作已成为推动非洲能源转型和经济发展的重要力量。非洲丰富的能源资源与中国先进的新能源技术形成了天然互补，为双方深入合作奠定了坚实基础。随着全球能源结构的转型和清洁能源需求的增加，非洲的

---

① "照付不议"（Take-or-Pay），指在合同约定的期限内，无论买方是否实际提取货物或使用服务，都必须按照合同约定的最低数量或金额支付费用。这种条款作为一种间接担保形式，目的是确保卖方能够回收其在生产、运输、设施建设、设备安装等方面的前期投资，并保护其资金链。

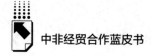
新能源市场将迎来巨大机遇。太阳能、风能等新能源的成本不断下降，为非洲提供了更加可负担的清洁电力，同时为中国企业在非洲投资开辟了新机遇。展望未来，中国将继续推动非洲能源结构优化，促进经济可持续发展，并在全球能源治理中发挥更积极的作用。站在新的历史起点，中非必将携手共进，开启绿色能源合作的新篇章。

参考文献

蔡施浩：《中非能源合作为非洲能源转型提供有力支持》，《科学大观园》2024年第20期。

陈长、李彦洁：《当前深化中非清洁能源合作挑战和建议》，《水力发电》2023年第4期。

陈玮冰、刘继森：《非洲清洁能源开发的现状、意义与挑战——兼论中非共建绿色"一带一路"的方向》，《国际经济合作》2024年第5期。

刘虹伽：《非洲国家的能源路径选择与中非能源合作模式的再思考》，《对外经贸实务》2023年第8期。

李沐晨、王婷：《中非清洁能源经贸合作的发展路径》，《中国投资》（中英文）2024年第Z3期。

李昕蕾：《全球清洁能源转型与中国角色》，《当代世界》2023年第2期。

杨宝荣：《"一带一路"背景下的中非清洁能源合作》，《国际清洁能源产业发展报告（2018）》。

王爽：《南非国家电力市场投资研究》，《国际工程与劳务》2022年第11期。

武芳：《非洲可再生能源的发展与中非可再生能源合作》，《对外经贸实务》2022年第6期。

张佳：《新能源与传统能源在中国经济转型中的角色和价值》，《经济师》2024年第4期。

张锐、张云峰：《撒哈拉以南非洲电力供应：进展、问题与展望》，《中国非洲学刊》2021年第3期。

张锐、孙天舒：《全球发展倡议下的中非清洁能源合作》，《中国非洲学刊》2023年第1期。

赵龙成：《中国能源绿色发展成为全球能源转型引擎》，《生态经济》2024年第11期。

叶梦雯：《中国与非洲能源合作共赢研究》，硕士学位论文，武汉工程大学，2020。

陈雨康：《毕马威中国：中企绿地投资或由产能出海模式转向"产能+产业链"出海模式》，《证券时报》2024年10月25日，https：//www.stcn.com/article/detail/1371737.html。

黄培昭：《非洲以氢能撬动能源转型（世界能源·转型之路）》，人民网，2024年4月22日，http：//paper.people.com.cn/zgnyb/html/2024-04/22/content_26056546.htm。

王林、苏南：《2024年中非合作论坛北京峰会召开，中非携手共谱能源合作崭新篇章》，人民网，2024年9月9日，http：//paper.people.com.cn/zgnyb/html/2024-09/09/content_26080993.htm。

邓婷婷、何琛、孟姣燕：《从湘江之滨到尼罗河畔，46载中南院非洲印记》，新湖南，2024年9月9日，https：//www.hunantoday.cn/news/xhn/202409/20643452.html。

薛茗心：《中非共同推动破解能源可及和能源转型难题，携手搭建中非能源合作交流新平台》，一带一路能源合作网，2024年8月30日，https：//obor.nea.gov.cn/detail/21392.html。

推进"一带一路"建设工作领导小组办公室：《中国—非洲国家共建"一带一路"发展报告》，中国一带一路网，2023年12月15日，https：//www.yidaiyilu.gov.cn/a/icmp/2023/12/15/20231215179983118/bcb251af3c01496eb5f1cf47c7557171.pdf。

《中企投资非洲，共建"一带一路"》，商务部网站，2023年11月2日，http：//tradeinservices.mofcom.gov.cn/article/ydyl/yaowen/gjyw/202311/158179.html。

《增长放缓和通胀高企的环境下，非洲政府急需恢复宏观经济稳定并保护贫困群体》，世界银行集团网站，2022年10月4日，https：//www.shihang.org/zh/news/press-release/2022/10/04/african-governments-urgently-need-to-restore-macro-economic-stability-and-protect-the-poor-in-a-context-of-slow-growth。

IEA, Financing Clean Energy in Africa, September 2023, https：//www.iea.org/reports/financing-clean-energy-in-africa.

IEA, Clean Energy Transitions in the Greater Horn of Africa, October 2022, https：//www.iea.org/reports/clean-energy-transitions-in-the-greater-horn-of-africa.

IEA, World Energy Outlook, October 2024, https：//www.iea.org/reports/world-energy-outlook-2024.

IEA, Africa Energy Outlook, June 2022, https：//www.iea.org/reports/africa-energy-outlook-2022.

IEA, Clean Energy Investment for Development in Africa, June 2024, https：//www.iea.org/reports/clean-energy-investment-for-development-in-africa.

IEA, Boosting the Power Sector in Sub-Saharan Africa: China's Involvement, 3 August 2016, https：//doi.org/10.1787/9789264262706-en.

IREA, Renewable Energy Statistics, July 2022, https：//www.irena.org/publications/2022/Jul/Renewable-Energy-Statistics-2022.

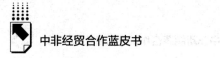
IRENA, Renewable Energy Market Analysis: Africa and its Regions, January 2022, https://www. irena. org/publications/2022/Jan/Renewable-Energy-Market-Analysis-Africa.

IRENA, North Africa Policies and Finance for Renewable Energy , December 2023, https://www. irena. org/Publications/2023/Dec/North-Africa-policies-and-finance-for-renewable-energy.

REN21, Renewables 2022 Global Status Report, https://www. ren21. net/gsr-2022/.

United Nations, UN Development Programme Calls for Debt Relief Now for 54 Countries, 11 October 2022, https://news. un. org/en/story/2022/10/1129427.

World Bank, Business Ready 2024, https://www. worldbank. org/en/businessready.

African Development Bank, Electricity Regulatory Index for Africa, 6 February 2023, https://africa-energy-portal. org/sites/default/files/2023-02/ERI%202022_AFDB%20EN. pdf.

PWC, Africa Energy Review, October 2024, https://www. strategyand. pwc. com/a1/en/insights/africa-energy-review. html#cta-1.

Deloitte, Africa Energy Outlook, October 2023, https://www. deloitte. com/za/en/Industries/energy/perspectives/africa-energy-outlook-2023. html.

B.10
中非纺织服装产业合作发展报告
（2025）

刘汉森 吴 菲 李筱菁*

摘 要： 中非纺织服装产业合作始于 20 世纪 80 年代，经历了初步合作、快速发展、深化合作三个阶段。在"一带一路"倡议推动下，双方在贸易、投资、技术交流等领域合作不断深化，取得了显著成果。贸易规模持续增长，中国纺织品在非洲市场占有率高，同时非洲的原材料也为中国提供了稳定的供应链支持。投资方面，中国企业积极在非洲设立生产基地，促进了当地就业和技术转移。产业园区建设稳步推进，形成了产业集群效应。技术合作不断深化，推动了非洲纺织产业的技术进步。然而，合作也面临投资环境不稳定、技术与人才短缺等挑战。报告从政府层面、企业层面、行业协会层面，提出政策协调与对接；技术合作与创新；建立信任机制与平台等促进中非纺织服装产业合作高质量发展的对策建议。

关键词： 纺织服装产业 产业园区 中非合作

一 中非纺织服装产业合作发展历程

中非纺织服装产业合作的发展是一段不断深化、互利共赢的旅程。从最

---

* 刘汉森，汕头市德午印染有限公司董事长兼技术总顾问，研究领域为印染技术创新与自动化；吴菲，博士，南京邮电大学中非经贸数据科学研究院研究员，主要研究领域为大数据技术与管理；李筱菁，博士，南京邮电大学中非经贸数据科学研究院研究员，主要研究领域为大数据技术。

初的探索性合作与基础建立，到随着"一带一路"倡议的推进和中国纺织企业"走出去"战略的深入实施，中非纺织服装产业合作步入了快速发展阶段。双方通过设立经贸合作区、共享资源与技术，不仅促进了非洲纺织服装产业的升级与发展，也为中国纺织服装企业提供了更广阔的市场与资源。如今，中非纺织服装产业合作已迈入深化阶段，双方在政策沟通、设施联通、贸易畅通等方面进一步加强合作，共同推动纺织服装产业的高质量发展，为中非经贸合作注入了新的活力与动能。

（一）初步合作阶段（20世纪80年代~2000年）

这一时期中非纺织服装产业的合作主要基于中国对非洲的纺织援建项目。从 20 世纪 60 年代开始，中国就援助非洲国家建设纺织厂，这一援助行动在 80 年代仍在继续，为中非纺织服装产业的合作奠定了基础。[①] 这些援建项目不仅帮助非洲国家建立了纺织工业，还促进了中非之间的经济和技术交流。

在此期间，中国在非洲国家共援建了多家纺织厂，如始建于 1968 年的坦桑尼亚友谊纺织厂、20 世纪 80 年代援建的贝宁的洛科萨纺织厂、1983 年援建的赞比亚穆隆古希纺织印染厂等。这些纺织厂在建成之初曾取得过辉煌成就，为非洲国家发展民族经济、改善民生起到了重要作用。然而，由于受援国政局不稳、缺乏管理人才等，部分纺织厂在运营过程中陷入了困境。为了解决这些问题，中国与非洲国家开始探索合资经营的方式，通过管理体制改革和技术创新，逐步恢复并提高了纺织厂的生产效益。

这一时期中非纺织服装产业合作虽然存在一定的局限性，但它对于双方的经贸合作具有重要的奠基作用，促进了技术转移，增强了互信，为后续更为广泛和深入的合作铺平了道路。

（二）快速发展阶段（2001~2012年）

进入 21 世纪后，随着全球化进程的加速和中非经贸关系的深入发展，

---

① 上海对外经济贸易企业协会：《非洲纺织服装业的新商机》，《国际市场》2006 年第 9 期，第 23 页。

中非纺织服装产业的合作进入快速发展阶段。① 这一阶段的主要特点是合作规模不断扩大、合作领域不断拓展、合作形式更加多样化。

在合作规模方面，中非纺织服装产业的合作项目数量显著增加，投资额也大幅增长。越来越多的中国纺织服装企业开始在非洲设立生产基地或投资建厂。如富丽达集团、华纺集团、金纺集团、盛虹集团等先后在埃及、埃塞俄比亚建设了纺织和服装生产基地。在合作领域方面，除了传统的纺织制造，中非双方还开始探索在纺织印染、服装设计、品牌营销等领域的合作。如苏州恒力集团在埃塞俄比亚不仅建设了纺织厂，还与当地合作伙伴一起，推动了从面料生产到成衣设计的全产业链合作，协助当地企业进行产品的市场定位和品牌推广。中国设计师与南非设计师合作进行服装系列的共同设计，借助中国的生产和市场渠道以及上海时装周等平台，帮助南非品牌进入国际市场。这些领域的合作不仅提升了中非纺织服装产业的整体水平，还推动了中非双方经济的共同发展。在合作形式方面，除了合资经营，中非双方还开始尝试技术合作、管理合作等多种形式的合作。浙江富丽达集团与埃及的合作不仅仅局限于纺织品生产，还拓展到对埃及当地纺织技术的引导和升级，向合作伙伴提供低能耗和环保型染整技术等。苏州恒力集团除了技术方面的支持，还提供了管理培训，帮助当地员工提高管理能力和生产效率。这些合作形式的创新为中非纺织服装产业的合作注入了新的活力。

这一时期的中非纺织服装产业合作极大地促进了中非贸易增长，为双方带来了丰厚的经济收益，中国企业在非洲的投资建厂推动了非洲纺织服装产业升级，提升了当地的生产技术和管理水平，创造了大量就业机会，尤其是为非洲女性群体提供了稳定收入来源，改善了其生活质量。同时，促进了中非文化交流与融合，增进了相互理解。进一步增强了中非政治互信，巩固了友好合作关系，为全球南南合作树立了典范，提升了双方在国际舞台上的影响力。

---

① 陈亚楠、赵宏：《中非纺织合作：前景无限》，《WTO 经济导刊》2007 年第 3 期，第 51~52 页。

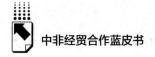

（三）深化合作阶段（2013年至今）

"一带一路"倡议的提出为中非合作带来了新机遇，中非纺织服装产业合作进入深化阶段。这一阶段的主要特点是合作更加紧密、更加深入，合作成果更加显著。[①]

在政策层面，中非双方政府加强了在纺织服装产业领域的沟通与合作，共同制定了多项促进合作的政策措施，如中非合作论坛框架、中非贸易协定、《非洲成长与机会法案》、非洲工业化政策、中国的纺织产业援助计划等。这些政策措施为中非纺织服装产业的合作提供了有力的制度保障。在产业层面，中非双方企业加强了产业链上下游的合作与整合，形成了更加紧密的产业链合作关系。这种产业链合作关系的形成不仅提高了中非纺织服装产业的整体竞争力，还促进了中非双方经济的深度融合。在市场层面，中非纺织服装产业的合作成果逐渐显现。越来越多的非洲纺织品开始进入中国市场，满足了中国消费者对多样化产品的需求。同时，中国纺织品也在非洲市场上占据了重要地位，为非洲消费者提供了更加丰富的选择。此外，在深化合作阶段，中非双方还加强了在人才培养、技术创新、品牌建设等方面的合作与交流。这些合作与交流不仅提升了中非纺织服装产业的整体水平，还为中非双方经济的可持续发展奠定了坚实基础。

中非纺织服装产业的深化合作是南南合作的重要典范，为其他发展中国家之间的产业合作提供了有益借鉴和经验。同时，也有助于推动全球纺织服装产业的均衡发展和资源优化配置。

二 中非纺织服装产业合作发展现状

中非纺织服装产业合作成果丰硕，深度与广度兼具，成为中非经贸合作

---

① 王华：《中国纺织服装产业投资非洲的区域选择与策略》，《纺织机械》2016年第1期，第58~60页。

的重要组成部分。中非纺织服装产业合作在贸易、投资、产业园区和技术合作方面取得积极进展。贸易合作持续深化，不仅满足了当地消费者的需求，也促进了非洲市场的多样化。同时，非洲丰富的原材料资源，如棉花等，为中国提供了稳定的供应链支持，进一步加强了双方的贸易互补性。对非投资不断增加，中国企业积极布局非洲市场，通过直接投资、合资合作等形式参与当地的纺织服装生产。这些投资不仅创造了大量就业机会，提高了当地居民的生活水平，也促进了技术转移和产业升级。产业园区建设稳步推进，通过集中规划和发展，园区有效地整合了上下游企业资源，形成了产业集群效应。这不仅降低了生产成本，提升了效率，还为非洲国家提供了学习先进管理经验和技术的机会，加速了本土企业的成长。技术合作不断深化，中国企业和研究机构向非洲同行分享最新研究成果，帮助其提升技术水平和创新能力，共同应对全球化带来的挑战。此外，培训项目也为非洲培养了一批具有国际视野的专业人才，为未来更广泛的合作奠定了坚实的基础。通过上述多维度的合作，中非纺织服装产业正在构建一个互利共赢的新格局。

（一）贸易合作

1. 贸易规模和市场

中非纺织服装产业的贸易合作规模近年来显著增长，且展现出强劲的发展势头。中国已成为全球最大的服装纺织品生产国、消费国和贸易国，纤维加工量占全球的比重超过50%，服装纺织品出口金额占全球的比重超过1/3。[①] 2024年前三季度，中国纺织服装累计出口2224.1亿美元，同比增长0.5%，其中纺织品出口1043亿美元，增长2.9%，服装出口1181.1亿美元，同比下降1.6%。[②]

中国纺织品和服装产品的非洲主要出口市场包括尼日利亚、南非、埃及、肯尼亚和埃塞俄比亚等。尼日利亚是中国低成本纺织品和服装产

---

① 《推动中非纺织服装产业合作》，《证券时报》2022年3月7日。

② 《2024年前三季度印染行业经济运行简析》，中国印染行业协会网，2024年11月15日，http://www.cdpa.org.cn/15/202411/1430.html。

品的重要市场之一。中国制造的成衣，特别是男女服装、运动服、内衣等，在尼日利亚的零售市场占较大份额，市场占有率达到60%~70%，远高于其他国家。南非是中国纺织品和服装产品的一个重要出口市场，中国纺织品在南非市场的份额占比一直保持在40%~50%，是南非最大的纺织品和服装产品进口来源国。在低端和中端纺织服装市场领域，中国的低成本纺织品和服装产品占据主导地位，特别是基础服装、校服、工装以及家用纺织品等品类。中国纺织品和服装产品在埃及市场的占有率逐年上升，目前占埃及总进口纺织品和服装产品市场份额的30%~35%。中国出口到埃及的主要服装包括男女休闲服、运动服、内衣、家居服等。2022年，中国出口肯尼亚纺织品和服装产品总额约为4亿美元，占据市场40%~45%的份额，低成本的服装产品、家纺产品和纺织原材料是主要出口品类。中国纺织品和服装产品在埃塞俄比亚的市场占有率较为稳定，约占该国纺织品和服装产品进口市场的30%~35%。中国凭借低成本的生产优势，特别是在基础服装和家纺产品方面，在埃塞俄比亚市场占据了较大的市场份额。

2. 贸易结构与产品

中非纺织服装产业合作的贸易结构呈现多样化的特点。一是市场分布不均衡，中国对非洲各国的纺织服装贸易规模在不同国家间差异较大。例如，南非、埃及、摩洛哥等是中国纺织品和服装产品出口非洲的重要市场，而一些经济相对落后、基础设施不完善的国家，与中国的纺织服装贸易规模则较小。这种不均衡的市场分布既受到非洲各国经济发展水平、人口规模、消费能力等因素的影响，也与中国企业对不同非洲国家的市场开拓程度有关。二是贸易方式以出口为主，长期以来，中国对非洲的纺织服装贸易主要表现为出口大于进口。中国纺织服装产业具有强大的生产能力和成本优势，能够满足非洲市场对各类纺织品和服装产品的需求。非洲国家的纺织服装产业基础相对薄弱，在生产技术、设备、原材料等方面存在不足，因此对中国纺织品和服装产品的进口依赖度较高。

中国对非洲出口的产品品类丰富、性价比高、符合当地文化和审美。中国出口到非洲的纺织品和服装产品种类繁多，涵盖了面料、服装、家纺等。面料方面，有棉布、化纤布、丝绸等；服装方面，包括日常穿着的服装如衬衫、T恤、裤子、裙子，以及功能性服装如运动服、工作服等；家纺方面，包括床品、地毯、厨浴纺织品、窗帘、毛巾、桌布等。这些产品能够满足非洲不同消费群体的需求。中国纺织品和服装产品在价格上具有较强的竞争力，同时质量也能够满足非洲市场的需求。对于非洲大多数消费者来说，中国的纺织品和服装产品既经济实惠，又具有较好的穿着体验和耐用性，因此受到广泛欢迎。中国企业注重产品的设计和开发，将非洲的文化元素、色彩偏好、图案风格等融入产品，生产出符合当地消费者审美和文化需求的纺织品和服装产品。非洲对中国出口的产品以原材料为主，如棉花、羊毛等。非洲部分国家拥有丰富的棉花资源，如埃及、苏丹等，这些国家的棉花产量较高、品质较好，为中国纺织服装产业提供了重要的原材料供应。一些非洲国家具有独特的纺织传统和手工艺技术，生产出的特色纺织品和手工艺品也逐渐进入中国市场。如加纳的传统纺织技艺制作的民族服饰，以及用二手纺织品经过当地传统技法重新加工与设计的服装，具有浓郁的非洲文化特色，受到中国消费者的关注。

（二）投资合作

1. 投资规模与分布

中非纺织服装产业合作的投资规模与分布呈现显著的增长趋势和区域集中性。在"一带一路"倡议的推动下，非洲逐渐成为中国纺织服装企业的重要投资目的地。这些投资不仅集中在纺织生产领域，还涵盖了印染、后整理和销售等全流程。[①]

从投资区域来看，北部、东部和南部非洲国家是中国纺织服装企业重点投资的目的地，这些地区的国家通常具备一定的纺织服装产业基础和市场潜力。具体到国别层面，埃塞俄比亚和埃及成为中国纺织服装企业在非洲最主

---

① 云娟娟：《"潜力"非洲，中国纺企新聚集地》，《纺织服装周刊》2023年第42期，第24页。

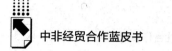

要的投资国。如江苏阳光集团与埃塞俄比亚签署了 9.8 亿美元的毛纺项目协议，无锡一棉纺织集团有限公司在埃塞俄比亚投资建设了 30 万锭棉纺项目，无锡市金茂服装有限公司在埃塞俄比亚投资 4000 万美元创办色织面料与服装工厂，浙江恒生印染有限公司在埃及苏伊士运河经济区耗资 7000 万美元建设纺织服装生产基地，涵盖纺织设计、织造、印染、后整理和销售等全流程。这些数据表明，中国纺织服装企业在非洲的投资规模正不断扩大，投资项目涵盖了纺织产业链的上游和下游。

从投资类别来看，中国对非洲纺织服装产业的投资覆盖了棉纺行业、化纤行业以及服装加工行业等多个领域。从原材料到中间产品，再到最终产品等，显示出多元化的投资趋势。棉纺企业和针织企业在非洲投资建设生产加工基地最多，而织造、印染、梭织服装和化纤等领域的投资项目也在逐渐增多。

2. 投资模式与效益

中国纺织服装企业在非洲的投资模式多样，包括绿地投资、合资合作、并购、产业转移、产业园区模式等。绿地投资模式是指中国纺织服装企业在非洲国家建立新的工厂和生产设施。这种模式虽然初期投入较大，但能够获得更多的控制权和经营灵活性。合资合作模式是指中国纺织服装企业与非洲当地企业合作，共同投资建立合资企业。这种模式可以帮助中国企业更好地适应当地市场，利用当地合作伙伴的资源和经验。并购模式是指中国纺织服装企业通过收购或合并非洲当地的纺织服装企业，快速进入当地市场，并利用现有企业的资源和渠道。产业转移模式是指中国一些纺织服装企业将生产基地转移到非洲，利用当地的低成本优势。产业园区模式是指在非洲国家建立工业园区，吸引多家纺织服装企业入驻，形成产业链集群，提高效率和竞争力。这些投资模式不仅有助于提升非洲当地的纺织服装生产能力，还能够促进产业链的延伸和完善。

中国纺织服装企业在非洲的投资取得了显著成效，通过投资合作，不仅为中国纺织服装企业开拓了新的增长空间，也为非洲国家的经济发展和产业升级作出了贡献。一是就业机会创造，中国纺织服装企业在非洲的投资为当地创造了大量就业机会。例如，常州东奥服装有限公司在坦桑尼亚提供了7000余个就业岗位，成为坦桑尼亚最大的服装加工企业。二是技术转移与培训，中国企业在非洲的投资活动带动了技术转移和员工培训，提升了当地工人的技能水平。例如，内蒙古鹿王羊绒有限公司在马达加斯加深耕20年，培养了一大批产业工人。三是产业链升级，中国企业的投资有助于非洲国家完善纺织服装产业链，提高产品的附加值。例如，无锡一棉纺织集团有限公司在埃塞俄比亚通过从棉花种植到纺纱、织布、印染、成衣等全产业链的建设，增强了当地产业的完整性和竞争力。四是市场拓展，中国纺织服装企业在非洲的投资有助于开拓新的市场。例如，C&D 服饰利用卢旺达的免税政策，将产品出口到欧美市场。五是经济增长，中国纺织服装企业的投资促进了当地经济的发展，提高了非洲国家的 GDP。例如，中国对摩洛哥的投资有望成为双边经贸合作的新支点。六是贸易平衡，中国纺织服装企业在非洲的投资有助于减少非洲国家的纺织品和服装产品贸易逆差，增强贸易平衡。

（三）产业园区合作

1. 产业园区的建设和发展

中非纺织服装产业园区合作是近年来中非经济合作的重要组成部分，在"一带一路"倡议和中非合作论坛的框架下，中国企业坚持"走出去"战略，通过投资产业园区推动国际产能合作，实现共赢发展。

近年来，中非纺织服装产业园区在数量上不断增加，涵盖了多个非洲国家，这些产业园区不仅为中国企业提供了良好的投资环境，也为非洲国家带来了先进的纺织技术和管理经验。[①] 业务范围日趋多元，中非纺织服装产业的产业园区合作不仅限于纺织制造环节，还逐渐扩展到了商贸物流、轻工建材、机械制造等多个领域，形成了多元化的产业格局。一些产业园区已经形成了明显的产业集聚效应，吸引了大量上下游企业的入驻，进一步提升了产

---

① 刘正源：《中国纺织服装创意设计园区发展现状及模式研究》，《中国纺织》2024 年第 Z3 期，第 126~128 页。

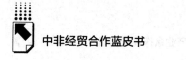

业园区的竞争力和影响力。

东方工业园是中国民营企业在埃塞俄比亚建立的第一个工业园，协议规划总面积5平方公里，其中一期2.33平方公里已全部落成。园区内入驻企业超过140家，涉及建材、鞋帽、纺织服装、汽车组装和金属加工等行业，共有员工总数约2.4万人，其中中方人员约1200人，其余都是本地员工，70%~80%是女工。东方工业园被埃塞政府列为该国"工业发展计划中重要的优先项目"，为《埃塞俄比亚工业园法案》的推进实施提供了切实的参考依据，同时促进了埃塞俄比亚相关土地法规的调整。阿瓦萨工业园是目前非洲最大的纺织服装工业园，由中国土木工程集团有限公司承建，仅用9个月时间就完成了2.3平方公里的园区建设，总建筑面积达到23万平方米，包括37栋标准厂房及生活休闲等配套设施。园区内企业享受埃塞俄比亚政府提供的税收优惠、"一站式"服务等支持，增强了园区的吸引力和竞争力，园区内已有来自美国、中国、法国、比利时、印度、印度尼西亚、斯里兰卡等国家总计20多家国际大企业入驻并全面投产。昇非一体化产业园在非洲多个国家运营和规划建设产业园，包括加蓬、贝宁、多哥、科特迪瓦和乍得等。园区成功吸纳了高达4.43亿美元的重大资本投资，推进了泛非贸易。园区通过与非洲各国政府建立可靠的合作伙伴关系，推动非洲本土重点行业的工业化转型。

产业园区的建设与发展推动了中非纺织服装产业的深度融合。通过园区合作，中国企业能更好把握非洲市场需求变化，及时调整生产与产品结构。非洲当地企业也获得学习交流机会，助力技术进步与产业升级。双方企业借此实现资源共享、优势互补，提升效率与竞争力，促进贸易投资增长，为经济发展添动力。同时，园区创造大量就业机会，提高当地居民收入，利于社会稳定和经济持续发展。

2. 产业园区的功能和优势

中非纺织服装产业园区具有多种功能和优势。中非纺织服装产业园区在地理位置、政策成本、产业链与集群、技术与创新以及国际合作与贸易等方面具有显著优势。这些优势为园区的持续发展提供了有力保障，也为中非纺织服装产业的合作与发展注入了新的活力。

第一，生产要素集聚与资源共享。纺织服装产业园区作为企业集聚和产业发展的重要平台，在生产要素集聚、资源集约共享方面具有独特优势。中非纺织服装产业园区通过吸引纺织、服装及相关配套企业入驻，实现了生产要素（劳动力、资金、技术、原材料等）的有效集聚，降低了企业的生产成本，提高了生产效率。同时，园区内的企业可以共享基础设施、公共服务等资源，进一步提升了园区的整体竞争力。

第二，产业链整合与协同发展。中非纺织服装产业园区注重产业链的整合与协同发展。园区内不仅涵盖了纺织、服装等核心产业，还吸引了上下游相关企业入驻，如面料供应、辅料生产、印染、后整理、物流等，形成了完整的产业链条。这种产业链的整合不仅有助于企业间的协同合作，降低了交易成本，还提高了产品的附加值和市场竞争力。

第三，技术创新与产业升级。中非纺织服装产业园区积极推动技术创新与产业升级。园区内的企业可以充分利用国内外先进的纺织技术和设备，提升产品的质量和档次。同时，园区还鼓励企业加强研发投入，推动技术创新和成果转化，促进产业的转型升级。通过技术创新和产业升级，中非纺织服装产业园区不断提升自身的核心竞争力和可持续发展能力。

第四，生态环境保护与可持续发展。中非纺织服装产业园区在发展过程中注重生态环境保护与可持续发展。园区内的企业严格遵守环保法规，采用环保的生产工艺和设备，减少污染物的排放。同时，园区还积极推广循环经济理念，鼓励企业采用资源回收和再利用技术，降低资源消耗和环境污染。通过生态环境保护与可持续发展，中非纺织服装产业园区实现了经济效益、社会效益和环境效益的协调发展。

第五，市场开拓与国际贸易。中非纺织服装产业园区积极开拓国内外市场，推动国际贸易的发展。园区内的企业可以利用园区的平台优势，参加国内外各种展会和贸易洽谈会，拓展销售渠道和市场份额。同时，园区还加强与国内外相关行业协会和组织的合作与交流，为企业提供政策咨询、市场信息、法律援助等全方位的服务。通过市场开拓与国际贸易的发展，中非纺织服装产业园区不断提升自身的国际竞争力和影响力。

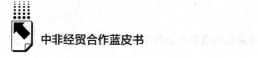

中非纺织服装产业园区在地理位置与市场、政策与成本、产业链与集群、技术与创新以及国际合作与贸易等方面具有显著优势。这些优势为园区的持续发展提供了有力保障，也为中非纺织服装产业的合作与发展注入了新的活力。第一，地理位置与市场优势。非洲拥有丰富的天然纤维资源，如棉花、亚麻等，这为纺织服装产业提供了充足的原材料供应。非洲纺织服装产业园区通常位于接近欧洲、中东等纺织品需求市场的地区，便于产品快速进入市场，降低物流成本和时间成本。第二，政策与成本优势。许多非洲国家为吸引外资和促进产业发展，制定了优惠政策，如税收减免、投资补贴等，为中非纺织服装产业园区建设提供了良好的政策环境。非洲的劳动力成本相对较低，且土地、能源等生产要素价格也较为低廉，这使得中非纺织服装产业园区在生产成本上具有明显优势。第三，产业链与集群优势。中非纺织服装产业园区产业构成通常涵盖纺织、印染、服装加工等，形成了完整的产业链，有助于企业间的协同合作和资源共享。园区内的企业可以共享基础设施、市场信息、技术支持等资源，形成产业集群效应，提升整个园区的竞争力。

（四）技术合作

1. 技术转移与创新

近年来，中非纺织服装产业合作持续深化，技术转移与创新成为推动这一合作的重要动力。在"一带一路"倡议的推动下，中国与非洲国家在纺织服装产业领域开展了广泛的合作，共同推动了产业的转型升级和可持续发展。

中非纺织服装产业技术转移的方式主要有以下几种模式。第一，直接投资与技术输出。中国企业在非洲设立工厂，通过直接投资的方式将先进的纺织技术引入非洲。如在尼日利亚，中国公司通过市场机制与当地企业合作，安装机械设备并培训工人，从而实现技术转移。第二，建立特殊经济区，通过提供财政激励、基础设施和服务、简化商业注册和海关程序等投资便利服务，吸引大量外国投资。特殊经济区通常专注于出口导向型制造业产品，从而促进了技术转移和产业升级。此外，特殊经济区通过促进本地企业进入全球价值链，促使企业需要遵守国际标准并采用先进的生产技术以保持竞争力。第三，政府政策支持与国际合作。中国政府鼓励和支持中资企业在非洲进行技术转移，并通过"一带一路"倡议等国际合作项目，推动中非纺织服装产业的合作。在"一带一路"倡议下，中国纺织服装企业通过引入先进的数字化和智能化技术，提升生产效率和产品质量。产业技术转移不仅提高了企业的国际竞争力，也促进了非洲国家在纺织服装产业中的技术进步。

中非纺织服装产业的技术创新主要采用了以下几种模式。第一，引进消化吸收再创新。中国企业通过引进国外先进的生产技术和设备，结合非洲当地的实际情况进行消化吸收和再创新，形成了具有自主知识产权的新技术和新产品。第二，产学研合作创新。中国企业与非洲当地的科研机构、高校和职业院校等开展产学研合作，共同推动纺织服装产业的技术创新与发展。第三，国际合作创新。中非两地企业与国际知名企业、科研机构等开展国际合作，共同研发新技术、新产品和新工艺，提升纺织服装产业的国际竞争力。

2. 人才培养与交流

在人才培养方面，中国通过多种方式加强了与非洲国家的交流与合作。主要有以下几种模式。第一，产教融合模式。通过政、企、校三方合作，搭建协同育人的平台，优化产业人才培养途径。这种模式强调校企"双主体"人才培养，结合理论与实践，提升学生的就业能力。第二，国际化合作模式。中国与非洲国家在纺织服装教育领域的合作逐渐国际化。国际化合作模式强调产业需求、资源联结和专业人才的国际化培养。这种模式有助于提升非洲国家的纺织服装教育水平，同时满足中非纺织服装产业的国际化需求。第三，区域化和特色化培养模式。针对不同地区的特色，一些地方院校探索了区域化或特色化的人才培养模式。如撒哈拉以南非洲地区通过"艺工融合"模式，结合地方企业深化了校企协作。通过产教融合和校企合作，中非纺织服装产业的人才培养质量得到了显著提升，优化了纺织服装产业的人才培养途径，形成了多视角的实践训练体系。通过改进培训方法和课程设置，提升了学员的技术技能和创新能力。中非纺

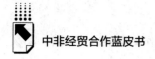

织服装产业的人才培养与交流不仅促进了双方的经济发展，还为中非纺织服装贸易创造了更多机会。

三　中非纺织服装产业合作发展的问题分析

中非纺织服装产业合作在近年来发展迅速，尤其是在中国提出"一带一路"倡议后，双方在这一领域的合作潜力巨大。然而，由于双方在投资、技术与人才等方面的差异较大，中非纺织服装产业合作发展也面临不少问题和挑战。

（一）投资方面

1. 投资环境不稳定

非洲国家普遍面临经济波动、通货膨胀、投资环境不稳定等问题。部分国家通货膨胀率较高，货币贬值压力大，增加了投资者在当地的运营成本。以埃及为例，其融资环境不佳，成本较高，经济稳定性长期存在挑战。埃塞俄比亚作为 75% 以上纺织品进口源自中国的国家，外汇管制严格，官方货币不能与人民币直接兑换。另一方面，非洲国家基础设施建设落后，这不仅增加了企业的运营难度，也限制了纺织服装产业的进一步发展。以埃塞俄比亚为例，其基础设施落后，工业电价 0.02~0.04 美元/度，配电网络老化，断电时有发生，工业用水价格 0.076~0.532 美元/立方米，价格较高；物流便利化水平低、成本高，海运业务由国有船运物流公司垄断，这些问题都给投资者带来了较大的风险和不确定性。[①]

2. 投资规模小

尽管非洲大陆人口众多，但其纺织服装市场规模相对较小。受限于双方的经济发展水平、财政状况以及投资者的资金实力，中非纺织服装产业的投

---

① 商务部对外投资和经济合作司、商务部国际贸易经济合作研究院、中国驻尼日利亚大使馆经济商务处：《对外投资合作国别（地区）指南——埃塞俄比亚（2024 年版）》。

资规模往往难以达到理想水平，且市场分布较为分散。这不仅限制了双方在技术研发、设备引进、市场拓展等方面的投入，也影响了纺织服装产业在非洲地区的生产效率和竞争力。非洲各国的经济发展水平不一，消费能力差异较大，这使得纺织品和服装产品在非洲市场的推广和销售面临挑战。此外，非洲国家的纺织服装产业尚处于发展阶段，市场需求尚未完全释放，非洲地区的政治、经济和社会环境的不稳定性增加了投资的风险和不确定性，使得投资者在面对这些风险时更加谨慎，限制了投资规模的扩大。非洲地区的基础设施建设相对滞后，如交通、电力、通信等，这限制了纺织服装产业的生产和分销能力，也增加了投资难度和成本。配套服务如物流、金融等的不完善也进一步限制了投资规模的增长。这些因素都使得投资规模增长受限，成为中非纺织服装产业合作面临的一大挑战。

（二）技术与人才方面

1.技术资源相对匮乏

中国的纺织服装企业在技术方面经过多年的发展，已经取得了长足的进步，特别是在高端面料研发、智能化生产以及品牌运营等方面，形成了较强的技术实力和竞争优势。然而，非洲国家的纺织服装产业在技术方面相对滞后，多数企业仍依赖传统工艺和落后设备，生产效率低，产品质量不稳定。这种技术水平上的差异，导致中非在纺织服装产业合作中难以形成有效的技术转移和共享。技术落后是制约非洲纺织服装产业可持续发展的主要因素之一。以埃塞俄比亚为例，一方面，埃塞俄比亚纺织服装原材料生产受限，无法满足产业发展需求。棉花作为棉织物的主要原材料，其种植潜力开发不足，产量和质量相对较低，产品工艺的创新率也较低，织制成的棉纤维质量一般。另一方面，技术受限导致资源浪费和环境污染。纺织污泥管理不当，轧棉废弃物收集方式落后导致水体污染严重，能源浪费、公众健康受到威胁。众多因素导致非洲纺织服装产业技术资源匮乏，影响了中非纺织服装产业合作的深度和效果。

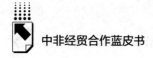

2. 人才短缺

纺织服装产业是一个技术密集型产业，需要大量的专业人才来支撑产业的发展。然而，非洲国家普遍缺乏纺织服装技术人才，缺乏高素质的研发人员、技术人员和管理人才，导致技术资源匮乏的问题进一步加剧。这不仅影响了非洲纺织服装产业的自主创新能力，也制约了中非纺织服装产业的技术交流与合作。以马达加斯加为例，作为非洲东南部的印度洋岛屿国家，其气候温和，适宜种植棉花，且拥有丰富的纺织服装业劳动力资源，因而本土纺织和服装加工业发展迅速。然而，受国际金融危机和其本土服装产品出口配额限制的影响，其当地服装企业大多作为外资公司的分包商发展，因而无法维持与欧洲、亚洲等区域买家的长期关系，无法确保长期、可预测的服装生产订单。在国际纺织服装业竞争压力下，订单式加工服务让纺织服装业生产具有阶段性，在订单高峰期，工厂需要大量的工人来满足生产需求，而许多工人也因此得以就业。而在订单减少的闲置期，工厂为了降低成本，往往会进行裁员或缩减工时，这使得工人的就业变得不稳定。这种不稳定状态进一步阻碍了工人获得持续培训的机会，工人的技能水平难以得到提升，生产效率和质量也难以得到保障。[①]

四　中非纺织服装产业合作发展的对策建议

（一）政府层面

中非纺织服装贸易市场的潜力巨大，但要进一步实现高质量发展，须在政府层面上为企业、行业协会等提供更好的支持和引导。

1. 政策协调与对接

从政策协调与对接的角度来说，政府在推动中非纺织服装产业合作方面

[①] 张振克、蒋生楠:《马达加斯加经济地理与纺织服装业发展》,《外语学界》2020 年第 0 期,第 14~25 页。

扮演着至关重要的角色。一方面，对于中方纺织服装产业发展较好的地区，政府应根据中非纺织服装产业合作的实际情况，制定有针对性的扶持政策。例如，结合非洲市场对纺织品的需求特点，设立专门的贸易促进基金，支持国内企业进入非洲市场，尤其是通过市场采购贸易模式，提升中非产业链的连接性。同时，减少审批环节，简化企业申请流程，尤其是跨境贸易中的政策流程，减轻企业的行政负担。特别是在出口退税、市场准入、质量认证等方面，通过提供简便快捷的服务，使相关企业能够迅速应对非洲市场的需求。另一方面，政府在推动中非合作时，应促进基础设施建设和市场的一体化发展，尤其是在物流、供应链等关键领域。通过政策引导，加强与非洲国家的物流网络合作，鼓励企业投资建设物流园区，并为中非纺织服装企业提供综合物流服务，以降低运输成本，提高产品流通效率。随着数字化时代的到来，跨境电商也应成为政府推动中非贸易的重要平台。政府可通过政策支持，鼓励本地企业通过电商平台开展贸易活动。政府应提供税收优惠、资金补贴等政策，支持企业搭建电商平台，推广品牌，进一步促进两地经济合作。

2. 完善监管体系

推动中非纺织服装产业合作需要着重提高监管体系的效率和精准性，保障贸易流程的透明、便捷，同时推动贸易便利化。一方面，口岸管理部门应加强与非洲主要贸易国家和地区的口岸协作，推动信息互换和监管互认，建立跨国监管合作机制。通过共享贸易数据、货物跟踪信息和通关状态等，确保贸易流程的透明性与高效性。通过电子数据交换系统等信息化手段推进通关流程的优化，提前审核货物清单，减少现场检查和人工干预，提高通关效率。另一方面，还应从宏观层面加强对中非纺织服装产业合作的监管，确保合作的高质量。政府应加强对纺织服装产业合作中潜在风险的识别与防范，尤其是在国际贸易中可能遇到的法律风险、信用风险和市场风险。通过建立风险评估机制，及时掌握市场动态和企业运营状况，确保产业合作在规范化、透明化的框架下进行。在推动中非纺织服装产业合作时，应加强对环保和社会责任的监管，鼓励企业在合作过程中遵循可持续发展原则。例如，政

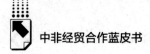

府可以通过政策激励和约束措施，推动企业在非洲投资时注重环保和社会责任，确保产业合作能够长期稳定地发展。

（二）企业层面

从企业层面来说，应通过技术合作与创新、人才培养与交流等举措，推动中非纺织服装产业合作向更加高效、智能、环保和可持续的方向发展，为中非经济合作和贸易关系的深化奠定坚实基础。

1.技术合作与创新

中非市场的需求差异较大。首先，我国企业可以通过与非洲企业、高校和研究机构建立合作关系，推动技术合作与创新，共同研发符合非洲市场需求的产品。例如，针对非洲炎热、潮湿的气候，企业可以研发适合当地气候的服装面料和设计。通过共同研发，双方能够共享技术成果，降低研发成本，同时提升产品的市场适应性和竞争力。其次，通过引进物联网、云计算、大数据等现代信息技术，实现数字化和智能化转型，既能提升生产效率，又能实现柔性化生产。例如，通过物联网技术，实时监控纺织生产过程中的质量控制、生产调度、设备维护等环节，提高生产效率和产品质量。在与非洲的合作中，我国企业可以帮助当地企业实现智能化生产，提升其产品附加值，并通过数字化管理提高运营效率。基于云平台的大数据分析可以帮助企业预测市场需求、优化生产计划、快速响应市场变化。在这一过程中，我国企业可以为非洲市场提供定制化的技术解决方案，提升非洲纺织服装产业的创新能力和竞争力。最后，随着全球对可持续发展和环保要求的日益提高，中非纺织服装产业合作应注重环保技术的应用和绿色生产的推动，将绿色技术和环保理念引入非洲的生产，推动节能降耗、减少废水废气排放等环保措施的落实。例如，推广无害染料、环保纺织面料等技术，帮助非洲企业提升产品的环保性，以符合国际市场对环保产品的要求。通过帮助企业优化原料采购、生产加工、物流配送等环节，实现供应链的可持续性，提升整个产业的绿色竞争力。

2. 人才培养与交流

通过加强人才的培养、技术交流与合作，企业不仅可以提升自身技术能力和管理水平，还能促进中非纺织服装产业的技术进步、创新驱动与可持续发展。一方面，我国纺织服装企业应加强对技术研发团队的培养，促进中非人才交流与合作。企业可以与非洲的纺织服装企业合作，定期派遣技术人员进行培训和技术指导，帮助非洲企业提升其在生产工艺、设备使用和产品研发方面的技术能力。同时，可与非洲企业共同建立技术研发中心或创新实验室，培养双方技术人员的合作能力。通过与非洲企业的合作，为非洲培养一批技术性强、专业化的人才，同时也可以吸引非洲国家的纺织人才到我国进行技术交流和培训。这样的人才流动不仅有助于技术经验的积累，也可以促进两地纺织服装行业在生产、创新和管理方面的共同提升。另一方面，企业还可以通过促进教育合作与技能培训，提升人才素质。

（三）行业协会层面

行业协会在推动中非纺织服装产业合作高质量发展中起着重要的协调与引领作用，可以有效促进中非两地企业间的合作与交流，打破信息不对称、文化差异和信任壁垒，推动产业技术、管理、品牌等多方面的深度合作。

1. 建立信任机制与平台

行业协会可以帮助两地企业建立有效的市场对接平台。通过定期组织采购洽谈会、商务对接活动等，分享全球纺织服装行业的最新发展趋势、市场需求、技术创新等信息。这不仅有助于降低合作过程中的风险，还能够提升两地企业的市场敏感度和反应速度，为中非纺织服装产业链的互通提供数据支持。针对合作过程中可能出现的纠纷和风险，行业协会可以提供有效的管理和解决机制。如，通过设立纠纷调解平台，提供法律和商务咨询服务，为企业解决跨国合作中可能遇到的法律、合同、支付等方面的争议，减少不必要的摩擦，增强双方的信任与合作意愿。同时，行业协会应加强政策对接与行业标准化建设，推动中非纺织服装产业的高质量发展。作为政策沟通的桥梁，协会可定期组织政策解读会，邀请政府相关部

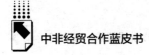

门、行业专家等，向企业传递最新的政策信息，特别是涉及贸易、税收、环保等领域的政策变化，或就产业发展中的政策建议向政府提出反馈，推动政策的优化和完善，为企业创造更加稳定的营商环境。为助力行业标准化建设，协会可以牵头制定或引入国际化的纺织行业标准，推动标准化培训和认证服务，确保中非合作的纺织服装产品质量符合国际标准。此外，协会还可以协助两地企业进行产品认证与测试，为其进入不同国家市场提供标准依据，减少市场准入壁垒。

2. 加强文化交流与合作

中非纺织服装产业不仅是经济合作的领域，也是文化交流的重要窗口。首先，行业协会可以通过组织文化交流活动、设计大赛、艺术展览等，促进两地在文化和艺术上的深度合作。通过提升产品和设计的文化内涵，加强消费者对中非纺织品和服装产品的认同和喜爱，进一步推动两地产业的高质量发展。其次，品牌建设是推动产业高质量发展的关键，而文化因素在品牌塑造中起着决定性作用。行业协会还可以协助中非两地企业通过整合文化资源、研发具有国际化视野的产品，塑造跨文化、跨国界的品牌形象。通过深度挖掘中非文化的共通点，打造具有全球认知度和文化价值的品牌，提升两地企业的市场竞争力和品牌影响力。此外，文化交流不仅仅限于产品和工艺的合作，还应延伸到人才的培养和教育层面。行业协会可以通过教育与培训平台，推动两地服装产业人才的跨文化学习与合作。如，通过设立奖学金、合作培训项目等，推动两地服装设计师和管理人才的交流与合作。通过合作开展国际化课程，培养具有中非文化背景的纺织服装产业人才。这不仅有助于提升非洲设计师的专业技能，也能增强从业人员对中非市场的深入理解，促进跨文化的设计创新。

参考文献

徐迎新：《中国纺织业的投资新"绿洲"》，《中国投资》（中英文）2019 年第

16 期。

李荣林、徐邦栋：《中国对非直接投资与出口增加值——基于产能合作视角的分析》，《国际经贸探索》2021 年第 6 期。

詹理敏：《打造纺织产业链技术创新的国际化新模式》，《时尚设计与工程》2022 年第 3 期。

郑熙春：《中国与南非纺织贸易发展对策建议》，《经济视角（下）》2013 年第 11 期。

刘嘉：《信念足、行动实，纺织业"一带一路"奔向下一个金色十年》，《纺织服装周刊》2024 年第 7 期。

B.11
中非中医药合作发展报告（2025）

张冀东　丁颖　何清湖*

摘　要： 中非中医药合作发展历程分为三个阶段——早期接触与探索阶段，合作框架初步建立阶段，快速发展、深化合作阶段。政策支持下，非洲中医服务机构逐步建立，针灸等疗法在传染病和慢性病防治中成效显著；教育科研合作包括学历教育、短期培训、师徒传承和远程培训等多元化模式，科研平台共建加速；中企在非中药种植、加工投资增长，中非中医药贸易额逐年上升。同时，中非中医药合作知识产权保护不足，基础设施不完善；市场机制不完善，服务质量无保障；专业人才短缺，科研合作有限；可持续发展面临挑战。对此，建议完善政策协调与法规保障；构建本土人才培养体系，深化联合科研；深化产业合作，推进工业化发展；加强文化交流，促进社会认可。

关键词： 中医药贸易　可持续发展　中非

一　中非中医药合作发展历程

在中国与非洲国家卫生发展合作实践过程中，中医药一直扮演着重要角色。中国重视发挥中医药的传统优势与独特价值，通过以疗效换口碑形式的宣传不仅为患者带来了健康，更为非洲国家医疗事业的长远发展注入了新的活力，为构建人类卫生健康共同体贡献了积极力量。

---

* 张冀东，湖南中医药大学中医学博士、博士后，研究领域为中医亚健康学；丁颖，湖南中医药大学中医学博士、副教授，研究领域为中医翻译与跨文化传播；何清湖，湖南中医药大学中医学二级教授、博士生导师，湖南医药学院院长，研究领域为中医学与中西医结合。

（一）早期接触与探索阶段（20世纪中期~20世纪末）

新中国成立后，随着我国与多个非洲国家建立外交关系，中医开始通过民间交流的方式进入非洲。1963 年，中国政府向阿尔及利亚派遣了第一支医疗队。随着中国改革开放的推进，中医药国际影响力逐渐扩大。中国与非洲国家在医疗卫生领域的合作进一步深化。20 世纪 90 年代，中国医药企业在非洲投资设厂，上海医药集团于 1998 年在苏丹投资建设制药厂。

（二）合作框架初步建立阶段（21世纪初~2010年）

21 世纪初，中非中医药合作明确了发展方向，中国在非洲开展中医教育与培训项目，培养中医专业人才。中医药贸易起步，中药产品开始进入非洲市场。中国与非洲国家合作建立中医医疗机构，提供诊疗服务。2000 年，中非合作论坛成立，为中非多领域合作提供平台。中医药作为中国传统文化和医疗体系的重要组成部分，逐渐被纳入中非合作的议程。2006 年，中非合作论坛北京峰会提到，中医药开始在非洲国家得到更多推广，中国与非洲国家在传统医学领域的合作进一步加深。

（三）快速发展、深化合作阶段（2011年至今）

中国鼓励中医药企业"走出去"，非洲国家重视中医在医疗卫生体系中的作用，双方在多领域开展合作。中非科研合作共同探索中医在疾病防治中的作用，研究中药成分对提高免疫力、抑制病毒复制的效果。文化交流与产业合作深化，中国举办中医文化活动，中医药企业在非洲投资建立种植基地和加工厂。[①] 2013 年，中国提出"一带一路"倡议，中国与非洲国家在中医药教育、科研、医疗等领域的合作逐步深化。2015 年，中国与南非签署了中医药合作协议，推动中医药在南非的合法化和规范化发展。此后，多个非洲国家开始将中医药纳入国家医疗体系。2018 年，在中非合作论坛北京

---

① 熊季霞、韩莉：《中医药在非洲的发展对策研究》，《中国药业》2011 年第 22 期，第 13~14 页。

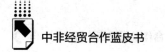
峰会上，中国宣布将加强中非在公共卫生领域的合作，中医药被作为重要的合作内容之一。

数字化合作探索新发展模式，通过远程诊疗、在线教育和学术交流，提高了中医药服务的可及性和教育水平，为中非中医药合作注入新动力。①2023年第三届中非经贸博览会首次开设中非中医药合作论坛，为中非医疗产业合作搭建平台。②

总体来看，中非中医药合作从早期的民间交流和外交推动，发展到政策支持下的合作框架初步建立，再到快速发展、深度合作，当前，中非中医药合作的新机遇和数字化合作的探索，为非洲医疗卫生体系的发展作出了积极贡献，同时也推动了中医药文化的国际传播。

二 中非中医药合作发展现状

（一）中非中医药合作的政策与机制现状

1. 政策支持

中国政府长期秉持推动中医药国际化的战略方针，在中非合作的大框架下，为中医药在非洲的发展提供了多方面的政策支持。外交政策将中医药作为文化交流与对外援助的重要组成部分。"一带一路"倡议中的"健康丝绸之路"建设，鼓励中医药企业和医疗机构到非洲国家开展合作。国内出台系列扶持中医药产业发展的政策，包括中医药对外援助计划等。越来越多的非洲国家认识到中医药的潜力，开始制定相应政策支持中医药本地发展，一些非洲国家将中医药视为补充医学的重要组成部分。2000年，南非出台政策，承认针灸和草药产品的合法性；2002年，南非政府要求所有中草药在

---

① 谷亚平：《构建中非卫生健康共同体——以中非传统医药合作为视角》，《浙江师范大学学报》（社会科学版）2023年第6期，第36~47页。
② 《中非中医药合作的"双向奔赴"》，新华网，2023年7月3日，http://hn.news.cn/20230703/59ef1cf468db4d339020a2614042ce8b/c.html。

进入市场前依法申报并登记。[①]

近年来，中国持续积极深化与非洲国家的政府间协作，充分借助中阿合作论坛、中非合作论坛以及"一带一路"倡议等平台，相继制定了一系列政策与举措，先后签署通过《中国—阿拉伯国家合作论坛第二届部长级会议公报》《中国—阿拉伯国家合作论坛第五届部长级会议公报》《中国—阿拉伯国家合作论坛第七届部长级会议多哈宣言》《中国—阿拉伯国家合作论坛第八届部长级会议北京宣言》等，均对中医药在医疗卫生领域的合作进行了强调，[②] 并促成了中国与科摩罗、摩洛哥两国签署传统医学领域合作谅解备忘录，建立了政府间合作的基本框架。[③] 同时在中非传统医药合作专题论坛、中非合作论坛中，中非双方所签署的重要文件如《第二届中非部长级卫生合作发展会议开普敦宣言》《第二届中非部长级卫生合作发展会议实施框架》等，均指出要大力支持中非在医疗、科研、产业等多领域强化传统医药合作。

2. 合作机制

中国与非洲众多国家建立了双边的医疗卫生合作机制，其中中医药合作是重要内容。双边合作机制以签订合作协议、合作谅解备忘录等形式为基础，明确了双方在中医药领域的合作目标、方式和各方的权利义务。

在中非合作论坛等多边平台下，中非双方共同探讨中医药合作的战略规划和重点项目。[④] 世界卫生组织非洲区域办事处也在一定程度上参与了中非中医药合作的协调工作，促进了中非中医药合作在更广泛的国际框架下健康发展。

[①] National policy on Traditional Medicine and Regulation of Herbal Medicine，https：//www.who.int/publications/i/item/9241593237.

[②] 《中阿合作论坛成果文件汇编（2004~2020）目录》，中国南南合作网，2022 年 12 月 2 日，https：//www.ecdc.net.cn/new/yanjiubaogao/4027.html。

[③] 《中非中医药交流与合作成果惠及多国民众》，中国政府网，2019 年 11 月 9 日，https：//www.gov.cn/xinwen/2019-11/09/content_5450348.html。

[④] 田新元：《描绘共建"一带一路"高质量发展新愿景》，《大众投资指南》2024 年第 1 期，第 4~7 页。

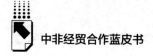
2002 年，中非双方召开"中非传统医药论坛会议"并通过《中非传统医药发展与合作行动纲领》。中非合作论坛部长级会议是双方在中医药领域的主要合作机制。中非合作论坛通过发布合作宣言、制定行动计划、召开合作论坛等方式在传统药物研发、产业合作等领域开展合作。① 在传统药物研发方面，中国政府在 2018 年与 2021 年强调"支持中非双方开展药品医疗器械监管合作"，推动中国企业与非洲合作提高医药产品研发能力与可及性。目前，中国企业逐步参与非洲传统医药研发与本地化生产等工作，尤其是以青蒿素为代表的系列传统抗疟药物合作。② 2023 年，首届中非中医药国际合作论坛召开，自此该论坛成为双方在中医药合作方面的另一重要机制。

（二）中非中医药合作的发展现状

1. 中医医疗服务机构的建立

（1）机构数量与分布

在非洲的中医医疗服务机构的数量稳步增长。从地域分布来看，已经遍布非洲多个国家和地区。在经济较为发达的南非、尼日利亚、肯尼亚等国，中医诊所、中医中心的数量相对较多。一些中小城镇也开始出现中医医疗服务机构。中国始终积极推动与各国政府组织的紧密合作，着力布局建设发展海外中医药服务平台。1986 年，中国援摩洛哥穆罕默迪亚医疗分队正式入驻穆罕默迪亚，中国针灸中心正式成立。1994 年，中国与突尼斯共同建设阿拉伯世界和非洲大陆的第一个针灸中心，即马尔萨医院中国针灸中心。③ 2017 年，突尼斯中医中心分院——江西热敏灸突尼斯分院正式成立。④ 2018

---

① 《中非合作论坛举行》，人民网，2023 年 7 月 3 日，http：//world. people. com. cn/n1/2023/ 0703/c1002-40026050. html。
② 王涛、刘肖兰：《中非卫生安全合作 60 年：历程、成就与展望》，《西亚非洲》2023 年第 2 期，第 25~48、156~157 页。
③ 《马尔萨针灸中心的中国医生》，国家卫生和计划生育委员会，2013 年 8 月 2 日，http：// www. nhc. gov. cn/gjhzs/gwsb/201308/ce94bac7132c4bd3a3bf23b5d624a3b7. html。
④ 《江西中医药大学热敏灸技术走向世界的中医药产业名片》，商务部中国服务贸易指南网，2019 年 7 月 23 日，http：//tradeinservices. mofcom. gov. cn/article/difang/maoydt/201907/ 87039. html。

年，湖北省卫生健康委员会与阿尔及利亚政府共同建设中国—阿尔及利亚中医中心。① 2019 年，上海交通大学与埃及中国大学签署协议建立埃及中医医院。② 同年，在摩洛哥卡萨布兰卡建立中国—摩洛哥中医药中心。③ 2023 年，湖北省中医院的针灸传统技术齐刺法示范推广基地在阿尔及利亚的本·阿克隆医院正式挂牌成立。④

（2）服务内容与特色

以针灸治疗为首的中医药疗法一直是我国援外医疗的重要组成部分。在突尼斯，二十多年来用中医理论结合针灸疗法为突尼斯许多经西医疗法久治不愈的病人缓解了病痛，针灸疗法出众的效果在当地备受称赞。⑤ 援外医疗队员用针灸疗法治疗当地常见疾病如风湿、坐骨神经痛等疾病，患者不适症状得到了有效缓解，切身体验到了针灸疗法的神奇。据统计，自 1975 年起，上海市已向摩洛哥派遣 152 名针灸医师，至 2018 年累计为当地超过 100 万人次的患者提供了针灸治疗。在阿尔及利亚，针灸疗法被用于治疗背痛、头痛、颈项疼痛、带状疱疹、骨折等多种疾病。2006 年，时任阿尔及利亚总统阿卜杜勒-阿齐兹·布特弗利卡以中医方案治疗胃炎。⑥ 2022 年，中国援阿尔及利亚医生杨翙使用针灸疗法使一位四肢瘫痪患者重新站立。⑦ 针灸热潮还使许多阿尔及利亚医生学习和引入小针刀疗法、拔罐、艾灸等中医疗法。推拿服务也从单纯的放松肌肉，发展到对一些内科疾病如消化不良、便秘等的辅助治疗。中药治疗方面，除了传统的汤剂，中药

① 胡梦：《湖北将在阿尔及利亚建中医中心》，《中医药导报》2018 年第 24 期，第 55 页。
② 《中埃两大学签署建立埃及中医医院协议》，中医中药网，2019 年 4 月 15 日，https://www.zhzyw.com/zyxx/zyxw/194171519J7F19JCKAJILJGB.html。
③ 《我校第十九批援助摩洛哥穆罕默迪亚医疗队即将出征》，上海中医药大学网站，2022 年 12 月 1 日，https://gjc.shutcm.edu.cn/2022/1205/c3338a148608/page.html。
④ 《中国传统针灸技术示范推广基地在阿挂牌》，人民网，2023 年 6 月 20 日，http://world.people.com.cn/n1/2023/0620/c1002-40017828.html。
⑤ 《行针万里远大爱援摩人——记中国援摩医疗队穆罕默迪亚分队》，新华网，2018 年 8 月 9 日，http://www.xinhuanet.com/world/2018-08/09/c_129929165.htm。
⑥ 胡梦：《湖北将在阿尔及利亚建中医中心》，《中医药导报》2018 年第 24 期，第 55 页。
⑦ 《中埃两大学签署建立埃及中医医院协议》，中医中药网，2019 年 4 月 15 日，https://www.zhzyw.com/zyxx/zyxw/194171519J7F19JCKAJILJGB.html。

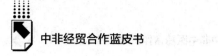

丸剂、散剂等剂型也逐渐被引入非洲市场。

2. 中医在非洲疾病防治中的作用

（1）传染病防治中的辅助作用

在非洲传染病防治方面，中医发挥了一定的辅助作用。在疟疾防治中，除了青蒿素这一从中草药青蒿中提取的有效抗疟药物，中医的养生保健理念如通过饮食调节提高机体免疫力等也被用于疟疾患者的康复治疗。2007 年，广州中医药大学带领的中国抗疟团队在科摩罗开展了名为"复方青蒿素快速清除疟疾"的项目合作。中医药还在 2014 年抗击西非埃博拉疫情中发挥了巨大作用。[1]

（2）慢性病防治中的整体调理优势

非洲经济发展和生活方式改变使慢性病发病率逐渐上升。中医在非洲慢性病防治中的整体调理优势显现。对于高血压患者，中医通过针灸、中药等综合手段进行治疗。埃及是世界上成年人肥胖率最高的国家之一，经济实惠、无副作用且效果显著的针灸疗法成为备受埃及人民追捧的减肥方法之一，以耳穴贴压法最为盛行。[2] 阿尔及利亚卫生部政策法规与国际合作司司长伊索拉赫·撒阿迪亚评价道："针灸是一种非常有效、性价比非常高的治疗手段，尤其在各类慢性病和神经性疾病治疗上效果尤为明显。"[3] 突尼斯是风湿性关节病常见的高发地区，而针灸和火罐疗法在治疗这一疾病时见效迅速且无副作用。中医药疗法也在神经系统、消化系统、五官科、骨关节科、妇科、泌尿科等多个领域疾病防治中有出色的疗效。突尼斯的高官政要也在日常医疗保健中接受了中医药治疗。在科摩罗，原本被当地人忽视的植物资源被中国医生重新发掘，转化为中药。剑麻被制作为药线，通

① 张宁、周双男、杜宁等：《中医药防治埃博拉病毒病的军民融合机制初探》，《传染病信息》2017 年第 4 期，第 246~248 页。

② 《中医药走进埃及，两国传统医学携手再放光芒》，人民网，2021 年 2 月 23 日，http://sc. people. com. cn/n2/2021/0223/c346399-34588757. html。

③ 伍昌力：《阿尔及利亚医疗卫生体制与发展现状——专访阿尔及利亚卫生部政策法规与国际合作司司长伊索拉赫·撒阿迪亚（Issolah SAADIA）》，《中国投资》（中英文）2022 年第 Z7 期，第 100~103 页。

过针灸疗法，用于治疗眼科和内外科疾病。同时，仙人掌、四方藤等植物被广泛应用于治疗跌打损伤、关节疼痛和风湿性疼痛等常见疾病。这些中草药疗效显著，患者回购率高，因此科摩罗中医医生也更积极地使用中草药进行治疗，四方藤已经成为当地医院临床治疗中应用最广泛的草药之一。①

（三）中非中医药领域教育科研合作现状

1. 人才培养

（1）多样化的培训模式

在中非中医药人才培养方面，多种培训模式并存。

近年来，中国中医药高校积极加强与非洲和阿拉伯国家高校的交流与合作，通过科研合作、学术交流以及国际教育人才联合培养等多种途径，为进一步推动中医药医疗合作提供学术与人才支持。截至 2019 年 12 月，中国在非洲阿拉伯国家，已建有 12 所孔子学院。② 2019 年 4 月，上海交通大学健康管理与服务创新中心与埃及中国大学合作，共同建立埃及中医医院。双方在课程开设、专家授课、人员交流等方面进一步合作，以共同培养埃及中医药人才。③ 2021 年 7 月，温州医科大学与埃及中国大学签署合作备忘录，两校将共建"中医药探索合作中心"。通过线上中医药课程教学、硕博联合培养等方式进行中医药人才培训，项目将进一步深化两校在学者交流互访、临床实习培训等多个领域的合作。④ 2022 年 12 月，浙江中医药大学与突尼斯中央大学协议联手共建浙江中医药大学突尼斯分校。⑤ 摩洛哥穆罕默德五世

---

① 《中医药香飘科摩罗》，人民网，2022 年 3 月 2 日，http：//gx. people. com. cn/n2/2022/0302/c179462-35156856. html。
② 《中国与阿拉伯国家经贸合作回顾与展望 2022》，商务部研究院。
③ 《中埃两大学签署建立埃及中医医院协议》，中国政府网，2019 年 4 月 15 日，https：//www. gov. cn/xinwen/2019-04/15/content_5382916. html。
④ 《（ksj）温医大与埃及中国大学合作共建"中医药探索合作中心"》，温州医科大学新闻网，2021 年 7 月 9 日，https：//news. wmu. edu. cn/show/2/32282. html。
⑤ 《学校与突尼斯中央大学签署合作协议共建浙江中医药大学突尼斯分校》，浙江中医药大学网站，2022 年 12 月 6 日，https：//www. zcmu. edu. cn/info/10498/7251. htm。

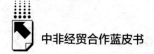
大学与上海中医药大学附属岳阳中西医结合医院签署战略合作协议，以孔子学院为交流推广平台，联合举办多次针灸、推拿、中医诊治、中医经典理论等中医药文化讲座与体验活动。此外，在摩洛哥、阿尔及利亚、吉布提、突尼斯等国，中国援外医疗队曾多次开展中医药培训讲座。

中医药人才的培养方式除了学历教育项目和短期培训项目，还有师徒传承。[①] 在中国援助非洲的中医医疗队中，许多经验丰富的中医专家在当地收徒。师徒传承让非洲学员深入学习中医的临床经验。

远程培训逐渐成为重要的人才培养方式。借助互联网，中国的中医教育机构将中医课程远程传输到非洲。

（2）人才培养的成果与影响

经过多年人才培养合作，非洲涌现出一批优秀的中医人才。以中国援突尼斯医疗队为例，截至2023年，突尼斯中国针灸中心针灸培训班累计开展13期，为当地培养了约180名针灸医生。[②] 他们不仅运用中医技术为患者治疗疾病，还积极参与到中医推广工作中。同时，他们作为中非交流合作的桥梁，积极促进了双方在中医科研、产业等方面的合作。在中医科研合作项目中，非洲本土的中医人才可以更好地协调当地资源。

2. 设备支持

（1）设备供应的适应性调整

中国在摩洛哥、津巴布韦、毛里求斯等非洲国家建立的中医药海外中心配备了针灸治疗仪、中药煎药机、中医理疗设备等。[③] 中国在向非洲提供中医设备支持时，根据非洲的实际情况进行了适应性调整。一方面，考虑到非洲部分地区电力供应不稳定等因素，选择配备对电力要求较低或者具有稳定电源装置的设备。另一方面，针对非洲不同地区的文化和习俗特点，对设备

① 章津、胡紫景：《南非中医药高等教育：现状、困境及对策——基于约翰内斯堡大学的思考》，《医学与哲学》2023年第13期，第74~76、81页。
② 黄灵、许苏培：《通讯：半个世纪的传承——中国援突尼斯医疗队扎根北非50年》，光明网，2023年4月7日，https：//world.gmw.cn/2023-04/07/content_36483973.htm。
③ 《中非中医药合作的"双向奔赴"》，新华网，2023年7月3日，http：//hn.news.cn/20230703/59ef1cf468db4d339020a2614042ce8b/c.html。

的外观和使用方式进行了调整。

（2）设备支持对中医发展的推动作用

设备支持推动中医在非洲的发展。先进的中医设备提高了中医诊疗的效率和准确性。现代化的中药提取设备的使用，使中药有效成分提取更加精准。

中医设备的普及提升了中医在非洲的形象。高科技的中医诊断设备，如经络检测仪等，让非洲患者对中医的科学性感受更直观，提升了其对中医的信任度。

3. 科研合作

（1）传统医学与现代医学结合的科研项目

中非在中医药科研合作方面，依托中非联合医学中心和传统医学中心积极开展传统医学与现代医学相结合的项目。[①] 《中非合作论坛—北京行动计划（2025~2027）》提出实施"新时代神农尝百草工程"，共同挖掘具有药用价值的植物资源，丰富传统医药治疗手段。[②] 中国与科摩罗政府合作开展复方青蒿素快速清除疟疾项目，该抗击疟疾的方式还被推广到圣多美和普林西比、马拉维、多哥等非洲多国。[③] 桑给巴尔血吸虫病防控试点项目于2017年正式启动，将血吸虫病人群感染率从之前的 8.92% 降至 2020 年的 0.64%。[④]

双方科研人员运用现代科学技术手段对非洲传统药用植物进行成分分析，同时结合中医理论体系对其药用价值进行评估。在研究南非的一种传统药用植物时，中国科研人员利用现代色谱技术分析其化学成分，非洲科研人员则根据当地传统医学的使用经验提供研究方向，然后双方共同探讨这种植

---

① 张艳娜：《中国与非洲传统医药领域交流与合作策略研究》，《教育教学论坛》2014 年第 38 期，第 160~161 页。

② 《中非合作论坛—北京行动计划（2025~2027）》，外交部网站，2024 年 9 月 5 日，https：//svideo. mfa. gov. cn/web/ziliao_ 674904/1179_ 674909/202409/t20240905_ 11485697. shtml。

③ 《中国援非疾控中心实验室揭牌，中医药在非洲前景广阔》，网易新闻，2023 年 11 月 16 日，https：//www. 163. com/dy/article/IJM4HBBD0530W6DQ. html。

④ 《江苏医疗队再赴桑给巴尔 助力当地血吸虫病防控》，我苏网，2023 年 8 月 28 日，http：//www. ourjiangsu. com/a/20230828/1693225413244. shtml。

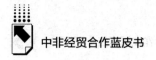

物在中医理论下的功效，进而探索其在治疗现代疾病方面的潜力。

（2）科研合作的平台与机制建设

中非双方建立多个科研合作平台。在中国和坦桑尼亚的一些高校和科研机构之间建立了传统医学联合研究中心，为双方科研人员提供实验场地、研究设备等资源，同时也建立了完善的合作机制。中国·加纳传统医学应对突发公共卫生传染病培训项目旨在通过培训提升非洲应对突发公共卫生传染病的能力。[①]

在国际组织的支持下，中非科研合作交流更加广泛。如世界卫生组织通过组织国际会议、设立合作基金等方式，促进了中非科研人员在中医药领域的交流与合作。

（四）中医药在非洲产业发展现状

1. 投资

（1）投资规模与趋势

近年来，中国企业对非洲中医药产业的投资规模稳步增长。早期投资主要集中在中医诊所的建设和简单的中药贸易方面。随着中非合作的不断深入，投资领域逐渐扩大到中药种植、加工、研发等多个环节。一些中国的大型医药企业开始在非洲投资建设中药种植基地。湖南靖州的茯苓菌丝种"湘靖28号"在马达加斯加和南非种植成功，年产量超过1万吨。[②]

从投资趋势来看，未来有望进一步增长。[③] 一方面，随着非洲市场对中医药需求的增加，中国企业看到了商机。另一方面，中非政策支持为投资提供了良好环境。例如，中国政府鼓励企业"走出去"，非洲一些国家出台吸引外资的优惠政策，将吸引更多的中国企业到非洲投资中医药产业。

---

① 《天津中医药大学举办教育部"中非高校20+20合作计划"—"中国·加纳传统医学应对突发公共卫生传染病培训项目"》，天津中医药大学网站，2023年11月21日，https：//iec.tjutcm.edu.cn/info/1074/4223.htm。

② 田嘉禾、严夏继、尹相宜等《中药在非洲种植现状与前景分析》，《中华中医药杂志》2022年第7期，第4133~4136页。

③ 孙源源、熊季霞、施萍：《中成药开拓非洲市场的PEST分析及对策研究》，《中成药》2015第9期，第2086~2090页。

（2）投资的重点领域与区域

投资的重点领域包括中药种植和加工。非洲的气候和土地资源适合多种中药材的生长。中国企业倾向于在非洲投资种植一些在国内市场需求较大但种植资源有限的中药材，如茯苓。在加工领域，投资主要集中在将非洲当地的中药材资源加工成中药饮片、中成药等产品。

2. 贸易

（1）贸易额与主要产品

中非中医药贸易额逐年增长。其中，中药出口到非洲的贸易占据主导地位。中药材方面，如枸杞、黄芪等滋补类中药材在非洲市场有一定的销量。中药饮片由于其方便使用的特点，也受到非洲一些中医诊所和患者的欢迎。中成药的出口主要集中在一些治疗常见疾病的品种，如治疗感冒的中成药、治疗胃肠道疾病的中成药等。湖北楚留香茶业有限公司以楚茶文化为主线，于2017年拓展国际贸易市场，2018年在加纳建立海外仓，其产品出口市场分布在非洲、欧洲、南美等15个国家和地区。[1] 以岭药业可以向尼日利亚医院提供包括连花清瘟在内的四个中医药产品。该公司的药品营销业务已经在津巴布韦、肯尼亚等8个非洲国家注册。[2]

进口方面，非洲的一些特色药用植物产品也进入中国市场。中国在非洲的主要医药贸易伙伴包括埃及、南非、尼日利亚、肯尼亚、阿尔及利亚等国，其中在埃及、南非和尼日利亚的贸易额位居前列。例如，南非的一些具有独特药用价值的植物被进口到中国，包括南非叶、醉茄、乳香、柠檬草等，用于中药新药的研发或者作为保健品的原料。

（2）贸易政策与市场准入

中国政府出台系列政策确保出口产品的质量和安全性。[3] 例如，对出口

---

[1] 《互惠共享大健康成果——黄冈与非洲携手推进中医药创新合作》，云上黄冈，2024年11月，https：//huanggang.cjyun.org/p/444483.html。

[2] 《中非中医药合作的"双向奔赴"》，新华社百家号，2023年7月2日，https：//baijiahao.baidu.com/s？id=1770297808224887650&wfr=spider&for=pc。

[3] 邓勇、刘开莹：《中医药产业在南非的布局与发展研究》，《中国投资》（中英文）2023年第Z5期，第100~102页。

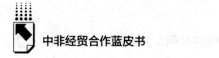
中药材的种植、加工环节进行严格监管，要求企业按照国际标准进行生产。同时，中国也积极与非洲国家协商，争取更好的市场准入条件。

非洲国家在中医药贸易方面的政策也在逐步完善。[①] 一些国家建立了药品进口的注册制度，对进口的中药产品进行严格审查。

3. 中药企业

（1）企业类型与发展模式

在非洲的中药企业主要有两种类型。一种是中国企业在非洲设立的分公司或独资企业，这些企业主要依托中国的中医药技术和管理经验，在非洲开展中药种植、加工和销售等业务。

另一种是中非合资企业。这种企业模式充分利用双方优势资源。非洲方面提供土地、劳动力等资源，中国方面提供技术、资金和市场渠道等。

（2）企业面临的挑战与机遇

中药企业在非洲面临一些挑战。首先是文化差异带来的市场接受度问题。部分非洲民众对中医理论和中药的使用方法不了解，需要进行大量的市场推广工作。其次是政策法规不确定性。非洲不同国家的药品政策法规差异较大，企业需要适应和遵守。

中药企业也存在着诸多机遇，非洲丰富的自然资源为中药企业提供充足的原料来源。随着非洲经济的发展和民众健康意识的提高，其对中医药需求不断增加，为中药企业提供了广阔的市场空间。

4. 中药材种植

（1）种植品种与规模

非洲种植的中药材品种逐渐增多。除了青蒿，还有麻黄、甘草等。青蒿的种植规模在一些非洲国家已经达到数千公顷。麻黄的种植也在一些干旱地区的非洲国家开展。这些地区的气候条件与麻黄的原生环境相似，有利于麻黄的生长。中药材种植规模虽然目前相对较小，但呈现增长的趋势。

---

① 房连强、王鹏、丁贤等：《针灸在纳米比亚的现状、发展与思考》，《中国针灸》2021年第
   4期，第439~442页。

（2）种植技术的推广与本地化

中国在非洲积极推广中药材种植技术。通过派遣农业技术专家、举办种植技术培训班等方式，将中药材种植技术传授给当地农民。[①]

同时，中药材种植技术也在不断本地化。当地农民在实践中结合非洲的实际情况，对种植技术进行改进。如根据非洲不同地区的水资源情况，采用了滴灌、喷灌等节水灌溉方式，提高了中药材种植效率。

5. 药品注册

（1）注册程序与要求

非洲不同国家的药品注册程序差异较大。一般来说，药品注册需要提交药品的成分、生产工艺、质量标准、临床试验数据等资料。在埃及，对于进口的中成药，要求企业提供详细的成分分析报告、在原产国的临床试验数据以及在埃及进行的小规模临床试验结果等。

（2）注册现状与发展趋势

目前，中药在非洲的药品注册数量相对较少，主要因为注册程序复杂、成本较高以及文化差异等。但是，随着中非中医药合作的不断深入，越来越多的中国企业和科研机构开始重视中药在非洲的药品注册工作。

随着非洲国家对传统医学重视程度的不断提高，中药注册的环境有望得到改善，同时，中非双方也将加强在药品注册标准制定等方面的合作，以促进中药在非洲的合法、规范销售。

三 中非中医药合作发展的风险与挑战

中非中医药合作呈现出广阔的发展前景，也面临着诸多问题、风险与挑战。

---

① Tanga M., Lewu F. B., Oyedeji O. A., et al., " Cultivation of medicinal plants in South Africa: a solution to quality assurance and consistent availability of medicinal plant materials for commercialization," *Academia Journal of Medicinal Plants* 7 (2018): pp. 168-177.

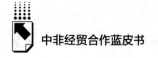
（一）知识产权保护不足，基础设施不完善

在非洲不同国家，中医药法律地位差异很大。部分国家没有明确的法律法规来规范中医药的行医、药品销售等行为。一些非洲国家虽然有传统医学相关的法律，但对于中医药这种外来的传统医学体系存在不适应的情况。例如，对于中药的注册审批，套用现代医药的标准，而中药成分复杂，按照现代医药的单一成分分析等标准来注册审批会面临重重困难，使许多中药难以合法进入非洲市场。①

中非中医药合作中，还存在中医药知识产权被侵犯的风险。非洲一些地区缺乏完善的知识产权保护体系，当地企业或个人可能会仿制中药产品或者盗用中医的疗法而不受到应有的惩罚。此外，中医有着独特的术语体系，如"辨证论治""扶正祛邪"等在翻译成非洲当地语言时很难找到完全对应的词汇。即使使用英语等通用语言进行交流，准确传达中医概念也存在困难。中医知识传播和中医服务提供在沟通上存在较大阻碍。

中药材的种植、采集和加工需要特定的环境和技术。在非洲推广中医药，中药材供应是一个重要问题。非洲当地的气候、土壤等自然条件与中国有很大差异，部分中药材难以在当地种植。非洲当地中药材的加工能力薄弱。中药材的炮制等加工环节对于保证药材的质量和药效至关重要。由于缺乏专业的设备和技术人员，非洲当地难以对中药材有效加工。中医诊疗设备如电针仪等的供应和维护存在困难，当地缺乏专业的技术人员进行设备的维修和保养，影响中医诊疗服务的正常持续开展。

（二）市场机制不完善，服务质量无保障

非洲的经济发展水平和民众的消费能力参差不齐，市场需求波动大。在一些贫困地区，虽然对医疗服务有需求，但可能无力承担中医药的费用。而

---

① 冯洁菡、周濛：《"一带一路"中非传统医药合作与国际知识产权制度的变革》，《武大国际法评论》2019 年第 5 期，第 1~22 页。

在经济相对较好的地区，市场需求又受到当地文化、政策等多种因素的影响。例如，当非洲某国经济出现波动时，民众可能会首先削减对中医药这种相对"非必需"的医疗服务的消费。此外，在非洲的医疗市场上，中医面临现代医学和当地传统医学的竞争。现代医学在非洲许多国家占据主导地位。当地传统医学也有着深厚的群众基础。中医要在这样的市场环境中立足，需要不断提升自身的竞争力。

另外，中药材种植、采集、加工、运输等环节众多，质量难以保证。非洲当地种植或采集的中药材可能因缺乏标准的种植和采集规范而存在质量问题。从中国进口的中药材如果在运输过程中温度、湿度控制不好，也会影响药材的质量。低质量的中药材不仅影响中医的治疗效果，还会损害中医在非洲的声誉。在中医服务质量方面，非洲开展中医服务的人员水平参差不齐。部分从业者没有经过严格的中医专业培训，在行医过程中存在操作不规范的情况。比如针灸治疗如果穴位不准确或者针刺手法不当，不仅不能起到治疗效果，还可能对患者造成伤害。

（三）专业人才短缺，科研合作有限

在非洲，本土中医专业人才短缺。要实现中医药在非洲的可持续发展，需要大量的中医专业人才来提供医疗服务、开展教学和研究。然而，目前非洲本土培养中医人才的机构较少，培养能力有限。[①] 构建适合非洲的中医人才培养模式是一个复杂的过程。需要考虑非洲当地的文化、教育水平和医疗需求等因素。在教材编写方面，如何将中医理论与非洲当地的实际情况相结合，用非洲民众易于理解的方式编写教材是一个难题。同时，在教学方法上，是采用传统的中医师徒传承模式还是现代的课堂教学模式，或者是两者相结合，都需要进一步探索。

中国在中医药科研方面已经取得了一定的成果，但非洲在传统医学科研

---

① 迟建新：《中国参与非洲公共卫生治理：基于医药投资合作的视角》，《西亚非洲》2017年第1期，第87~112页。

方面的基础相对薄弱。这种差异使中非的中医药科研合作存在一定的困难。例如在研究设备、研究方法和研究人员的专业素质等方面，非洲与中国存在较大差距。这就导致在开展联合科研项目时，双方在实验设计、数据采集和分析等环节存在沟通和协调困难。

确定适合中非中医药合作的科研方向也是一个挑战。是侧重于对非洲当地传统药用植物进行研究开发，还是对中医经典方剂在非洲人群中的适应性进行研究，或者是其他方向，需要综合考虑双方的优势和需求。

（四）可持续发展挑战

（1）经济可持续性

中非中医药合作的经济可持续性面临挑战。在中医药的推广过程中，需要投入大量的资金用于中药材种植基地的建设、中医诊所的开设、人才的培养等。然而，目前中医药在非洲的盈利模式还不够清晰，很多项目依赖政府补贴。

（2）社会可持续性

要实现中医药在非洲的社会可持续发展，需要得到非洲社会各界的广泛支持。这不仅包括民众对中医的信任，还包括当地政府、非政府组织等对中医药发展的支持。[①] 目前，虽然中医药在非洲已经有了一定的影响力，但在一些偏远地区和社会底层人群中，中医药的知晓度和认可度还比较低。

四 中非中医药合作发展对策建议

（一）完善政策协调与法规保障

1.加强政策沟通与协调

中非双方设立专门的中医药合作政策协调小组。这个小组可以由双方卫

---

① 徐丽莉、张可心、宋欣阳：《中国与非洲阿拉伯国家的卫生发展合作研究》，《阿拉伯世界研究》2024年第2期，第24~50、157~158页。

生部门、外交部门以及相关的贸易部门人员组成。主要职责是定期交流双方在中医药领域的政策动态，及时发现政策差异可能带来的障碍，及时协商调整。在中非合作论坛等现有合作框架下，专门设立中医药政策沟通子议题。双方深入讨论中医药在非洲的市场准入、质量标准、知识产权保护等政策问题。以市场准入为例，目前一些非洲国家对中医药产品的进口有着严格的审批程序，通过政策沟通，可以简化手续，加快中医药产品进入非洲市场的速度。①

中国针对中非中医药合作制定专项的鼓励政策。对于到非洲开展中医药业务的企业，税收方面给予优惠，如减免企业所得税、进口设备关税等，降低企业运营成本，提高企业参与中非中医药合作积极性。非洲各国制定相应的政策吸引中医药资源。一些非洲国家划出特定区域设立中医药产业园区，提供土地、水电等基础设施方面的优惠政策，吸引中医药企业入驻。同时，在非洲国家内部的医疗体系改革中，明确中医药的地位和作用，将其纳入国家整体的医疗卫生发展规划。

2. 完善法律法规保障

中非双方共同完善中医药知识产权保护的法律法规。中国有着相对成熟的中医药知识产权保护经验，双方可以合作制定适合中非中医药合作的知识产权保护法规。建立中医药知识产权保护的联合执法机制。中医药知识产权涉及复杂的植物资源、传统知识以及现代研发技术等多方面内容，需要双方的执法部门共同协作。成立联合执法小组，定期检查中非中医药合作项目中的知识产权情况，打击侵权行为，保护双方中医药合作中的创新成果。

统一中医药产品在非洲的质量标准。目前，非洲不同国家对中医药产品的质量标准要求差异较大，中医药产品在非洲推广困难。中非双方需共同参考国际标准和中国国内的高质量标准，制定适用于非洲的中医药产品质量标准体系。加强对中医药产品在非洲市场的监管法规建设。建立从生产源头到

---

① 许岩、刘国秀、史楠楠等：《我国中医药在非洲发展现状与合作战略思考》，《世界中医药》2022 年第 18 期，第 2669~2673、2680 页。

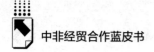

销售终端的全链条监管机制，要求中医药企业在非洲必须遵守当地的药品注册、生产许可、销售许可等法律法规。同时，对违规企业制定严厉的处罚措施，如罚款、吊销营业执照等，以保障非洲消费者的健康权益。

（二）构建本土人才培养体系，深化联合科研

1. 本土人才培养体系建设

鼓励中国的中医药院校与非洲当地教育机构合作，在非洲建立中医药院校或在现有院校中开设中医药专业。中非共同投资建设中医药学院。学院的师资由双方共同派遣，课程设置结合中非双方的优势资源，既传授中医经典理论，又注重非洲本土药用植物资源与中医药的融合教学。完善非洲本土中医药院校的教学设施和教材建设。中国向非洲的中医药院校捐赠教学设备，如针灸模型、中药炮制工具等。同时，组织编写适合非洲学生的中医药教材，教材内容应通俗易懂，结合非洲的实际案例和文化习俗，便于非洲学生理解和接受中医药知识。

中国加大向非洲派遣中医药专业教师的力度。中国中医药大学选拔优秀教师到非洲国家的大学开设中医课程。同时，非洲选派教师到中国接受短期或长期培训，学习中医药教学方法和课程体系建设经验。建立中非中医药教育资源共享平台。[1] 整合双方中医药教学课件、教材、教学视频等资源。中国的一些中医药精品课程视频可以上传到平台，非洲的学生可以在线学习。中国中医药院校为非洲留学生设置定制化课程体系。考虑到非洲的疾病谱、文化背景和医疗需求与中国有所不同，课程设置应增加对非洲常见疾病的中医药治疗研究、非洲传统医学与中医药结合等内容。同时，为非洲留学生提供更多的实践机会，如到中国的中医院实习、参与中医药科研项目等，提高他们回国后的实际工作能力。

为非洲的中医药从业人员提供在职继续教育的机会。中国通过网络课

---

① 陈焕鑫、张昕、卓清缘等：《中医药在非洲发展前景的 SWOT-PEST 分析》，《中医药导报》2021 年第 11 期，第 1~6 页。

程、短期培训班等形式，对非洲的中医医生、中药师等进行培训。① 建立非洲中医药从业人员的职业资格认证体系。中非双方合作制定符合非洲实际情况的中医药职业资格认证标准，包括中医医师、中药师、针灸师等不同职业的资格认证。

2. 深化联合科研

针对非洲常见重大疾病，如疟疾、艾滋病、埃博拉等，中非双方加大联合科研项目投入。例如，在疟疾防治方面，双方深入研究中医中药对疟疾预防、治疗和康复的作用机制。中国提供技术和经验，非洲提供疟疾临床病例资源。双方科研人员共同开展临床试验，探索新的中药复方或治疗方案，提高疟疾的防治效果。

深入挖掘非洲药用植物资源。对非洲的药用植物进行普查和分类研究。对非洲的热带雨林地区、草原地区等不同生态环境中的药用植物进行调查，分析其化学成分、药理作用等。同时，将非洲药用植物与中医理论相结合，探索其在中医方剂中的应用潜力。中国的一些先进的中医药科研实验室向非洲科研人员开放。非洲科研人员利用中国实验室的先进设备，如高效液相色谱仪、质谱仪等，进行药用植物成分分析、中药质量检测等研究工作。非洲的一些具有特色的研究设施，如非洲传统医学研究中心的野外药用植物观察基地等，向中国科研人员开放。中国科研人员在这里实地考察非洲药用植物的生长情况，收集样本，开展相关研究。

建立中非中医药科研数据共享平台。收集双方在中医药科研过程中产生的数据，如临床试验数据、药用植物化学成分数据、疾病防治研究成果等。双方科研人员可以通过平台查询、下载所需的数据，进行数据分析和研究。在信息共享方面，双方可以定期发布中医药科研项目的招标信息、科研成果等，促进双方科研人员之间的合作意向交流，避免重复研究，提高科研合作的针对性和有效性。

---

① 徐薇、刘钊轶：《中非卫生健康共同体：重点领域与合作路径》，《中国社会科学报》2022年6月29日。

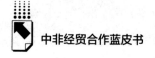

（三）深化产业合作，推进工业化发展

鼓励中国企业到非洲建立中药材种植基地。非洲拥有广阔的土地资源和适宜的气候条件，适合种植多种中药材。中国企业应用先进的种植技术和管理经验，与当地农民合作，采用订单农业的模式，保障农民的收益。当地政府在土地租赁、农业补贴等方面给予支持，促进中药材种植基地的发展。开展中药材种植技术培训。中国的农业专家到非洲为当地农民传授中药材种植技术，包括种子处理、土壤改良、施肥灌溉、病虫害防治等方面的知识。同时，建立中药材种植示范园，让当地农民直观地学习中药材种植技术，提高非洲中药材种植的产量和质量。

在非洲建立中药材加工企业。中国与非洲当地企业合作，在非洲投资建设中药材加工厂。加工厂可以对当地种植的中药材进行初加工和深加工，生产中药饮片、中成药等产品。提高非洲中药材加工的技术水平。中国向非洲的中药材加工企业转让一些成熟的加工技术，如中药炮制技术、提取浓缩技术等。同时，帮助非洲企业建立质量管理体系，确保加工产品的质量符合国际标准。

加强中非之间电子商务平台建设。共同打造专门的中医药产品电子商务平台，或者在现有的知名电商平台上设立中非中医药产品专区。通过电商平台，中国的中医药企业可以直接将产品销售给非洲的消费者，减少中间环节，降低成本。同时，也方便非洲的企业采购中国的中药材、中成药等产品。建立中非中医药产品展销中心。在中国的一些贸易口岸城市和非洲的主要经济中心城市建立中医药产品展销中心。这些展销中心可以展示和销售各类中医药产品，举办中医药产品推介会、贸易洽谈会等活动，促进中非中医药产品的贸易交流。

此外，帮助非洲打造本土中医药品牌。[①] 中国企业可以与非洲当地企业合作，利用中国的中医药技术和非洲的特色资源，共同开发新的中医药产品，打造具有非洲特色的品牌。

---

① 黄建银：《中医药在非洲的机遇与挑战》，《中国医药报》2012 年 5 月 7 日。

（四）加强文化交流，促进社会认可

1. 文化传播与交流

大力推进中医药术语翻译标准化，培养高端中医药翻译人才。加大在非洲举办中医文化展览的力度。这些展览可以展示中医的历史发展、理论体系、诊疗技术等内容。设置互动体验区，让非洲民众亲身体验针灸、推拿等中医技术，增强对中医文化的感性认识。

促进中非传统医学文化的对话与交流。[①] 双方组织传统医学文化交流代表团互相学习。例如，中国的中医专家可以到非洲与当地的传统医学从业者交流，分享中医在疾病诊断、治疗、养生等方面的经验，同时学习非洲传统医学中的特色疗法、药用植物知识等。

2. 民心相通与社会认可

鼓励中非民间组织在中医药领域的交流与合作。开展中医药文化进非洲社区活动。组织中医医生、文化志愿者等深入非洲的社区，为社区居民提供中医健康咨询、养生指导等服务。在社区内举办小型的中医文化活动，如教居民制作中药香囊、进行太极拳表演等，让中医药文化融入非洲社区居民的生活，提高中医药在非洲社会的认可度。

---

① 《国务院办公厅关于印发"十四五"中医药发展规划的通知》，中国政府网，https://www.gov.cn/gongbao/content/2022/content_5686029.htm。

B.12
中非矿业合作发展报告（2025）[*]

林雪芬　汪士然　姚桂梅[**]

摘　要： 非洲不仅是全球战略性矿产资源的聚集区，而且是中国矿产资源安全战略的重要推进地区。2000 年以来，中国矿企在中非合作论坛历届行动计划引领下，因地制宜、与时俱进地创新合作方式，通过资源换贷款/项目、经贸合作区和赢联盟国际联合体三种主流合作模式，取得了显著的合作成效。不仅在非洲掌握了铜钴等矿产的世界级重大项目，提升了中国在世界矿业格局中的影响力；而且矿业开发与基础设施建设"双轮驱动"契合非洲资源国所需，为东道国经济社会发展作出了积极贡献。中非矿业合作也面临新的风险与挑战。展望未来，中非矿业合作互补性强、基础良好，全球大变局加速演进也蕴含着新的发展合作机遇，亟待全方位构建中非战略性矿产资源开发的投资保障体系和长期布局，并通过拓展国际合作渠道，提升企业治理水平，推动中非矿业合作持续发展。

关键词： 矿业合作　战略性矿产　保障体系　中非

一　中非矿业合作发展历程

中国是世界上最大的矿产品生产国、消费国和贸易国，金属产品的消

* 本文受中国社会科学院学科建设"登峰战略"重点学科"世界经济学"资助（编号 DF2023ZD34）；受国家社科基金重大项目"泛非主义与非洲一体化历史文献整理与研究（1900~2021）"资助（编号 23&ZD325）。

** 林雪芬，中国社会科学院中国非洲研究院助理研究员，研究领域为非洲经济、中非投资合作；汪士然，中国社会科学院大学硕士研究生，研究领域为非洲经济；姚桂梅，中国社会科学院中国非洲研究院研究员（课题负责人），研究领域为非洲经济、非洲一体化与中非经贸关系。

费量占全球总消费量的 50% 以上，但一些关键矿产品匮乏，对外依存度高。而非洲大陆具有得天独厚的矿产资源，这决定了非洲国家大多选择以资源开发为主的经济发展道路。中国与非洲国家在资源结构上的强互补，使得中非矿业合作成为中非经贸合作的重要内容。改革开放以来，特别是在"走出去"战略和"利用两种资源，开拓两个市场，加快改革开放，积极参与国际经济合作与竞争"的方针指引下，中国矿企秉承增强国家矿产资源保障能力，推动合作互利共赢的理念，积极开展对非矿业合作，不仅推动中非矿业合作的规模逐步扩大，领域不断拓宽，而且开发方式日趋多样，成效显著。根据投资热度的周期性变化和投资特点的不同，中非矿业合作大致可分为探索起步期、稳步推进期、快速发展期和转型升级期四个阶段。

（一）中非矿业合作的探索起步期（1978~1990年）

投资开发是中非矿业合作的主要方式。1978~1990 年，中国对非洲的投资主要以考察项目为主，并集中在制造业、农业、餐饮业、资源开发和建筑承包等领域。

（二）中非矿业合作的稳步推进期（1991~2000年）

20 世纪 90 年代，中国政府正式提出外贸市场多元化战略，中国企业对非投资规模明显扩大，中国矿企投资进程加快。1994 年，陕西地矿局与加纳本科福合资开发恩科科金矿（中方投资 1 亿元，持股 10%），成为中国对非矿业投资的"第一单"。2000 年前后，中国有色集团、中国五矿、白银集团、金川集团、中电投等中国企业在非洲投资诸多项目，其中以中石油苏丹石油项目、中钢南非 ASA 铬矿项目、中国有色集团赞比亚谦比希铜钴矿项目最具代表性。

（三）中非矿业合作的快速发展期（2001~2019年）

2000 年 3 月，中国政府正式提出"走出去"战略，同年 10 月中非合作论坛成立，推动对非投资进入快速发展期。尤其是 2008 年全球金融危机后，尽管中国经济增速放缓，但对矿产资源的需求仍然强劲。中国企业加大对非洲矿业投资力度，并购活跃，上亿美元的大项目明显增多，一大批重大战略性矿产项目落地投产。例如，中钢集团的南非萨曼可铬铁项目、中国有色集团在赞比亚的谦比希铜钴矿复产建设项目、紫金矿业在刚果（金）的科卢韦齐铜钴矿项目、洛钼集团的刚果（金）Tenke Fungurume（TFM）铜钴矿项目、赢联盟和中国铝业在几内亚西芒杜的铁矿项目等。众多大项目的落地推动中国对非洲矿业投资的存量不断增多，从 2011 年底的 49.74 亿美元扩大到 2019 年底的 110.2 亿美元，使得此间的矿业投资高居中国对非行业投资的前两位。[①] 尽管中国对非洲矿业投资发展势头迅猛，但较之欧美发达国家，中国在对非矿业投资项目数量和投资存量上都明显落后于美、英、法、澳大利亚和加拿大等国，中国矿企正在迎头赶上。

（四）中非矿业合作的转型升级期（2020年至今）

在这一阶段，全球对环境保护和可持续发展重视程度越来越高，非洲国家更加注重矿业开发的本土化效益和社会责任。全球能源转型加速，对锂、钴、镍等新能源矿产需求大增，非洲国家进行资源战略调整，供应链本土化和出口管制加大全球供应链脱钩断链风险，而中国虽是世界最大的矿产资源冶炼国，产业体系完整，但绿色创新发展有待提升。为迎接全球绿色能源转型和应对地缘政治衍生出来的各类挑战，中国与非洲的矿业合作步入转型升级期。在矿产品投资开发的种类上，中国更加注重绿色矿业和可持续发展。除了传统的矿产资源，中国对非洲稀有金属和新能源矿产的投资热度有所增加。在合作模式方面，中国更加重视非洲资源国延伸产业价值链和供应链方面的诉求，开始从资源开发为主向资源开发与产业链延伸相结合拓展，增加了对非洲矿产品加工和新能源材料制造领域的投资。

---

① 中华人民共和国商务部、中华人民共和国国家统计局、国家外汇管理局：《2016 年度中国对外直接投资统计公报》，中国统计出版社，2017。

值得指出的是，2020~2023年，中国对非洲的矿业投资存量规模有所波动，但仍创造了94.5亿美元均值，2023年矿业投资的行业占比调整到了21.7%。由于本阶段的合作策略更加顺应绿色发展的时代潮流，更加切合中非双方诉求，矿业资源冶炼项目成为一个新的投资重点。例如，中国有色集团在刚果（金）的迪兹瓦矿业和卢阿拉巴铜冶炼项目、中国青山控股集团在津巴布韦投资的非洲最大的钢铁厂项目、赣锋锂业在马里建立的全球最大锂矿加工厂项目等。这些冶炼项目将直接推动非洲重工业发展，并为解决当地就业作出积极贡献。

二 中非矿业合作发展现状

经过30多年的投资开发，非洲已经成为中国境外矿业投资的重点区域之一。截至2022年底，中国在非洲矿业投资项目约138项，占矿业境外投资项目总数的1/4。截至2023年底，中国对非洲矿业直接投资存量为91.6亿美元（见图1），占对非全行业直接投资存量的21.7%。[①] 目前，中国在非洲正在形成央企与国企领航，民企跟进的主体多元化的合作格局。据不完全统计，截至2022年底，中国在非洲进行矿业投资的大中型企业共近40家，主要是以紫金矿业、中国五矿、中国有色集团、中国铝业、赢联盟[②]、洛钼集团、华友钴业、中矿资源、中铁资源、山东钢铁、江西省地质局等为主力军，这些企业主要在刚果（金）、赞比亚、南非、几内亚、纳米比亚、塞拉利昂、津巴布韦及加纳等13个国家投入的矿业项目开发金额较多，并在铜、铝、钴等重要矿种的投资中具有重大影响。另外，中国企业投资黄金、铁矿石、锰、铂族金属、铀等矿种也有重要产出。

[①] 中华人民共和国商务部、中华人民共和国国家统计局、国家外汇管理局：《2023年度中国对外直接投资统计公报》，中国统计出版社，2024。

[②] 赢联盟是企业联合体的名称。2010年，为更好开发几内亚铝土资源，山东魏桥创业集团的关联公司中国宏桥集团与中国烟台港集团、新加坡韦立国际集团、几内亚UMS公司组建的联合体。

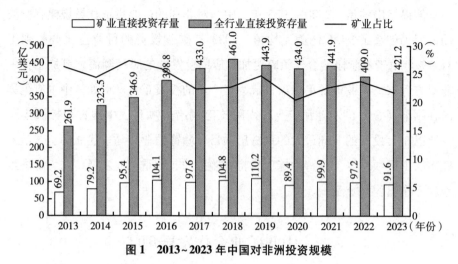

图 1　2013~2023 年中国对非洲投资规模

资料来源：作者根据历年《中国对外直接投资统计公报》相关数据编制。

（一）中国对非矿产投资开发的总体水平

1. 因地制宜、创新发展，正在打造全产业链覆盖模式

中国矿企根据不同非洲国家的战略需求、项目特点，因地制宜地灵活运用股权投资、投资联盟、租赁经营、产业园区、项目换资源等方式，推动矿业开发项目类型多样化。尤其是根据目前非洲矿产国迫切延长矿业价值链的诉求，中国矿企加大了对矿业下游产业的投资。2022 年 10 月，中国青山控股集团在津巴布韦的子公司鼎森钢铁公司投资兴建钢铁厂一期项目开工建设，2024 年 6 月，实现一期高炉投产，产能为每年 60 万吨，将带动津巴布韦重工业发展，并为解决当地就业作出贡献。总之，中非矿业合作模式正由单纯矿山生产向下游产业延伸，形成海外矿产资源开发的全产业链模式，构建资源开发和工程承包相互促进的"双轮驱动"模式，有效带动中国技术、标准和装备等抱团出海。

2. 中国矿业国际竞争力整体有所提升

2023 年 6 月，普华永道发布的《2023 全球矿业报告：重塑行业格局》显示，2023 年度全球 40 强矿业上市公司中有 9 家中国企业上榜，其中，中

国神华排名第五，紫金矿业排名第十一，陕西煤业排名第十五，兖矿能源集团排名第十七，天齐锂业排名第二十，中煤能源排名第二十四，洛钼集团排名第二十六，山东黄金排名第二十九，江西铜业排名第四十。[①] 而紫金矿业、洛钼集团之所以能够跻身全球矿业 40 强就得益于其在刚果（金）等国的铜、钴类资源投资。

（二）中非矿业合作的主要模式

矿业是许多非洲国家经济增长的支柱产业，但受资金、技术、人才短缺，特别是电力供应及交通基础设施落后的制约，非洲矿业整体发展较为缓慢。为破解非洲矿业发展的难题，将其资源优势转化为发展优势，中国矿企在对非洲矿业开发中，努力契合非洲资源国的发展诉求，因地制宜地灵活运用股权投资、投资联盟、租赁经营、产业园、项目换资源等方式，推动开发项目类型日趋多元化，主要形成了资源换贷款/项目、经贸合作区和赢联盟国际联合体等三种合作模式。不断创新的合作模式推动中国在非洲的矿业开发由单纯矿山生产向下游产业延伸，逐步形成海外矿产资源开发的全产业链模式，并形成资源开发与基础设施建设相互联动发展的优势特征，有效带动中国技术、标准和装备等集成出海。

1. 资源换贷款/项目模式

资源换贷款/项目模式最初被称为"安哥拉模式"，缘于中资企业与安哥拉在石油领域的合作，主要指在没有抵押品和偿还能力的情况下，通过买方信贷形式使用未来开采的原油偿还获取基础设施建设所需的中国贷款，形成"资源—信贷—项目"的一揽子模式。这些合作项目包括公路建设、港口扩建和能源设施的改善，显著提升了国家的基础设施水平，促进了经济的多元化发展。2007 年，中国又在刚果（金）的矿业投资开发中使用资源换项目模式，并在全球范围内产生重要影响。中国与刚果（金）签署的资源

---

① 《2023 年全球矿业报告第 20 期：重塑行业格局，把握时代机遇》，2023 年 6 月，第 31~32 页，https://www.pwccn.com/zh/energy-utilities-mining/mine-report-2023.pdf。

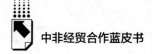

换项目协议主要内容为中国公司获得铜、钴等矿产的开采权，以换取中方对刚果（金）基础设施建设的投资，包括道路、铁路、医院和学校的建设等。这个项目的规模巨大，涉及数十亿美元的基础设施开发资金，极大地推动了刚果（金）的基础设施发展。

2. 经贸合作区模式

非洲国家借鉴中国发展经验，为中资企业提供税收优惠、政府配套服务并降低风险，同时吸引外资、促进技术转让，增加就业和税收以及改善基础设施，与中国共建经贸合作区，使其成为对非投资的重要载体。2007 年，中国有色集团以谦比希铜钴矿资源为基础，与赞比亚政府签署了投资促进与保护协议，将工业园区升级为我国在非洲的第一个境外经贸合作区——赞比亚中国经贸合作区。该园区共包含谦比希和卢萨卡两个园区，谦比希园区主要围绕铜矿石开展开采、冶炼、仓储、物流等业务，而卢萨卡园区主要围绕商贸服务、现代物流、加工制造、房地产开发等进行配套服务。赞比亚政府为园区提供了一系列筑巢引凤的优惠政策，极大地促进了园区发展，为后续其他矿业园区建设提供示范。截至 2023 年，已有近百家中国企业入驻园区，投资超过 25 亿美元，累计上缴税费超过 8 亿美元，为赞比亚当地提供了 1 万多个就业岗位。①

3. 赢联盟国际联合体模式

为解决非洲矿业开发中存在的建设和运输成本高昂、风险较大等问题，中国矿企联合非洲国家和国际优质伙伴建立产业链国际战略联盟赢联盟，围绕矿产建立资源保证、资本投入、基础设施建设、产品收购与加工全产业链一体化经营模式。该模式于 2010 年创立，由山东魏桥创业集团的关联公司中国宏桥集团主导，按照"合作共赢、因地制宜、专业分工、效益优先"的原则，联合新加坡韦立国际集团、几内亚 UMS 公司和山东烟台港集团组成"三国四方"联合体。在几内亚博凯地区创建铝土矿供应基地，采取"宏桥集团负责内陆采矿，几内亚 UMS 负责内河驳运，烟台港负责近海装

① 《中国与非洲经贸合作关系报告 2023》，2023 年 7 月 10 日，第 19 页，https：//www. caitec. org. cn/upfiles/file/2023/6/20230710163247545. pdf。

船，新加坡韦立负责远洋运输"的分工协作模式，大幅度降低运输成本，提高供应链效率，有效保障铝土矿资源稳定供应。2014 年开始博凯铝土矿开发投产，2015 年出矿量为 100 万吨，2018 年达到 4200 万吨，[1] 不仅使博凯成为世界第一大铝土矿出口基地，带动当地就业 2 万余人，而且为中国运回 1 亿多吨的铝土矿，实现了赢联盟与几内亚的互利共赢，成为海外矿业投资开发的典范。2019 年，赢联盟在国际招标中以 140 亿美元的价格战胜澳大利亚 FMG 公司获得几内亚西芒杜铁矿北部 1 号和 2 号区块的开采权。西芒杜铁矿被国际矿业视为目前世界上储量最大、品质最高、尚未开发的铁矿，探明储量超过 26 亿吨，潜在储量超过 50 亿吨，矿石品位超过 60%，主要为赤铁矿，多为露天矿，易开采。该矿区若能如期开发将明显提高中国对铁矿资源的控制力，并将有力冲击由巴西和澳大利亚两国垄断的全球铁矿格局。

（三）中国在非洲矿业投资合作的效果评估

中国与非洲矿产资源分布的不均衡性，决定了中非矿业合作的互补性。非洲有着丰富的矿产资源，中国矿企有着资金与技术优势以及丰富的管理经验，中非矿业合作根基牢固。

1. 投资聚集效应与配套基建工程双向联动特色显著

在过去二十多年中，中国大量投资非洲交通、电力及采矿行业。2000~2022 年，中国与非洲各国签署了千余项贷款协议，累计金额达 1701 亿美元，其中 64% 被用于推进交通、电力及采矿等领域项目。[2] 交通与电力行业重点投资刚果（金）、赞比亚、肯尼亚，采矿行业则主要投资刚果（金）、赞比亚、几内亚、安哥拉等。例如，在新能源矿产（铜、钴、锂等）领域，

---

[1] 国家发展和改革委员会：《第三方市场合作指南和案例》，2019 年 9 月，https：//www. ndrc. gov. cn/xxgk/zcfb/tz/201909/W0f20190905514523737249. pdf。

[2] Critical Minerals in Africa: Strengthening Security, Supporting Development, and Reducing Conflict amid Geopolitical Competition, USIP Senior Study Group Final Report, April 2024, https：// www. usip. org/sites/default/files/2024-04/critical - minerals - africa - senior - study - group - final - report. pdf.

中资矿企已逐步形成优势，50万吨以上的铜矿大型项目多有中资企业参与，剩余优质项目并购机会已不多。与此同时，在非洲的矿业开发中，中国企业对配建资源加工项目或基建工程项目态度积极，在业已形成的对非合作的三种主流模式中均可看到资源开发项目与配套基建工程双向联动。这主要缘于中国矿企的多数项目均在东道国配建精选、提炼或冶炼厂等资源深加工项目，在客观上达成了企业策略与东道国加快经济社会发展诉求的一致、目标的趋同，在投资过程中得到双方政府的大力支持，投资成效不仅有效弥补了中国经济内循环发展所需的短缺矿种供应，而且积极推动了非洲当地社会经济的持续发展。

2.注重互利多赢与创新可持续发展

首先，依托中非友好的双边关系，将中国矿企的资金、技术优势与刚果（金）、南非、尼日利亚、赞比亚、纳米比亚、几内亚等国的矿业开发战略进行密切对接，得到当地政府的大力支持，典型项目有中广核纳米比亚湖山铀矿和华刚矿业刚果（金）铜钴矿项目等。其次，许多矿业开发项目的签署与运作均抓住了中国与非洲国家领导人互访或关系向好的时期。例如，2005年中国与尼日利亚建立战略伙伴关系后，于次年启动中石油尼日利亚项目；2015年国家领导人访问刚果（金）后，紫金矿业刚果（金）科卢韦齐铜钴矿项目得到快速推进。再次，注重"人和"，即与当地社区融合发展，中国在非矿企高度履行企业社会责任与环境、社会和企业治理等标准，与当地融合发展。典型项目有中铝几内亚博法铝土矿项目。该项目发挥了"超越矿业"的使命，在几内亚修建铁路，捐建医院和学校，充分发挥"小而美"项目的惠民作用，推动了几内亚本土人才的培养和本地化产业的发展，为近20万几内亚人提供了相应生活保障。中广核投资纳米比亚湖山铀矿项目为当地建设了与矿区相连的公路、输水管线，升级了电力设施，极大地改善了矿区及周边社区的生产和生活环境；项目还注重投资员工技能的系统化培训，员工本地化超过95%；项目非常重视与社区的融合发展，为了守护纳米比亚国花千岁兰，特聘专家设计合理线路，为了丰富当地文化，开展"湖山杯"马拉松比赛，中广核还专门成立了斯科基金会，开展中小企业发展支持、幼儿园与学校捐赠、纳米比亚国家灾害救济中心建设等项目，多方面推动地方中小企业、教育与社区的进步。最后，注重与国际优质伙伴合作，共享发展红利。中国矿企是全球矿业市场的后起之秀，在市场份额、规则制定、资源协调、全球化经营、话语权等方面与必和必拓、力拓、嘉能可等国际矿业巨头尚有不小的差距。为尽快解决上述的相关问题，整合资源优势，深化利益融合，在几内亚投资的中铝集团和山东魏桥创业集团分别与力拓、新加坡韦立国际集团合作，通过参与优质矿山项目实现利益深度捆绑，不仅扩大了市场份额，学习了国际项目管理的经验，还利用原宗主国影响力、西方大国话语权等优势规避了部分政治舆论风险，成为共担共享的国际合作典范。

三　中非矿业合作面临的风险与挑战

1. 由非洲域内政治安全形势变乱交织引发的政治安全风险增多

受疫情、全球经济放缓、气候灾难频发等因素影响，非洲大陆政治安全局势变乱交织带来的挑战趋升。非洲之角和萨赫勒地区冲突频发、军事政变回潮、恐怖活动猖獗等挑战加速合流，马里、几内亚、苏丹、尼日尔、马达加斯加、乍得、刚果（金）等国家治理和维稳难度加大，中非矿业合作的安全环境受到严重冲击，增加了生产经营风险。

2. 非洲资源国矿业自主开发新趋势对中国矿企提出高标准严要求

在百年未有之大变局下的全球新一轮资源博弈中，非洲资源国在矿业开发领域的新诉求对中国矿企而言，可谓机遇与挑战并存。首先，资源开发与下游加工、基建等产业协同发展孕育重大投资机遇。短期内，非洲资源国强制实行原矿石和精矿出口禁令，但因尚不具备促进冶炼产业发展的基础设施，将对中国庞大的冶炼产业的原料供应产生冲击。长期来看，非洲旺盛的矿业下游产能和配套基建合作需求，是中企在"一带一路"背景下的重大投资机遇。

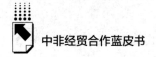

3. 中国在非矿业合作的短板弱项更加凸显

一是南非、津巴布韦、刚果（金）等国不仅电力供应不足，电费逐年上涨，挤压企业利润空间；而且电力配套基础设施老旧，交通物流等配套设施普遍薄弱，投入与保障也未跟进，特别是矿区经常出现不规则停电现象，严重干扰项目的正常运营。二是重大项目融资缺乏稳定支持，综合性金融服务尚不能满足企业长期持续开发需求。非洲的矿业投资属于高风险行业，中国矿企多聚集在刚果（金）、津巴布韦、几内亚等最不发达国家，而中国出口信用保险公司给予这些国家的保险额度很低，且公司的海外保单对并购项目限制较多，导致矿企一直受保险限额不足的困扰；矿业开发还具有投资大、周期长的特点，由于大多数矿产项目融资能力较弱，存在获批贷款额度与矿企海发业务发展规划不匹配等问题。三是我国一直缺乏矿产品的国际定价权。2021 年 5 月，芝加哥商品交易所首次推出全球锂期货合约，如不能有效把握行业定价权，中非矿业合作势必受到美西方矿业金融的影响。

四　中非矿业合作高质量发展前景及对策建议

（一）中非矿业合作前景：大有可为

党的二十大报告指出，要着力提升产业链供应链韧性与安全水平。其中，镍、钴、锂、铜等战略性新兴资源以及铁、铝等战略性保障资源的稳定供应尤为重要。不仅关系未来新能源发展方向和如期实现碳达峰碳中和目标，更关系到中国式现代化进程和高质量发展成效。党的二十届三中全会提出以更高水平开放推动深层次改革，不仅为推动中国式现代化规划了前进道路，而且为促进中非矿业产业链的延伸及增强供应链安全韧性注入了新动能。

近年来，全球政治经济形势动荡变幻，国际力量对比深刻调整，各种不确定因素交织叠加，风高浪急的百年变局中仍蕴含着发展合作的新机遇。一是全球战略性新兴产业发展所需的钴、锂、铌、钽、石墨、锆、钛等关键矿产更加彰显非洲资源品类齐全、储量丰富、供给潜力大的优势；二是俄乌冲突以来，欧洲因资源短缺而转向非洲寻求替代方案，部分非洲国家为应对经济下行也在放松矿业管制，提高了非洲矿产资源的开发预期。国际货币基金组织在 2024 年 4 月发布的《撒哈拉以南非洲地区经济展望》报告预计到 2050 年矿产开采将促进该地区国家经济提升 12% 以上，许多非洲国家正在成为全球关键性矿产的生产中心。[1] 三是中国不仅拥有丰富的关键性资源储量，而且在矿石冶炼、二次加工等领域拥有较高的炼化技术和能力，在电池材料和储能市场上拥有强大话语权；叠加中国矿企已经在非洲一些并购案例中积累了宝贵的国际化团队运营管理经验，为应对未来或将在非洲出现的西方矿企退出暗流，深化矿业上下游合作提供了坚实基础。

（二）以韧铸基、驭变而行的对策建议

根据中央精神、中国式现代化建设和"双碳"目标的布局，统筹考量非洲发展新形势及大国在非竞争的策略调整变化，特别是中国在非矿企反映的业务需求、安保诉求、可持续发展要求，提出如下对策建议。

1. 在构建新时代全天候中非命运共同体的目标指引下，深入拓展与非洲资源国的矿业合作

考虑到全球产业本土化、区域化的趋势，世界主要力量加大在非矿业争夺等因素，特别是非洲国家延伸矿业产业链的诉求，中国应在 2024 年中非合作论坛峰会中非携手推进现代化十大伙伴行动指引下，在贸易繁荣、产业链合作、互联互通、绿色发展、安全共筑等领域有序拓展与非洲的矿业合作。一是在贸易领域构建中非矿业市场大循环，力争实现原料、中间产品、部分终端产品的全覆盖。二是继续强力支持在采矿业延长产业链条，扩大在冶炼、加工等产业链上下游以及电力、交通等配套基础设施的投资建设，继续开展矿产深加工项目，并致力于资源开发利用型园区建设，有效带动当地

---

[1] Wenjie Chen, Athene Laws, and Nico Valckx, Digging for Opportunity: Harnessing Sub-Saharan Africa's Wealth in Critical Minerals, April 2024 Regional Economic Outlook Analytical Note for Sub-Saharan Africa, https://www.imf.org/en/Publications/REO/SSA/Issues/2024/04/19/regional-economic-outlook-for-sub-saharan-africa-april-2024.

工业化发展，为将非洲的资源优势转化为发展优势作出积极贡献。三是有针对性地组织国内优势资源加强中国在刚果（金）、几内亚、赞比亚、纳米比亚、南非等国矿区的配套基建和安保措施，全方位保障重大存量项目的持续稳健运营。四是统筹规划和长远布局，组织龙头企业深入推进新一轮找矿行动，为中非矿业合作的长远发展储备优质增量项目。五是不断深化中非国际教育和技术交流合作，为深化中非矿业合作提供源源不断的技术与人才支撑。

2. 系统性构建中非矿业合作的保障机制和境外安保体系，全方位保障中企在非洲的资产和利益

一是强化中非矿业合作的法律机制建设。聚焦重点资源国加强双边关系并签署投资协定。通过双边关系和合作机制的强化，为中国企业在当地的矿业开发提供政策连续性和稳定性保障；尽快签署、更新、生效一批双边投资保护协定，通过协定文件条款压实非方主体责任，明确中企在投资领域的责权利。二是不断完善中非矿业金融合作机制。既要加强与非洲金融机构的投融资合作，推进重大项目融资合作便利化，强化属地化金融服务保障；又要尝试以矿业合作的重点领域、重点企业为突破口，培育市场主体的人民币结算习惯，扩大人民币在中非矿业合作中的规模；还要发挥期货市场的作用，打造中非矿产资源交易和定价中心，增强国内矿产品市场对国际价格的影响。三是加强资金支持和综合服务。国内大型金融机构应结合非洲矿产项目的属性、功能和企业的诉求，努力创新中非矿业合作投融资模式和金融产品，要创新针对矿产行业特殊性的适配出口信保条款，适当提高企业贷款的授信额度及风险容忍度，适当调整重点国别的风险限额。四是针对中国海外利益长期孤悬的风险敞口，结合非洲大陆及区域国别、项目的实际情况，应顶层设计、统筹制定系统性、可持续、标准化、规范化的海外重大项目安保机制。首先，尽快筹建国家级的大型海外安保公司，由其规划设计海外项目安保的制度、标准、规则和激励体系，建立海外项目安保巡查和监督机制，应对重大矿产项目进行系统性安保指导并提供专业的实施方案。其次，相关部委应尽早成立一个专门机构负责整合国内国际矿产资源开发和救援相关信息，由此构建海外利益保护大数据信息系统网络，使其兼具针对性、适应

性、覆盖性等，撑起海外利益安全保护的蓝天。最后，加强军事力量协同保障中国在非矿业资产的持久安全。事实证明，积极参与非洲维和行动已经扩大了中国在非洲的影响力。要继续发挥维和部队力量，对暴恐分子保持常态化震慑，以确保各方合法权益。

3. 全面提升中非矿业治理水平和项目管理能力

为推动新时代中非矿业合作的高质量发展，中国矿企应尽快补短板，提高核心竞争力。一是坚持依法合规经营，市场化、法治化运作项目，全面提升企业核心竞争力和抗风险能力。企业应该建立全周期风险管理体系，做好投资前的尽职调查、运营中的精细化管理以及交易后的合规经营。要严格遵守所在国法律法规和 ESG 等全球治理规则及相关国际准则，避免出现低价竞标、恶性竞争等不良商业行为，关注《联合国全球契约》《经济合作与发展组织关于来自受冲突影响和高风险区域的矿石的负责任供应链尽职调查指南》《联合国环境规划署金融行动》《赤道原则》《采掘业透明度倡议》等对境外项目合规的要求。二是高标准践行社会责任，将项目建设与社区发展融合。中国矿企要高度履行社会责任，重视非洲本土化、属地化和供应链区域化等新诉求，在用工、材料购置、产品深加工、环境治理、人才培养、工会建设等方面采取惠及于民的实际行动，提升当地群众对项目和企业的认同感，加快与当地的融合共生。三是要善用国际规则做好舆论宣传。中资矿企应从全球的视野、非洲的情怀、中国的特色出发，主动利用各类媒体、社交平台、非政府组织等渠道讲好"中非友好故事"，传播项目建设运营中在社区治理、民生、环境和合规等方面的好做法，彰显中非传统文化的独特魅力，提升企业的国际竞争力。

参考文献

姚桂梅：《中非直接投资合作》，中国社会科学出版社，2018。
姚桂梅：《中国与非洲的产能合作》，中国社会科学出版社，2022。

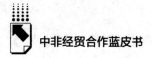
　　王秋舒、宋崇宇、李文、韩九曦：《中国矿业国际合作发展历程和现状分析》，《地质与勘探》2022 年第 1 期。

　　于瑞、张伟波、张福良、朱伟东：《非洲国家矿业法演进趋势、影响与合作建议》，《中国国土资源经济》2024 年第 7 期。

　　张凯：《大国竞争时代美国对非洲关键矿产的战略争夺》，《中国投资》（中英文）2024 年第 ZB 期。

　　African Development Bank，Approach Paper towards preparation of an African Green Minerals Strategy，https：//www. afdb. org/en/documents/approach-paper-towards-preparation-african-green-minerals-strategy.

B.13
中非产业园区合作发展报告（2025）

摘　要：　本报告主要以中非产业园区为研究对象，根据历史事件发展的时间节点划分了中非产业园区合作发展的历程，主要有萌芽与初步成型期、规模化与深化发展期和特区建设与多元化发展期，从东道国和母国的视角剖析了中非产业园区合作发展的现存问题，并据此提出了加强政策对接与战略协同，构建高水平中非命运共同体；完善基础设施建设与服务，推动高质量数字化转型；落实多元化资金支持与金融合作，解决融资的可持续性问题；夯实人才培育与技术转移，拓展中非产业园区合作维度；多位一体实施本地化战略，深植企业人文根基；全方位规避和管理风险，筑牢企业投资"安全墙"等对策建议。

关键词：　产业园区　经贸合作　中非

一　中非产业园区合作发展历程

（一）萌芽与初步成型期（2000~2006年）

21世纪初，中国推行"走出去"战略，2000年中非合作论坛第一届部长级会议在北京召开，中国外贸企业纷纷走出国门，和非洲各国进行贸易往来，中非经贸关系进入了全面、快速、稳定发展的新阶段。

---

*　李逢春，教授，博士，南京财经大学，研究领域为国际投资；叶林祥，教授，南京财经大学副校长，博士生导师，研究领域为收入分配、粮食经济。

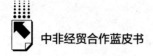

在此期间中国企业走出去的模式主要有三种。一是个体模式,单个具有竞争优势的中国企业响应"走出去"战略,纷纷到非洲开展国际投资,这些贸易企业在非投资建厂,逐渐形成了以这些贸易企业为主导的合作模式。这些对外投资活动为产业园区的建设和运营提供了资金和技术支持。中国企业在非洲建工业园可查的最早案例是河南国基建设集团于2002年在塞拉利昂将一处废弃火车站改造为一个工业园。尽管该工业园因塞拉利昂内战等原因未能进一步发展,但它标志着中国企业在非洲进行园区建设的初步尝试。二是抱团投资,20世纪初中国商务部以各省商务厅为媒在非洲多国设立了11个贸易促进中心,许多企业以这些贸易促进中心为依托开展对非投资,出现了同省企业聚集抱团的局面,通过该合作模式,尼日利亚、乌干达、喀麦隆、坦桑尼亚、埃塞俄比亚等国家相继形成工业园或加工区。三是集聚投资,开展对外投资时以大企业为中心,吸引与大企业相关的上下游中小企业入驻产业园区,大型企业对非的投资具有导向性,为获取区位优势、提高竞争力,许多为大型企业提供原材料、半成品或服务的企业会围绕大型企业进行投资布局,与大型企业聚集在同一区域,形成产业园。例如,2003年,中国有色集团建立了位于赞比亚谦比希铜矿区的非洲首个外资有色工业园,这在中非园区合作发展中意义重大;在纺织业领域,2004年诸暨越美集团在尼日利亚兴建了纺织工业园,2005年广东溢达纺织工业园在毛里求斯投资兴建。

(二)规模化与深化发展期(2007~2017年)

2006年,中非产业园区合作发展开启新篇章。2006年,中非合作论坛北京峰会通过了《中非合作论坛北京峰会宣言》和《中非合作论坛—北京行动计划(2007~2009年)》,决定中非建立和发展新型战略伙伴关系,政治上平等互信,经济上合作共赢,文化上交流互鉴。中国政府还宣布了包括增加对非援助、提供优惠贷款和优惠出口买方信贷、设立中非发展基金、援建非盟会议中心、免债、免关税、建立经贸合作区、加强人力资源开发以及教育、医疗等领域合作在内的加强中非互利合作、促进非洲地区加快发展的八项政策措施。① 此次峰会确立了"促进非洲产业发展，增强非洲生产和出口能力"的目标，并宣布在 2007～2009 年，支持中国企业在非洲国家设立 3～5 个境外经济贸易合作区。② 这为中非产业园区合作提供了明确的方向和动力。峰会期间，中非双方签署了一系列促进和保护投资协定、避免双重征税协定等，为中非企业投资建设工业园区提供了法律保障和政策支持。这一阶段是国家层面开展产业合作的开始，在中非合作论坛推动下，非洲国家积极改善东道国的投资环境，中国企业得到了更多的投资机会和市场空间，在非投资金额和投资项目不断增加，更多的中国企业开始走出国门，中国对非投资存量和流量都得到迅猛提升。

这一阶段投资方式起步于工程承包项目，2007～2015 年，中国在非洲的工程承包营业额一直处于攀升状态。中国瞄准非洲普遍面临交通、通信、电力等民生行业缺口，"援助+投资"双管齐下，修建铁路超 1 万公里、公路里程超 5000 公里、5 座电站并网发电，为打造"交通基础设施+工业园"的亚吉模式奠定了基础。2016 年后，受地缘政治和国际油价下跌影响，加之当地技术标准和资格条件限制严苛、多个非洲国家对华签证政策趋紧，承包金额持续下跌，PPP 成为探索产业园共建的新模式。对比承包模式，PPP 模式不仅能有效缓解非洲紧张的财政压力、提高服务效率，也让政府部门更多参与到项目的决策管理中，便于监督。同时原先投资方从承包的"交钥匙工程"转向"投建营一体化"，从投融资、设计施工到运营在内的全产业链闭环被打通，中间交易成本大幅降低，项目效益整体增强。这一模式无论从企业还是政府角度考虑，经济价值和社会价值都实现了"双赢"。

（三）特区建设与多元化发展期（2018年至今）

2018 年，中非合作论坛北京峰会召开，中非双方在北京峰会上宣布了中非合作的八大行动，其中明确提出将新建和升级一批经贸合作区，并推动

---

① 王卫：《携手前行共筑高水平中非命运共同体》，《法治日报》2024 年 9 月 9 日。
② 沈陈：《中非经贸合作区的十年建设：成就与反思》，《海外投资与出口信贷》2017 年第 1 期，第 45～48 页。

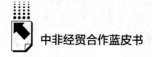

中国企业未来三年对非洲投资不少于100亿美元。这一举措为迅速发展中非合作工业园夯实了基础。峰会还宣布，将把"一带一路"倡议与联合国《2030年可持续发展议程》、非盟《2063年议程》以及非洲国家发展战略紧密联系在一起。非洲签署共建"一带一路"备忘录的国家已达37个，为中非产业园区合作提供了更为广阔的发展空间。

在政策推动下，中非产业园区合作进入特区建设阶段。园区建设呈现多元化，涵盖制造业、物流业、高新技术产业等多个领域的各类产业园区相继启动。如2018年初，中资企业参与的刚果（布）黑角工业园区升格为国家级中刚合作项目经济特区，标志着中国与非洲国家合作产业园规格提升、层次提升。2018年7月，中建材赞比亚工业园举行竣工投产仪式，这是中非产业园区合作在建材领域的一个重要成果。同年11月，中车集团在南非成立联合研发中心，这一举措不仅提升了中非在轨道交通领域的合作水平，也为中非产业园区合作的科技创新和产业升级提供了有力支持。之后，中非产业园区合作还拓展到了农业领域。2019年，中非合作论坛北京峰会的各项承诺得到了中国各有关部门的积极落实，以促进各类农业合作项目的落地。农业农村部派出农业专家赴非洲各国传授新技术、完成小工程建设、培训当地人员等工作，为非洲国家的农业发展提供了有力支持。

2018年，以B2B模式参与两国产业合作走进大众视野，中非跨境电子商务平台（中非网）成立。近些年，B2B凭借便捷的交易渠道、低廉的投建成本被越来越多的企业尝试，如吉布提国际自贸区入驻的中企推出的国际商品B2B在线交易平台、专注中非经贸合作的B2B服务平台——驻外之家等。2024年，中非合作论坛北京峰会通过的《中非合作论坛—北京行动计划（2025~2027）》，明确指出推动银团贷款合作、三方合作、公私合营，不断推动中非合作模式优化升级，为中非产业合作发展指明了方向。[①]

---

① 王洪一：《中非共建产业园：历程、问题与解决思路》，《国际问题研究》2019年第1期，第39~53页。

二 中非产业园区合作发展现状

自中非共建产业园区以来，至今已有超过 20 年的历史，在此历程中结出了许多"看得见摸得着"的硕果，包括促进资源跨境流动、改善能源结构、推动产业升级等，园区的定位和功能也愈加完善和多样化。

（一）投资规模呈稳定发展态势

中国对非洲的投资力度逐年增加，已经成为非洲最大的贸易伙伴，在中非经贸规则软联通的支撑下，双方经济合作始终保持强劲活力和韧性。2000 年，中国正式实施"走出去"战略，依托政府专项贷款以及经贸区建设项目启动，受非洲人口红利和自然资源吸引，中国企业相继前往非洲投产建厂、承包工程，以基础设施建设、农业等保障社会稳定的行业为突破口，以交往密切的埃及、刚果（金）等为主要目的国，对非直接投资进入起步探索阶段。2008 年投资流量触及峰点（54.91 亿美元），业务范围涉及 49 个国家和地区，尤其是南非的采矿业、零售业等劳动密集型产业焕发生机，非洲成为中国实施"走出去"和"两种资源、两个市场"战略的重要地区。受国际金融危机及世界形势影响，投资金额在 2009 年大幅回落，此后一直保持小范围波动，整体呈现稳中求进的态势。直至 2017 年党的十九大提出"高质量发展"要求，鼓励企业向数字经济、绿色经济等新兴行业扩展，伴随现有业务几乎覆盖整个非洲，区域集聚效应明显，对非投资迈入高水平发展阶段。随后，面对英国脱欧、美国发起贸易战的两难处境，以"国内大循环为主体，国内国际双循环相互促进"为宗旨，中国对外直接投资摒弃以往规模论，注重效益论，2019 年投资金额出现理性回调，投资重点区域向经济增长较快的国家转移，利用政府、学校、企业多方合作推动跨国技能人才培养成为热点，以鲁班工坊、中非研究院为典型代表。2020 年，中非经济高质量合作成果凸显，在全球外商直接投资由于疫情缩水 40% 的大背景下，中国对非投资逆势增长至 42.3 亿美元，覆盖率达 86.7%。截至 2024

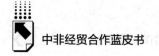

年7月底，已有超2000家中国企业在非投资，投资存量超400亿美元，进出口额达1.19万亿美元，规模创历史同期最高，为双方进一步深化交流机制、打造互联互通平台保驾护航。

（二）投资结构向纵深方向拓展

2006年后，中国企业在非洲的发展如雨后春笋，中国对非洲的基础设施投资显著增加，中国企业承建了多个基础设施项目，如港口、铁路和发电站等。2007~2009年，中非合作产业园不仅在数量上有所增加，而且在合作的领域和深度上也呈现扩展趋势，主要集中在纺织、轻工和电子产品等制造业领域，如2009年山东新光实业集团在南非建设的纺织工业园自投资金设立多个工厂，生产的毛毯等产品在南部非洲国家市场占据了较大份额，为中非纺织产业合作树立了典范。2010~2015年，随着中非合作的深入，产业园的合作领域逐渐多元化，产业合作涉及能源、汽车、家电、建材、医药等领域，如2010年，中石油在乍得开工建设阳光国际工业园，进一步推动了中非在能源领域的合作，并带动了相关产业链的发展。2014年，河北钢铁集团等十几家企业与南非林波波省政府签约，计划打造非洲最大的钢铁城。2016年后，中非产业园区合作进入一个全面深化的阶段，这一阶段的特点是合作领域更加广泛，涵盖了制造业、农业、旅游业、金融业等多个领域。例如2016年，中国路桥与刚果（布）签署了进一步提升中非在物流、制造等领域合作水平的黑角港项目，建设物流中心、制造中心、航空中心和能力建设中心，进一步提升了中非在物流、制造业等领域的合作水平。2016年，北汽集团投资8亿美元在南非东开普省伊丽莎白港库哈开发区兴建工业园，标志着中非合作在高端制造业领域得到进一步拓展。

2018年后，数字经济和新能源的发展为中非产业园区合作带来了新特点。中非在数字经济领域的合作已经取得显著成果，2024年，中国与26个非洲国家政府主管部门共同发布了《中非数字合作发展行动计划》，提出在数字政策、数字基建、数字创新、数字转型、数字安全、数字能力六大领域推进合作。《中非合作论坛—北京行动计划（2025~2027）》提出，共建中非数字技术合作中心，并促进中国企业在非洲建设 20 个数字基建和数字转型示范项目。同时，非洲数字经济发展良好，在消弭南北数字鸿沟、解决"数字贫困"等方面成效显著，通过跨洲国际海缆项目（如"2Africa"工程）、数字基础设施建设、智能手机、移动支付、电商平台、数字化转型等赋予中非产业园区合作新的时代特征。在合作领域进一步拓展，在太阳能、风能、绿氢、水力发电、地热等新能源领域合作广泛，中国企业为非洲的新能源发展提供了巨大帮助，例如，晶科能源的光伏组件和储能产品出口至非洲 45 个国家，并在非洲大多数国家拥有自己的营销网络和分销体系，推动了产业园区的能源供给与转型。2023 年，中国的新能源汽车、锂电池、光伏产品对非出口分别同比大幅增长 291%、109% 和 57%，[①] 显示出中国在新能源领域对非洲的投资增长迅速。

（三）投资主体呈现多元化发展

中非产业园区合作起源于官方层面的对非援助，随着双方多层次多角度地深入发展，企业、个体以及非政府组织逐渐参与其中，合作主体从以政府为主导向以企业和市场运作为主过渡。产业合作初期，央国企成为关键参与者，这些企业可以发挥把握投资方向、统筹协调的作用，保障两国产业、企业的有效融合，又可以发挥宣传推介、机制保障的引领作用，调动更多社会力量参与建设，同时前期项目主要集中在基础设施建设，单个民营企业无力承担基建工程需要的大量资金和资源。其次，在合作发展期，随着中非合作进一步纵深发展，对非工作细化成为新一轮的目标，地方政府参与双边合作成为新思路。地方政府作为影响区域合作共赢的重要变量，在对外交往活动中具有良好的上下游资源和交流渠道，可以更好地服务对非投资企业。2012 年 8 月，首届中非地方政府合作论坛在北京闭幕，正式揭开地方特色产业布局的序幕，如广州作为沿海发达省份，借助海上丝绸之路，率先前往北非设

---

① 《中非合作求"质"向"新"贸易成果"含金量"足》，央视网，2024 年 8 月 29 日，https：//news. cctv.com/2024/08/29/ARTI2RYKLMUHoOjV2DZtrKfy240829. shtml。

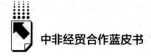

立境外企业,主营业务从航运物流延伸至科技、金融等多个领域。截至 2023 年底,广州在非洲共设立 2000 余家境外企业。目前,"一带一路"倡议圈定的 18 个重点省份均在积极布局,谋求将自身优势与非洲产能深度结合。在合作深入期,政府倡导企业自主筹建的"投建营一体化"模式成为主流,民营企业逐渐成为对非投资的主力军,投资占比上升。据统计,2023 年共有 3700 余家中资企业对非投资,民营企业占比超过 70%。[①] 到 2024 年,这一趋势更加明显,非洲成为中国民营企业"走出去"开展投资经营的热点地区,甚至部分民营企业向跨区域、跨领域方向延伸,如昇非集团投资开发了贝宁格鲁吉贝产业园和多哥阿迪科贝产业园,中国交建规划的沿线临港园区涵盖五个国家等。

三 中非产业园区合作发展面临的挑战

在 2024 年中非合作论坛北京峰会的推动下,遵循中非"十大合作计划"的纲领性引导,中非园区稳步过渡到规模化发展阶段,各领域合作展露新态势。在巩固石油、天然气等传统项目的前提下,侧重数字赋能和绿色产能等重点领域创新,从传统的工程承包向投资经营和金融合作升级,但诸多现实挑战也随之而来。

(一)东道国方面存在的问题

1. 政局波动和政策多变

产业园区具有前期资金需求大、开发周期长、回收期限久等特点,再加上不可移动,合作双方的政局波动以及政策连贯性直接关系园区发展能否长久稳固。一方面,非洲政权更迭频繁、地区冲突频发、武装矛盾和恐怖袭击不断,阻碍各项业务正常推进。另一方面,部分非洲政府部门缺乏长期规

---

① 《民营企业对非投资展活力》,中工网,2024 年 9 月 10 日,https://www.workercn.cn/c/2024-09-10/8349016.shtml。

划，面对长期利益和短期利益、多方利益和单方利益冲突时，急于求成，既有协议被否决现象屡见不鲜，增加了投资环境的不确定性。这一氛围也助推了区域内寻租行为，招标环节经常出现流程不透明、要求不规范等情况，催生官僚主义，降低了中资企业在新兴行业的投资意愿。此外，受西方殖民历史和国际援助政策影响，非洲的政治决策和经济命脉难以独立把控，内外政治自主性不足，政策多变的风险较大。

2. 融资负担较高

低廉的融资成本、畅通的融资渠道、高端的金融人才是助推中非产业园区合作的"金钥匙"。而非洲市场小而割裂、债务结构复杂、货币稳定性脆弱、金融市场发展滞后，为进一步共商共建造成较大限制。具体表现如下。一是非洲的取款成本较高，例如金融最发达的南非取现手续费一般维持在3%，外币兑换手续费约为2%~6%，这无疑加剧了入园企业的财务负担，拖慢了资金流转速度，进而妨碍扩大再生产能力。二是通货膨胀严重，2022年非洲通货膨胀率超过两位数的国家达到13个，其中苏丹的通货膨胀率高达245.14%，津巴布韦以130.00%紧随其后。高通胀率在增加企业借款成本的同时，还会对投资决策产生负面影响，不利于园区长远发展。三是非洲陷入西方"债务陷阱"，国家信用等级恶化，导致在非资产抵押困难，不利于从国际市场融资。据统计，目前非洲国家的房地产抵押贷款价值多数不到GDP的3%，而几乎所有发达经济体则远超50%。① 另外，如果出现金融动荡，非洲政府很可能采取外汇管制措施，降低资金回笼速率，极易滋生资金链断裂的风险。四是人才短缺，未落实的优惠政策和不足够的补贴力度，难以吸引国际化高端人才，具有管理运营经验的人才难以留存。

3. 投资环境有待提升

非洲地势特殊，大部分国家位于撒哈拉沙漠以南，受全球变暖影响，

---

① 《非洲住房危机：开发商寻求更多解决方案》，欧亚系统科学研究会，2023年8月11日，https://www.essra.org.cn/view-1000-5326.aspx。

频繁遭受热浪侵袭，降水量骤减，水力发电和输电所需的冷却水无法充分满足，例如津巴布韦曾因严重干旱，不得不中断水力发电，以保障太阳能、光伏和风力等其他清洁能源发电传输所需的冷却水源，影响了农业等领域的发展。极端气候在加剧自然资源紧张局势的同时，也迫使政府承担高额的缓冲成本，使其不得不缩减社会服务、医疗覆盖等方面的预算。此外，非洲基础设施条件薄弱，尤其是交通建设尚未出现明显改善。主要体现在公路和铁路建设滞后和港口建设滞后，引发城市拥堵问题难以解决，疏港和运输能力难以提升，令非洲国家间的商品交易成本上升。软环境要素也是投资商最看重的条件之一，包括贸易便利化、法律适应性、产权保护力度、劳工待遇规定等。非洲国家中，只有摩洛哥等四个国家的年均贸易便利化水平达到国际一般便利标准，其余国家整体水平偏低。边境管理水平也稍显落后，无法提供高质量的海关和检验检疫服务，令潜在投资商望而却步。

（二）企业面临的问题

1. 合规化问题

随着全球化2.0时代的到来，国际经贸规则、产业链价值链面临重构，贸易冲突和摩擦不可避免，中国企业在开展对非投资中，要遵守国际规则，与国际同行互信互利，共同应对全球化的挑战。对于刚进入非洲投资经营的企业，由于无法充分了解当地的法律规定，加上东道国法律的不稳定和快速变更，阻碍了其对东道国的风险识别，这个阶段的风险主要来自用工和环保方面的合规问题。对于已经开展投资的企业，风险主要来自非洲相关国家的政局变动和经济政策变化。①

2. 本土化问题

本土化是跨国企业为更好融入东道国社会，采取的适应其政治、经济、法律、文化等方面的变革。中资企业在非洲遭遇的本土化困境包括以

---

① 张宏明：《论坛机制助推中非合作转型升级》，《当代世界》2018年第2期，第48~51页。

下几个方面。一是运营模式和策略研究分歧。部分中资企业沿用国内园区或经济特区成功建设经验，沿袭基础设施开发—招商引资—营运管理—企业税收获取—反哺园区升级的资本大循环模式，希望盈利过程是细水长流、长期回报的，而非洲政府和民众则更看重短期回报，例如工厂能解决多少就业问题、能上交多少税款、能收购多少当地产出的棉花等，导致中方意愿和非洲需求错位。二是劳工纠纷。非洲许多国家都对当地员工雇佣比例进行明确规定，用工机制不明确。三是传统风俗的冲突。包括本地业务伙伴因时间观念差异而未能如约供货、土著部落首领不承认政府土地批文而索要赔偿等。

四　中非产业园区合作发展的对策建议

基于对中非产业园区合作的现状和问题分析，本节分别从宏观、中观、微观三个层面提出相应的对策建议，旨在不断拓展和深化中非产业园区的合作，将中非经贸合作建设成为南南合作的标杆，推动双方合作的可持续发展。

（一）加强政策对接与战略协同，构建高水平中非命运共同体

一是推动战略深度结合与关系提升。在全球化背景下，中非产业园区合作深化依赖双方战略布局紧密协调。中非双方应坚定不移地推动高质量共建"一带一路"同非洲《2063年议程》、各国发展战略以及联合国《2030年可持续发展议程》的深度结合，全面落实中非合作论坛规划的"十大伙伴行动"，并启动《2063年议程》的第二个十年行动计划。将中国同所有非洲建交国的双边关系提升到战略关系层面，将中非关系整体定位提升至新时代全天候中非命运共同体层面。二是细化多领域政策协调对接。中非双方需响应全球发展、安全及文化等各类倡议，携手在产能合作、人才培养、绿色能源、数字经济、反恐维和、文化建设等诸多领域细化政策协调与对接，为实现联合国2030年可持续发展目标增添新动力。在中非数字经济合作领域，双方需要密切关注世界数字经济发展的最新态势，将"数字丝绸之

路"建设同非洲数字经济发展战略进行对接。三是秉持正确方针义利观助力非洲发展。中国应继续坚守真实的亲诚方针与"义利相兼、以义为先"的义利观，充分尊重非洲各国基于自身国情所做的政治经济决策，做到不干涉他国内政且不附加任何政治条件，助力非洲国家探索现代化道路，引领"全球南方"现代化。

（二）完善基础设施建设与服务，推动高质量数字化转型

一是促进数字化基础设施建设与转型。为实现基础设施的可持续发展并进一步推动园区数字化进程，中非双方应推动共建可及、可承担、可持续的数字基础设施，鼓励园区企业在 5G 通信、骨干网络、卫星通信、数据中心、云计算等领域开展合作。中国应助力非洲发展智慧农业、智慧交通、智慧能源管理，为非洲国家搭建电子商务平台、物流平台、工业互联网平台以及生活服务平台，以此促进非洲互联互通、提升数字包容性，缩减与发达国家之间的数字差距。二是深化电力合作，让中国光伏走进非洲。鉴于非洲国家的大规模缺电情况，以及世界银行提出的"点亮非洲"行动，中国可将电力作为同非洲国家深化合作的优先领域。充分发挥非洲国家太阳能资源丰富的要素禀赋以及中国在清洁能源方面的显著优势，支持非洲可再生能源发电项目和相关环境产品本地化制造，改善非洲电力供应紧张状况，夯实中非产业园区发展基础。三是依托中非数字经济投资与合作，推动园区数字化转型。数字经济涵盖数字产业化和产业数字化，而产业数字化离不开实体经济的支撑。全方位强化与非洲国家在数字工业、数字农业、数字教育及数字医疗等领域的合作，赋能非洲实体经济。鼓励国内数字企业对非开展数字产业投资，探索改造升级传统产业园区的智能化水平，促进优质项目落地。尤其是在电子商务、金融科技、泛娱乐产业、生活服务、物流、智慧交通、智慧城市等领域，为园区带去成熟商业模式与前沿技术，激活非洲经济发展潜能。

（三）落实多元化资金支持与金融合作，解决融资的可持续性问题

一是优化企业融资环境与创新融资工具。相关部门应该适当缩减企业

的授信流程，提高银行对外的放款额度，放宽抵押方式的限制范围以及银行对外放贷的权限，开发适应非洲国家需求的新型融资工具。由于一些国际机构对发展中国家的主权评级会直接影响其借贷成本，国家层面应当推动在非盟框架下建立一个非洲评级机构，针对非洲经济的特殊情况构建新的评估体系。二是加强国际金融合作与风险防控。中国应积极推动国家间的金融合作，提高中非金融市场联通水平，深化双方在本币结算、金融科技等领域的合作。[1] 通过加强本币结算以及外汇储备多元化等方式，降低因货币汇率波动而带来的风险，稳定双边经贸关系，为产业园区的长期稳定发展创造有利环境。三是推动多边金融体系改革与绿色金融发展。中国应进一步呼吁多边金融体系改革，推动世界银行和国际货币基金组织在份额、特别提款权及投票权方面的变革，增强发展中国家在国际货币金融体系中的发言权，使其更加公正并且适应世界经济格局的变迁。[2] 与非洲国家携手开发绿色金融产品，扩充非洲绿色融资规模，助力中非绿色低碳发展项目落地实施。

（四）夯实人才培育与技术转移，拓展中非产业园区合作维度

一是强化本土劳动力技能培育体系。非洲本土劳动力蕴藏着巨大发展潜能，是中非产业园区稳健发展的关键动力，深化其技能培育工作迫在眉睫。应当在园区内构建综合性的教育培训中心，鼓励中国高职院校与非洲教育机构合作，开设技术进阶、管理策略、市场营销策略等多维度课程，确保教育培训内容紧密对接产业发展需求。不断深入推进"未来非洲职业教育"计划，鼓励中非园区内制造企业共享专业技术并将技术转移普及到农业和绿色能源方面。通过数字技术使非洲的现代化农业更高效地利用资源，让鲁班工坊在非洲各地开花结果，成为技能传播的新高地。二是搭建经验交流与技术共享平台。大量成功实践证明，优良的软环境能巧妙化解硬件不足的掣肘。

---

① 《中非合作论坛—北京行动计划（2025~2027）》。
② 《中非合作论坛—北京行动计划（2025~2027）》。

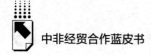
园区应当对标先进、汲取经验，系统性打造契合自身特色的经验交流与技术传播机制，定期举办园区发展论坛、技术成果分享会、实操培训工坊等活动；鼓励企业互派技术骨干、管理精英交流学习，打破信息壁垒，促进技术深度融合，全方位拓展中非产能合作的深度与广度，让合作成果惠及更多层面。

（五）多位一体实施本地化战略，深植企业人文根基

一是聚焦本地用工，深度融入东道国社会文化环境。企业在人员招募环节，应将当地劳动力当作核心招聘对象，大规模吸纳本地员工，切实化解当地就业难题。让企业全方位、深层次地浸润东道国的社会文化环境，消弭文化隔阂，为后续业务拓展筑牢人文根基。二是联动当地教育机构，定向培育本土优质人才。企业可与当地院校、培训机构搭建合作桥梁，提供实习岗位、专业培训资源，依照自身业务需求与技术标准，量身定制人才培养计划，定向输出契合企业发展的本土专业人才，借此拔高当地劳动力素质，为东道国产业自主、可持续发展注入强劲动力。三是依托本地供应商，稳固供应链体系。企业在原材料采购阶段，要以本地供应商为优先合作对象，与之建立长期、稳固的供销关系，全力扶持本地供应商。如此一来，既能削减企业物流成本，规避跨国供应的诸多不确定性，又能增强供应链韧性，确保原材料供应稳定高效。

（六）全方位规避和管理风险，筑牢企业投资"安全墙"

一是前置精准调研，灵活防范政治风险。在企业进军非洲市场前，为了有效防范政治风险对企业运行所造成的冲击，需要充分调研东道国对外国投资的态度以及当地的政治局势，确保自身能够根据调研情况及时调整出口策略以防范政治风险。另外，为降低单一国家或地区的政治动荡给企业带来的冲击，企业还可以采用多元化的投资策略来分散风险，以降低整个投资组合受到的冲击程度。二是严守法规底线，内外协同合规经营。企业在非洲进行投资经营时，要对东道国的法律法规有深入的认识并且严格遵守，尤其是有

关劳工权益保护和环境保护的相关法律法规。对内，建立并完善企业内部的合规管理体系，通过培训学习增强员工的法律意识；对外，通过与当地政府的合作，积极与当地的风俗习惯相协调，树立良好的企业形象。三是升级"中国服务"，塑造品牌国际竞争力。企业应将着力点置于提升"中国服务"品质之上，紧扣当地园区的多元需求，定制专属服务方案，凭借这些精细化服务，能够深度嵌入当地市场，提升企业的知名度与美誉度，强化市场话语权，逐步加深本土化烙印。

参考文献

宋志勇：《中非经贸合作大有潜力》，《中国金融》2007 年第 2 期。

《中非合作论坛大事记》，《中国投资》（中英文）2020 年第 Z2 期。

沈陈：《中非经贸合作区的十年建设：成就与反思》，《海外投资与出口信贷》2017 年第 1 期。

徐嘉勃、乔基姆·迪特尔、王兴平：《从共建型园区视角论中国产业园区模式对埃塞俄比亚经济发展的影响》，《国际城市规划》2018 年第 2 期。

B.14
中非文旅产业合作发展报告（2025）

北冰 魏彬 蔡文健 程嘉洋 张杭之*

摘 要： 当前，世界百年未有之大变局加速演进，多重挑战交织叠加，世界之变、时代之变、历史之变正以前所未有的方式展开。文明因多样而交流，因交流而互鉴，因互鉴而发展。推动中非文旅产业合作，已成为弘扬中非友好合作精神和"三大全球倡议"的具体实践与生动体现，在中非合作中发挥着基础性和战略性作用。中非文旅产业合作为推动建设中华民族现代文明、构建新型国际关系、构建人类命运共同体发挥了不可替代的作用。面向未来，中非双方要深化中非高端智库和研究机构的文旅领域合作，打造中非"小而美、惠民生"的文旅品牌项目，构建中非全面、立体、多元的国际传播共同体，提升文旅产业基础设施和服务能力水平，以科技创新赋能中非文旅产业合作，为构建中非命运共同体、谱写全球南方现代化发展新篇章贡献智慧和力量。

关键词： 文旅产业合作 文明互鉴 中非

国之交，在民相亲；民相交，在常来往。中国和非洲都是人类文明的发祥地，有着悠久的历史和绚丽的艺术遗产，在推动人类发展进程、繁荣世界文明百花园中发挥了不可替代的重要作用。新中国成立尤其是改革开放以来，

---

* 北冰，教授、湖南省政协常委、湖南省政府智库专家、远景智库院长，研究领域为区域经济、产业经济、开放型经济、文旅经济；魏彬，远景智库副院长、研究员，研究领域为产业经济、开放型经济、文化和科技融合；蔡文健，远景智库研究员，研究领域为文化产业、文旅经济；程嘉洋，远景智库研究员，研究领域为文化产业、文旅经济；张杭之，远景智库研究员，研究领域为产业经济。

中国和非洲国家赓续传统友谊，双边关系不断深化，人文交流和旅游合作的广度不断拓展，频度稳步增长，程度不断深入。而文旅产业合作作为人文交流和旅游合作中的重要一环，扮演的角色越来越关键，发挥的作用越来越重要，在加强"全球南方"团结、振兴"全球南方"上将发挥更加积极的作用。

一 改革开放后中非文旅产业合作发展历程

在新中国成立后，毛泽东、周恩来等老一辈领导人高度重视中非关系，与非洲老一代政治家开拓并发展了中非关系。但相对于基础设施、援外医疗的合作，中非人文交流合作处于初步探索阶段。彼时，中国与非洲国家的文化交流主要通过官方渠道进行。1956年，中国向非洲派遣了第一个文艺代表团，带去了京剧、杂技等传统艺术表演，深受非洲人民喜爱。与之同时，非洲国家的文化使者也来到中国，带来了精彩的音乐和舞蹈表演，让中国人民领略了非洲文化独特的魅力。这些活动深深地镌刻进中非人民的文化记忆之中，是中非人民始终同呼吸、共命运的坚固根基，也是中非人民风雨同舟、守望相助的牢固基石。随着中国改革开放和社会主义市场经济体制的建立，中非文旅产业合作逐步从"政府全能型"向"政府引导、市场化运作"转型，进入新发展阶段。

（一）1978~1999年：中非文旅产业合作扬帆起航

改革开放初期，中国国内经济建设百业待兴，中非关系亦趋于成熟和务实，交往中的经济因素日益凸显，中非友谊在原有基础上实现了更深层次的发展。但彼时，由于中国公民的出境旅游目的地主要集中在港澳地区以及东南亚国家，且前往非洲旅游的途径相对较少，故前往非洲的中国公民主要以民营企业家、个体经营者为主。在这一过程中，部分中国企业家洞察到非洲酒店行业具有光明前景，积极投身非洲酒店行业的投资运营事业。1996年5月，时任中国国家主席江泽民在访问埃及期间，发表了题为《为中非友好创立新的历史丰碑》的主旨演讲，提出了发展中非关系的五项原则。此后，非洲各国领导人纷纷访华，厚植了中非友好事业的基础。中非之间的经贸合作随后涌现出企业合资、工程项目合作以及管理合作等新模式，由单一的政府对外援助向互利互惠、形式多样的方向发展，中非文旅产业合作也迎来新的历史机遇期，合作空间和潜力不断扩大。

（二）2000~2014：中非文旅产业合作突破创新

21 世纪以来，中非文旅产业合作在传承友好传统的前提下，继往开来，推陈出新，焕发出朝气蓬勃的活力。2000 年，中非合作论坛第一届部长级会议在北京圆满召开，会议的成功举办，促使中非关系进入崭新的历史阶段，也为中非文旅合作架构起了基本框架。与会部长们达成共识，一致认可中非在文旅领域开展合作的重要意义，认为发展文旅业具备增加财政收入、推动经济增长、创造就业岗位以及助力消除贫困等诸多经济效能。时隔两年，埃及作为非洲首个中国公民组团出境旅游目的地（Approved Destination Status，ADS），成功吸引了中国公民以组团形式开展出境游活动。2003 年，《亚的斯亚贝巴行动计划》明确提出，中非应持续深化旅游等合作事宜，在此推动下，中国新增八个非洲国家为 ADS。2006 年，依据《中非合作论坛—北京行动计划（2007~2009 年）》，中国在非洲的 ADS 国家数量攀升至 26 个。在此期间，随着中国居民前往非洲旅游的日益频繁，非洲方面亦积极支持本国公民赴华旅游，这一态势充分表明中非文旅合作正朝着更紧密的方向发展，以往单向的中国游客赴非旅游模式正逐步朝着双向型中非游客"互访"模式转变，但就当时整体情况而言，单向型赴非旅游模式仍占据主导地位。①

（三）2015年至今：中非文旅产业合作加速发展

自 2015 年第六届中非合作论坛部长级会议暨约翰内斯堡峰会在南非共和国召开以来，中国遵循《中非合作论坛—约翰内斯堡行动计划（2016~

---

① 刘红梅、滕金凌：《"一带一路"背景下的中非旅游合作》，《中国海洋大学学报》（社会科学版）2019 年第 6 期，第 88~96 页。

2018年）》的既定安排部署，深化双边互利合作，在推动签证政策便利化、增开直航班线、强化旅游安全保障与服务品质升级等方面取得显著成效。通过多次举办旅游推介活动、鼓励和支持中国企业到非洲投资旅游基础设施建设等方式，不断增进中非人民的情谊。

2017年建立的中国—南非高级别人文交流机制，是落实中非合作论坛约翰内斯堡峰会成果的一项重要举措，涵盖了双方在文化、媒体、旅游等领域的合作，对于共筑新时代全天候中非命运共同体、拓展中非人文交流和旅游合作意义重大。

2018年，习近平主席在中非合作论坛北京峰会开幕式上提出，中国愿以打造新时代更加紧密的中非命运共同体为指引，在推进中非"十大合作计划"基础上，同非洲国家密切配合，未来三年和今后一段时间重点实施"八大行动"。2024年9月，习近平主席在中非合作论坛北京峰会上郑重宣布未来3年开展中非携手推进现代化"十大伙伴行动"，涵盖文明互鉴、贸易繁荣、产业链合作、互联互通、发展合作、卫生健康、兴农惠民、人文交流、绿色发展、安全共筑等十大领域。展望未来，中非文旅产业合作将在"十大伙伴行动"的指引下，向更深层次、更高水平、更宽领域发展，予以非洲现代化全方位的支持。

二　中非文旅产业合作的成效

（一）文化产业合作

中非文化交流与互动主要包括举办高规格文化盛宴、中国文化媒体登陆非洲大陆等事宜，为双边文明的复兴之路、文化的繁荣发展以及文艺的璀璨绽放，贡献恒久绵长的推动力，并为新时代全天候中非命运共同体关系注入更深邃且丰富的精神滋养与文化内涵。

1. 举办双边文化品牌活动

中国与非洲国家政府机构联合举办"欢乐春节""中非文化合作交流

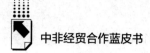

月""中非文化丝路交流月"等一系列高规格文化活动,让中非友好穿越时空、跨越山海、薪火相传。

"欢乐春节"走进非洲行动。活动期间,中国艺术团组在非洲多地举办文艺演出,集中展示舞龙舞狮、京剧、杂技等表演艺术以及书画、非遗等民俗艺术,使非洲民众能够近距离体验中国传统文化的魅力。为增强文化互动的体验感,活动设置了精彩的互动环节,如邀请非洲民众包饺子、写春联等,实现趣味性与实用性的完美结合。通过该活动,非洲民众对中国文化的认知度和认同感显著提升,增进了中非之间的文化互鉴与民心相通。

"中非文化合作交流月"活动。2024年9月,中非文化合作交流月非洲系列活动在坦桑尼亚与尼日利亚举行,向非洲推广以金华非遗为代表的中国文化,成果瞩目。同年11月,为贯彻中非合作论坛北京峰会精神,"中非文化丝路交流月"活动在浙江金华隆重开幕。双边聚焦"文化丝路心相通 中非携手共前行"主题,深化传统友谊,凝聚合作共识,共谱合作新篇。"2024中非文化丝路交流月"活动由中华人民共和国文化和旅游部、中国旅游研究院、浙江省文化广电和旅游厅、金华市人民政府主办,金华市文化广电和旅游局、浙江师范大学非洲研究院共同承办,世界旅游联盟提供支持。活动期间,2024中非文化和旅游合作交流会、"婺风盛典"婺剧演出、"巧锤坊"中国和非洲国家手工艺创作交流成果展等多场活动精彩纷呈。坦桑尼亚桑给巴尔岛的两位塔拉布音乐民间艺术家 Husna Hassan Ali(胡斯那·哈桑·阿里)、Jafar Mohammed Ali(贾法尔·穆罕默德·阿里)分别在"2024年中非旅游与文化交流对话会"和浙江师范大学非洲研究院现场演出。[①] 这是一次中华古典器乐的悠扬与非洲塔拉布音乐的律动相互交流的艺术融合,也是一次中华音乐文化与非洲音乐文化的精彩对话,更是中非双方积极响应全球文明倡议,推动全球多元化和包容性建设的生动实践。

---

① 《践行全球文明倡议 推动中非艺术交流合作》,今日中国网,2024年12月2日,http://www.chinatoday.com.cn/chinaafrica/202412/t20241202_800385832.html。

2. 加强影视交流和媒体合作

一是中非影视合拍项目成为文化交流的重要内容。以《欢迎来到麦乐村》为例，主创团队横跨中国与坦桑尼亚两国，精心选取六处具有代表性的地点进行拍摄。作品真实再现了中非之间的动人故事，生动展现了双方人民群众深厚的情谊。中国国际电视总公司同南非合拍的动画片《熊猫和小跳羚》发行至 20 余个国家，成为中非影视合作的新里程。此外，大量中国优秀影视作品被译制成英语、法语、豪萨语、斯瓦希里语等多种语言版本，在非洲多国主流媒体平台轮番亮相，有力推动了中非文化的交流与融合。例如，《觉醒年代》等影视剧在非洲引发广泛关注，增进了非洲民众对中国共产党创建历程的了解。二是开展展播放映活动。自 2014 年起，北京市广播电视局连续举办"北京优秀影视剧非洲展播季"活动，数百部优质"京产"影视剧通过多种配音版本走进非洲千家万户。中国在塞内加尔、南非、坦桑尼亚等 12 个非洲国家的 70 多个村庄开展"大篷车"巡回公益放映活动，惠及非洲逾 16 万观众。[1] 三是成立媒体合作平台。由中国国际电视总公司主导的"非洲视频媒体联盟"与"丝绸之路电视共同体"双平台发展成为推进中非文明互鉴及"一带一路"文化共融的重要载体。目前，55 家非洲主流媒体加入"一带一路"新闻合作联盟，42 国代表深度参与"一带一路"媒体合作论坛，中非双方媒体将联合开发制作、创作更多讲述非洲故事、中非友好故事的作品。[2] 四是实现中国影视平台信号落地非洲。截至 2024 年 8 月，中国电视节目已覆盖所有与中国建交的 53 个非洲国家。[3] 北京四达时代移动通讯技术有限公司等中国企业在非洲建立了传输覆盖网络，为非洲提供数字电视及娱乐服务。中央广播电视总台与埃及、南非、阿尔及利亚等 20 多个非洲国家的媒体签署节目播出合作协议，开拓

---

① 推进"一带一路"建设工作领导小组办公室编制《中国—非洲国家共建"一带一路"发展报告》，中国计划出版社，2023。

② 推进"一带一路"建设工作领导小组办公室编制《中国—非洲国家共建"一带一路"发展报告》，中国计划出版社，2023。

③ 《中国电视节目已覆盖五十三个非洲国家》，央视网，2024 年 9 月 11 日，https://news.cctv.com/2024/09/11/ARTIH0ZZYbSukcAIdbVgmvKu240911.shtml。

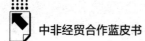
"电视中国剧场"。湖南广播电视台加纳"金芒果"卫星频道上星开播，覆盖西非、中非23个国家近5亿人口。芒果TV国际版在非洲累计下载量近800万。① 五是积极推动中国新媒体平台走进非洲。2024年，中非间数字文化合作呈现蓬勃发展的局面，以短视频、网络游戏为代表的中国数字文化产品和电视直播类电商服务风靡非洲。短视频方面，自2024年TikTok抢滩非洲市场以来，用户数量呈爆发式增长，迅速成为非洲大陆主流社交平台。其中，埃及成为TikTok在非洲最大的市场，月活用户超2700万。尼日利亚月活用户达1400万，成为非洲第二大市场。此外，肯尼亚、南非、摩洛哥等国家的用户数量也在不断增长。TikTok还推出了迎合非洲用户消费习惯且使用门槛较低的Lite版本，在尼日利亚等网络条件受限的地区尤其受欢迎；② 电子游戏方面，中国和摩洛哥4支电竞战队以及电子游戏爱好者等140余人参加2024年"中国电竞在非洲"中摩电竞交流活动；③ 电视直播类电商发展方面，2024年3月，加纳"金芒果"卫星频道与加纳电商平台TospinoMal举行战略合作签约仪式。截至2024年5月，电视购物板块实现交易额超600万元人民币。④

（二）旅游产业交流

旅游作为国际人文交流的重要纽带，承载着国际经济合作的重要使命。在旅游途中，游客得以深入探究不同国家和地区丰富的文化、悠久的历史以及独特的传统，进而推动不同文化之间的相互尊重与欣赏，增进国家间的理解与友谊。

---

① 《中国电视节目已覆盖五十三个非洲国家》，央视网，2024年9月11日，https：//news. cctv. com/2024/09/11/ARTIH0ZZYbSukcAIdbVgmvKu240911. shtml。

② 《TikTok在非洲成为主流平台，本土电商面临新格局》，湖南省中非经贸合作促进会官网，2024年11月8日，https：//www. caetp. org. cn/h-nd-1323. html。

③ 《趣丸科技引领中国电竞出海，中摩电竞交流活动圆满落幕》，时讯网，2024年11月21日，https：//baijiahao. baidu. com/s? id=1816318435456953336&wfr=spider&for=pc。

④ 《强化渠道建设，中国广播电视网络视听节目进入非洲主流社会》，国家广电智库网，2024年8月22日，https：//baijiahao. baidu. com/s? id=1808099876718333062&wfr=spider&for=pc。

1. 出台系列政策

中国与 31 个非洲国家签署双边旅游合作文件，同意在景区管理、旅游目的地推广等方面加强交流合作，与非洲建立了 166 对友好城市。① 2024 年中非合作论坛北京峰会成功举办，为中非旅游合作注入新动能。峰会通过的《中非合作论坛—北京行动计划（2025~2027）》提出，中方支持所有非洲建交国成为中国公民组团出境旅游目的地国，鼓励双方加强旅游交流合作。南非内政部已选出第一批公司加入旨在简化中国游客签证服务的"可信任旅行社计划"，中国国旅和携程等旅游业龙头企业入选。②

2. 加强客源输出

非洲有 34 个国家成为中国公民组团出境旅游目的地，其中 23 个国家正式开展中国公民组团游业务。中国公民免签入境的非洲国家和地区有 4 个，落地签的有 12 个。③ 2019 年，中非之间游客互访人次突破百万大关。中国游客赴非订单量同比增长约 1.2 倍。据旅游服务平台飞猪统计，2024 年非洲机票预订量较去年同期增长近一倍。其中，埃及、肯尼亚增速最快，分别达 236% 和 167%。上海、北京、广州、杭州、成都、南京、重庆、西安、厦门、青岛等是赴非洲旅游的热门客源地城市。去哪儿数据显示，2024 年暑期，中国游客赴非的机票预订量同比增长 1.2 倍。④

3. 打造多元化的非洲旅游目的地满足旅行体验的需求

中国游客赴非旅游的网络形成三级梯度，从传统核心区南非、肯尼亚、埃及扩展到新兴增长带摩洛哥、突尼斯、纳米比亚，再到潜力生态圈的博茨瓦纳、津巴布韦、马达加斯加等，海岛度假国家塞舌尔、毛里求斯也逐渐崛

---

① 推进"一带一路"建设工作领导小组办公室编制《中国—非洲国家共建"一带一路"发展报告》，中国计划出版社，2023。

② 《南非推进简化中印游客签证服务计划》，央视新闻，2025 年 1 月 14 日，https：//baijiahao.baidu.com/s？id=1821193987757707823&wfr=spider&for=pc。

③ 《培育中非旅游合作的乌干达范例》，中国旅游研究院官网，2025 年 1 月 21 日，https：//www.ctaweb.org.cn/？a=index&aid=9974&c=View&m=home。

④ 《中国游客青睐非洲之旅》，光明网，2024 年 9 月 6 日，https：//baijiahao.baidu.com/s？id=1809408731920379371&wfr=spider&for=pc。

起；在旅行体验上，游览时长从 8~10 日延长至 14~18 日。14~18 日基础版深度游覆盖 83% 团队客群，21 日进阶版跨区域联程产品渗透率提升至 19%。[1] 四大体验模块形成完整闭环。一是生态探索层。新增国家公园科考路线 12 条及野生营地星空观测系统，纳米比亚红沙漠项目订购率达 91%。二是海洋经济层。印度洋游艇环线、红海深潜认证基地、埃及赫尔格达的年游客接待量持续增长。[2] 三是极限运动层。撒哈拉越野冲沙赛道游客激增。四是文化交互层。北非古城数字导览系统、部落非遗工坊等旅游项目成为中国游客的"香饽饽"。

三 中非文旅合作发展问题分析

中国是最大的发展中国家，是世界第二大经济体；非洲是发展中国家最集中的大陆，是全球经济增长最快和最具发展潜力的地区之一。面对世界之变、时代之变和历史之变，中非应携手推进更高水平的文化交流与旅游合作，创造性地回答时代之问，塑造国际对非文旅产业合作典范。然而现实情况表明，双方仍在"摸石头过河"，与"丰富世界文明多样性，共筑人类文明新形态，为高水平中非命运共同体凝聚文旅力量"的目标存在距离，亟待实现从"名片"到"名气"、从"蓝图"到"行动"、从"政策"到"成效"的转变。

（一）非洲文旅产业基础设施和服务能力发展整体偏弱

相较于中国而言，与非洲文旅产业发展紧密相关的基础设施和服务能力发展仍处于初级阶段。一是交通基础设施发展滞后。非洲大陆铁路总里程约 8.4 万公里，且集中于北部和南部非洲；非洲道路过半是非硬化道路，公路交通承担了 80% 的货物运输和 90% 的旅客运输，不仅影响了游客的出行效率，也增加了旅行中的不确定性和不便。二是能源基础设施发展薄弱。目前

---

① 《中国游客青睐非洲之旅》，光明网，2024 年 9 月 6 日，https：//baijiahao.baidu.com/s？id=1809408731920379371&wfr=spider&for=pc。

② 《2025 中非文旅融合评估报告》，中国旅游研究院。

非洲有约 6 亿人用不上电。三是通信基础设施发展缓慢。非洲互联网普及率仅为 46.8%，远低于全球平均水平。[①] 四是住宿设施发展水平低。非洲高级酒店和舒适民宿的数量有限，且分布不均，难以满足不同群体的需求，使游客对住宿的选择受约束。此外，餐饮服务也存在类似问题，品质的难以保障，不仅影响了游客的就餐体验，也削减了他们了解和体验当地文化的热情。

（二）中非文旅科技合作乏力

在数字化、信息化高速发展的今天，科技已成为推动文旅产业转型升级的重要力量，然而中国与非洲的文旅科技合作并不充分。一方面，双方在合作开展文旅科技研发、应用及推广上的投入不足，导致中国前沿科技在非洲文旅产业领域应用不多。另一方面，在科技方面，非洲与中国合作起步较晚，中非双方在文旅科技领域的合作存在兼容性和互操作性等问题，难以形成有效的合力。

四　中非文旅产业合作发展对策建议

（一）深化中非高端智库和研究机构的文旅领域合作

一是加强智库学术合作。推动中国社会科学院西亚非洲研究所与国际关系学院非洲研究所、中国传媒大学非洲传媒研究中心、南京大学非洲研究所等立足非洲研究的中国专业智库，以及非洲地区的高端智库和具备智库职能的重要媒体机构，积极构建起一个全方位、多层次、立体化的智库合作网络平台。通过这一平台，各方可以充分发挥各自的优势和资源，深入开展多领域、多维度的合作研究，从而形成一批具有高学术价值、高政

---

① 《非洲国家加快推进基础设施建设（国际视点）》，人民网，2023 年 10 月 11 日，http：//world. people. com. cn/n1/2023/1011/c1002-40092637. html。

策影响力的研究成果。同时，还应进一步推动和实施联合研究交流计划的"增强版"，以全面提升中非智库合作的深度和广度，为双方在政治、经济、文化等领域的合作提供坚实的智力支持和理论支撑。二是创新舆论引导方式，提升国际传播效能。中国智库应当致力于构建一套切实可行且具有广泛影响力的话语体系，不仅要积极发声，展现中国在推动中非文旅产业合作中的坚定立场和积极成果，更要敢于直面并善于回应外界对中非文旅合作的质疑和杂音。通过运用数据可视化报告、多语种白皮书等多种形式，主动设置议题，引导国际舆论走向。同时，要深入研究和理解非洲民众的文化背景和接受习惯，以他们熟悉和易于接受的叙事方式，巧妙地解构和反驳西方话语体系中存在的偏见和误解，从而有效提升中国在国际舆论场中的话语权和影响力。

（二）打造中非"小而美、惠民生"的文旅品牌项目

一是加强"小而美"文旅项目包装储备。借助中非商定将 2026 年确定为"中非人文交流年"的有利契机，坚持大家的事商量着办，兼顾双方利益和关切，高度尊重非洲国家和非洲人民发展权益，有效发挥丝绸之路国际剧院联盟、博物馆联盟、艺术节联盟、电影节联盟、图书馆联盟、美术馆联盟及丝绸之路旅游城市联盟等平台载体和"中非文化丝路计划""广电视听创新合作计划""丝绸之路文化之旅"等重大文化交流活动的功用，统筹谋划、包装储备一批创意好、见效快、惠民生的"小而美"文旅项目，将其纳入"一带一路"文化产业和旅游产业国际合作重点项目。同时，本着多边主义精神，通过双边合作、三方合作、多边合作等各种形式，鼓励全球更多南方国家和企业深度参与，不断扩大共同利益汇合点，做大共同利益"蛋糕"。二是打造主题鲜明、适销对路的入境游。依据中国和非洲两地旅游资源的时空分布特性，双方积极互邀对方的旅行商进行实地踩线考察，深入了解各自的优势和特色。在此基础上，紧密结合中非游客独特的审美趣味和消费习惯，精准做好不同客群的市场定位。通过双方的紧密合作，联合设计出符合入境游客需求的旅游产品线路，确保每条线路都具备完整的行程规

划、丰富多变的游玩方式以及时尚美观的整体造型，成功塑造一众参与群体广泛、体验需求多元、客户黏性显著的消费场景，从而大幅提升游客的满意度，促进中非文旅业共同繁荣。三是用好文旅展会平台。充分用好中国国际旅游交易会、中国文化旅游产业博览会、中国（深圳）国际文化产业博览交易会、中国-非洲经贸博览会等在国内外具有重大影响力的品牌展会的优势，进一步强化对中非文旅优势资源的全方位宣传推介。与此同时，密切与广大市民群众的沟通交流，通过多渠道、多形式的互动，及时了解市民的真实需求和反馈，从而更有针对性地包装和推出中非文旅品牌。通过打出上述"组合拳"，进一步提升中非文旅在全球范围内的美誉度和影响力，使其在国际旅游市场中占据更加耀眼和显著的地位。

（三）构建中非全面、立体、多元的国际传播共同体

一是优化对外传播推介内容。打通中宣部、文化和旅游部、国家新闻出版署、国家广电总局、国家文物局、中央文史馆等"中央厨房"文旅资讯的藩篱，不拘泥于传统宏大题材、内容和风格，以"小切口""小故事"展现中国各省区市的民俗风情、山水美景、美食小吃、民谣演出、非遗传承、赛事活动、特色节展等，为多语言门户网站及海外自媒体营销推广提供优质海量素材。同时，实施差异化战略，系统梳理同属非洲文化体系不同区域、不同国别民众的偏好，引发非洲各国民众的情感共鸣。二是打造海外自媒体传播矩阵。结合非洲受众的心理特点和接受习惯，广泛吸纳海外旅游组团社和旅行商、旅游投资商、海外社团组织、孔子学院、鲁班工坊等机构和个人，以及常住中国的外国网红、行业精英、外籍师生、外企员工、参赛选手、参（展）会代表、中华文化爱好者等民间话语主体，在海外主流自媒体矩阵向非洲民众展现有特色、有品位、有情怀的中国形象，实现交互式、分众化、智能化传播，提升非洲民众对中国文旅的了解与黏合度。三是创新链接非洲文旅市场。充分发挥中国国际贸易促进委员会、各省区市涉非商会协会等组织机构拥有广泛的"朋友圈"的独特优势，进一步深化和拓展中非文明之间的交流与互鉴。与此同时，借助全国文化企业30强、中国旅游

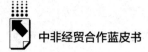

集团 20 强，以及华为、中兴、海信、传音科技等在非洲市场深耕多年的知名企业的强大影响力，紧抓这些企业在海外官方交流、民间交往和商业服务方面所提供的宝贵契机，探索推进"商务＋文旅宣传推广"跨界融合模式，力求在更广阔的领域使中非合作实现重大飞跃。

（四）提升文旅产业基础设施和服务能力水平

一是深化基础设施共建共享。积极支持实力雄厚、经营状况稳健、业绩表现优良的中国企业加速"出海"战略实施步伐，特别是在非洲地区，要尽早对港口、机场、铁路、公路等关键基础设施的建设和改造工作进行全面布局和规划。与此同时，适当增加中非之间的国际航线数量，进一步提升中国民众前往非洲的交通便利性和可达性，促进中非人员正常交往和经贸合作。此外，大力推进新型基础设施项目的合作，鼓励和支持中国企业和非洲企业携手参与诸如千帆星座、非洲人工智能算力中心等前沿信息基础设施的建设，共同推动非洲信息化进程，实现互利共赢。二是积极推动中国文旅产业服务标准和服务模式的对外输出。在联合国世界旅游组织（UNWTO）、世界文化遗产保护等合作框架下，通过输出标准化服务体系和成熟管理模式，以及在非洲重点区域建设文旅服务标准化合作示范区等方式，将中国在文旅服务领域的优秀标准和成熟模式推广至非洲市场，将中国文旅产业从"产品输出"升级为"规则输出"，增强中国规则的全球影响力，推动国际文旅标准体系重构，进一步促进中非文化交流与文旅合作朝纵深发展。三是助力非洲培养更多文旅精英。促进中国继续同非洲国家合作设立鲁班工坊，落实好"未来非洲—中非职业教育合作计划"，每年为非洲职业院校的校长和骨干师资提供文旅领域专业培训。促进中国继续同非洲国家合作举办孔子学院，通过开展"中文＋职业技能"教育，培养本土深耕文旅领域的复合型人才。落实好"中非文化和旅游研修合作计划"，持续推进中国对非洲国家的人力资源培训，加强旅游发展信息和经验交流，协助非洲国家加强旅游能力建设。落实好对非媒体从业人员研修项目，持续为非洲国家培训新闻广电和旅游高端人才，支持非洲广电媒体，尤其是新媒体能力的建设。鼓励在非洲投资文旅行业的中国企业提高本地化水平，在项目实施和运营的各环节雇用更多非洲本地人才，实现从"授人以鱼"到"授人以渔"的思路转变。

（五）以科技创新赋能中非文旅产业合作

一是加强文旅科技创新投入。中国和非洲国家应共同加大对科技创新与文化旅游相互赋能、协同发展的投入力度，通过设置科技创新专项基金、科技创新投资基金等方式，推动智慧旅游、数字文化等新兴业态创新发展。二是鼓励共同开展研发和成果转化工作。支持有条件的非洲国家科研机构、企业在广东、浙江、湖南等中国对非合作主要区域建立"中非文旅科技创新离岸孵化器"，就地就近参与中国文旅科技创新和成果转化工作。三是打造低成本中非文旅科技创新应用示范。鼓励中非科研机构、企业充分借鉴深度求索（DeepSeek）的成功经验，面向非洲文旅产业科技创新工作定制低成本、高性能和开源的科技创新应用示范。现阶段，着力支持国内北斗企业面向非洲国家在旅游交通运输、应急救援、野生动物监控等领域提供低成本的北斗高精准导航服务。同时，支持深度求索等国内人工智能企业为参与中非文旅产业合作的政府机构、企业提供低成本、本地化的 AI 场景化服务，推动中非文旅产业合作的智能化转型。

地 方 篇

B.15
湖南省对非经贸合作发展报告（2025）

徐湘平　黄子原　陈　甜*

摘　要： 中非经贸合作始于 20 世纪 50 年代，从无到有，从小到大，从少到多，充分彰显了中非双边发展的互补性。特别是 2000 年中非合作论坛成立以来，中非经贸合作呈现规模逐步扩大、合作领域日益拓宽的良好局面。湖南凭借自身的平台优势积极参与中非经贸活动，已成为中非经贸合作的"桥头堡"之一，依托中非经贸博览会和中非经贸深度合作先行区两大平台，积极推动对非经贸合作。本报告全面分析近年来湖南与非洲国家在经贸合作方面的历程、现状，涵盖贸易、投资、基础设施建设、人文交流等多个领域的合作情况，从多角度对湖南与非洲的经贸合作展开阐述，针对湖南推进深度合作先行的体系尚未形成、与非洲国家往来有待深化、贸易投资便利化与自由化程度不高、合作机制与模式有待创新、风险防范应对机制缺乏等

---

* 徐湘平，湖南省中非经贸合作促进研究会会长，兼任清华大学经济外交研究中心高级研究员、湖南省委党校客座教授，主要研究领域为中非经贸深度合作先行机制、中非产业链深度合作模式；黄子原，湖南省中非经贸合作促进研究会智库部专员、会长助理，工商管理中级经济师，主要研究领域为中非经贸合作实践路径；陈甜，湖南省中非经贸合作促进研究会智库部部长，工程师，主要研究领域为中非智库合作机制。

问题，提出要构筑产业合作新格局、探索改革创新机制模式、创新财税金融与财税支持、提升中非贸易便利化程度、深化双方交流往来、完善风险防控能力等方面的举措建议。

关键词： 经贸合作　非洲　湖南

一　湖南省对非经贸合作历程

（一）经贸合作初步探索期（1978~1999年）

1978年，中国开始实行改革开放政策，湖南作为内陆省份也开始逐步探索对外开放的道路。与此同时，非洲国家也开始实行经济结构调整和改革开放，这为双方的经贸合作提供了契机。在这一阶段，湖南与非洲的经贸合作主要处于初步探索阶段，一些湖南企业开始尝试进入非洲市场，进行贸易往来和投资考察。1978年，湘潭大学成立了非洲问题研究室，为后续研究工作提供了智力支持和研究基础。湖南自1973年起向塞拉利昂和津巴布韦派遣多批医疗队，在救治患者、培训人员、提升技术及项目建设等方面成果丰硕。1982年8月长沙市与刚果（布）布拉柴维尔市缔约，是湖南与外国城市缔结的第一对友好城市，也是中国与非洲国家缔结的第一对友好城市。①

（二）经贸合作逐步深化期（2000~2010年）

进入21世纪后，特别是2000年中非合作论坛成立以来，湖南与非洲的经贸合作逐步深化。在这一阶段，湖南与非洲的贸易额逐渐增加，贸易品种也日益丰富，除了传统的农产品和矿产品，还涉及机械、电子、化工等多个

---

① 孙敏坚、黄礼：《湖南第一对与最新一对国际"小伙伴"均来自非洲》，湖南省人民政府网，2018年9月2日，https://www.hunan.gov.cn/hnyw/zwdt/201809/t20180902_5087010.html。

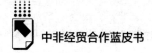

领域。湖南对非洲的投资领域涉及农业、矿业、制造业等。2000年，湘潭神州龙实业有限公司在阿尔及利亚设立阿尔及尔神州龙服饰有限责任公司（后更名为阿尔及尔神州龙有限公司），开启了湖南对非投资的序幕，至今已经成为集轻纺产品生产、矿产、房地产、投资和国际进出口贸易于一体的综合性实业公司。2002年5月，株洲市与南非彼得马里茨堡市缔约，双方在经贸、文化等领域开展了一系列交流与合作。2003年4月，长沙市与乌干达恩德培市缔约，双方在多个领域进行了深入交流与合作。2003年9月，湖南与南非北开普省缔约，双方合作在矿产、经贸领域尤为突出。① 2004年，湖南在长沙举办了"湖南非洲艺术节"，来自非洲9个国家的专业艺术团体与湖南艺术家同台献艺。2008年，长沙理工大学在利比亚建立孔子学院。2009年，商务部和湖南省人民政府联合主办中国杂交水稻对外合作部长级论坛。②

（三）经贸合作稳步增长期（2011~2023年）

在这一阶段，特别是党的十八大以来，中非合作快速发展，湖南与非洲的经贸合作取得了显著成果。2015年9月，湘西土家族苗族自治州与南非赞扎巴尼市缔约，在文化旅游、教育等领域开展了一系列合作项目。2016年5月，湘潭市与坦桑尼亚姆索马市缔约，双方在经贸、文化、教育等领域展开了广泛的交流与合作。2016年9月，郴州市与南非金伯利市缔约，在矿产资源开发、经贸合作等方面展开了深入合作。2018年6月，湖南与埃塞俄比亚奥罗米亚州缔约；2019年6月，第一届中非经贸博览会在湖南长沙举办，现已长期落户湖南。2020年7月，国家正式批复在工商银行湖南分行设立中非跨境人民币中心，成为集政策研究、产品创新、跨境人民币清

① 孙敏坚、黄礼：《湖南第一对与最新一对国际"小伙伴"均来自非洲》，湖南人民政府网，2018年9月2日，https：//www. hunan. gov. cn/hnyw/zwdt/201809/t20180902_5087010. html。
② 《盘点丨湘非交往史知多少？我们已走过千年》，红网报道，2019年6月27日，https：//baijiahao. baidu. com/s? id=1637463340403175322&wfr=spider&for=pc。

算、投融资、交易银行、大零售、信息服务、跨境人民币培训等功能于一体
的对非金融服务中心；① 同年 9 月，中国（湖南）自由贸易试验区正式获
批，三大战略重点之一是中非经贸合作。2021 年，习近平主席在中非合作
论坛第八届部长级会议宣布"在华设立中非经贸深度合作先行区"②，国家
唯一对非的自贸试验平台落户湖南。

（四）全面深度合作提质期（2024年至今）

2024 年 1 月，国务院正式批复了《中非经贸深度合作先行区建设总体
方案》，进一步增进了涉非工作者的信心和决心。该方案是中非经贸合作伟
大的战略蓝图、明确的战术指南，是中非经贸合作新的里程碑。国家在该方
案当中赋予了湖南一系列的国家举措，它的颁布和实施对构建人类命运共同
体，推进"一带一路"倡议落地见效，助力湖南高质量发展和高水平开放，
具有重大的现实意义和深远的历史意义。其在战略的高度上要求"要为推动
构建人类命运共同体树立典范"。2025 年 2 月，"中非经贸文化大模型实验室"
与"坦桑尼亚投资中心中国（湖南）投资合作平台先行区联络处"揭牌成立，
正式落户中非经贸合作促进创新示范园。

2025 年，第四届中非经贸博览会召开在即，围绕"中非共行动、逐梦
现代化"的主题，将大力实施中非经贸博览会创新发展标志性工程，落实
中非合作"十大伙伴行动"，搭建高水平、高层次交流对话平台。

二　湖南省对非经贸合作发展现状

（一）贸易规模与结构

如图 1 所示，2021 年，湖南对非进出口额首次突破 400 亿元，达到

---

① 《笃行致远 勇开新局——工商银行湖南省分行奋力推进中非跨境人民币中心建设》，《湖南
日报》2021 年 12 月 8 日。
② 《习近平在中非合作论坛第八届部长级会议开幕式上的主旨演讲（全文）》，外交部，2021。

403.9亿元，增长率达到38.5%，显示出强劲的增长势头。2022年，湖南对非进出口额为556.6亿元，同比增长37.8%。这一数据表明，湖南与非洲的贸易联系进一步加强。2023年，湖南对非进出口额达到556.7亿元，贸易规模保持全国第八、中西部第一，2021~2023年均增长23.1%。① 2024年，湖南明确提出力争对非贸易额实现翻番的目标，在非洲启动40多个产工贸项目，建设海外仓17个，1~11月湖南对非进出口总额达到了473亿元，居全国第八、中西部第一。②

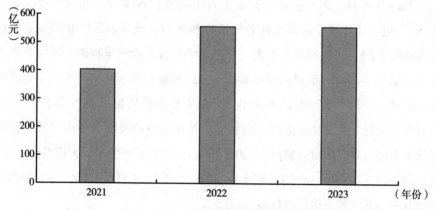

图1 2021~2023年湖南对非进出口额

2018~2023年湖南对非进出口额累计达到2194.6亿元。前五大贸易伙伴为南非、尼日利亚、埃及、刚果民主共和国、阿尔及利亚，同期累计进出口额分别为755亿元、259.6亿元、135.2亿元、132.2亿元、88.7亿元，合计占同期湖南对非进出口总值的62.5%。③

截至2023年，湖南全省共计有6991家企业在对非贸易上产生了实绩。

---

① 《湖南2023年对非进出口556.7亿元规模保持中西部第一》，湖南省人民政府网，2024年1月21日，http：//hunan. gov. cn/hnszf/hnyw/zwdt/202401/t20240121_32630416. html。

② 《湖南对外直接投资额"五连增"湘企走进111个国家和地区》，中国新闻网，2025年1月8日，https：//baijiahao. baidu. com/s? id=1820688632984731447&wfr=spider&for=pc。

③ 《湘非外贸额6年年均增长25.1%——今年前7个月湖南对非进出口继续保持中西部第一》，湖南省人民政府网，2024年9月3日，http：//hunan. gov. cn/hnszf/hnyw/zwdt/202409/t20240903_33444975. html。

2024 年 1~7 月，湖南对非外贸企业中，规模超过 10 亿元的有 4 家，超过 1 亿元的有 50 家。①

湖南对非出口产品以机电产品和劳动密集型产品为主。2018~2023 年，湖南对非洲累计出口电工器材、家用电器、手机等机电产品 526.4 亿元；出口纺织服装、家具、箱包等产品 449 亿元。2019~2023 年，湖南对非洲出口高技术产品货值从 4.9 亿元增至 29.2 亿元，年均增长率 43.1%。②

湖南从非洲进口商品以金属矿及矿砂、农产品等为主。到 2023 年，湖南进口非洲农产品 3.4 亿元，近六年年均增长 33.4%。2024 年 1~7 月，湖南自非洲进口水产品、干鲜瓜果及坚果分别同比增长 102.4%、31.6 倍。③

（二）人文交流与合作机制

1. 中非经贸博览会

中非经贸博览会是由中华人民共和国商务部和湖南省人民政府共同主办的博览会，现已长期落户湖南。第一届博览会于 2019 年 6 月 27 日至 29 日在湖南长沙举办，中非共签署了 84 项合作文件，涵盖贸易、投资、基础设施、农业、制造业、航空、旅游等多个领域，涉及金额 208 亿美元。④ 第二届于 2021 年 9 月 26 日至 9 月 29 日在湖南长沙举办，以"新起点、新机遇、新作为"为主题，共有 40 多个非洲国家、近 900 家中非企业参会，共征集

---

① 《湘非外贸额 6 年年均增长 25.1%——今年前 7 个月湖南对非进出口额继续保持中西部第一》，湖南省人民政府网，2024 年 9 月 3 日，http://hunan. gov. cn/hnszf/hnyw/zwdt/202409/t20240903_33444975. html。

② 《总计 305.3 亿元! 今年前 7 个月湘非进出口额居中西部第一》，三湘都市报讯，2024 年 9 月 3 日，https://baijiahao. baidu. com/s? id=1809167269067796050&wfr=spider&for=pc。

③ 《湘非外贸额 6 年年均增长 25.1%——今年前 7 个月湖南对非进出口额继续保持中西部第一》，湖南省人民政府网，2024 年 9 月 3 日，http://hunan. gov. cn/hnszf/hnyw/zwdt/202409/t20240903_33444975. html。

④ 《第一届中国-非洲经贸博览会成果丰硕》，中国政府网，2019 年 6 月 29 日，https://www. gov. cn/xinwen/2019-06/29/content_5404522. htm。

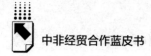

到合作项目 569 个，涉及金额 229 亿美元。① 第三届于 2023 年 6 月 29 日至 7 月 2 日在湖南长沙举办，53 个建交非洲国家，联合国工业发展组织、非盟等 12 个国际组织，30 个国内省区市，1700 余家中非企业、商协会和金融机构踊跃参会共商合作，近 130 名非洲国家高级官员、驻华大使和国际组织负责人出席，外宾达 1700 人、内宾超 1 万人，观展人次突破 10 万，参会规模为历届之最；本届博览会签约项目 120 个，涉及金额 103 亿美元；发布 99 个对接合作项目，涉及金额 87 亿美元；其中 11 个非洲国家发布 74 个对接项目，数量为历届之最。②

中非经贸博览会为中非双方提供了展示成果、交流经验、拓展合作的平台，推动了中非经贸关系的深入发展。聚焦贸易、农业、投融资、合作园区、基础设施等多个领域，促进了中非双方在这些领域的互利合作。每届博览会及其相关活动都吸引了大量中非企业和代表参与，通过展览展示和项目签约，促进中非双方在贸易、投资、农业、文旅等领域的合作，为双方经济发展注入了新的动力，为中非合作开辟了更广阔的空间。

2. 鲁班工坊大讲堂

鲁班工坊大讲堂——"一带一路"中非经贸人才培训基地由湖南省注册会计师协会、湖南省律师协会、湖南省注册税务师协会、湖南省资产评估协会和湖南省中非经贸合作促进研究会联合成立的"对非经贸专业协作平台"创立，从产业培训、学历教育、特色训练营、"创业中非梦"等维度开展工作。首期大讲堂邀请《中国人的饭碗》作者杨建国以"九项工程背景下的中非农业合作机遇与展望"为主题作专题培训；湖南省商务厅中非秘书处处长郑垚为学员作"九项工程"减贫惠农工程政策解读与湖南对非农业合作现状分析；非洲非资源性产品加工、贸易进出口、新能源等领域的企业分别作项

① 《亮点纷呈！第二届中非经贸博览会完美收官》，新湖南客户端，2021 年 9 月 29 日，https://www.hunantoday.cn/news/xhn/202109/15158419.html。
② 《第三届中国—非洲经贸博览会各方签约项目累计 120 个》，中国政府网，2023 年 7 月 2 日，https://www.gov.cn/yaowen/liebiao/202307/content_6889582.htm。

目介绍，现场四家投资机构同项目负责人开展了深入交流。[1] 第二期大讲堂邀请 20 名肯尼亚学员参加，通过"技术交流+产业对接会"的创新模式，开展了为期 7 天的培训，助力肯尼亚农业能力建设，促进肯尼亚膳食结构升级，助推"一带一路"农业合作迈向更高水平，实现更高目标。[2]

鲁班工坊大讲堂通过搭建中非人才培训和职业培训的桥梁，推动中非职业教育交流与合作，为中非经贸合作提供有力的人才支撑。通过邀请行业专家解读中非经贸合作的最新政策和趋势，就中非经贸合作的重点领域进行授课。组织项目路演，展示中非合作项目，促进项目对接与合作。利用互联网技术，以线上与线下相结合的方式开展交流活动。注重实践操作，通过案例分析、模拟演练等方式提升学员的实战能力。

（三）对非投资项目领域

湖南正不断加大对非洲国家的投资力度，推动更多企业"走出去"，在非洲投资兴业。湖南对非投资在不断增加，2023 年，湖南对非投资新增项目实际投资额达 3709 万美元，同比增长 345.79%。[3] 在农业、装备制造、新能源、电子信息等传统优势领域的基础上，湖南正在进一步拓展与非洲国家的合作领域，包括绿色基建、医药卫生、人文交流、数字经济等。目前，湖南正继续优化对非贸易结构，推动从以传统商品贸易为主向技术、服务、投资等多领域合作转变，加快布局非洲公共海外仓和检验检测体系，提升贸易便利化水平。湖南的杂交水稻、农机具在非洲被广泛应用，同时非洲的咖啡豆、海鲜、辣椒等特色产品也通过湖南平台进入中国市场。

在 2023 年举办的第三届中非经贸博览会上，湖南企业与非洲企业签约项

---

① 《湖南首期鲁班工坊大讲堂在自贸雨花启动 为中非经贸注入人才力量》，湖南日报客户端，2023 年 11 月 8 日，https：//baijiahao.baidu.com/s？id ＝ 1782004881040561738&wfr ＝ spider&for ＝ pc。

② 《鲁班工坊大讲堂第二期顺利开班》，中国一带一路网，2023 年 12 月 8 日，https：//www.yidaiyilu.gov.cn/p/0S1SI017.html。

③ 《新机遇、新气象、新格局——湘非经贸合作步入快车道》，中国政府网，2024 年 2 月 1 日，https：//www.gov.cn/lianbo/difang/202402/content_6929515.htm。

目涵盖电力能源、交通运输及物流、科学、教育、卫生、文化、矿业、农林牧渔、制造业、批发零售、信息服务等领域，湖南对非投资领域日趋多元。中非合作在产业园区建设、工业地产开发等方面的规模庞大，占本次签约总金额的44%。非洲拥有14多亿人口的全球最大待开发市场，适合发展市场指向型产业园，不仅能为投资者提供丰富的市场机会，还能解决当地就业问题。交通运输及物流、农林牧渔、电力能源等领域签约金额基本持平，可以看出湖南注重非洲国家民生发展下各领域之间的平衡与协调，助力非洲全面、可持续发展。湖南在推动对非合作时采取了多领域均衡发展战略，准确把握了非洲市场的多元化需求，展现了湘非合作的深度与广度。

随着非洲国家经济的发展和居民生活水平的提高，中非合作领域中零售与批发行业拥有巨大的发展机遇。在此背景下，湖南开始了在该领域对非洲的投资，力争将湖南经验带到非洲，发展当地内贸市场。同时，结合对非合作理念由"授人以鱼"向"授人以渔"转变，湖南对非洲制造业的投资正日益加强，处于崭露头角阶段。

矿业领域合作项目签约金额与数量虽少，但合作空间巨大。湖南在矿业领域具有较高水平，但矿产资源的稀缺使供应链风险较为突出。而非洲拥有丰富的矿产资源，还有迫切的市场、技术和资金合作需求。因此，近年来湖南为实现资源共享和优势互补，正逐步与非洲合作推动矿产资源的可持续利用和经济的发展。

科学、教育、卫生、文化与信息服务领域的合作也日渐频繁。虽然目前签约项目数量与金额不多，但在未来中非深度合作交流的推动下，该领域的合作平台将成为展示中国方案、传授中国经验的平台。

（四）基础设施建设合作案例[①]

1. 贝宁市政一期项目

贝宁市政一期项目是贝宁有史以来里程最长、规模最大的市政道路及附

---

① 湖南省中非经贸合作促进研究会秘书处：《湖南省中非经贸合作促进研究会2023年度"十佳项目"》统计，2024年1月由湖南省中非经贸合作促进研究会表彰。

属工程建设项目，共 12 个标段，道路总长 191 公里，是贝宁总统帕特里斯·阿塔纳斯·纪尧姆·塔隆竞选成功后施放的第一个大型民生工程。该项目是湖南路桥建设集团有限责任公司在贝宁承建的第一个项目，也是当时贝宁"政府行动计划"中基础设施建设的重要组成部分。该项目以高标准建设，路面平整耐用，且以"零整改"通过验收，开创了贝宁建设工程的先例。

2. 非洲"金芒果"卫视频道项目

非洲"金芒果"卫视频道是由湖南省委宣传部、湖南省广播电视局指导，由湖南广播电视台国际频道和非洲加纳黄金数字电视台合作开设的电视媒体，为 2023 年"丝绸之路视听工程"立项项目。这也是中国第一家在西非实现本土化运营、以中国元素为主的英文卫星频道，覆盖中非西非 23 个国家近 5 亿人口。

3. 埃及亚历山大 RAML 有轨电车改造项目

埃及是世界上第二个拥有轨道交通的国家，但是轨道交通产业却几乎是一片空白。株洲中车时代电气股份有限公司联合湖南中车智行科技有限公司与当地轨道交通企业 NERIC 公司合作，提出"本地化经营"的策略，在埃及交通部长的见证下，签订了框架合作协议，为后续合作奠定了坚实的基础。

4. 蒙巴萨-姆特瓦帕-基利菲（A7）项目

湖南路桥建设集团有限责任公司承建本项目蒙巴萨-姆特瓦帕（A7）路段，位于肯尼亚第二大城市、东非最大港口蒙巴萨，资金来源为非洲开发银行，项目全长 13.5 公里，为双向 4 车道高速公路，起点为蒙巴萨市内的尼亚利桥的末端（北部），向北经格莱尼、尼亚利、班布里至姆特瓦帕桥，工期 1080 天，合同额预计为 6972.64 万美元。在实施过程中严格遵循规范化的项目管理标准，通过严格的质量控制流程，保证了已完工工程质量、外观均符合规范要求。

5. 威胜集团坦桑尼亚供电项目

坦桑尼亚 98% 的发电、输电和配电均由政府全资的坦桑尼亚电力供应公司（TANESCO）负责和管理。威胜集团有限公司从 2011 年开始运作坦桑尼亚电表市场，并中标 TANESCO 电力公司电表招标项目，运作农网线路项目中的电表配套供货项目。2018 年下半年顺应坦桑尼亚政府的本地化号召，威胜集团投资筹建了威胜坦桑尼亚合资公司，厂房占地面积 3000 平方米，本地雇员 60 余名，实现年产能 60 万套单相表和 8 万套三相表。截至 2023 年底，威胜集团在坦桑尼亚市场已经实现了超 170 万套电表供货量，总产值超 7 亿元人民币。

6. 马里卡伊-桑达黑公路项目

项目位于马里共和国卡伊大区内，由湖南交通国际经济工程合作有限公司承建，全长 138 公里，总造价 10.2 亿元人民币，路基宽 10 米、路面宽 7 米，工期 36 个月。该公路是马里与塞内加尔陆上交通的主要通道，也是马里的交通要道之一。作为马里 70% 进出口物资的主要通道，其战略地位不言而喻，是马里政府"巴马科-达喀尔走廊"战略布局的重要组成部分。

总体来看，目前的中非基建领域合作正逐步向探索投建营一体化新模式转型。该模式强调了投资、建设与管理运营的有机结合，能够更好地适应市场需求的变化，不会增加所在国债务负担，能有效避免项目建设、运营脱节带来的问题，降低合作风险，提高项目效益，将有助于进一步激发双方的合作潜力，实现互利共赢。

三　湖南省对非经贸合作发展面临的挑战

2021~2024 年，湖南对非贸易保持年均增长 14.3% 的快速发展势头，[①]已成为全国对非经贸合作最为活跃的省份之一。但受非洲自身发展问题制约和国际政治经济形势影响，中非经贸合作存在诸多挑战，推动中非经贸深度合作仍面临诸多制约。在新时代中非合作背景下，湖南对非经贸合作挑战与机遇并存。

---

① 《2024 湖南外贸进出口等情况新闻发布会》，湖南省人民政府网，2025 年 1 月 21 日，https://www.hunan.gov.cn/hnszf/hdjl/xwfbhhd/wqhg/202501/t20250121_33570545.html。

（一）推进深度合作先行的体系尚未形成

湖南创新举措数量多，但质量好的少，浅层次同质化创新多、新层次体制化创新少，碎片式创新多、系统集成创新少，循规蹈矩措施多、突破法规创新少，企业和老百姓获得感不强。湖南地方政府与国家部委协同联动不畅，缺乏常态化协调及调度机制。省级改革授权和政策协同不配套，组织机构和推进工作机制不健全，"制度创新""先行先试"遭遇瓶颈，许多制度创新属中央事权，地方自行探索空间较小。中非经贸深度合作先行区配套支持体系不完善，面向对非贸易投资主体的专业化服务能力相对薄弱，缺乏相关第三方咨询服务机构。省级层面对地州市制度创新的激励政策缺乏，容错机制不健全，成果的创新程度不高，实施动力不足。

（二）与非洲国家往来有待深化

湖南作为内陆省份，相较于沿海发达地区，对非合作规模不足，企业参与度不高，民间交流渠道有限，双边文化相互认知度有待提升。国际化人才集聚效应暂未形成，经贸人员、投资者、留学生出入境便利化程度有待提高，吸引人才政策和外籍人员精细化管理服务制度有待创新完善。常态化对接交流机制较弱，具有中非经贸深度合作先行区特色的国际影响力品牌尚未成型。

（三）贸易投资便利化与自由化程度不高

湖南作为中非经贸合作"桥头堡"，在质检、检验检疫、标准协调及互认等方面与非洲合作较少，双方互认标准机制尚未建立。湖南优质产品出口受限于非洲复杂的海关程序和行政管理措施以及日渐增多的技术性贸易壁垒，对非贸易额增长缓慢。跨省联动对非贸易通道体系不完善，从湖南出口非洲的物流成本过高，集货与分拨能力不强，尚未形成系统的对非贸易绿色通道。

（四）合作机制与模式有待创新

湖南与非洲国家现有合作多依赖政府主导的大型展会或援助项目，市场

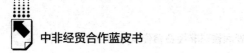

化、可持续的合作模式尚未成熟。省内企业间协作合力不强，产业链互补、技术共享等深层次合作较少，长期稳定的伙伴关系有待促进形成。金融机构对外向型经济的支持力度有待加强，对湖南省内企业开展对非贸易投资的企业授信有待提高。供应链金融体系尚未成型，数字化、绿色经济等新兴领域的合作尚未充分探索。

（五）风险防范应对机制缺乏

受疫情、地缘、气候等多重因素影响，非洲地区营商环境并不乐观，非洲债务、失业和贫困等问题进一步放大，经济、社会和政治风险增大，不安全因素增多，湖南省级层面缺乏对非合作风险系统化的监测、分析、预警和管理机制。湖南与非洲国家在自贸协定、双边投资协定和避免双重征税协定等方面的制度保障不完善，存在制度性保护局部缺失和更新不及时等问题。湖南省级层面缺乏便捷高效的中非商事纠纷解决和标准互认机制，抱团出海的"公共品"体系尚未形成。

四　湖南省对非经贸合作发展的对策建议

（一）构筑产业合作新格局

一是改革授权与政策协同要到位。以国务院批准的《中非经贸深度合作先行区建设总体方案》为上位规定，对湖南省人民政府实施"有需要即授权"的规则，制定各自贸试验区授权下放清单，将部级管理权限下放至湖南省人民政府，由省人民政府负责组织实施试验，各部委加强指导落地；湖南省级各部门根据各自贸片区规划方案需求，最大限度下放管理权限，赋予自贸试验区相应管理权限，建立自贸试验区"一章"审批管理机制。

二是推动产业链与供应链深度合作。湖南通过优质技术转移和优质产业升级，帮助非洲国家提升产业水平，形成产业链的互补与协同。加强在基础设施建设、制造业、农业等领域的合作，共同打造具有国际竞争力的产业集群。着力推进中非经贸深度合作先行核心区建设，将浏阳中非经贸产业园、湖南红星国际农产品流通产业园以特殊功能区的定位纳入中国（湖南）自由贸易试验区的范围，与核心区的高桥大市场实施统筹管理，建设完善中非经贸深度合作数字化服务平台，打造内外贸易、保税加工、仓储物流、线上线下四位一体的全产业链体系。结合长沙智慧国际陆港园区，打造中非经贸合作的新平台，带动区域开放型经济高质量发展新引擎，重点实施"制度开放、产业赋能、互联互通、营商环境、联动创新"五大迭代提升工程，完善"商务、港务、关务"功能，为贸易（新型易货贸易）、跨境电商、口岸通关、保税加工、仓储物流等业务，提供"人货场链圈""一站式""全链条"服务。构建"枢纽+口岸+节点+通道+平台+产业+生态圈"七大层级发展框架结构。形成工贸互促、产贸融合，国内与国际资源充分利用的双循环的中非经贸深度合作先行新格局。

三是加强人才培养。湖南与对应的非洲友好省市开展联合培训、学术交流等，培养更多具备国际视野和专业能力的经贸人才。设立省级中非经贸合作奖学金和助学金，鼓励非洲青年学生来湖南学习经贸相关专业知识，培养更多了解中国、熟悉中非经贸合作的专业人才。鼓励湖南企业与非洲高校建立合作关系，设立实习基地，为非洲学生提供实践机会，增强实际操作能力。推动湖南与非洲国家在经贸领域的产学研合作，共同研发新技术、新产品，促进科技成果转化和产业化应用。支持在"一带一路"教师成长计划下在湖南引进非洲优秀教师团队，在湖南培养非洲国家教师队伍，提升非洲教师的专业素养和教学能力。

（二）探索改革创新机制模式

一是科学设置自贸试验区管理机制。国家层面在目前国家园区机构设置的基础上，明确中国（湖南）自由贸易试验区的机构规格层级，最大限度地放权赋能。加强对中央部委和湖南地州市的考核评价，制定科学管理的考评办法。建立湖南省级容错纠错机制，出台中国（湖南）自由贸易试验区建设容错纠错实施办法，给改革创新者撑腰鼓劲，营造良好的政治生态环境，激发干部与职员的积极性和创造性。

二是建立数字化平台运作机制。实施湖南对非经贸数字化工程，聚焦湖南与非洲之间的跨境贸易大数据平台建设，解决湖南对非跨境贸易的瓶颈，促进湘非产业发展。实施中非经贸数字化工程，将湖南对非经贸数字化综合服务平台升级为中非经贸服务全国性平台，将平台功能及业务模式推广复制到全国。实施中非经贸一体化工程，将国内成功的跨境贸易数字化整体方案如电子口岸、"单一窗口"、跨境数字化经贸平台等输出给非洲合作伙伴，帮助非洲国家搭建数字化贸易基础设施，全面实现中非贸易全要素、全面数字化互联互通，为人民币国际化等提供载体。搭建中非经贸数字化综合服务平台，打通"关""税""汇"信息互通、互认。搭建中非经贸一站式综合服务平台，实现跨境业务监管部门之间数据共享、业务协同。搭建中非经贸综合金融平台，建立一站式在线支付结算、在线融资、在线保险等跨境服务体系。

（三）创新财税金融与财税支持

一是出台务实可行的金融政策。依据湖南省政府及相关部门出台的支持对非经贸合作金融政策，设立风险补偿基金、优化信贷风险担保机制，降低金融机构对非经贸合作企业的信贷风险，鼓励金融机构加大对非经贸合作企业的信贷投放力度。探索国家在自贸区利用自身新增税收给予一定期限返还的财税机制，支持加快自贸园区建设。探索自贸区根据各自规划、针对特定境外区域、对标国际最高水平的关税减免政策，最大限度降低贸易成本，提升国际竞争力。中央每年根据需要安排一定数量自贸专项债券，给予一定贴息补贴，支持自贸区基础设施建设。支持自贸区建立"一平台两机制"（供应链金融平台、融资担保平台、风险补偿机制），解决外贸项下融资难、融资贵问题，扩大外贸规模。支持创新投融资模式，为"走出去"企业拓宽融资渠道，支持银行机构采用"内保外贷，外保外贷"项目融资等方式，完善人民币清算体系，解决外贸项下资金进出不畅问题。

二是创新融资产品。利用金融科技手段，发布并推广线上融资产品，实现融资申请、审批、放款等流程的线上化、便捷化，提高融资效率。根据湖南省内对非经贸合作各类企业特点，充分发挥中非跨境人民币中心（工商银行湖南分行）服务职能，创新推出定制化的信贷产品，如应收账款融资、订单融资、仓单融资等，满足省内乃至全国企业多样化的融资需求，为中非企业提供跨境结算、融资、投资等一站式金融服务，解决外汇兑换困难问题，降低跨境交易成本。

三是加大对企业的资金支持力度。向湖南的外贸、跨境电商企业提供办公用房租金补助、物流费用补助等支持，降低其运营成本，提升其参与对非经贸合作的竞争力。在湖南培育一批外贸综合服务企业，以此为起点，向湖南乃至全国的对非经贸合作企业提供报关、退税、融资等一站式服务，降低企业运营成本，提高贸易便利化水平。

（四）提升中非贸易便利化程度

一是建立现代化物流体系。完善湖南与非洲国家之间海、陆、空三位一体的物流运输网络，充分利用铁海联运（长沙/株洲—广州南沙—非洲，怀化—北部湾—非洲）、河海联运（岳阳—上海—非洲）、空中货运（长沙—迪拜—非洲）、卡航转运等物流线路，构建区域物流网络。整合非洲关运资源，推动湖南与非洲国家间直通航线的建设。布局非洲海外仓网络，加强对现有海外仓资源的利用，同时注重仓流一体化建设，加强非洲仓与自贸区线上综合服务平台的结合，在非洲新建海外仓，重点培育一批优秀海外仓企业。鼓励湖南省内传统外贸企业、跨境电商和物流企业等参与海外仓建设，提高海外仓数字化、智能化水平，促进中小微企业借船出海，带动国内品牌、双创产品拓展国际市场空间。支持综合运用建设—运营—移交（BOT）、结构化融资等投融资方式多元化投入海外仓建设。

二是探索互联互通新路径。在中非经贸深度合作先行区设立国家级中非经贸技术标准合作中心，探索多样性的中非标准合作机制。在非洲重点国别建设质量基础设施服务站，促进中非质量、检测、认证、标准的互联

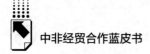
互通。加强标准规制的交流互认，开展标准规制宣传培训。运营好（长沙）中非技术性贸易措施研究评议基地，为中非经贸主体提供全链条标准化服务。

三是建立"易货带投资"的对非贸易机制。研究关于易货贸易的海关报关、外汇结算、税务征收、数据统计等管理规则，在湖南先行构建符合新时期易货贸易发展特点的交易和监管体系。探索中非间包括投资收益换商品、投资处置换商品的"易货带投资"贸易模式，推动湖南与相关非洲国家制定统一交易规则，建立中非易货投资平台，为双方企业贸易投资提供信息、技术、政策等标准化服务。

（五）深化双方交流往来

一是打造双轮驱动新引擎。创建中非经贸深度合作高端智库，为高层决策提供科学依据，为经贸合作提供创新方案，为企业经营提供咨询服务，为中非人才提供教育培训。建立常态化论坛机制，聚焦中非经贸合作核心议题和难题，研讨并提出可行性解决方案。组建中非经贸合作促进会及相关产业联盟，组织整合湖南乃至全国对非合作知名主体共同参与，引导省内知名企业牵头"抱团入非"，带动省内优势富余产能和产业链向非洲境外园区聚集。

二是建设非洲商务领事聚集区。在中国（湖南）自由贸易试验区范围内建设集领事办公、经贸合作、文化交流、专业服务于一体的综合社区，吸引非洲国家在先行区设立领事馆、代表处、商务办事机构、企业总部等。在中非经贸深度合作先行区开展非籍人才签证创新改革试点，建立非洲客商投资带工作的许可证制度。创新建立中非商旅卡制度，打造中非交流往来"管得住、活力强、民心通"的新窗口。

三是用好中非经贸深度合作先行平台。完善鲁班工坊培训机制，创新金芒果电视台宣传手段，实现产贸互促、技术输出、文化交流，力求实现湖南乃至全国对非洲国家全方位的信息对称。完善先行区核心区的非洲国家常设展馆设施，鼓励非洲国家提供更多具有当地特色的手工艺品、农产品、食品等展品，满足消费者的多样化需求。利用先进的展示技术和手段，提升展品的展示效果和观众的参观体验。用好新华社、红网等宣传媒体平台，通过线上线下相结合的方式，加强非洲国家常设展馆的宣传推广，提高展馆的知名度和影响力，促进中非双边深入了解。

四是着力实施"非洲品牌仓"工程。在中非经贸深度合作先行区范围内组织孵化非洲出口企业品牌，包括品牌策划、品牌设计、品牌宣传等，帮助其打造具有市场竞争力的品牌形象；提供定制包装服务，根据产品特性和市场需求设计独特的包装，提升产品的吸引力和附加值。在湖南设立"非洲品牌仓"，作为非洲产品进入中国市场的集散地和展示窗口，培育非洲产品品牌，推动非洲产品在中国市场的销售。拓展市场渠道，包括与电商平台合作、在大型商场设立专柜、举办产品推介会等，增加非洲产品的曝光度和销售量。

五是提升双边文化适应性。加强文化交流，在中非经贸博览会项下举办文化交流活动、艺术展览、音乐会等，增进彼此理解，促进文化尊重。强化语言培训，保障双边在不同语种下的顺畅沟通。支持非洲国家在湖南开办文化交流会，推动中方深入了解非洲国家的历史、传统、宗教、习俗等，理解不同文化下的行为方式和决策逻辑。支持湖南投资企业赴非调研，支持湖南民间组织开展交流活动，如学生互访、旅游合作等，增进双方人民文化互通。

（六）完善风险防控能力

一是组建中非商事调解仲裁中心。在中国（湖南）自由贸易试验区范围内组建中非商事调解仲裁中心，为中非商事主体提供"事前预防、事中调解、事后仲裁"的全链条商事法制服务。引导企业建立健全合规管理体系，加强内部合规培训，增强员工的合规意识和能力，确保企业在非洲市场的合法经营。

二是强化法律研究与领域合作。支持在湖南开展中非法律研究与合作试点，深入研究非洲国家的法律法规、贸易政策、投资环境等，为企业提

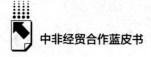

供法律咨询服务，帮助企业了解并遵守当地法律法规，降低法律风险。支持湖南与非洲国家法律界的交流与合作，推动双方签订更多双边或多边贸易投资协定，为经贸合作提供法律保障。利用大数据、AI 等现代信息技术，建立全面的风险评估模型，对中非经贸合作中可能遇到的政治风险、经济风险、市场风险、法律风险等进行定期评估，及时发现潜在风险，并采取应对措施。

参考文献

徐湘平、唐晓阳、郝睿、王泺、张晨希：《关于中非经贸深度合作先行先试的思考与建议》，《国是咨询》2023 年第 5 期。

徐湘平：《自由贸易试验区"改革授权与政策协同"问题研究报告》，《国是咨询》2023 年第 5 期。

湖南省对非经贸合作促进研究会：《全面推进中非经贸深度合作先行核心区建设》，《国是咨询》2023 年第 5 期。

陈细和：《国际替代性贸易结算体系辅助工具之跨境易货贸易》，《国是咨询》2023 年第 5 期。

徐晓华：《论技贸措施和标准化对中非贸易便利化的影响》，《国是咨询》2023 年第 5 期。

邹红艳：《完善对非投资风险防范与应对机制》，《国是咨询》2023 年第 5 期。

杜莹芬：《创新探索中非经贸深度合作新路径》，《国是咨询》2023 年第 10 期。

凌迎兵：《组建中非智库联盟的设想》，《国是咨询》2023 年第 10 期。

徐湘平：《以核心区改革开放建设为突破口 实现中非经贸深度合作先行》，《国是咨询》2023 年第 10 期。

何晓峰、王倩、闫明：《企业汇困风险监测及管理预案研究》，《中国外汇》2024 年第 8 期。

B.16

广东省对非经贸合作发展报告（2025）

计 飞 伊松麒 刘斯达*

摘 要： 作为"一带一路"倡议的重要组成部分，中非经贸合作不仅加深了中国与非洲国家之间的经济联系，还促进了双方在基础设施建设、贸易投资、农业发展、工业化进程以及数字经济等多个领域的合作。本报告概述了广东与非洲经贸合作的起步阶段、发展阶段、成熟阶段等发展历程，特别关注了"一带一路"倡议提出后双边合作的新机遇。当前，粤非合作不断深化，双边关系不断稳固，广东产业发挥了较为充分的竞争力优势，非洲工业化得到快速发展，非洲经济发展潜力巨大。然而，粤非合作中也面临诸多风险挑战，如政策连贯性有待进一步加强、非洲本土化立法的影响复杂、文化与商业习惯差异带来合作新课题等。因此，本报告提出要民企形成合力，重视行业协会的关键性作用；加强信息研判，关注非洲的本土化立法趋势；依托产业园区，助力非洲工业化一体化进程；开展三方合作，合作与经济发展水平相适应；以促进广东与非洲经贸合作的持续发展。

关键词： 粤非合作 产业升级 本土化立法 第三方市场合作

一 广东省与非洲经贸合作发展历程

中非经贸关系历史悠久，作为沿海开放省份，广东很早就开始了与非洲

---

* 计飞，广东外语外贸大学非洲研究院院长助理、副教授、硕士生导师、云山青年学者，研究领域为非洲经济；伊松麒，暨南大学特区港澳经济研究所硕士研究生，研究领域为区域经济；刘斯达，广东外语外贸大学区域国别研究院博士研究生，研究领域为区域国别学。

国家的经贸往来。早在 20 世纪 60 年代前后，创办于广州的中国进出口商品交易会（广交会）每年吸引包括非洲国家在内的全球参展商相聚洽谈，共同发展。这些在广东与非洲之间频繁往来的商人，利用铁路、海运和航运等现代交通手段，在双方之间搭建起了一座文化与经贸交流的桥梁。港口内繁忙的贸易活动，不仅反映了粤非两地经济的强劲活力，也揭示了非洲正经历着快速且广泛的发展。[①] 广东与非洲的经贸合作（以下简称为粤非经贸合作）具有深厚的历史底蕴，这种互惠型的合作关系随着时间的推移不断加强。我国实施改革开放后，粤非经贸合作的发展历程可以大致分为起步阶段、发展阶段和成熟阶段。

（一）粤非经贸合作起步阶段（20世纪80年代~90年代末）

改革开放以来，中国在与西方国家建立起更紧密经贸关系的同时，也加强了与非洲国家的友好合作。这一时期，中国主动调整了对外政策，中非关系变得更加务实。特别是在经济合作方面，在提供必要的援助的同时，强调要量力而行和互惠互利。[②] 中非关系进入快速发展时期，中国对非出口迅速增长，中国在非洲的劳务合作和承包工程营业额超过 25 亿美元。中国政府一贯重视对非关系，将对非经贸合作确定为外经贸战略的重点之一，采取了一系列强有力的措施，极大地促进了中非双边合作。截至 1999 年，中非年均贸易额已攀升至 64.8 亿美元。[③] 作为改革开放的排头兵、先行地、实验区，广东积极响应国家政策，并逐步以"三来一补"等形式与全球经济体建立起联系，为粤非经贸合作后续发展奠定了基础。

贸易关系方面，广东通过出口纺织品、轻工业产品等与非洲国家开展经贸往来。与此同时，中非政府间官员互访增多，双边政治互信不断增强，促

---

① 梁立俊、林孝文：《粤非贸易往来 40 年》，载《中非合作·广东在行动（全 3 册）》，社会科学文献出版社，2020。
② 张郁慧：《中国对外援助研究（1950~2010）》，九州出版社，2012。
③ 《"四步走"见证中非建交 50 年 友谊历久弥坚》，人民网，2014 年 5 月 5 日，http://politics.people.com.cn/n/2014/0505/c1001-24973898.html。

进了广东企业对非洲市场的兴趣和布局。当然，由于此时粤非经贸关系还处于早期阶段，粤非贸易规模整体较为有限，主要以商品贸易为主，广东向非洲出口日用消费品和各类工业制成品，非洲向广东出口石油天然气、矿产资源等。

工程建设方面，在互利共赢的原则下，广东开始在非洲承接各类工程项目、开展劳务合作。改革开放初期，广东在非工程主要涉及此前对非洲援建项目的后续维修，如广东援建的布昂扎水电站及高压变电站项目等。1982~1992年，广东承包刚果（布）工程的合同达67项，占对非洲工程承包合同总量的65.7%。这些早期项目不仅赢得了受援国对广东的认同，而且为广东企业在非洲开展承包工程积累了大量前期经验，为后续开展更高层次的双边经贸合作奠定了良好的基础。[①]

（二）粤非经贸合作发展阶段（2000~2012年）

进入21世纪，中国与非洲国家的关系持续升温，粤非经贸合作得到进一步发展。2000年，中国首次把"走出去"战略提升到"关系我国发展全局和前途的重大战略之举"的高度。为进一步加强中国与非洲国家在新形势下的友好合作，共同应对全球化过程中的现实挑战，在中非双方共同倡议下，2000年，中非合作论坛在北京举行，讨论新形势下如何进一步加强中非在经贸等领域的合作，是会议的重要议题之一。会议通过了《中非合作论坛北京宣言》和《中非经济和社会发展合作纲领》。2001年，中国正式加入世界贸易组织，标志着我国对外开放进入一个新阶段。广东企业善于参与全球竞争，充分利用好国外和国内两种资源、两个市场。在"走出去"过程中顺应了经济全球化、多元化的发展趋势，在稳步开拓欧美市场的同时，还努力开拓亚洲、非洲、拉丁美洲等发展中国家和地区市场。2001年，非洲通过了"非洲发展新伙伴计划"，为中国与非洲国家发展长期稳定、平等

---

① 《20世纪六七十年代广东省对非洲国家的援助》，中国国史网，2013年4月16日，http://www.hprc.org.cn/gsyj/wjs/gjyz/201304/t20130416_4049206.html。

互利的新型伙伴关系确定了方向，同时也为广东与非洲的合作提供了机制保障和政策支持。

在这一阶段，广东与非洲的贸易额显著增长，广东的机械设备、电子产品和高技术产品逐渐进入非洲市场。广东对非投资领域逐渐扩展，涵盖制造业、建筑业、农业和资源开发等领域。广东省政府与非洲各国相关主管部门签署了一系列合作协议，促进了双方在经贸、科技和教育等领域的深入合作。广东在非洲建立物流网络，金融机构也为中小企业提供融资支持，促进贸易便利化。2000 年，中非贸易额迈上百亿美元台阶，2008 年，突破千亿美元大关，其中中国对非洲出口 508 亿美元，自非洲进口 560 亿美元。2000~2008 年，中非贸易年均增长率高达 33.5%。[①]

2000~2012 年，中非之间的经济和贸易关系呈现明显的互补性特征。非洲拥有丰富的矿产资源、木材和石油等天然资源，这些正是中国快速发展所迫切需要的。与此同时，中国能够向非洲持续提供价格合理、质量优良的日常用品、服装、纺织品以及机电设备等，与非洲国家的经济发展水平和工业化阶段相匹配，极大促进了粤非经贸合作迅速发展。

（三）粤非经贸合作成熟阶段（2013年至今）

2013 年，习近平主席提出共建"一带一路"倡议。非洲是共建"一带一路"的自然延伸，中非经贸合作成果丰硕，双边贸易总额累计超 2 万亿美元，中国始终保持非洲第一大贸易伙伴国地位，非洲也成为中国第三大海外投资市场和第二大海外工程承包市场。中非合作论坛继续发挥着积极作用，2015 年中非合作论坛约翰内斯堡峰会的"十大合作计划"、2018 年中非合作论坛北京峰会的"八大行动"、2021 年中非合作论坛第八届部长级会议的"九项工程"促使中非双方合作不断拓展与深化。

"一带一路"倡议加强了广东与非洲在基础设施、金融和数字经济领域

[①] 《中国与非洲的经贸合作白皮书》，中国政府网，2010 年 12 月 13 日，https：//www.gov.cn/zhengce/2010-12/23/content_2615777.htm。

的合作。此外，粤港澳大湾区的发展为广东与非洲的经贸合作增添了新的活力，尤其是在科技创新和现代服务业方面。十多年来，广东企业积极参与非洲的铁路、公路和港口等基础设施项目建设，促进了非洲的互联互通；同非洲的数字经济合作还涉及电信、电子商务等领域，合作不断深入也推动了非洲的信息化进程；在可再生能源、环保技术和可持续农业等领域，广东与非洲的合作得到加强，顺应了非洲国家日益重视绿色发展的政策转变。

近年来，粤非经贸合作领域更加多元化，由传统的商品贸易、工程建设向数字信息、绿色经济、航空航天、现代金融等领域不断延伸。例如，华为与乌干达企业共同发布该国首个 5G 数字水泥工厂项目，世能集团在非洲的投资从电力扩展到农业渔业，广东新南方青蒿药业股份有限公司的原创药物青蒿素哌喹片热销非洲。截至 2024 年，走进非洲的广东企业已达约 3000 家，遍布 54 个国家的各行各业。[①]

广东还持续推进在非经贸合作区建设，提高对非投资合作水平，在首批建设的 7 个省级境外经贸合作区中，就有 4 个位于非洲。这些合作区成为广东企业在非洲竞争、发展的重要平台，增强了广东企业在非洲的竞争力。截至 2024 年，广东在非洲经贸合作区累计投资 11.7 亿美元，创造产值高达 25.4 亿美元，带动货物进出口 9.7 亿美元，上缴东道国税费 4229 万美元。[②]

二　广东省与非洲经贸合作的发展现状

广东与非洲国家的经贸合作由早期的单向援助型经济关系逐步转变为市场需求引领的高水平经贸关系。在中非双边政治、经济关系不断稳固的背景下，粤非关系已深化为高度互补且紧密相连的经贸伙伴关系。当前，广东与非洲的经贸往来正处于历史最高水平。

---

① 资料来源于广东省商务厅。
② 资料来源于广东省商务厅。

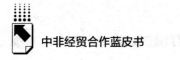

（一）粤非双边关系稳固，双方合作往来日益频繁

自"一带一路"倡议提出以来，广东与非洲国家的经贸合作规模不断扩大，双边经贸关系日渐稳固，人员往来日渐频繁。粤非经贸合作既是中非合作的重要组成部分，也是中非高水平合作的缩影和体现。

1.粤非经贸合作水平较高

中国对非洲的基础设施建设、医疗卫生建设、人力资源培训给予了大力支持，而非洲国家也为中国的现代化与经济发展提供了宝贵的自然资源和原材料。在实现各自经济发展的同时，中非经贸合作也为"全球南方"国家间的合作树立了典范。随着"一带一路"倡议的推进，中非合作前景广阔，双边友好关系和互利合作将持续深化，为构建人类命运共同体贡献力量。

在全球范围内，中国稳居非洲第一大贸易伙伴国地位，而广东居全国对非洲第一大贸易伙伴地位，对非贸易是广东企业的传统强项。2015年，广东发布参与建设"一带一路"的实施方案，在全国范围内率先完成与国家"一带一路"建设规划衔接。近年来，随着粤非贸易进一步发展，贸易便利化水平显著提升。广州海关通过压缩口岸通关时间、优化口岸监管流程、提高口岸信息化水平等举措保障了进出口通关的顺畅。

广东省商务厅数据显示，截至2023年，广东在非洲设立非金融类企业380家，实际投资7.79亿美元。这些企业用优质产品赋能非洲发展，也将人才、技术带到非洲，助力提升当地工业化水平。广东省海关统计数据显示，2000~2023年，粤非贸易规模由143亿元增长至2710.3亿元，年均增长率为13.6%。大宗商品进口成为广东与非洲双边贸易的新亮点。2024年前三季度，广东与非洲进出口贸易额为2025.5亿元，其中出口1575.8亿元，进口449.7亿元。广东自非洲进口铜材92.5亿元，同比增长15.8%；原油35.4亿元，同比增长104.4%；食糖1.6亿元，同比增长18.5倍。广东对非洲出口机电产品995.1亿元，占对非洲出口总值的63.1%。其中，通用机械设备、电脑及零部件、手机出口同比分别增长19.3%、17.7%和12.1%；船舶、汽车、摩托车出口同比分别增长37.9%、157.6%和8.6%。

广东与非洲的经贸合作不仅在数量上取得了显著增长，在质量上也实现了飞跃。①

2. 粤非经贸人文交流频繁

近年来，广东与非洲地区之间的经贸合作热情呈现前所未有的高涨态势。作为中国改革开放的前沿阵地，广东凭借其强大的经济实力、先进的制造业基础和开放的营商环境，成为连接中国与非洲经贸往来的重要桥梁。与此同时，非洲大陆以其丰富的自然资源、广阔的市场潜力以及日益改善的投资环境，吸引着广东乃至整个中国企业的目光。双方政府及企业界携手并进，共同探索互利共赢的合作模式，推动了一系列经贸合作项目的落地实施，谱写了新时代南南合作的新篇章。

粤非互联互通日趋紧密。广州已成为非洲人民进出中国大陆的主要口岸之一。中国南方航空开通的广州与肯尼亚首都内罗毕之间的直航，是中国大陆第一条通向非洲大陆的直航航线。广州港已与非洲各主要港口开通 22 条集装箱班轮航线，并先后与南非德班港、塞内加尔达喀尔港、尼日利亚拉各斯港建立了友好港合作关系。② 除此之外，中国在基础设施互联互通方面的快速发展经验在非洲广受欢迎，例如蒙内铁路和亚吉铁路的运营将推动东非地区新兴经济体的工业化进程。③

粤非人文交流精彩纷呈。在政府层面，广东与 8 个非洲国家缔结了 12 对友城关系，有 11 个非洲国家在广州设立了总领事馆。在民间友好交往层面，广东公共外交协会与 10 个非洲国家的 11 个友好组织签订了友好合作备忘录。在教育层面，中山大学、暨南大学和广东外语外贸大学等高校在非洲相关国家创办孔子学院，推广对外汉语教学，在粤求学的非洲留学生人数逐年增加。

---

① 广东海关统计数据。
② 《推动人文交流深化经贸合作 跑出粤非交流合作"加速度"》，《羊城晚报》2021 年 10 月 8 日。
③ 《携手构建更加紧密的中非命运共同体》，求是网，2018 年 9 月 16 日，http：//www.qstheory. cn/dukan/qs/2018-09/16/c_1123429190. htm。

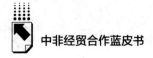

两地政府重视粤非经贸合作，由广东省人民政府、国家开发银行和世界银行联合主办的第二届对非投资论坛于 2016 年 9 月 7 日至 8 日在广州召开。此次论坛是广东省人民政府积极参与多边合作平台建设，深化中非、粤非合作，努力成为参与"21 世纪海上丝绸之路"建设排头兵和主力军的重要举措。2024 年 9 月 7 日，由全国工商联、广东省人民政府、中国银行共同主办的 2024 中非民营经济合作论坛在广东省深圳市召开，来自国内外的 250 余位嘉宾围绕"深化中非务实合作，助推非洲工业化发展"主题，共商合作，共话未来。

（二）广东省产业门类齐全，优势行业颇具竞争力

从 20 世纪 80 年代起，广东因其靠近香港、澳门以及东南亚的优越地理位置，大力发展了以"三来一补"为特点的出口导向型经济。制造业的持续扩张为广东省工业化进程奠定了坚实的基础。《广东省制造业高质量发展"十四五"规划》提出，加快新一代战略性支柱产业发展，高水平打造世界级先进制造业集群。广东已经初步形成了包括新一代电子信息、绿色石化、智能家电、汽车产业、先进材料、现代轻工纺织、软件与信息服务、超高清视频显示、生物医药与健康、现代农业与食品在内的十大战略性产业集群。这些产业集群不仅支撑了广东省经济的稳定发展，而且在国际市场上具有显著的竞争力。

广东企业在非洲的投资活动日益增多，对非投资涵盖了多个领域。广东企业充分利用自身优势产业，积极开拓非洲市场，通过技术转移、人才培养等方式，给予非洲帮助，促进了当地经济发展和社会进步。

广东在与非洲的合作中，为非洲提供了高质量的产品和技术支持，促进了非洲制造业的发展。广东的电子信息产业具有强大的竞争力，包括智能手机、平板电脑、电子元器件等产品的生产和研发。这些产品在非洲市场广受欢迎，为非洲消费者带来了便利和实惠。广东的纺织服装产业历史悠久，拥有完善的产业链和先进的生产技术。在与非洲的合作中，广东企业为非洲提供了物美价廉的纺织品和各类服装，丰富了非洲民众的需求选择。在非洲电

信市场，以华为、中兴等通信企业为核心，与当地运营商共同研发建设信息和通信技术基础设施的全新合作模式。

广东与非洲在产业上具有很强的互补性，这种互补性在经贸合作中得到了充分体现。第一，资源互补。非洲拥有丰富的自然资源，而广东则拥有先进的生产技术和资金。通过经贸合作，广东企业可以利用非洲的资源优势，降低生产成本，提高产品质量和竞争力。同时，广东企业也可以为非洲提供技术支持和资金支持，帮助非洲开发资源，实现可持续发展。第二，市场互补。非洲拥有广阔的市场和潜力巨大的消费需求。广东企业可以利用自身的品牌优势、技术优势和市场经验，进入非洲市场，满足非洲消费者的需求。同时，广东企业也可以从非洲市场获取更多的商机，实现互利共赢。第三，产业互补。广东企业投资非洲的工业园区、产业园区等，为非洲各国政府提供了大量就业岗位和税收收入，广东企业也可以利用非洲的劳动力资源和成本优势，进行产业转移和升级，提高产业竞争力。

（三）粤非携手合作，共促非洲工业化新发展

近年来，非洲国家的工业化水平取得了一定进展。根据非洲开发银行、非盟等机构2022年联合发布的《非洲工业化指数》报告，对52个非洲国家进行评估后发现，37个国家工业化水平在过去11年间获得提升。

非洲国家对经济发展高度重视，各国政府纷纷将工业化作为推动经济增长和实现减贫的重要途径。在非洲工业化进程中，许多国家制定了相应的政策和规划，以促进制造业的发展。

粤非经贸合作在助力非洲工业化方面发挥了重要作用。广东产业优势明显、产业门类齐全，非洲各主权国家推动工业化进程的愿望十分迫切，具备承接广东优势产能的条件，开展粤非经贸合作具有较好的前期基础。广东通过提升企业自主化水平、引导高新技术产业发展、推动结构性改革、确保区域平衡协调发展等多种方式，主动寻求产业结构的转型升级，为推进粤非经贸合作打好坚实的基础。同时，在双方合作过程中，广东还密切关注了对非洲各国的信息研判，充分利用省内民营企业和行业商会具有的灵活性特点，

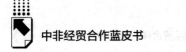
在坚持"竞争中性"的原则下发挥国有企业的关键性作用，依托产业园区等成熟的合作平台，积极参与非洲工业化进程，促进粤非往来，助力企业开展对非经贸投资合作。

在全球能源消费结构转变的背景下，非洲国家亦逐步推动能源转型和绿色发展。来自广东的商品，特别是新能源产品如锂离子蓄电池、光伏产品、电动汽车等"新三样"在非洲市场走俏，成为中非经贸合作提质升级的生动体现。根据广东海关 2024 年的统计，十多年来，粤非双边进出口贸易总额已跃升 15 倍，年均增速接近 30%，广东将继续发挥资金、技术、管理优势，支持粤非企业拓展数字经济、智慧城市、清洁能源、5G 等新业态合作，助力非洲经济转型升级。广东不仅加强了与非洲在工业化领域的合作，还促进了非洲经济一体化的长期愿景，为非洲大陆的可持续发展和现代化建设提供了有力支持。

（四）深挖互补优势，粤非经贸合作潜力巨大

非洲经济的发展潜力巨大，这主要得益于其丰富的自然资源、年轻的人口结构、不断增长的市场需求、技术进步以及区域一体化的发展格局。非洲大陆拥有庞大的劳动力市场和原材料资源。非洲已探明的石油储量仅次于中东和南美洲，约占全球已探明储量的 11.1%。非洲矿产资源十分丰富，其中，金、铬、铂族、锰、钴、铝土矿、磷等矿产资源储量均居全球首位，分别约占世界总储量的 40%、87%、89%、56%、50%、30% 和 62%，金刚石、铀等矿产资源储量位居世界第二。

非洲农产品和森林资源也十分丰富，其中咖啡和可可等热带经济作物的产量在全球范围内占据领先地位，森林覆盖面积则占到了整个非洲大陆总面积的近 20%。非洲地域广阔，正经历着全球最快的人口增长，庞大的人口基数为非洲提供了相对低廉的劳动力资源，这对于劳动密集型产业的发展较为有利。同时，人口的迅速增长预示着非洲市场在未来拥有巨大的消费能力。

非洲国家在营商环境、电力供应、税收透明度、产权保护等方面的商业

指标持续改善，为外来投资提供了良好的政策环境。数字经济的兴起，为非洲大陆的经济增长带来了多样化的推动力，越来越多的行业和部门开始采纳这种迅速且高效的模式，以降低对能源和资源出口的依赖，推动经济结构的转型。这种转变不仅带来了高投资回报，还为非洲各国的经济注入了新的活力，带来新的增长点。

近年来，粤非双边投资保持较好态势，广东企业在非洲的投资合作项目不断增加，涉及基础设施建设、数字经济、绿色发展等多个领域。广东与非洲的产业合作能够充分发挥双方的互补优势，为非洲的工业化进程提供重要助力。广东企业可以将其在制造业、数字技术等领域的技术与经验带到非洲，帮助非洲提升工业化水平。

三 广东省与非洲经贸合作面临的挑战

粤非在双边贸易、基础设施建设、工业化等重点领域的合作已经趋于成熟，并取得了一系列令人瞩目的成效，比如能源项目的成功落地、基础设施的显著改善以及农产品贸易的稳步增长，这些合作不仅促进了广东与非洲国家的经济发展，也加深了两地人民之间的友谊与互信。然而，不容忽视的是，粤非经贸合作仍然面临着一些复杂多变的风险和挑战，这些风险和挑战不仅源自双方内部的发展差异和政策调整，还受到外部环境变化的影响。

（一）政策连贯性有待进一步加强

充分发挥广东的产业优势，促进非洲的产业升级，是粤非经贸合作的核心目标之一，产业政策需要随着经济的动态变化发展而不断修正，针对不同发展阶段的目标予以适当调整，有助于双方产业结构调整，实现产业升级。因此确保政策连贯性，对于粤非双方，特别是非洲国家来说极为重要。

在当前国际经济体系中，非洲国家长期处于全球价值链和产业链的低端位置，难以实现根本性的提升。依靠市场机制自然演变来推动非洲的工业化

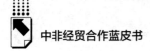

进程，耗时较长且可能性较低。此外，非洲国家的经济发展水平普遍不高，其能够投入产业发展中的资源也相对有限。

面对这样的实际限制，非洲各国必须依靠制定针对性的产业政策来确保资源得到优先分配和有效利用，从而在较短的时间内识别并发展那些具有高增长潜力的产业，以此推动国家的工业化步伐。在产业政策制定之后，各国需要依据市场动态和行业发展趋势，通过建立实时的反馈机制，对现行的产业政策进行必要的调整。

在产业升级过程中政策不连贯，可能导致已经开展的经贸合作项目被迫中断或调整。如果在产业升级过程中频繁调整政策，将影响投资者对投资环境稳定性和可预测性的判断。这种不确定性将给合作带来额外的风险和成本，降低合作信心。特别是在长期合作项目或重大投资项目中，政策的不连贯性可能影响双方的经贸合作进程。

政策的连贯性还关系到民心相通的程度，这是中非经贸合作中的重要一环。政策频繁调整，可能导致合作双方产生不信任感，引发严重的经济损失和信任危机，进而影响双方的民心相通。长期而言，这将对广东与非洲的经贸合作产生负面影响，阻碍双方建立长期稳定的合作关系。

（二）非洲本土化立法的影响复杂

21 世纪初期，非洲国家开始探索本土化立法路径，旨在通过法律框架助力经济发展，被视为扭转不平等与不合理状况的关键举措。

非洲众多国家着手制定一系列针对本土情况的法律法规，尤其聚焦石油天然气、矿产资源、基础设施等领域。这些法规详细且清晰地规定了企业在当地运营时必须遵循的本土化准则。中国企业在非洲的投资活动，恰好聚焦石油天然气、矿产资源开发以及基础设施建设等行业，因此，深入了解并严格遵守非洲本土化法律条文变得尤为重要。

与此同时，国际政治经济环境的不断变化也为非洲带来了新的挑战。多数非洲国家的经济依然严重依赖资源出口，而经济多元化战略的实施往往浅尝辄止，未能触及产业结构的深层次调整。在全球经济繁荣期，依赖初级产品出口带来的丰厚收入让非洲国家缺乏深化改革的紧迫性。但国际形势的不断变化、大宗商品价格的暴跌，使依赖资源出口的非洲国家面临收入锐减、财政困难的困境，进而引发经济与社会的不稳定。为应对这些挑战，非洲国家加快了本土化立法的步伐，旨在缓解社会动荡、减轻就业压力，并促进技术转移与劳动力技能提升，吸引外国投资的同时保障国家利益。

非洲本土化立法在法律层面清晰界定了外国投资者的权利与义务，体现了非洲国家追求资源效益最大化的坚定决心，并与解决当前紧迫问题紧密相连。尽管具体措施表述各异，但普遍涉及增加本土采购、提升雇员本地化比例、增强投资国股权、强化企业社会责任等方面。这一进程不仅为非洲国家解决现实问题提供了法律支撑，也为广东与非洲的经贸合作营造了一个更为稳定、透明和可预测的法律环境。然而，本土化立法也在一定程度上引发了外资的谨慎，对非洲国家的经济发展产生了复杂影响，构成了粤非经贸合作的新挑战。

非洲国家的本土化立法要求可能增加广东企业在非洲的投资成本，特别是在初期阶段，企业可能需要投入更多资源来满足本土化要求。从合规风险的角度来看，非洲国家的本土化立法涉及多个方面，如就业、采购、技术转让等，且不同国家的具体规定存在差异，给粤非经贸合作带来了挑战。

（三）文化与商业习惯差异带来的合作新课题

在粤非经贸往来中，由于地域、历史等多方面因素，双方在文化与商业习惯上存在一定差异。这些差异体现在商务沟通方式、企业管理模式、商业活动开展流程等多个方面。文化与商业习惯差异若未得到妥善处理，可能在合作初期增加双方相互了解与磨合的时间成本，一定程度上影响合作效率。

首先，文化与商业习惯的差异在合作初期就可能显现。双方在商务沟通中，可能因语言表达习惯、非语言信号理解、谈判风格等方面的差异，造成信息传递不准确或理解偏差。例如，中国企业在商务谈判中通常注重直接表达观点和达成共识，而部分非洲合作伙伴可能更倾向于通过间接沟通和多次

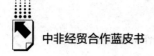
交流来建立信任和达成协议。这种差异若未得到妥善处理，会增加双方相互了解与磨合的时间成本，从而在一定程度上影响合作的效率和进展。

其次，文化与商业习惯的差异在合作项目的执行过程中也可能引发一系列问题。在企业管理模式上，中国企业通常强调效率、标准化和层级管理，而部分非洲企业可能更注重灵活性、人际关系和团队协作。这种管理模式的差异可能在项目实施过程中引发协调困难、决策效率低下等问题。在商业活动开展流程方面，双方对合同条款的理解、项目进度的把控、风险分担机制等也可能存在不同看法。

文化与商业习惯差异处理不当，可能使正在推进的经贸合作项目在执行过程中出现分歧或延误。若不能及时弥合因差异产生的认知偏差，非洲合作伙伴可能对广东企业的合作诚意与运营能力产生疑虑，增加合作的不确定性，进而影响合作信心，尤其在涉及多方协作、长期规划的重大合作项目中，这些差异可能成为阻碍合作顺利推进的因素。

四　广东省与非洲经贸合作发展的对策建议

（一）民企形成合力，重视行业协会的关键性作用

党的二十届三中全会强调，"深化行业协会商会改革，健全社会组织管理制度"。作为政府与市场、企业与社会之间的桥梁和纽带，在非洲大陆的各类行业协会商会在粤非经贸合作过程中，扮演着至关重要的角色。非洲各国的异质性与不确定性为粤非经贸合作增添了诸多变数。以民营企业为核心、根植于非洲本土的民间商会对当地政府机构的运作模式有着更深入的了解，对当地的政策和法规有着更透彻的认识，对当地的社会习俗和风情也有着更精准的把握，这些优势使得它们能够帮助企业在与非洲合作时最大限度地减少风险和不确定性，提升合作的效率。以中非民间商会为例，它与非洲多个国家的政府及海外的协会建立了广泛的联系网络和沟通途径，利用其在各地的办事处等分支机构，为企业提供精确的市场定位服务，迅速传递非洲

的最新动态给那些有意开展非洲业务的企业，迅速回应各方的需求，充分激发企业的参与热情和积极性，帮助企业稳步扩大在非洲的业务版图。

与此同时，民营企业无论是在数量上还是规模上，都是粤非经贸合作中的主力军，依托各层级的中非民间商会，粤非经贸合作取得了令人瞩目的成绩。单一企业对非洲了解有限，赴非投资可能会面临更高的风险。为了优化合作的成效和效率，民营企业应当团结起来，善于利用各类商会和行业协会的资源，实现集体行动和资源共享。这不仅有助于防范与非洲合作过程中可能出现的风险，满足合作需求，还能防止企业间的价格战等不良竞争，维护市场秩序，保障合作的整体利益。

此外，政府在加强对民营企业出海投资时，还可以充分利用驻非洲的外交机构和国家部门，密切关注非洲国家在中国的外交代表机构、非洲国家的贸易和投资管理部门、非洲的区域合作组织以及各种国际机构，促进不同类型企业之间的合作，建立政府、商会和企业间的交流机制，共同推动广东与非洲的经贸合作向前发展。

（二）加强信息研判，关注非洲的本土化立法趋势

在深化广东与非洲的经贸合作策略中，加强信息研判，特别是密切关注非洲的本土化立法趋势，是确保合作稳健前行的关键一环。非洲各国在推进工业化与现代化的同时，其法律体系亦在不断地本土化进程中调整和完善，以适应国家发展的需要。这种本土化立法不仅体现在对传统法律制度的革新上，更在于对新兴经济领域、外商投资、环境保护、劳动权益等方面的法律规制上，这对广东企业在非洲的投资经营活动构成了直接影响。

鉴于非洲大陆环境复杂多变，广东企业在开展对非经贸合作时，必须加强对非洲国家本土化立法动态的监测与分析。这要求企业不仅要关注非洲国家的现行法律法规，更要敏锐捕捉其立法趋势，包括潜在的政策调整、法律修订及新法规的出台等，以便及时调整投资策略，规避风险。粤非经贸合作参与方应充分利用各类信息资源，包括但不限于官方公告、法律专家解读、行业协会报告及国际法律数据库等，构建全方位的信息收集与分析体系。同

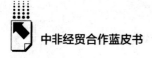

时，加强与非洲国家法律界、商界及政府部门的沟通与交流，通过定期举办法律研讨会、设立法律咨询服务窗口等方式，提升企业对非洲法律环境的认知与适应能力。

（三）依托产业园区，助力非洲工业化一体化进程

非洲大陆拥有丰富的自然资源、广阔的市场潜力以及亟待发展的工业基础，而广东则拥有先进的制造业技术、丰富的管理经验以及雄厚的资金支持，双方合作潜力巨大。通过共建产业园区，不仅能够促进广东企业集群式"走出去"，还能有效带动非洲当地产业升级，加速其工业化进程。

在粤非经贸合作中，通过经济特区的建设，可以有效降低经营风险，同时创造就业、吸引外资，并推动当地经济发展。区内企业通过参与当地经济活动，与本土企业建立联系，促进产业协同，有助于构建产业和产品的价值链。

在未来的粤非经贸合作中，需要明确经济特区的角色和功能。中国企业在非洲建设特区时应注重园区的特色定位，避免同质化竞争，提高效率，确保特区对非洲工业化进程产生积极影响。

（四）开展三方合作，合作与经济发展水平相适应

开展三方合作，确保合作与经济发展水平相适应，是提升合作质量、实现共赢发展的重要途径。非洲国家虽在经济发展阶段、资源禀赋、产业结构等方面存在差异，但普遍面临着加快工业化、提升产业竞争力的共同需求。广东作为中国经济发展的重要引擎，拥有资金、技术、管理等多方面的优势，与非洲国家的合作潜力巨大。

广东在与非洲国家开展经贸合作时，应注重与当地经济发展阶段相匹配，避免"一刀切"的合作模式。通过引入第三方合作伙伴，如国际组织、跨国公司或专业机构，可以更加精准地对接非洲国家的实际需求，为非洲国家的基础设施建设提供融资支持，共同开发非洲的自然资源，提供更具针对性的技术支持、资金援助和人才培训，推动当地产业链的延伸和升级。同

时，三方合作还能有效分散投资风险，提高合作的可持续性。

中国在非洲工业化进程中扮演着多重角色，不仅是参与者，还是支持者，更是推动者。中国可以加强与其他国家的基建合作，构建合作机制和平台，共同促进高质量发展。此外，中国可以考虑邀请世界银行、国际货币基金组织等国际组织参与非洲基建项目，利用这些平台将中国的合法权益与非洲国家的需求相结合，提升项目的国际形象，赢得非洲国家和民众的认可。

参考文献

姜璐：《中非发展合作的可持续推进路径探索——基于发展中国家自主性的视角》，《国际经济评论》2024 年第 6 期。

罗建波、李伊：《当前非洲对中非合作的认识与期待》，《当代中国与世界》2024 年第 4 期。

赵晨光：《"一带一路"国际合作高峰论坛机制化建设的特征与进路》，《西亚非洲》2025 年第 1 期。

Cheng Han, Mawdsley Emma, Liu Weidong, "Reading the Forum on China-Africa Cooperation (2000–2021): geoeconomics, governance, and embedding 'creative involvement'," *Area Development and Policy* (2023).

Kyirewiah Francis Kwesi, Xiaolong Zou, "20 – Years of China – Africa Cooperation: Processes, Developments and Achievements," *Journal of African Foreign Affairs* (2022).

B.17
浙江省对非经贸合作发展报告（2025）

张钱江　赵浩兴　周霄飞*

摘　要： 浙非经贸合作近年来进步显著，本报告归纳了浙非经贸合作的发展历程，分析了现状，介绍了浙江与非洲的贸易合作规模、结构，对非投资的领域和项目。报告对产业合作新特点作了呈现，特别是在数字经济、绿色能源方面的突破，也包括传统产业合作的新进展、浙江与非洲经贸合作的开放机制与平台服务亮点。报告列举了浙非合作的典型案例如正泰新能源、华友钴业、杭萧钢构等。报告同时也指出浙非经贸所面临的挑战，如非关税壁垒与价值链短板；投资风险叠加；外部竞争加剧等。为应对挑战，报告提出开拓新型经贸投资领域，提升浙非供应链独立性；加快布局建设浙江在非经贸合作区；抢抓数字化改革机遇，加强浙非数字贸易互利合作；推动政治互信，优化开放布局，完善体制机制，拓展浙非经贸合作平台载体等对策建议。

关键词： 经贸合作　数字经济　绿色能源　金融服务

在全球经济结构重组，保护主义上升、地缘冲突动荡频发的国际环

---

* 张钱江，浙江省人民政府特约研究员，浙江省商务厅原副厅长、浙江省自贸办原副主任，主要研究领域浙江对外开放实践与理论、开发区与自贸区等平台建设、服务贸易、电子商务、数字贸易等；赵浩兴，教授，浙江工商大学中非经贸研究院院长、浙商研究院（中国华商研究院）副院长、杭州电子商务研究院执行院长、浙江现代商贸发展研究院常务副院长；周霄飞，博士，浙江工商大学中非经贸研究院研究员，中国发展战略学研究会专委会成员，浙江省海联会理事，杭州市贸促会（国际商会）评审专家，研究领域为管理学（国际商务）、创新创业、社会资本。

境下，中非经贸合作的战略与模式也在发生重大变革。2024 年 9 月 4 日，中非合作论坛峰会在北京隆重开幕，掀开了中非经贸合作新的历史篇章。

2024 年，非洲经济总体保持稳健。非洲国家通过深化内部改革与加强国际合作，在经济结构转型升级方面取得成效。根据非洲发展银行报告，2024 年非洲大陆平均实际 GDP 增长率为 3.2%，高于 2023 年的 3.0%。预计 2025 年非洲 GDP 增长率将增至 4.1%，超过 3.2% 的世界平均水平。

中非经贸合作对双方经济高质量发展，全球南方协同发展，乃至世界经济的持续健康发展都具有十分重要的意义。2024 年，中非双边关系提质升级，合作持续深化，为中非经济发展带来新机遇。据海关总署统计，2024 年，我国对非洲进出口贸易总额达 2.1 万亿元，同比增长 6.1%。中国与近半数非洲国家贸易额同比增幅超过两位数。浙江是中国对非经贸合作大省，近年来双边贸易持续增长，合作领域与模式多元化，在商品贸易、新基建、跨境电商、医药、新能源和数字化等方面独具浙江特色，为中非经贸发展作出了贡献。

一　浙江省对非经贸合作发展历程

浙江与非洲的经贸合作经历了逐步发展与深化的过程，在不同阶段呈现不同的标志性商业和发展特点。大体可分为早期起步阶段、稳步发展阶段、快速增长阶段。

（一）早期起步阶段（20世纪初）

20 世纪初，浙非经贸合作处于早期起步时期。部分浙江企业与侨商开始尝试进入非洲市场，合作主要涉及一些传统商品的贸易，如轻工业品、农产品等。这个阶段的特点是贸易规模较小，合作形式较为单一，以浙江的商品出口为主，市场开拓处于探索期，企业对非洲市场的了解和参与有限，但为后续发展奠定了基础。

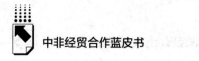

（二）稳步发展阶段（2010~2017年）

2010~2017年，浙非经贸合作稳步发展。特别是继2013年"一带一路"倡议提出后，浙江积极响应，加强了与非洲在基础设施建设、贸易投资等领域的合作力度。如中国巨石在埃及建立了中国在海外首个自主建设的大型玻纤生产基地。越来越多的浙江企业开始关注非洲市场，出口商品种类逐渐丰富，除传统产品外，机电产品等的出口量有所增加。此阶段发展特点是贸易额稳步增长、企业参与度提高、贸易结构开始优化、投资活动逐渐增多、涉及领域不断拓展等。商协会等组织在促进浙非经贸合作方面发挥了一定作用，如提供信息、协调企业间合作等。比如南部非洲浙江总商会、浙江中非经济文化交流中心等组织都比较活跃，牵线搭桥，有力地促进了浙非双边经贸往来。

（三）快速增长阶段（2018年至今）

2018年，中非合作论坛北京峰会后，浙非贸易进入快速增长阶段，现如今浙江已成为全国对非出口第一大省和自非进口第二大省。2024年1~12月，浙江在非洲实际利用外资总额221万美元，合同外资金额达17308万美元。① 众多大型企业项目落地非洲，如万邦德制药集团开启中非协同发展健康产业战略，收购南非医疗器械公司，在国际卫生健康保障方面发挥了重要的作用。正泰新能源在非洲开展多个电力项目，2022年11月，正泰乌干达仪表工厂正式开业；中国巨石在埃及的海外生产基地也得到了快速发展。各类展会平台作用凸显，如2022年举办的中国（浙江）中非经贸论坛集中签约多个重大项目，涵盖工程、投资、贸易等领域；中非经贸博览会升格为省部合作项目，进一步推动浙非经贸合作。电商等新兴业态在浙非贸易中迅速发展，双方在"一带一路"以及中非合作论坛背景下签署诸多电商合作协议，推动"丝路电商"合作，促进双边数字经济发展。

---

① 根据浙江省商务厅内部数据整理所得。

现阶段浙非贸易规模持续扩大，在全国对非经贸格局中的地位显著提升，投资规模大幅攀升，合作领域更加多元化，涵盖医疗、新能源、玻纤制造等多个行业。创新合作模式不断涌现，如万邦德制药集团的"两国双园"模式、中国巨石的海外生产基地建设与本土化发展模式等。政策支持力度加大，政府积极引导企业参与对非经贸合作，同时注重加强双方在文化、教育等领域的交流，推动全方位合作。

二　浙江省对非经贸合作发展现状

（一）浙江省与非洲的贸易合作

1. 浙江与非洲的贸易规模

近年来，浙江省与非洲的贸易规模呈现持续增长的态势。如表1、图1所示，2022年，浙非贸易额达502.00亿美元，约占全国对非贸易额（约2820亿美元）的18%，出口额396亿美元，占全国（约1642亿美元）的24%。2023年浙非贸易额进一步增长至539.00亿美元，占全国对非贸易额的近五分之一。2024年，浙非贸易额为570亿美元，同比增长5.8%。其中，进口125.4亿美元，出口444.6亿美元。展现出强劲的发展势头。

从历年数据来看，贸易额逐年递增，增速较为可观。2021~2024年，浙非贸易额不断攀升，即使在全球经济环境复杂多变的情况下，依然保持着相对稳定的增长，反映出浙非经贸合作的韧性和潜力。

表1　2021~2024年浙非贸易总额

单位：亿美元，%

年份	贸易额	同比增长
2021	428.00	25.7
2022	502.00	17.3
2023	539.00	7.4
2024	570.00	5.8

资料来源：根据浙江省商务厅内部数据整理所得。

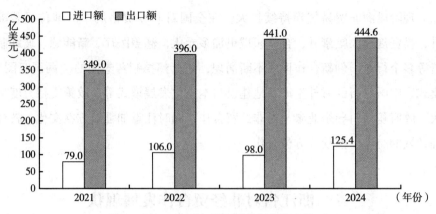

图1 2021~2024年浙江对非洲进出口情况

资料来源：根据浙江省商务厅内部数据整理所得。

2. 浙江与非洲的贸易结构

出口商品多元化且优势明显。浙江对非洲出口商品种类丰富多样，涵盖了多个领域。其中，纺织纱线、织物及其制品、成品油、电工器材、服装及衣着附件和钢材等是主要出口品类。以机电产品为例，其在对非出口中占据重要地位，且新能源汽车、锂电池、光伏产品等新兴产品的出口增长迅猛，2023年新能源汽车、锂电池、光伏产品对非出口同比分别大幅增长291%、109%、57%，体现了浙江制造业在非洲市场的竞争力和适应性。2024年，浙江对非洲贸易增速放缓但韧性凸显。出口非洲444.6亿美元，出口以机电产品、纺织服装、日用品为主，结构"三升一降"，即机电产品、新能源产品、农业机械上升，传统纺织品下降。出口高附加值化，即新能源汽车零部件、光伏组件等高技术产品占比提升。①

进口资源类产品占比较大。自非进口的商品主要集中在未锻轧铜及铜材、金属矿及矿砂、原油、木及其制品、干鲜瓜果及坚果等资源类和农产品领域。2024年钴、锂等新能源矿产进口激增，鲜食牛油果、腰果等农产品进口量翻番。这些进口商品满足了浙江相关产业的原料需求，同时也反映了

① 根据浙江省商务厅内部数据整理所得。

双方在资源和产业结构上的互补性。

3. 浙江与非洲的贸易模式

传统贸易与新兴电商协同发展。传统贸易模式在浙非经贸合作中依然占据重要地位，包括一般贸易、加工贸易等。同时，随着互联网技术的发展，跨境电商等新兴贸易模式迅速崛起。双方签署了一系列电子商务合作协议，推动了"丝路电商"合作，众多浙江企业通过电商平台将产品销往非洲，促进了贸易便利化和市场拓展。

市场采购贸易独具特色。浙江的市场采购贸易模式在对非贸易中发挥了积极作用，例如义乌等地的市场采购贸易，为非洲采购商提供了丰富多样、小批量、多品种的商品选择，适应了非洲市场多样化的需求特点，通过集聚众多中小微企业的商品资源，形成了强大的市场辐射能力，有效促进了浙非经贸合作的发展。

（二）浙江省与非洲的投资合作

1. 浙江对非洲投资的规模

浙江对非洲的投资规模整体呈现波动上升的趋势。2022年，浙江对非洲投资企业达13家，对外投资备案额为7.84亿美元，同比增长96.2%。2024年1~11月，浙江对非洲对外投资备案额为53501万美元，同比增长264%，对非洲境外投资企业为29家。截至2024年4月，浙江在非洲累计投资575家企业（机构）。尽管在某些年份投资增速有所波动，但长期来看，投资规模不断扩大，反映出浙江企业对非洲市场的持续关注和信心。

基础设施建设需求方面，非洲国家在交通、能源、通信等基础设施领域存在巨大缺口，如公路密度低、电力供应不足等。这为浙江企业提供了广阔的投资空间，正泰新能源在埃及参与电力项目建设，包括主干电网、跨国联网项目以及屋顶光伏项目，其输变电产品覆盖了非洲20多个国家，满足了当地对电力基础设施建设和改善的迫切需求。消费市场增长潜力方面，非洲人口众多且年轻，消费市场处于快速发展阶段。随着城市化进程的加速、经济增长和收入水平的提升，以及移动互联网的普及，非洲消费者对各类产品

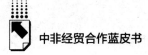

的需求不断增加。浙江的机电产品、轻工业品等在非洲市场广受欢迎，如贝宁中国经济贸易发展中心成为当地居民青睐的"中国小商品市场"，众多宁波企业通过该平台将产品销售到非洲，展示了非洲对浙江各类商品的强劲需求。

2. 浙江对非洲投资的领域

在资源开发领域，浙江企业在非洲积极参与资源开发投资，如华友钴业在非洲投资开发矿产资源，保障了自身原材料的供应，也带动了当地相关产业的发展。通过与非洲国家的资源合作，浙江企业在有色金属冶炼等行业形成了一定的产业优势，促进了双方在资源领域的互补。

在产业领域，制造业是浙江对非投资的重要领域之一。例如正泰集团在埃及投资建设工厂，生产电气产品，不仅满足了当地市场的需求，还将产品出口到周边地区。中国巨石在埃及建立玻纤生产基地，填补了非洲玻纤行业技术的空白，推动了当地玻纤产业的发展，同时也为浙江企业拓展海外市场提供了新的空间。

随着非洲经济的发展和市场需求的变化，浙江企业在数字经济、新能源等新兴产业领域的投资也开始逐渐增加。一些企业在非洲探索开展数字基础设施建设、新能源项目开发等投资活动，如正泰集团西非光伏电站、华友钴业刚果（金）锂矿加工项目落地，阿里云在肯尼亚建设首个非洲数据中心，传化智联布局智能物流网络等。尽管目前规模相对较小，但展现出了良好的发展前景，顺应了全球产业发展趋势，也为非洲的产业升级注入了新动力。

3. 浙江对非洲投资的项目

（1）大型企业主导的重点项目

表 2　大型企业主导的重点项目

项目	内容
正泰新能源埃及电力项目	2016 年筹建埃及工厂生产低压开关柜，打造中东、非洲最佳低压系统解决方案，参与埃及阿斯旺光伏电站项目，承包 165.5 兆瓦光伏电站建设工作，提供近 50% 光伏面板，项目总投资 187.71 百万美元，占地面积约 225 公顷，年发电量 3.86 亿 kWh

项目	内容
中国巨石埃及玻纤项目	2012 年在埃及苏伊士经济特区设立巨石埃及玻璃纤维股份有限公司,建设年产 20 万吨玻璃纤维池窑拉丝生产线,后经多期建设总产能达 34 万吨。填补非洲玻纤行业技术空白,带动当地上下游产业发展,创造大量就业机会
华友钴业矿产资源开发项目	在非洲投资开发矿产资源,集中于有色金属冶炼和压延加工业,形成产业优势,保障原材料供应,带动当地相关配套产业发展。公司设立的全资子公司刚果东方国际矿业简易股份有限公司累计投资达 4.6 亿美元,建成 6 条主要钴铜矿生产线并持续稳定运行
贝宁中国经济贸易发展中心项目	由浙江天时国际经济技术合作有限公司投资建设,投资约 1300 万美金,贝宁政府免费提供建设用地。2008 年建成运营,设有展厅等设施,举办贝宁(西非)中国商品展,开展线上商务洽谈活动,推动农产品出口,促进城市交往和职业交流等
万邦德制药集团医疗产业项目	2016 年收购南非特迈克公司(南部非洲最大规模医疗设备代理销售和维保服务商)和爱力特公司(从事人体骨科植入器械研发、生产、销售等)。在浙江温岭建成中非国际医药产业合作园,形成集约化制造能力。规划建设南非伯格斯堡工贸智慧小镇

资料来源：根据浙江省商务厅内部数据整理所得。

（2）多元化的中小企业投资项目

除了大型企业的重点项目,众多浙江中小企业也在非洲开展了各类投资项目。一些中小企业在非洲投资建厂,生产服装、鞋类、塑料制品等轻工业产品,满足当地市场需求,同时也利用非洲的劳动力成本优势和市场潜力,拓展自身业务。还有部分企业在非洲开展农业投资项目,如种植经济作物、发展农产品加工等,促进了非洲农业的发展和农产品的出口。这些中小企业投资项目虽然单个规模相对较小,但数量众多、分布广泛,在推动浙非投资合作多元化、促进非洲当地经济发展和就业等方面发挥了不可或缺的作用。

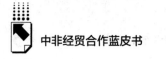

（三）浙江省与非洲的产业合作

2024 年浙非经贸产业合作呈现新特点。首先，贸易合作结构性升级与新兴赛道崛起，总量稳中有进，动能转换加速。数字贸易成为核心增量，投资合作从"单点突破"向"生态共建"发展，投资领域向高价值环节延伸。其次，合作模式创新迭代。比如"技术换资源"模式，浙江环保企业以固废处理技术换取南非铂矿开采权；"飞地经济"探索，嘉兴与埃及共建中埃·曼凯纺织产业园，实现产业链跨境闭环。另外，在政策协同与机制建设方面取得突破，省级政策精准加码。浙江设立"丝路领航"对非专项基金，首批重点支持新能源、农业项目；全国首个"民营企业对非投资合规指引"在杭州发布，覆盖劳工、环保等 12 个风险点；在地方实践创新上，金华试点"市场采购+中欧班列"非洲专列，单柜物流成本降低；湖州建立全国首个对非绿色贸易认证中心，推动光伏组件出口碳足迹追溯。

1. 浙江与非洲数字经济产业的合作

浙江在数字经济领域具有显著优势，积极与非洲开展合作，推动非洲数字经济发展。虽然目前双方数字贸易总体规模相较于传统贸易较小，但增长潜力巨大。例如，近年来中国跨境电商交易额逐年稳步增加，非洲电商市场规模也呈现快速增长趋势，2022 年非洲电商市场规模达到 220 亿美元。2024年浙非数字贸易已成为核心增量，杭州、宁波跨境电商综试区对非订单占比攀升，Temu、SHEIN 等平台带动"小单快反"模式普及。非洲本土电商 Jumia、Konga 与浙江供应链深度绑定，义乌"非洲专线"物流时效缩短至 15 天。

电商平台的建设与合作。双方签署了诸多电商合作协议，推动"丝路电商"合作。如中国和塞内加尔在 2021 年签署电子商务合作谅解备忘录，促进双方特色产品进出口及新技术交流。浙江企业积极参与非洲电商市场，构建 B2B 跨境电子商务一站式服务平台，为非洲消费者提供更多元化的购物渠道，也为浙江商品拓展非洲市场。

数字基础设施建设助力。浙江企业在非洲参与数字基础设施建设项目，如在非洲一些国家进行通信技术设备的铺设和网络建设，提升了非洲地区的互联网覆盖率和通信质量，为数字经济发展奠定了基础。此外，浙江企业还在数据中心建设等方面有所布局，推动非洲数字经济基础设施不断完善。

数字人才培养合作。通过产教融合等方式支持高校培养非洲留学生，如杭州师范大学等高校为非洲培养电商人才，重点培养外语主播等，为非洲数字经济发展提供了人才支撑。同时，像"拉非客"计划等项目也在一定程度上为非洲青年提供了数字经济领域的培训和实践机会，提升了非洲当地的数字经济从业水平。

2. 浙江与非洲绿色能源产业的合作

随着全球对清洁能源需求的增加以及非洲国家自身发展需求，浙非的绿色能源产业合作日益密切，合作规模不断扩大。以光伏产业为例，中国企业在非洲的光伏项目投资持续增长，正泰新能源于 2015~2024 年在非洲多个国家开展了屋顶光伏项目和大型光伏电站建设项目。

大型光伏电站建设。正泰新能源参与承建的埃及阿斯旺光伏电站是典型代表。该项目承包了 165.5 兆瓦的光伏电站建设工作，为全部项目提供了近 50% 的光伏面板。项目总投资 187.71 百万美元，占地面积约 225 公顷，采用先进技术，年发电量可达到 3.86 亿 kWh，每年可节约标煤 127826 吨，减排大量温室气体和污染物，在推动埃及能源结构改善、治沙增效、造福当地社会以及传播中国光伏技术等方面发挥了重要作用，成为中埃绿色能源合作的典范项目，对当地乃至周边国家的绿色能源发展产生了积极示范效应。

浙江企业在非洲积极推广新能源技术，除光伏领域外，在风能、水能等新能源领域也有所探索。部分企业在非洲开展小型水电项目建设，为当地提供清洁电力，改善当地居民用电状况，同时促进非洲国家能源多元化发展，减少对传统化石能源的依赖，助力非洲实现可持续发展目标。比如，浙江省水利水电勘测设计院承担赞比亚卡夫拉夫塔供水系统项目管理和项目监理工作，正泰新能源集团为赞比亚伊亭皮光伏电站提供光伏组件等。

3. 浙江与非洲传统产业的合作

传统产业一直是浙非经贸合作的重要领域，合作范围广泛且规模较大。在制造业方面，涵盖了多个行业，如纺织、机电、建材等。例如，浙江对非

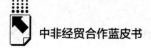

洲出口以纺织纱线、织物及其制品、成品油、电工器材、服装及衣着附件和钢材等为主，自非进口包括未锻轧铜及铜材、金属矿及矿砂、原油、原木及其制品、干鲜瓜果及坚果等商品，反映了双方在传统产业领域的贸易往来密切，产业合作基础深厚。

建筑建材产能合作。作为浙江企业走入非洲的代表，2007年，杭萧钢构就凭借实力承接了安哥拉共和国安哥拉安居家园项目。该项目是安哥拉政府的重点安居工程项目，也是杭萧钢构自主创新研发的钢结构住宅体系成功应用于国际上第一个真正意义上的绿色高层钢结构住宅建筑项目。随后，杭萧钢构又陆续在非洲的埃塞俄比亚和南非等国家承接了钢结构项目，如尼日利亚丹格特炼油厂、刚果（金）卡莫阿铜矿项目、埃塞莫角仓储项目、南非MITTAL还原铁项目等。

资源开发与加工合作。华友钴业在非洲投资开发矿产资源，在有色金属冶炼和压延加工业形成产业优势，保障了自身原材料供应，同时带动了当地资源开发产业及相关配套产业发展，如物流、采矿设备维修等产业，促进了当地就业和经济增长，也提升了浙江企业在全球资源产业链中的地位。华友钴业作为国内钴矿行业龙头，自2006年进入刚果（金）以来，持续稳定运营，为国内制造基地提供了重要的钴资源保障。在公司的环境、社会和治理工作理念和框架下，积极践行项目与所在地区共同开发的理念，致力于务实公益、面向社区和民众。通过有效解决社区关注的难题，华友钴业在扶贫济困、捐资助学、改善民生等方面取得了显著成果，推动了项目所在地区的包容性可持续发展。华友钴业在非洲市场的成功运营不仅树立了中国矿业企业走出去的典范，也为中非合作注入了新的动力。

农业产业合作。双方在农业领域合作不断深化，浙江企业和高校通过投资、技术合作等方式参与非洲农业发展。例如，通过联合设立相关企业从事农产品生产和加工，加强对非洲农业的投资和技术援助，提升了非洲农产品的产量和质量，促进其产业发展水平提高，同时也为浙江市场提供了更多优质农产品资源，实现了互利共赢。如贝宁中国经济贸易发展中心推动了贝宁农产品出口到中国，提升了贝宁农民收入，促进了当地就业增长。在学术合作领域，杭州电子科技大学与东非大学开展联合实验室项目，就智慧农业机械的研发应用进行合作，并与浙江工商大学中非经贸研究院一起举办中非农业合作论坛，推动传统产业的现代化，促进产教融合发展。

（四）浙江省对非经贸合作开放机制与平台服务

1. 中国（浙江）中非经贸论坛

中国（浙江）中非经贸论坛已升格为省部合作项目，是一个聚焦中非经贸与文化合作的重要平台。其主要功能包括促进浙非企业间的交流与合作，推动双方在贸易、投资、产业对接等多领域的深入洽谈，为企业提供市场拓展、项目合作、信息共享的机会，致力于深化中非经贸文化合作交流。

项目签约成果丰硕。在 2022 年举办的论坛上，集中签约 26 个浙非合作重大项目，签约总金额高达 579.78 亿元，涵盖工程、投资、贸易等多个关键领域。这些项目的签约有力地促成了浙企开展对非跨国业务，在基础设施建设、能源开发、制造业投资等方面为浙非合作奠定了坚实基础，推动了双方在实体经济领域的深度合作。

特色活动深化交流。论坛期间举办了 20 场主题鲜明的特色活动，吸引了众多中非政府官员、企业代表、专家学者等参与。这些活动为双方提供了深入探讨合作机遇、解决合作中面临的问题的平台，进一步增进了双方的了解与信任，促进了中非经贸文化合作在更广泛的领域和更深层次的开展，提升了浙江在中非经贸合作中的影响力和引领作用。

2. 中非桥跨境贸易服务平台（中非桥）

中非桥（China-Africa Bridge）总部设立在杭州浙商大创业园，自 2016 年成立以来，中非桥团队以"搭建中非贸易服务桥梁，打造中非青年创客平台""赋能中非青年创业发展"为使命，开展了中非经贸智库咨询、商贸服务、创客孵化、品牌营销等一系列专业化服务。目前已经帮助了超过 3000 名非洲青年成长。以"非洲好物"为系统的中国品牌出海非洲工程已推动了超过 100 家中国企业和品牌走进南非、尼日利亚等多个非洲国家；"非洲好物"营销计划也已成功实践 5 年。中非桥学院派的服务模式和实战

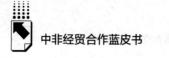

派的务实落地，得到国内外中非经贸界的关注和认可。

3. 华立摩洛哥（北非）工业园

华立摩洛哥（北非）工业园位于摩洛哥，是浙江在非洲建设的重要产业园区。园区特色在于其完善的基础设施和配套服务，为入驻企业提供了良好的生产经营环境。它以制造业为核心产业定位，吸引了众多相关企业入驻，形成了产业集聚效应，涵盖了多个行业领域，能够为企业提供从生产到销售的一站式服务。

吸引了包括新能源、建材、家电等行业的浙江企业入驻。例如，一些新能源企业利用摩洛哥的地理位置优势和政策支持，在园区内投资建设生产基地，生产太阳能光伏产品等；建材企业则借助园区的产业配套和市场辐射能力，将产品销售到北非及周边地区。这些企业在园区内相互协作，共享资源，形成了完整的产业链条，提高了整体竞争力。

入驻企业通过园区平台，更好地拓展了北非及欧洲市场。摩洛哥与欧洲市场距离较近，且具有一定的贸易优惠政策，企业能够利用这些优势，降低产品出口成本，提高产品市场占有率。同时，园区为企业提供了稳定的政策环境和优质的服务，帮助企业解决了在海外投资面临的诸多问题，如行政审批、物流配送、人力资源等，促进了企业在当地的可持续发展，提升了浙江企业在北非乃至欧洲市场的影响力。

4. 贝宁中国经济贸易发展中心

贝宁中国经济贸易发展中心是中国政府经济援助项目，同时也是浙江天时国际经济技术合作有限公司的投资项目。其建设背景源于贝宁丰富的资源（矿产、农产品、森林等）、稳定的社会环境、良好的经济发展潜力（经济增长率高、政府推动改革）、丰富的人口资源（劳动力充沛、市场辐射面广）以及不断改善的营商环境（金融环境宽松、政策优惠多）。

该中心为当地居民提供了一个集商业、文化、娱乐于一体的综合性服务平台，设有展厅、仓库、办公室、住宿等设施。其运营模式具有多元化特点，承担了推动中国企业投资贝宁、参与当地国际招标、举办展览会、中国商品保税存储和批量分拨等任务，同时还提供融资平台、贸易平台和投资平台三大平台，为中国企业在西非扩展业务提供了全方位的支持和保障。

自投入运营以来，在促进中贝双方的经济、贸易投资、职业教育、城市和文化发展等方面发挥了重要作用。例如，通过举办一年一度的贝宁（西非）中国商品展，为中国企业开拓非洲市场提供了展示和销售平台，也为非洲消费者提供了更多优质的中国商品选择；此外，该中心还密切了宁波市和贝宁 COTONOU 市之间的联系，推动了中贝城市交往和友好城市建设，促进了双方在城市管理等领域的经验交流与合作，成为中国企业更广泛参与中贝经贸合作的重要平台，有效绕开了贸易壁垒和风险，为中国企业拓展非洲市场提供了有力支撑。

5. 中坦国家工业园

2021 年 4 月，刚刚上任的坦桑尼亚第 6 任总统萨米娅·苏卢胡·哈桑接见浙籍华侨黄再胜率领的华商代表团，提议建设中坦国家工业园。2021 年 7 月 29 日，中坦克巴哈工业园区有限公司在坦桑尼亚投资中心正式注册。2022 年 3 月，在坦桑尼亚投资工贸部部长见证下，10 平方公里地块正式移交，同年 5 月，中坦国家工业园项目正式启动建设。由"联合建设"承建的中坦国家工业园，是坦桑尼亚首个大规模的工业园区，位于坦桑尼亚经济中心达累斯萨拉姆郊区，距离市中心约 80 公里。占地约 10 平方公里，交通便利，包含货运站、陆地港等。目前标准轨道中央铁路线已铺设完毕，货物可由达累斯萨拉姆海港由铁路直接运输至园区。

中坦国家工业园计划引进 200 多家企业，将创造 10 万个直接就业岗位，30 万~50 万个间接就业岗位。预计园区企业将带动直接投资约 30 亿美元，可创造年产值 60 亿美元。未来，中坦国家工业园项目将成为坦桑尼亚国家级示范区、经济特区、国际区域经济合作区。

三 浙非经贸合作面临的问题

从宏观层面上看，非洲经济增长将保持增长韧性，结构转型也是乐观的，但也要从利好因素与潜在风险进行全面考量，目前也面临不同的挑战和问题。

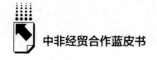

（一）非关税壁垒与价值链短板

从贸易维度看，浙非经贸合作面临非洲市场碎片化加剧与非洲本土产业链配套不足的难题。比如东非共同体（EAC）、西非国家经济共同体（ECOWAS）等地区区域关税壁垒差异扩大，这导致浙江企业要应对不同的市场要求，准入成本上升。另外，非洲本地原材料加工基础能力不足，生产供应短缺，浙江汽车零部件企业不得不从亚洲或其他区域进口半成品，增加了生产成本。

（二）投资风险叠加

从投资维度分析，风险叠加。一是地缘政治风险显性化。尼日尔、苏丹等国产能合作项目因政权更迭陷入停滞，给浙江企业造成不少损失。

二是浙江企业在非洲的本土化能力不足。浙江企业因地域文化习惯等的差异冲突导致管理效率下降，劳资纠纷案件同比往年有所增加。

（三）外部竞争加剧

外部竞争加剧也是浙非经贸合作要面临的挑战。首先，国际资本加速在非洲的布局。比如欧盟"全球门户计划"承诺未来5年对非投资1500亿欧元，重点投资领域与浙江高度重合，特别在新能源和数字经济方面。其次，新兴经济体挤压生存空间。如土耳其纺织业凭借其关税同盟优势抢占北非市场，浙江纺织品在阿尔及利亚的市场份额已受到影响。

四 浙江省深化对非经贸合作的对策建议

（一）深化对非经贸合作，打造高能级开放强省

1. 开拓新型经贸投资领域，提升浙非供应链独立性

一是着力提升对非新兴产业投资领域的关注度。进一步针对浙江以非洲

市场为主的企业开展投资专题培训，发挥浙江外贸龙头企业引领作用，引导企业重点关注绿色农产品深加工、数字经济、建材建筑等新兴产业。二是支持以多元化方式促进对外投资。积极探索"中非+第三方"的合作模式，有效发挥中非双方产业比较优势，大力推动浙江与非洲企业携手共拓非洲市场。鼓励浙江跨境电商、物流企业等在非洲建设海外仓，发挥海外仓境外物流节点作用，提升浙江在非洲市场的货品调度时效。三是大力加强对非供应链合作。推动浙企在制造业、产能合作、基础设施建设等方面加强对非供应链合作。加快推进浙企在埃及、尼日利亚、南非、埃塞俄比亚等非洲主要国家的中国产能本土化布局。

2. 加强对非资源互补，保障浙非产业链完整性

一是深挖非洲新能源汽车市场潜力。进一步加强浙江新能源汽车在中非经贸博览会等平台的参展力度，依托浙江新能源汽车较欧美品牌具有的价格优势，实时掌握非洲国家电动汽车领域相关激励措施的发布动态，大力推进浙江新能源汽车企业进军非洲市场。

二是扩大浙非农产品贸易。进一步加强浙江与非洲国家在农业市场信息、农产品质量认证、农产品展示和推介等方面的合作。通过联合设立相关企业从事农产品生产和加工等，加强对非洲农业投资和技术援助，提升其产业发展水平和农产品出口能力。

三是不断深化浙非金融领域合作。加大数字人民币在非推广力度，推进跨境贸易人民币结算，完善数字支付产业链，提升数字支付系统的完整性和稳定性。强化出口信保支持，扩大短期出口信用保险覆盖面。鼓励浙江金融机构"走出去"，在非洲设立分支机构，搭建金融综合服务平台，丰富汇率汇兑风险对冲产品。创新绿色金融工具，如发行"非洲碳中和债券"，募集资金专项支持光伏电站项目；试点"碳足迹质押贷款"，帮助中小企业降低绿色转型融资成本。鼓励浙江企业积极利用中非发展基金、中非产能合作基金等，分散对非投资资本，降低企业风险。

3. 完善跨境投资服务能力，挖掘智库赋能提效作用

一是优化对非投资服务体系。政府部门、商协会等应携手共建服务平

台，向对非投资企业实时推送政策动态、风险提示和研究报告等。集聚一批跨境投资专业服务机构，围绕法律咨询、金融服务、税务规划等内容，为企业海外投资提供指导和服务。二是完善对非投资监管体系。完善对非投资全口径管理，强化浙江企业对非投资经营行为规范。强化对赴非投资企业的功能监管和综合监管，完善跨界、交叉型金融产品穿透式监管规则。三是健全人才培养服务体系。持续培育在非"丝路学院"，优先建设劳动力培训中心，积极推进政校企合作、产学研共赢，联合培养当地专业技术人才，促进浙非资源整合与共享，提升企业员工本土化率。

4. 实施连横策略，强化风险防范

一是充分发挥浙江"领航企业"引领作用。以设立在非洲的境外经贸合作区为载体，发挥优质企业对产业链上下游企业的引领带动作用，形成以园区为中心的产业集聚效应，使本土企业实现抱团出海、共享渠道、降低风险。二是完善信息咨询与风险预警服务机制。深化"浙企出海"综合服务平台开发建设，以数字化手段为"走出去"企业提供信息资讯、金融产品、项目对接、业务审批等专业服务。加强对非投资风险分析和研判，对在非投资项目进行重点监测，定期发布有关国家和地区安全状况的评估结果，向企业及时提供预警信息。三是持续开展"丝路护航"行动。联合各地为境外投资企业做好服务，引导企业牢固树立底线思维，增强风险防范意识和能力，实现深度参与全球化与防范风险的良性互动。

（二）深化对非经贸合作，拓展浙江发展空间

1. 加快布局建设浙江在非经贸合作区

实践证明，境外经贸合作区是有力推动对外开放提能升级的有效平台与载体。借鉴学习埃及泰达工业园、南非库哈工业园、吉布提经济特区等园区先进经验，在合适的地点，加快在非洲建立浙非境外经贸合作区。面对非洲各国货币贬值的状况，要积极推动在境外园区内采用数字人民币支付试点。与当地政府协商用电、用工、用地、安全保卫等一揽子的优惠政策，营造抱团式对外投资合作发展的氛围，探索多种开发融资渠道，实现浙江企业在非

洲更好发展。

2. 加强浙江海外代表处建设

浙江省驻南非（非洲）商务代表处揭牌后，浙江海外商务代表处已达 7 个。随着出入境限制的放开，双边经贸往来将出现新一轮热潮，风险处置等事务会大量增加，迫切需要加快加强驻外代表处建设。由省级部门牵头，采用省市共建、政企合作等模式，在经费、人员上给予充分保障。在对非合作方面，要发挥浙江省驻南非（非洲）商务代表处作用，借助中国驻非使领馆和经商处、非洲各国驻华使领馆、浙江省在非友好省市、中非民间商会和境外浙江商会、境外投资企业服务联盟等力量，发挥重点企业、重点市县作用，形成对非合作的窗口和高地。

3. 加大跨境服务体系的财政支持

金融、保险、安防、法律、税务、商协会、高校等服务企业对外投资合作的专业机构共同组成跨境服务体系。由于各国国别政策、营商环境和风险等级不同，需要国内跨境服务机构协同企业共同"走出去"，结合当地风险实际做好本地化服务。浙江在非汉卫国际、中非桥、义乌商会、温州商会和浙非服务中心等机构在促进境外合作资源对接、保障境外人员安全等方面发挥了积极作用。随着浙江境外投资规模突破千亿美元，投资遍及全球 152 个国家，亟须发展壮大浙江跨境服务机构，特别是深耕艰苦地区的非洲跨境服务机构。建议给予总部在浙江、服务在非洲的跨境服务机构财政支持，提升其在非投资合作企业的综合保障能力。

4. 大力促进浙江对非洲电商的赋能提升

以人才培训为切入点，把浙江打造成为非洲电商的"黄埔军校"。产教融合支持杭州师范大学等高校培养非洲留学生，利用非洲留学生英语、法语、德语等语言优势和文化背景，重点培养外语主播，扩大非洲电商人才培养规模，为浙江跨境电商输送急需人才。支持在浙非洲青年带着浙江商品和采购渠道回国创业，继续举办"非洲好物"等线上促销活动。鼓励移动支付、云计算等数字服务企业走进非洲，建设电商服务生态圈。

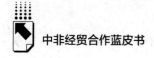

5. 建设"一带一路"非洲站

浙江已经探索设立"一带一路"捷克站和迪拜站，在全球布局了大量海外仓。从实践来看，"一带一路"站点形式具有综合服务功能，但落地较难。海外仓具有专业服务功能，认定条件和政策支持路径较为成熟，目前在非洲较为缺乏。两种载体对于增进浙非经贸往来有重要作用，当地浙江企业也有强烈呼声。建议在卢旺达设立"一带一路"非洲站，在埃及和南非沿海港口布局海外仓。

（三）促进浙非数字合作共迈富裕之路

1. 抢抓数字化改革机遇，加强浙非数字贸易互利合作

浙江应进一步发挥在数字经济和电子商务领域的优势，抢抓数字化改革机遇，扩大数字贸易非洲市场规模，加快建设数字贸易"单一窗口"。鼓励浙江企业积极参与中非数字贸易主题相关论坛活动，与非洲企业在大数据、移动支付、移动办公、人工智能、移动通信、物联网、量子技术等领域深化合作。同非洲国家携手拓展"丝路电商"合作，建立电子商务合作机制，构建灵活便捷的跨境电商供应链体系、人才体系、金融体系、物流体系，鼓励更多浙江企业通过主流电商平台在非洲开展业务。

2. 鼓励浙非在基础设施领域加强合作

打造数字赋能新基建，建设"浙非数字贸易港"，集成关务、税务、物流等一站式服务。落实"一带一路"数字经济国际合作北京倡议，以非洲国家数字经济建设需求为导向，充分发挥浙江数字经济基础设施建设优势，加强浙非在信息基础设施、智慧城市等领域的合作，高质量共建"一带一路"重要枢纽。引导浙江先进制造企业走进非洲，帮助非洲国家建设基站、数据中心、网络光纤等基础设施，共享数字经济红利。引导企业、地方加大对智能电网、智能水务、智能港口等绿色低碳项目的投资力度。

3. 不断深化和创新涉非金融服务

总结数字人民币试点经验，加大数字人民币在非推广力度，推进跨境贸易人民币结算。增加对非本土金融科技企业的投资并购，完善数字支付产业

链，提升数字支付系统的完整性和稳定性。强化出口信保支持，扩大短期出口信用保险覆盖面。完善数字贸易税收监管体系，提高数据监管的科学性和透明度。优化数字金融生态，联合银保监局、金融局等部门开发多跨协同应用场景。搭建金融综合服务平台，鼓励金融机构围绕涉非数字贸易头部企业开展供应链金融服务，助力涉非跨境贸易，提升普惠金融水平。积极推进涉非项目的绿色金融创新，深化国际绿色金融合作。比如支持蚂蚁集团与非洲中央银行合作研发数字货币跨境结算系统。目前浙江设立了"丝路领航"对非专项基金，首批重点支持新能源、农业项目。

4. 加强浙非人文交流

重视浙江数字贸易人才培养，推动建立数字贸易人才孵化基地，构建从普通高等教育到职业教育全覆盖的数字贸易人才培养体系，并组织非洲学者和非洲青年访浙或"云上"研修。进一步推动与智慧非洲等国际组织的交流合作，鼓励与浙江经贸合作关系密切的非洲国家建立友好交流关系。依托浙江省"一带一路"智库合作联盟，发挥浙江师范大学非洲研究院等智库作用，加强省内高校、科研机构、商协会等协同联动，围绕人工智能、数据安全、网络内容创新等议题，聚焦浙非数字贸易、金融科技合作等重点领域开展前瞻性研究，为浙江企业"走进非洲"提供咨询和培训服务。深化人文交流纽带，在浙高校开设斯瓦希里语、豪萨语等专业，定向培养复合型人才；创办"浙非青年创新创业大赛"，孵化跨境电商、文化创意等领域合作项目。

（四）发挥浙江作为对非经贸合作重要平台的作用

1. 推动政治互信，优化开放布局，完善体制机制，拓展浙非合作平台载体

先进的理念和完善的机制是构建地方对外开放合作格局的前提。一要创新开放理念。基于对浙非合作状况的科学评估，进一步优化浙非合作版图，挖掘新增长点，探索构建浙江和非盟等泛非组织、西共体与东非共同体等次区域组织、南非与坦桑尼亚、尼日利亚、埃及等重点国别合作的大格局。二

要拓展新兴领域。加强中非蓝色经济研究与合作，推动 21 世纪海上丝绸之路建设。继续做好宁波舟山港和南非、毛里求斯等国家港口合作，拓展航运线路。鼓励浙企在互联网、大数据、智能安防、智慧城市、智能交通等领域开展对非合作。加强"丝路电商"合作，鼓励通过主流电商平台开展业务交流。三要完善体制机制。实现制度型开放再提升，加速浙江与非洲国家经贸平台建设，打造最优政务、法治、市场、经济生态、人文环境，推动外商在浙投资经营便利化，对浙江涉非企业提供贷款税收等优惠。加大服务领域制度开放力度，构建风险防控制度体系，为浙商国际业务发展提供有力保障。

2. 创新经贸合作，稳固产业集群，发展新型投资，促进浙非强链补链延链

产业合作为全球经济发展注入新动能。一是稳固产业优势。巩固浙江与非洲国家在服装、箱包、机电产品、汽车零配件等传统产业的合作优势，维护重点项目稳步推进与持续运营。支持头部企业拓展非洲业务，鼓励企业加注，推动跨境电商、数字经济、医疗卫生、金融科技、智能制造等新兴产业合作，增强全球影响力。二是发展新型投资。积极发挥中非跨境人民币结算中心（浙江）作用，支持浙非企业通过上市、挂牌、发行债券等方式对接多层次资本市场融资发展。培育浙江跨境电商知名品牌，利用数字技术推动企业加快生产方式与商业模式转型。建设线上企业服务平台，将分散项目联成产业网络，增强企业竞争能力。三是提升"双链"能级。提高通关物流效率，推动国际贸易领域专业服务发展。以"一带一路"综合服务联盟为平台，加强主导产业的产业链供应链体系建设、提升内外贸综合实力、构建重要开放平台、提升企业主体能级，实现双循环战略枢纽地位再提升，推动大宗商品配置能力、物流通达能力、高端要素集聚能力跃升，提升韧性、活力和竞争力。在地方实践创新上，金华已试点"市场采购+中欧班列"非洲专列，单柜物流成本大幅降低。

3. 强化科创动能，发挥数字优势，激发人才活力，倡导浙非绿色可持续发展

科技创新在改善相关国家民生和推动经济社会发展中具有引领支撑作

用。一要高效激发平台机制的潜能活力。完善基础科学研究体系，着力解决科技合作中的关键性科学问题。设立"一号开放工程"对非洲重大攻关专项，揭榜挂帅，加强落地。建立完善的产学研深度融合创新体系，依托非洲超大规模市场，创造有利于科技大规模应用和迭代升级的独特优势，加速科技成果向现实生产力转化。二要深刻把握专业人才的重要地位。依托相关高校建立国际合作实验室，设立人才培养基地，支持与非洲国家开展教育合作，设立涉非高层次人才培养专项，在学科学位点建设、"鲲鹏计划"等人才评选中设置相关通道，全力打造浙非共建"一带一路"的人才"雁阵"。三要有力推进绿色低碳建设进程。培育海洋、航空等新兴产业，探索开通杭州、义乌直飞非洲国家航线，推进浙江与非洲国家海洋科学与蓝色经济合作中心建设和发展。合作建设新型能源体系和新型电力系统，扩大清洁能源产量，促进环保等产业对接，推动中非绿色可持续发展。

参考文献

黄玉沛、孙志娜、张巧文主编《中非产能合作发展报告（2022~2023）》，经济科学出版社，2023。

黄玉沛、孙志娜、李一鸣主编《中非产能合作发展报告（2023~2024）》，经济科学出版社，2024。

附 录
中非经贸合作大事记（2000~2024）

陈 甜*

2000年

10 月 10 日至 12 日　中非合作论坛第一届部长级会议在北京举行，中非合作论坛正式成立。中国和 44 个非洲国家的 80 余名部长、17 个国际和地区组织的代表及部分中非企业界人士出席会议。会议通过了《中非合作论坛北京宣言》和《中非经济和社会发展合作纲领》两个历史性文件，为中国与非洲国家发展长期稳定、平等互利的新型伙伴关系确定了方向。会议期间，中国政府宣布了减免非洲重债穷国和最不发达国家 100 亿元人民币债务和设立"非洲人力资源开发基金"等举措。论坛首次以集体对话形式将中国与非洲国家的关系机制化，成为南南合作的典范。

2001年

1 月 17 日至 20 日　时任国家副主席胡锦涛访问乌干达。中乌双方签署了贸易、经济和技术合作协定以及中国减免乌部分到期债务的协议。

---

* 陈甜，湖南省中非经贸合作促进研究会智库部部长，工程师，研究领域为中非智库合作机制。

2002年

4月13日至18日　时任国家主席江泽民对利比亚、尼日利亚和突尼斯进行国事访问。中国与非洲三国签署了多个合作文件，内容涉及经贸、文化、农业、科技、教育、油气、电信、交通运输等诸多领域，进一步强化了现存的合作机制和成果，开辟了新的合作领域和前景。

5月21日至22日　首届中非知识产权论坛在北京举行。来自中国、非洲国家或非洲地区组织、世界知识产权组织及世界银行、世贸组织等有关国际组织的100多位人士参会。此次论坛是中国和非洲国家在新世纪加强知识产权保护领域交流与合作的一项重要行动。

7月9日至10日　非盟举行第一届首脑会议并宣布非盟正式取代非统组织，总部设在埃塞俄比亚首都亚的斯亚贝巴。非盟成立后，非洲国家间的贸易壁垒逐步降低，市场整合度提高，为中国企业进入非洲市场提供了更便利的条件，推动了中非贸易规模的快速增长。

2003年

4月15日　哈尔滨电气集团有限公司承建的苏丹吉利一期2×206B联合循环电站项目竣工。该项目是中国首个落地非洲的大型电站设备项目。苏丹吉利电站工程的顺利实施，不仅成功带动了中国机电产品的出口，更加深了中苏两国在经贸领域的进一步合作。

12月15日至16日　中非合作论坛第二届部长级会议在埃塞俄比亚首都亚的斯亚贝巴举行，中国和44个非洲国家的70多名部长及部分国际和地区组织的代表参加会议。会议回顾了第一届部长级会议后续行动落实情况，通过了《中非合作论坛—亚的斯亚贝巴行动计划（2004~2006年）》。中国政府宣布在论坛框架下继续增加对非援助，3年内为非洲培养1万名各类人才以及给予非洲部分最不发达国家部分输华商品免关税待遇等举措。

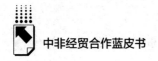

2004年

11月6日 时任全国人大常委会委员长吴邦国在赞比亚视察中国在海外投资经营的第一个大型固体矿山—中赞合资的谦比希铜矿，并出席湿法冶炼厂奠基典礼。谦比希铜矿是中国和非洲国家在新形势下发展互利合作的一个标志性工程，是中国企业实施"走出去"战略的一个成功范例。

2005年

1月1日 为支持非洲国家扩大对华出口，中国政府正式对与中国有外交关系的非洲最不发达国家部分输华商品实施零关税措施。这一举措进一步拓展中非贸易规模，优化贸易结构，实现双方贸易的互利共赢，深化中非经济合作关系。

2006年

11月4日至5日 中非合作论坛第三届部长级会议在北京召开。11月4日至5日，中非合作论坛北京峰会隆重举行。时任国家主席胡锦涛和非洲35位国家元首、6位政府首脑、1位副总统、6位高级代表以及非盟委员会主席科纳雷出席。会议通过了《中非合作论坛北京峰会宣言》和《中非合作论坛—北京行动计划（2007~2009年）》，决定建立和发展政治上平等互信、经济上合作共赢、文化上交流互鉴的中非新型战略伙伴关系。胡锦涛主席代表中国政府宣布了旨在加强中非务实合作、支持非洲国家发展的8项政策措施，包括增加对非援助、提供优惠贷款和优惠出口买方信贷、设立中非发展基金、援建非盟会议中心、免债、免关税、建立经贸合作区、加强人力资源开发以及教育、医疗等领域的合作。

2007年

1月18日　中国援助马达加斯加杂交水稻示范中心项目签署立项换文，这也是首届中非合作论坛决定在非洲建设的 10 个农业技术示范中心中的首个项目。

2月4日　时任国家主席胡锦涛和赞比亚总统姆瓦纳瓦萨共同为中国在非洲建立的第一个贸易合作区——赞比亚-中国经济贸易合作区揭牌，是中非合作论坛北京峰会成果的具体体现，对加强中赞经贸合作、促进当地经济发展等具有重要意义。

6月26日　中国国家开发银行出资并承办的中非发展基金有限公司在北京开业。中非发展基金被认为是目前世界最大的致力于非洲发展的基金。

2008年

1月15日　中非基金第一批向非洲项目投资 9000 多万美元的合作协议在北京举行签字仪式。协议涉及电力、建筑材料、矿业开发等工业基础产业，包括埃塞俄比亚年产 4 万吨玻璃项目、加纳 20 万千瓦燃气电厂、津巴布韦铬铁加工生产项目等。

2009年

11月8日至9日　中非合作论坛第四届部长级会议在埃及沙姆沙伊赫举行。会议主题是：深化中非新型战略伙伴关系，谋求可持续发展。会议审议了中方关于论坛北京峰会后续行动落实情况的报告，通过了《中非合作论坛沙姆沙伊赫宣言》和《中非合作论坛—沙姆沙伊赫行动计划（2010~2012 年）》两个文件，规划了此后 3 年中非在政治、经济、社会、人文等各领域的合作。时任国家总理温家宝在开幕式上代表中国政府宣布了对非合

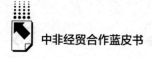

作新 8 项举措，涉及农业、环境保护、促进投资、减免债务、扩大市场准入、应对气候变化、科技合作、医疗、教育、人文交流等方面。

12 月　中国首次成为非洲第一大贸易伙伴国。

2011年

4 月 15 日　中国援建的塞内加尔国家大剧院交接仪式在达喀尔举行。塞内加尔国家大剧院是中塞复交后，中国无偿援塞的最大单体成套项目。

8 月 29 日至 30 日　第一届中非民间论坛在肯尼亚内罗毕举行，来自中国和非洲 19 个国家的 200 名民间组织代表出席论坛。这是中国首次在非洲举办的大型民间论坛活动，也是中国民间组织首次大规模走进非洲并直接与非洲非政府组织进行交流合作。

2012年

7 月 19 日至 20 日　中非合作论坛第五届部长级会议在北京举行。时任国家主席胡锦涛和非洲国家 6 位总统、2 位总理、论坛非方共同主席国埃及总统特使以及联合国秘书长潘基文出席开幕式。来自中国和 50 个非洲国家的外交部长和负责国际经济合作事务的部长或代表以及非盟委员会主席让·平出席。会议主题是"继往开来，开创中非新型战略伙伴关系新局面"。会议审议了中方关于论坛第四届部长会后续行动落实情况的报告，通过了《中非合作论坛第五届部长级会议北京宣言》和《中非合作论坛第五届部长级会议—北京行动计划（2013～2015 年）》两个文件，全面规划了今后 3 年中非关系的发展方向和中非合作的重点领域。胡锦涛主席在开幕式上发表了题为《开创中非新型战略伙伴关系新局面》的重要讲话，代表中国政府宣布了今后 3 年在投融资、援助、非洲一体化、民间交往以及非洲和平与安全等五大领域支持非洲和平发展、加强中非合作的一系列新举措。

2014年

5月22日　中国与非洲开发银行在卢旺达首都基加利签署规模为20亿美元"非洲共同增长基金"。

8月9日　中国政府决定派出3支专家组分赴塞拉利昂、利比里亚、几内亚三国，对当地防控埃博拉疫情进行技术援助。2014~2015年，中国共向13个非洲国家提供了4轮价值约7.5亿元人民币的紧急人道主义援助，是累计提供援助医疗物资最多的国家之一。

2015年

9月20日　由中国中铁公司承建、深圳地铁集团提供运营管理服务的埃塞俄比亚首都亚的斯亚贝巴轻轨正式开通运营。这是埃塞俄比亚乃至撒哈拉以南非洲地区首条现代化城市轻轨。该项目采用中国标准和技术，主要由中方提供融资支持，是中国企业在非洲承建并提供运营管理服务的首个城市轨道交通项目。

12月4日至5日　中非合作论坛第五届部长级会议在约翰内斯堡隆重举行，包括43位国家元首和政府首脑在内的论坛52个成员代表出席。会议由习近平主席和南非总统祖马共同主持，会议主题是"中非携手并进：合作共赢、共同发展"。峰会审议通过了《中非合作论坛约翰内斯堡峰会宣言》和《中非合作论坛—约翰内斯堡行动计划（2016~2018年）》，双方同意将中非新型战略伙伴关系提升为全面战略合作伙伴关系。习近平主席在峰会开幕式上发表题为《开启中非合作共赢、共同发展的新时代》的重要讲话，宣布未来3年中方将着力实施工业化、农业现代化、基础设施、金融、绿色发展、贸易和投资便利化、减贫惠民、公共卫生、人文、和平与安全等"十大合作计划"。

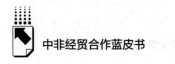

2016年

1月20日至22日　应埃及总统塞西邀请，国家主席习近平对埃及进行国事访问。访问期间，两国元首出席了两国共同庆祝建交60周年纪念活动，宣布启动在埃及举办"中国文化年"及在中国举办"埃及文化年"。两国元首见证了《中华人民共和国和阿拉伯埃及共和国关于加强两国全面战略伙伴关系的五年实施纲要》《中华人民共和国政府和阿拉伯埃及共和国政府关于共同推进丝绸之路经济带和21世纪海上丝绸之路建设的谅解备忘录》以及多项双边合作文件的签署，并共同为中埃苏伊士经贸合作区二期揭牌。

3月17日　中国外交部长王毅与冈比亚外长盖伊在京签署《中华人民共和国和冈比亚伊斯兰共和国关于恢复外交关系的联合公报》，两国自当日起恢复大使级外交关系。

7月29日　中非合作论坛约翰内斯堡峰会成果落实协调人会议在北京举行。论坛52个非方成员100多位部级官员出席。会议审议并通过了《联合声明》，中非双方一致同意秉持"共同发展、集约发展、绿色发展、安全发展、开放发展"五大合作发展理念，为推动落实中非合作论坛约堡峰会成果凝聚了共识。

2017年

1月18日　共建"一带一路"倡议框架下中国在海外与当地政府成立的首个金牌照合资银行—吉布提丝路国际银行正式挂牌营业。

2月24日　中国与南非正式签署《南非冷冻牛肉输华议定书》《中南出入境动物检疫合作谅解备忘录》。两国完成相关准入安排后，南非将成为非洲第一个实现对华牛肉出口贸易的国家，中国也成为南非牛肉最大出口市场。

3月24日至28日　应国家主席习近平邀请，马达加斯加共和国总统埃里·拉乔纳里马曼皮亚尼纳率团访问中国。两国元首见证了《中华人民共和国政府与马达加斯加共和国政府关于共同推进丝绸之路经济带和 21 世纪海上丝绸之路建设的谅解备忘录》以及经贸、基础设施建设等领域双边合作文件的签署。

5 月 31 日　由中国企业承建的肯尼亚蒙内铁路正式通车。此项目是中非"三网一化"和产能合作的标志性工程，也是肯尼亚独立以来最大的基础设施建设工程和《2030 年远景规划》的旗舰项目，是东部非洲铁路网的重要组成部分。

6 月 20 日　埃塞俄比亚首个国家工业园——阿瓦萨工业园正式运营。该工业园由埃塞俄比亚政府主导投资，中国土木工程集团（中土集团）承建，并借鉴中国昆山开发区的管理经验，形成"国家投资、中方承建、代管三年、全国推广"的"埃塞模式"。

8 月 2 日至 7 日　首届中非农业合作与发展高峰会第九十一届赞比亚农业及商业展览会在卢萨卡举行。高峰会围绕中非农业合作主题展开探讨，寻求中非农业领域深度合作，发掘非洲农产品市场商机。

9 月 21 日至 24 日　首届中国-马达加斯加经贸投资博览会在马达加斯加首都塔那那利佛举行，会议主题是：中非合作桥头堡，丝绸之路新港湾。

10 月 30 日　由中国铁建中土集团承建的北非地区最长隧道——阿尔及利亚沿海铁路复线项目甘塔斯隧道正式贯通。"中国方案"成功破解泥灰岩地质施工世界性难题，创造了震惊北非的"中国速度"。

2018年

4 月 10 日　中国北斗卫星导航系统首个海外中心——中阿北斗中心在位于突尼斯的阿拉伯信息通信技术组织总部举行落成揭牌仪式。中心为中国与阿拉伯国家在卫星导航领域提供了一个技术交流的平台，有助于为沿线的基础设施建设、物流运输、能源开发等项目提供精准的定位导航服务，保障项目的顺利实施，促进区域经济的互联互通和共同发展。中刚非洲银行总部大楼落成仪式在布拉柴维尔举行，刚果（布）总统萨苏为大楼剪彩。中刚非洲银行总部大楼的落成启用，标志着中刚两国在金融领域的合作取得了重要成果，为进一步深化中非金融合作奠定了坚实基础。

9月3日至4日 中非合作论坛第七届部长级会议在北京举行。9月3日至4日，中非合作论坛北京峰会隆重举行，国家主席习近平同论坛共同主席国南非总统拉马福萨共同主持峰会。54个论坛非洲成员代表与会，联合国秘书长以及26个国际和非洲地区组织代表应邀出席。峰会主题是：合作共赢，携手构建更加紧密的中非命运共同体。会议通过了《关于构建更加紧密的中非命运共同体的北京宣言》和《中非合作论坛—北京行动计划（2019~2021年）》两个重要成果文件。习近平主席在峰会开幕式上发表题为《携手共命运同心促发展》的主旨讲话，宣布了未来3年将重点实施对非合作"八大行动"。

11月10日 由中国路桥工程有限公司承建的非洲主跨径最大的悬索桥—莫桑比克马普托跨海大桥正式通车。该项目是中莫两国在"一带一路"倡议下合作的重点项目。

11月30日 中国在南部非洲的最大援建项目—津巴布韦新议会大厦开工仪式在首都哈拉雷以西20公里的汉普登山新城举行，项目建成后成为当地的地标性建筑。津巴布韦总统埃默森·姆南加古瓦出席开工仪式。

2019年

1月14日 由中国政府援助、四达时代集团负责承建的"为非洲一万个村落实施收看卫星电视项目"在尼日利亚联邦首都区帕杜纳村举行启用仪式。

3月28日 中国在非洲建设的首家鲁班工坊在吉布提落成启用，吉布提总统盖莱出席见证。该项目实现了中国职业教育标准、模式、装备与方案的整体输出，投入使用后将开启中吉在学历教育与职业培训合作的新篇章，填补吉布提没有高等职业教育层次的空白，并为亚吉铁路项目和吉布提经济社会发展培养所需的技术技能人才。

6月25日　国家主席习近平在北京人民大会堂同来华进行工作访问的乌干达总统穆塞韦尼举行会谈，两国元首一致同意，将中乌关系提升为全面合作伙伴关系。

6月27日至29日　第一届中非经贸博览会在湖南省长沙市举办，吸引了外宾1600余名、内宾5000余名，以及3500余名境内外参展商、采购商和专业观众，规模突破1万人。这是中国对非合作"八大行动"第一大行动的第一条举措，是推动构建更加紧密的中非命运共同体的实际行动。会议期间，中非双方共签署了84项合作文件，涉及非洲20多个国家，涵盖贸易、投资、基础设施、农业、制造业、航空、旅游、友城等领域，总额达208亿美元。

6月28日　国家主席习近平在大阪主持中非领导人会晤。与会领导人就深化中非合作、支持非洲发展和联合国工作、维护多边主义等重大问题交换意见，达成广泛共识。习近平提出三点主张：第一，我们要做共赢发展的先行者，让合作成果更多惠及中非人民。第二，我们要做开放合作的引领者，凝聚支持非洲发展的更强合力。第三，我们要做多边主义的捍卫者，为维护国际秩序作出更大贡献。

12月9日　由中国农业农村部与海南省人民政府共同主办的首届中非农业合作论坛在三亚召开，来自中国和39个非洲国家以及9个国际组织的500余名代表参会。会议通过了《中非农业合作论坛三亚宣言》，成立了中国与非洲联盟农业合作委员会，标志着全面开启了中非农业合作的新征程。

2020年

6月17日　国家主席习近平在北京主持中非团结抗疫特别峰会，并发表题为《团结抗疫共克时艰》的主旨讲话。会议发表《中非团结抗疫特别峰会联合声明》，向国际社会发出中非团结合作的时代强音。

10月　中国与坦桑尼亚签订《坦桑尼亚大豆输华植物检疫要求议定书》，标志着坦桑尼亚大豆可以正式向我国出口。

12 月 9 日 "中非合作与共建'一带一路'"国际研讨会在塞内加尔首都达喀尔举行。与会专家围绕基础建设、经贸合作、工业发展、创新与技术、政策协调和人文交流等议题展开深入研讨和交流，为中非共建"一带一路"高质量发展贡献智慧。

12 月 中国与非洲联盟签署《中华人民共和国政府与非洲联盟关于共同推进"一带一路"建设的合作规划》，这是我国和区域性国际组织签署的第一个共建"一带一路"规划类合作文件。

2021年

1 月 1 日 《非洲大陆自由贸易协定》正式生效。非洲大陆自贸区建设与中国"一带一路"倡议高度契合，都致力于促进贸易畅通、设施联通等，为双方在更大范围、更高水平上开展合作提供了政策对接的基础。

9 月 26 日至 29 日 第二届中非经贸博览会在湖南省长沙市举办，主题是：新起点、新机遇、新作为。博览会共征集到合作项目 569 个，会期内以现场或连线等方式签约 135 个，累计金额 229 亿美元，签约项目的数量和金额均超过首届博览会。

11 月 26 日 国务院新闻办公室发布《新时代的中非合作》白皮书。这是中国政府发布的首部全面介绍中非合作的白皮书。

11 月 29 日至 30 日 中非合作论坛第八届部长级会议在塞内加尔首都达喀尔举行，中国、非洲 53 国和非盟委员会出席会议。习近平主席以视频方式在会议开幕式上发表主旨演讲，提出"中非友好合作精神"，就构建新时代中非命运共同体提出四点主张，宣布中非合作"九项工程"。会议围绕"深化中非伙伴合作，促进可持续发展，构建新时代中非命运共同体"主题，致力于推进中非合作论坛建设，深化中非全面战略合作伙伴关系。会议通过《达喀尔宣言》《达喀尔行动计划（2022~2024 年）》《中非应对气候变化合作宣言》和《中非合作 2035 年愿景》4 份成果文件。

2022年

1月　中国与肯尼亚正式签署肯尼亚鲜食鳄梨（牛油果）输华议定书，肯尼亚成为非洲大陆首个对华出口新鲜牛油果的国家。

3月　由中铁七局武汉公司负责施工的塞内加尔方久尼大桥正式开通。该桥是"塞内加尔振兴计划"中优先重大项目之一，也是中方积极落实中非"十大合作计划"的具体体现。

4月14日　中国与乌干达在乌首都坎帕拉签署经济技术合作协定。

5月21日　由中国水利水电建设集团公司承建的卢旺达那巴龙格河二号水电站项目在卢北方省加肯凯市举行开工仪式。该项目是中国政府支持、中国金融机构出资在卢旺达建设的最大项目，是中非合作论坛2018年北京峰会"八大行动计划"的重点项目之一，它的启动是中卢合作的一个里程碑。

7月3日　由中国企业承建的埃及斋月十日城轻轨铁路通车试运行，是中埃"一带一路"合作旗舰项目之一。

2023年

1月11日　由中国铁建所属中国土木承建的非洲大陆设施完善的第一所全非疾控中心——中国援非盟非洲疾病预防控制中心总部（一期）项目竣工仪式在埃塞俄比亚首都亚的斯亚贝巴隆重举行。项目的竣工，标志着中国在2018年中非合作论坛上提出的"重点援建非洲疾控中心总部项目"的承诺得以兑现。

1月25日　由中国土木工程集团有限公司承建的尼日利亚拉各斯轻轨蓝线项目一期正式通车。它是西非地区首条电气化轻轨，也是拉各斯州有史以来投资规模最大的基建工程。

4月18日至21日　应中国国家主席习近平邀请，加蓬国总统阿里·邦戈·翁丁巴对中国进行国事访问。双方发表《中华人民共和国和加蓬共和国关于建立全面战略合作伙伴关系的联合声明》。

5月24日至29日 应国家主席习近平邀请，刚果民主共和国总统齐塞克迪对中国进行国事访问。26日，习近平主席同齐塞克迪总统举行会谈。会谈后，两国元首共同见证签署投资、绿色经济、数字经济等领域多项双边合作文件。双方发表《中华人民共和国和刚果民主共和国关于建立全面战略合作伙伴关系的联合声明》。

6月29日 马拉维共和国驻长沙总领事馆开馆，这是马拉维共和国在中国开设的第一家总领事馆，也是非洲国家在湖南设立的首家总领事馆。

6月29日至7月2日 第三届中非经贸博览会在湖南省长沙市举办。主题是：共谋发展，共享未来。博览会汇聚外宾达1700人、内宾超1万人，参会规模为历届之最。会议期间签约项目120个、金额103亿美元，发布99个对接合作项目、金额87亿美元，其中11个非洲国家发布74个对接项目，数量为历届之最。集中发布34项合作成果，其中首次发布中非贸易指数。

9月1日 国家主席习近平同来华进行国事访问的贝宁总统塔隆举行会谈。会谈后，两国元首共同见证签署深化共建"一带一路"、绿色发展、数字经济、农业食品、卫生健康等领域多项双边合作文件。双方发表《中华人民共和国和贝宁共和国关于建立战略伙伴关系的联合声明》。

10月15日至21日 应国家主席习近平邀请，埃塞俄比亚总理阿比出席在北京举行的第三届"一带一路"国际合作高峰论坛。其间对中国进行正式访问，两国共同发布《中华人民共和国与埃塞俄比亚联邦民主共和国关于建立全天候战略伙伴关系的联合声明》。

11月10日 中国援建的非洲疾病预防控制中心实验室在埃塞俄比亚首都亚的斯亚贝巴举行揭牌仪式。中国疾病预防控制中心将与非洲疾病预防控制中心持续开展技术合作，进一步融入非洲疾病预防控制中心核心业务领域。

2024年

1月7日　国务院批复同意《中非经贸深度合作先行区建设总体方案》，是中非合作"九项工程"的深化举措，也是落实中非领导人共识的具体行动。方案明确到2035年将中非经贸深度合作先行区基本建成辐射带动作用明显、各方资源广泛汇聚、具有国际竞争力的对非经贸合作平台。

8月12日至16日　"2024非洲-中国-CIMMYT农业科技合作大会暨非洲农业食物系统转型专家咨询会"在肯尼亚内罗毕举办，来自非洲、中国及CIMMYT的众多专家、学者、政策制定者等参与其中，围绕新一代育种技术应用与气候韧性、高效营养健康型作物新品种培育、植物健康管理、高效韧性农业食物系统建立等多个领域进行了深入探讨和交流，明确了非洲国家提高玉米、小麦和旱地作物产量途径和研究领域等合作方向。

9月4日至6日　中非合作论坛北京峰会暨第九届部长级会议在北京召开，会议主题是"携手推进现代化，共筑高水平中非命运共同体"。来自中国和53个非洲国家的国家元首、政府首脑、代表团团长、非洲联盟委员会主席以及外交部长和负责经济合作事务的部长分别出席峰会和部长会议，是中国近年来举办规模最大、外国领导人出席最多的主场外交。习近平主席宣布，中国同所有非洲建交国的双边关系提升到战略关系层面，中非关系整体定位提升至新时代全天候中非命运共同体，提出中非携手推进"六个现代化"，实施中非携手推进现代化十大伙伴行动。峰会通过了《关于共筑新时代全天候中非命运共同体的北京宣言》和《中非合作论坛—北京行动计划（2025~2027）》两个重要成果文件。

致　谢

在"中非经贸合作蓝皮书"付梓之际，我们向所有为本书的策划、研究、撰写和出版付出心血的单位与个人致以最诚挚的感谢。这部凝聚着集体智慧的著作，既是对中非经贸合作历史的阶段性总结，更是各方携手推动中非命运共同体建设的生动注脚。

首先，感谢湖南省中非经贸合作促进研究会与南京邮电大学中非经贸数据科学研究院的战略携手。作为联合研创单位，两家机构以"数据驱动决策、智库服务实践"为宗旨，为蓝皮书的框架设计、数据采集和政策研究提供了坚实的平台支撑。感谢湖南省商务厅的悉心指导，让我们始终紧扣国家战略导向；感谢南京邮电大学在大数据技术与跨学科研究方面的支持，为蓝皮书的量化分析和可视化呈现注入了科技动能。

其次，致敬参与本书撰写的 56 位专家学者。他们来自知名高校、政府部门、智库、科研机构和企业一线，既有深耕非洲研究数十年的资深学者，也有活跃在中非经贸一线的青年才俊。从总报告对中非经贸指数的科学研制，到分报告对农业、新能源、中医药等领域的深度剖析，每一章都凝聚着作者们的严谨调研与智慧结晶。尤其感谢刘仲华院士作为蓝皮书顾问以其渊博的学术造诣、深邃的战略眼光和对中非合作事业的热忱，为蓝皮书的框架设计、核心观点凝练和政策建议打磨提供了高屋建瓴的指导；感谢陈晓红院士拨冗作序，以全球视野点明中非经贸合作的战略价值，为本书赋予了更高的学术站位与时代意义。感谢编委会全体成员，以高度的责任感、专业的学术素养和无私的奉献精神，构筑了这部成果的坚实基石。

感谢所有为本书提供数据支持与实践案例的机构和企业。特别感谢那些在中非经贸一线默默耕耘的企业家和从业者的探索与创新，正是中非合作蓬勃发展的原生动力。感谢社科文献出版社的编辑团队，以专业的学术眼光和精益求精的态度，为本书的体例设计、内容打磨和出版发行付出了大量心血。从提纲的反复推敲到数据图表的精准呈现，每一个细节都彰显着对学术著作的敬畏与追求。

最后，感谢这个伟大的时代。在中非合作论坛、"一带一路"倡议与全球发展倡议的交织共振下，中非经贸合作迎来了前所未有的历史机遇。本书的出版，既是对"真实亲诚"合作理念的践行，也是对构建新型国际发展合作范式的探索。中非经贸合作的深度与广度远超现有研究，书中难免存在不足，恳请学界同仁与企业界朋友批评指正。

志合者，不以山海为远。未来，我们将继续以蓝皮书为纽带，凝聚更多智慧与力量，为中非经贸合作的高质量发展提供前瞻性的研究成果，助力绘就新时代中非命运共同体的壮美画卷。

凌迎兵　徐湘平

2025 年 5 月

Abstract

China is the largest developing country, while Africa is the most concentrated continent in developing nations. China-Africa cooperation has set an exemplary model for peaceful development in human society. Particularly since the establishment of the Forum on China-Africa Cooperation (FOCAC) in 2000, bilateral relations have achieved leapfrog development. The current overall positioning of China-Africa relations has been elevated to a new era of an all-weather China-Africa community with a shared future for the new era, marking a new starting point for China-Africa cooperation. As a crucial component of China-Africa cooperation, China-Africa economic and trade cooperation has continuously deepened, maintained robust vitality, and yielded fruitful outcomes.

"The Blue Book of China-Africa Economic and Trade Cooperation: Report on the Development of China Africa Economic and Trade Cooperation (2025)" includes five parts: overall report, country-specific reports, thematic reports, regional reports, and appendices. The overall report "Report on the Development of China Africa Economic and Trade Cooperation (2025)" focuses on the overall trajectory of bilateral economic and trade cooperation, analyzing its historical evolution, current status, challenges, and countermeasures, thereby providing decision-making references for governments, enterprises, social institutions, and individuals. The country-specific reports systematically examine the development of economic and trade cooperation between China and Kenya, Nigeria, Ghana, South Africa, Egypt, Mali. The thematic reports cover multiple fields including agricultural cooperation, new-energy cooperation, textile and clothing trade and investment, traditional Chinese medicine cooperation, mining cooperation, park cooperation, and cultural tourism industry cooperation, offering in-depth analyses of the current status, challenges, and strategies in each sector. The regional reports summarize the practices and experiences of Hunan Province, Guangdong Province, and Zhejiang Province in their economic and trade cooperation with Africa, proposing recommendations for further deepening collaboration.

Research findings indicate that China-Africa economic and trade cooperation has evolved through four stages: initial exploration, steady expansion, accelerated development, and quality enhancement. Currently, both sides have achieved substantial results in trade, investment, infrastructure, development cooperation, and policy mechanisms. Trade volume has continued to expand, with merchandise trade exceeding USD 280 billion in 2023 and service trade reaching USD 41. 866 billion in 2021, with the trade structure is continuously optimized, and the scope of trade is transformed to diversification and high value-added. Investment flows and stock have generally increased, with key sectors including mining and construction. Infrastructure development has yielded remarkable outcomes, with numerous projects in transportation, power, telecommunications, and water conservancy. Development cooperation spans education, agriculture, healthcare, green development, and other areas. Policy mechanisms have been continuously improved, with high-level cooperation frameworks, trade and investment policies, and financial support measures providing robust guarantees for collaboration. The report constructs a system of indicators for evaluating China-Africa trade and economy cooperation, calculating comprehensive and balanced development indices. Based on the latest systematic and publicly available data, the comprehensive development index of China-Africa economic and trade cooperation rose from 11. 723 in 2005 to 69. 118 in 2021, the economic and trade quality index increased from 14. 386 to 65. 207, the economic and trade vitality index grew from 15. 363 to 69. 281, the economic and trade scale index surged from 0. 1 to 92. 999, and the economic and trade potential index increased from 11. 134 to 59. 287. The balanced development index of China-Africa economic and trade cooperation improved from 36. 379 in 2009 to 54. 978 in 2021.

Keywords: Economic and Trade Cooperation; Africa; China

Contents

I General Report

Abstract: In recent years, China-Africa economic and trade cooperation has continued to deepen, becoming a key pillar in advancing the comprehensive strategic partnership between China and Africa. This report reviews the historical trajectory of China-Africa economic and trade cooperation and analyzes its current status from multiple perspectives, including trade relations, foreign investment, infrastructure, development cooperation, and policy mechanisms. It also proposes the challenges at the current stage of China-Africa economic and trade cooperation, including the development of the China-Africa Economic and Trade Expo, the advancement of free trade zone cooperation between China and African nations, China's Aid for Trade to Africa, financial collaboration mechanisms, and human capital development for bilateral economic engagement. To address these challenges, the report proposes a comprehensive set of policy recommendations: establishing an institutionalized long-term exchange mechanism to facilitate the upgrading of economic and trade cooperation; deepening political mutual trust to forge a new cornerstone for China-Africa collaboration; enhancing the integration between Aid for Trade programs and the Belt and Road Initiative; strengthening and upgrading the institutional framework of the China-Africa Interbank Association; and encouraging Chinese enterprises to develop differentiated localization strategies for talent cultivation tailored to specific national contexts across African markets.

Keywords: Comprehensive Development Index; Balanced Development Index; Sustainable Development; China-Africa Economic and Trade Cooperation

II   Country Reports

Abstract: Kenya is an economy with a relatively good economic foundation and a high degree of diversification in sub-Saharan Africa. Since the 21st century, the Kenyan government has formulated and implemented long-term development plans and medium-term plans, and the economy has maintained rapid growth for many years. However, in recent years, it has encountered multiple shocks, and economic development faces some difficulties, especially the debt burden and fiscal deficit. China and Kenya have maintained long-term economic and trade relationship. Since 2013, the two countries have entered a stage of deepening comprehensive strategic cooperation. Chinese enterprises have been deeply engaged in sectors such as infrastructure, energy, manufacturing, and digital economy in Kenya. In response to the challenges faced by China-Kenya economic and trade cooperation, efforts should be made to continuously strengthen political mutual trust and people-to-people connectivity between the two countries, promote the optimization of trade structures, expand investment cooperation areas, diversify and broaden economic and trade collaboration models, and enhance the capacity to prevent and manage risks.

Keywords: Economic and Trade Cooperation; Kenya; China

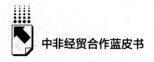

B.3　Development Report on China–Nigeria Economic and Trade

　　Cooperation　　　　　　　　*Mao Xiaojing, Jiang Feifei* / 073

Abstract：Nigeria is the largest economy and the most populous country in Africa, and also an important economic and trade partner of China in Africa. Based on the introduction of Nigeria's basic national conditions and economic development overview, this paper reviews the history and current situation of the development of economic and trade cooperation between China and Nigeria, analyzes the development risks faced by China–Nigeria economic and trade cooperation, and puts forward relevant countermeasures and recommendations. In 2023, Nigeria is China's third largest trading partner, fourth largest investment destination and largest contracting market in Africa. While China–Nigeria economic and trade cooperation maintains sound development momentum, however, the risks faced in bilateral economic and trade cooperation in various aspects should not be ignored, including policy, security, economic and social risks. In order to further enhance China–Nigeria economic and trade cooperation, this paper recommends to strengthen the institutional construction of bilateral economic and trade cooperation, actively promote the cooperation in key areas, strengthen the construction of the protection mechanism of interests in Nigeria, and at the same time, expand the bilateral people-to-people exchanges and cooperation and enhance Chinese enterprises' awareness of social responsibility.

Keywords：Economic and Trade Cooperation；Nigeria；China

B.4　Development Report on China–Ghana Economic and

　　Trade Cooperation

　　　　　　Xu Shu, Ren Guoping, Liu Gang and Qian Hua / 089

Abstract：As an integral part of South–South cooperation, China–Africa economic and trade cooperation holds significant strategic importance for promoting economic development in Africa and deepening China's opening-up policies. This report systematically explores the historical evolution, current characteristics, and future development trends of bilateral economic and trade cooperation between China and Ghana. Firstly, it provides a multidimensional analysis of Ghana's national conditions, offering a theoretical foundation for understanding the context of China-Ghana economic and trade cooperation. Secondly, the report reviews the development trajectory of China-Ghana cooperation, summarizing the main features of the cooperation model, including the evolution of trade structures, investment areas, and cooperation mechanisms. Building on this, the report delves into the core challenges facing China-Ghana economic and trade cooperation, encompassing structural economic difficulties in Ghana, external economic shocks, weaknesses in industrial chains, corporate investment risks, and insufficient stability in policies and regulations. Finally, the report proposes targeted policy recommendations, including optimizing Ghana's investment environment assessment system, improving the bilateral investment legal framework, promoting deep industrial chain integration, and strengthening financial cooperation and risk prevention mechanisms. These recommendations aim to provide theoretical support and practical pathways for the high-quality development of China-Ghana economic and trade cooperation.

Keywords: Economic and Trade Cooperation; Industrial Chain Integration; Risk Prevention and Control; China-Ghana

B.5 Development Report on China-South Africa Ecnomic and Trade Cooperation

The Research Group of Development Report on China-South Africa Economic and Trade Cooperation / 103

Abstract: In the wave of economic globalization, the economic and trade cooperation between China and South Africa has attracted much attention, and its

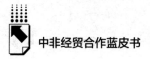

development has a far-reaching impact on the economic structure of both sides and the region. This study comprehensively and deeply explores this cooperative relationship, covering the basic profile of South Africa, trade, investment, agreements and other aspects. This research employs the research methods, such as data collection and analysis, literature review, and case study, to analysis the bilateral trade volume, investment data as well as the risk control. The results show that after the establishment of diplomatic relations, the bilateral economic and trade achievements have been remarkable, with an increase in trade volume, a wide range of investment areas, and many trade and business agreements. However, there are still many challenges in the cooperation. In terms of macroeconomics, oil price and exchange rate fluctuations affect corporate benefits; in public security, criminal incidents threaten the safety and operation of corporate personnel; from the perspective of the policy and law, government changes and law enforcement issues affect corporate development; in the social environment, false public opinion and cultural differences cause misunderstandings and conflicts; in the external environment, they face the pressure of third-party competition and changes in the international situation; and the trade structure is unbalanced. Based on the above research, important conclusions are drawn: the two sides should deepen infrastructure investment, promote trade diversification, strengthen financial and security cooperation, and promote scientific and cultural exchanges. In this way, we can meet challenges, improve the level of cooperation, achieve mutual benefit and win-win results, provide a model for China-South Africa economic and trade cooperation, and help the development of global economic cooperation.

Keywords: Economic and Trade Cooperation; South Africa; China

B.6 Development Report on China-Egypt Economic and Trade Cooperation *Jiang Min, Liu Xiaohong and Zhao Tong* / 118

Abstract: China-Egypt economic and trade cooperation constitutes a vital component of China-Africa economic collaboration, bearing significant strategic implications. This report conducts an analysis of the development status of China-Egypt economic and trade cooperation. First, it outlines Egypt's economic situation and the direction of its economic transformation. Subsequently, it reviews the historical trajectory and current status of bilateral economic and trade collaboration. Thirdly, it examines key challenges including bilateral trade imbalances, China's overly concentrated investment sectors in Egypt, and significant disparities in digital economy development levels between the two nations. Finally, the report proposes a series of recommendations to enhance China-Egypt economic and trade cooperation.

Keywords: Economic and Trade Cooperation; Digital Economy; Egypt; China

B.7 Development Report on China-Mali Economic and
Trade Cooperation   *Yi Ronggui, Xu Yingzhi* / 136

Abstract: This report focuses on the economic and trade cooperation between China and the Republic of Mali, providing a systematic analysis of Mali's economic overview based on multi-source data from institutions such as the World Bank and the International Monetary Fund, and incorporating case studies. The report reveals that Mali's economy is heavily reliant on agriculture and mining, with weak infrastructure and multiple issues in security, economy, and environment. The report finds that since the establishment of diplomatic relations, Sino-Malian economic and trade cooperation has continuously deepened, achieving significant results in trade, investment, and other areas. However, in Mali, social inequalities requiring continuous improvement, inadequate infrastructure and supporting policies, insufficient environmental protection and resource management mechanisms, heavy dependence on commodity price fluctuations, outdated agricultural technology and lack of innovation, inflation and currency depreciation, and limited financing channels and project implementation obstacles have severely constrained the potential for further cooperation. The report recommends that both

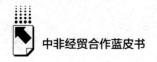
sides should strengthen bilateral cooperation mechanisms and legal frameworks, promote green transformation of infrastructure, advance agricultural modernization and enhance food security, expand multi-sectoral economic collaboration and reduce barriers to capital access, achieve sustainable development and mutual benefits, thereby offering a new paradigm for deepening China-Africa cooperation.

Keywords: Economic and Trade Cooperation; Mutual Benefit and Win-Win; Mali; China

Ⅲ　Special Reports

B.8　Development Report on China-Africa Agricultural Cooperation

Chen Hong; *Wen Chunhui and Jin Du* / 152

Abstract: The history of agricultural cooperation between China and Africa dates back several decades, evolving through three key stages: from pure agricultural aid in the 1950s, to mutually beneficial agricultural cooperation, and finally to deepened cooperation in agricultural product value chains. This progression has seen a shift from purely intergovernmental cooperation to multi-layered, multi-sectoral, and comprehensive engagement, transitioning from aid, trade, and investment to industrial and full value chain cooperation. Currently, agricultural trade between China and Africa is thriving, with significant advancements in cooperation across agricultural production, value-added processing, storage and transportation infrastructure, brand marketing. While opportunities and challenges coexist, the cooperation mechanisms are continuously optimized. China's technological progress, coupled with Africa's economic growth and demographic dividend, create favorable conditions for further collaboration. However, challenges such as the imperfect market mechanism in Africa and the continuous changes in the international environment remain. Both China and Africa must carefully assess these opportunities and challenges, seeking paths for mutually beneficial development. Key strategies include: 1) converting comparative advantages to explore new areas of cooperation; 2) achieving value chain upgrades to enhance cooperative benefits; 3) innovating cooperation models to stimulate market vitality; 4) strengthen strategic mutual trust between China and Africa to alleviate external pressures; and 5) promote sustainable development and achieve green cooperation. This aims to better promote the continuous deepening and development of China-Africa agricultural product supply chain cooperation.

Keywords: Agricultural Cooperation; Agricultural Product Value Chain; Cooperation Mechanism Establishment; China-Africa

B.9 Development Report on China-Africa New and
Renewable Energy Cooperation (2025)

Wu Liang, Song Lei and He Jiaqi / 173

Abstract: Since 1978, China-Africa new and renewable energy cooperation has progressed through three stages: initiation, transformation and deepening, and modern sustainable development. Initially focused on aid, this cooperation has evolved into a diversified, mutually beneficial model, encompassing solar, wind, geothermal, biomass, and small hydro-power energy. In recent years, significant advancements have been achieved, with projects spanning over 40 African countries, adding an installed power capacity of 120 million kilowatts, substantially enhancing Africa's electricity supply capacity. Nevertheless, China-Africa new energy cooperation faces multiple challenges, including risks in six key areas: politics and policy, cross-border collaboration, business environment and infrastructure, investment and financing, currency issues, and international dynamics and market competition. To address these challenges, the report recommends strengthening policy coordination and improving governance frameworks, innovating project development pathways and models, promoting the localization of the new energy industrial chain, deepening financial cooperation,

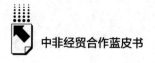
and enhancing public and international awareness of cooperation.

Keywords: China-Africa Cooperation; New and Renewable Energy; Green Development; Technology Transfer

B.10 Development Report on China-African Textile and clothing Industry Cooperation

Liu Hansen, Wu Fei and Li Xiaojing / 195

Abstract: The cooperation in the textile and garment industries between China and Africa began in the 1980s and has gone through three stages: initial cooperation, rapid development, and in-depth cooperation. Driven by the "Belt and Road Initiative", the cooperation between the two sides in areas such as trade, investment, and technological exchanges has been continuously deepened, achieving remarkable results. The trade scale has continued to grow. Chinese textiles have a high market share in the African market, and at the same time, African raw materials have also provided stable supply chain support for China. In terms of investment, Chinese enterprises have been actively setting up production bases in Africa, which has promoted local employment and technology transfer. The construction of industrial parks has been steadily advanced, forming an industrial cluster effect. Technological cooperation has been continuously deepened, promoting the technological progress of the textile industry in Africa. However, the cooperation also faces challenges such as an unstable investment environment and shortages of technology and talents. The report puts forward countermeasures and suggestions for promoting the high-quality development of the cooperation in the textile and garment industries between China and Africa from the government level, the enterprise level, and the industry association level, including policy coordination and docking, technological cooperation and innovation, and the establishment of trust mechanisms and platforms.

Keywords: Textile and Garment Industry; Industrial Parks; China-Africa Cooperation

B. 11   Development Report on China-Africa Traditional Chinese

Medicine Cooperation

Zhang Jidong, Ding Ying and He Qinghu / 216

Abstract: The development of China-Africa cooperation in Chinese medicine is divided into three stages-early contact and exploration stage, preliminary establishment of cooperation framework stage, and rapid development and deepening cooperation stage. With the support of policies, Chinese medicine service organizations in Africa have been gradually established, and acupuncture-moxibustion and other therapies have been effective in the prevention and treatment of infectious diseases and chronic diseases; the cooperation in education and scientific research includes diversified modes such as academic education, short-term training, apprenticeship and long-distance training, etc. , and the co-construction of scientific research platforms has been accelerated; the investment of Chinese enterprises in the cultivation and processing of Chinese medicines in Africa has increased, and the volume of China-Africa trade in Chinese medicines has risen year by year. At the same time, China-Africa cooperation in Chinese medicine has inadequate protection of intellectual property rights and imperfect infrastructure; imperfect market mechanism and unprotected service quality; shortage of professionals and limited scientific research cooperation; and challenges to sustainable development. In this regard, it is recommended to improve policy coordination and legal protection; build a local talent training system and deepen joint scientific research; deepen industrial cooperation and promote industrialization; strengthen cultural exchanges and promote social recognition.

Keywords: Trade in Chinese Medicine; Sustainable Development; China-Africa

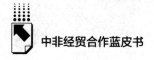
B.12   Development Report on China-Africa Mining Cooperation

Lin Xuefen, Wang Shiran and Yao Guimei / 238

Abstract: Africa is not only home to substantial reserves of strategic mineral resources, but also a key partner in advancing China's mineral resource security strategy. Since 2000, under the framework of the Forum on China-Africa Cooperation (FOCAC) action plans, Chinese mining enterprises have adopted innovative, localized, and adaptive cooperation models. These include three predominant approaches: resource-backed development financing mechanisms, Economic and Trade Cooperation Zones, and the Winning Alliance International Consortium. These efforts have enabled China to undertake world-class projects focused on copper, cobalt, and other critical mineral resources across Africa, thereby strengthening its position in the global mining landscape. The coordinated development of mining and infrastructure construction aligns with the developmental priorities of African resource-rich countries, contributing positively to their economic and social progress. However, the China-Africa mining cooperation is also faces emerging risks and challenges. Despite this, the outlook remains promising. The two sides have highly complementary interests and a solid foundation for sustained collaboration. Furthermore, accelerating global transformations present new opportunities for growth and partnership. It is therefore imperative to establish a comprehensive investment security framework and long-term strategic roadmap for the development of strategic mineral resources between China and Africa, diversifying international cooperation channels and enhancing corporate governance, thereby promoting the sustainable and mutually beneficial development of China-Africa mining cooperation.

Keywords: Mining Cooperation; Strategic Minerals; Security System; China-Africa

Abstract: This chapter mainly takes the cooperation between China and Africa parks as the research object, firstly divides the development process of China–Africa park cooperation according to the time node of historical events, mainly including the embryonic and initial formation period, the large-scale and in-depth development period, and the special zone construction and diversified development period, and then analyzes the existing problems of China–Africa park cooperation and development from the perspective of the host country and the home country, and proposes to strengthen policy docking and strategic coordination to build a high-level China–Africa community with a shared future. improve infrastructure construction and services, and promote high-quality digital transformation; Implement diversified financial support and financial cooperation to solve the sustainability of financing; Consolidate talent cultivation and technology transfer, and expand the dimension of cooperation between China–Africa industrial parks; Multi-in-one implementation of localization strategy, deep rooted in the humanistic foundation of the enterprise; All-round risk avoidance and management, build a "safety wall" for enterprise investment and other countermeasures and suggestions.

Keywords: Industrial Park; Economic and Trade Cooperation; China–Africa

Abstract: At present, the profound change unseen in a century in the world is accelerating its evolution, with multiple challenges intertwined. The changes in the world, the era, and history are unfolding in an unprecedented manner.

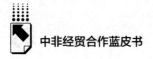
Civilizations thrive on diversity and exchange, exchange fosters mutual learning, and mutual learning drives development. Promoting China-Africa cultural and tourism industry cooperation has become a concrete practice and vivid manifestation of upholding the spirit of China-Africa friendly cooperation and the "Three Global Initiatives", playing a foundational and strategic role in China-Africa cooperation. China-Africa cultural and tourism industry cooperation has played an irreplaceable role in advancing the construction of the modern civilization of the Chinese nation, building a new type of international relations, and constructing a community with a shared future for mankind. Looking ahead, both China and Africa should deepen cooperation in the cultural and tourism sectors among high-end think tanks and research institutions, create China-Africa cultural and tourism brand projects that are "small yet beautiful, benefiting people's livelihoods", construct a comprehensive, three-dimensional, and diverse international communication community, enhance the infrastructure and service capabilities of the cultural and tourism industry, leverage scientific and technological innovation to empower China-Africa cultural and tourism industry cooperation, and contribute wisdom and strength to the construction of a China-Africa community with a shared future and writing a new chapter in the modernization development of the Global South.

Keywords: Cultural and Tourism Industry Cooperation; Civilizational Mutual Learning; China-Africa

Ⅳ Regional Reports

Abstract: China-Africa economic and trade cooperation, emerging from scratch and expanding progressively since the 1950s, has fully demonstrated the complementary nature of bilateral development processes. Particularly since the establishment of the Forum on China-Africa cooperation (FOCAC) in 2000, this collaboration has witnessed gradual scale expansion and continuous diversification of cooperative fields. Leveraging its platform advantages, active participation in China-Africa economic activities, and innovative cooperation models, Hunan province has evolved into a 'strategic hub' for China-Africa economic cooperation which building on two major platforms, the China-Africa Economic and Trade Expo, and the Pilot Zone for China-Africa In-depth Economic and Trade Cooperation, has vigorously promoted economic engagement with Africa. This report conducts a comprehensive analysis of the evolution and current status of Hunan-Africa economic cooperation in recent years, encompassing trade, investment, infrastructure development, and cultural exchanges. Through methodologies including literature review, empirical investigation, case studies, and statistical analysis, it systematically examines multi-dimensional aspects of Hunan-Africa economic collaboration. Addressing existing challenges such as incomplete institutional frameworks for deep cooperation, insufficiently developed bilateral exchanges, insuficient trade and investment facilitation, outdated cooperation mechanisms, and deficient risk prevention systems, the study proposes strategic recommendations. These include constructing new industrial cooperation patterns, exploring institutional innovation mechanisms, optimizing fiscal and financial support systems, enhancing trade facilitation measures, deepening bilateral exchanges, and strengthening risk management capabilities.

Keywords: Economic and Trade Cooperation; Africa; Hunan Province

Abstract: As an important part of the "Belt and Road Initiative", China-Africa economic and trade cooperation not only deepens the economic ties between China and African countries, but also promotes cooperation between the two sides in multiple fields such as infrastructure construction, trade and investment,

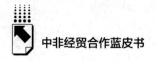

agricultural development, industrialization process and digital economy. This report provides an overview of the development process of economic and trade cooperation between Guangdong and Africa, including the initial stage, development stage and maturity stage, with particular attention to the new opportunities for bilateral cooperation after the "Belt and Road Initiative" was proposed. At present, cooperation between Guangdong and Africa has been continuously deepened, bilateral relations have been continuously consolidated. Guangdong's industries have exerted relatively sufficient competitive advantages. Africa's industrialization has developed rapidly, and Africa's economic development potential is huge. However, there are also many risks and challenges in the cooperation between Guangdong and Africa, such as the need to further enhance policy coherence, the influence of localized legislation in Africa, and the complex differences in culture and business habits bringing new issues to cooperation. Therefore, this report proposes that private enterprises should form a synergy and attach importance to the crucial role of industry associations. Strengthen information analysis and judgment, and pay attention to the trend of localized legislation in Africa; Relying on industrial parks, which will contribute to the process of industrialization and integration in Africa; Carry out tripartite cooperation, which should be commensurate with the level of economic development; to promote the sustained development of economic and trade cooperation between Guangdong and Africa.

Keywords: Cooperation between Guangdong and Africa; Industrial Upgrading; Localized Legislation; Third-party Market Cooperation

B.17 Development Report on Zhejiang-Africa Economic and Trade Cooperation (2025)

Zhang Qianjiang, Zhao Haoxing and Zhou Xiaofei / 318

Abstract: Zhejiang Province has achieved remarkable progress in trade and investment cooperation with Africa in recent years. This report outlines the development trajectory of Zhejiang-Africa economic collaboration, analyzes current status, and provides an overview of trade scale/structure as well as investment sectors/projects. It highlights emerging characteristics in industrial cooperation, particularly breakthroughs in digital economy and green energy sectors, along with new advancements in traditional industries. The opening mechanism and platform services for Zhejiang-Africa economic and trade cooperation are bright points. The report lists typical cases of Zhejiang's cooperation with Africa, such as Chint New Energy, Huayou Cobalt, and Leo Group. The report also identifies the challenges faced by Zhejiang Africa economic and trade cooperation, such as non-tariff barriers and value chain weaknesses; The triple risk overlay includes geopolitical, ESG compliance pressures, and insufficient localization capabilities; There is also intensified external competition etc. Correspondingly, the report proposes relevant measures and suggestions to better leverage the professional leadership role of the government and think tanks, digital empowerment, improve localization operation, reflects the functions of business associations, work in group and collaboration to go global together, enhances the level of financial supply chain services, and establishes risk prevention mechanisms.

Keywords: Economica and Trade Cooperation; Digital Economy; Green Energy; Financial Service

皮 书

智库成果出版与传播平台

❖ 皮书定义 ❖

皮书是对中国与世界发展状况和热点问题进行年度监测，以专业的角度、专家的视野和实证研究方法，针对某一领域或区域现状与发展态势展开分析和预测，具备前沿性、原创性、实证性、连续性、时效性等特点的公开出版物，由一系列权威研究报告组成。

❖ 皮书作者 ❖

皮书系列报告作者以国内外一流研究机构、知名高校等重点智库的研究人员为主，多为相关领域一流专家学者，他们的观点代表了当下学界对中国与世界的现实和未来最高水平的解读与分析。

❖ 皮书荣誉 ❖

皮书作为中国社会科学院基础理论研究与应用对策研究融合发展的代表性成果，不仅是哲学社会科学工作者服务中国特色社会主义现代化建设的重要成果，更是助力中国特色新型智库建设、构建中国特色哲学社会科学"三大体系"的重要平台。皮书系列先后被列入"十二五""十三五""十四五"时期国家重点出版物出版专项规划项目；自2013年起，重点皮书被列入中国社会科学院国家哲学社会科学创新工程项目。

皮书网

（网址：www.pishu.cn）

发布皮书研创资讯，传播皮书精彩内容
引领皮书出版潮流，打造皮书服务平台

栏目设置

◆ **关于皮书**

何谓皮书、皮书分类、皮书大事记、
皮书荣誉、皮书出版第一人、皮书编辑部

◆ **最新资讯**

通知公告、新闻动态、媒体聚焦、
网站专题、视频直播、下载专区

◆ **皮书研创**

皮书规范、皮书出版、
皮书研究、研创团队

◆ **皮书评奖评价**

指标体系、皮书评价、皮书评奖

所获荣誉

◆ 2008 年、2011 年、2014 年，皮书网均
在全国新闻出版业网站荣誉评选中获得
"最具商业价值网站"称号；

◆ 2012 年，获得"出版业网站百强"称号。

网库合一

2014 年，皮书网与皮书数据库端口合
一，实现资源共享，搭建智库成果融合创
新平台。

皮书网

"皮书说"
微信公众号

权威报告·连续出版·独家资源

皮书数据库
ANNUAL REPORT(YEARBOOK)
DATABASE

分析解读当下中国发展变迁的高端智库平台

所获荣誉

- 2022年，入选技术赋能"新闻+"推荐案例
- 2020年，入选全国新闻出版深度融合发展创新案例
- 2019年，入选国家新闻出版署数字出版精品遴选推荐计划
- 2016年，入选"十三五"国家重点电子出版物出版规划骨干工程
- 2013年，荣获"中国出版政府奖·网络出版物奖"提名奖

皮书数据库

"社科数托邦"
微信公众号

成为用户

　　登录网址www.pishu.com.cn访问皮书数据库网站或下载皮书数据库APP，通过手机号码验证或邮箱验证即可成为皮书数据库用户。

用户福利

- 已注册用户购书后可免费获赠100元皮书数据库充值卡。刮开充值卡涂层获取充值密码，登录并进入"会员中心"—"在线充值"—"充值卡充值"，充值成功即可购买和查看数据库内容。
- 用户福利最终解释权归社会科学文献出版社所有。

数据库服务热线：010-59367265
数据库服务QQ：2475522410
数据库服务邮箱：database@ssap.cn
图书销售热线：010-59367070/7028
图书服务QQ：1265056568
图书服务邮箱：duzhe@ssap.cn

S 基本子库
SUB DATABASE

中国社会发展数据库（下设 12 个专题子库）

紧扣人口、政治、外交、法律、教育、医疗卫生、资源环境等 12 个社会发展领域的前沿和热点，全面整合专业著作、智库报告、学术资讯、调研数据等类型资源，帮助用户追踪中国社会发展动态、研究社会发展战略与政策、了解社会热点问题、分析社会发展趋势。

中国经济发展数据库（下设 12 专题子库）

内容涵盖宏观经济、产业经济、工业经济、农业经济、财政金融、房地产经济、城市经济、商业贸易等 12 个重点经济领域，为把握经济运行态势、洞察经济发展规律、研判经济发展趋势、进行经济调控决策提供参考和依据。

中国行业发展数据库（下设 17 个专题子库）

以中国国民经济行业分类为依据，覆盖金融业、旅游业、交通运输业、能源矿产业、制造业等 100 多个行业，跟踪分析国民经济相关行业市场运行状况和政策导向，汇集行业发展前沿资讯，为投资、从业及各种经济决策提供理论支撑和实践指导。

中国区域发展数据库（下设 4 个专题子库）

对中国特定区域内的经济、社会、文化等领域现状与发展情况进行深度分析和预测，涉及省级行政区、城市群、城市、农村等不同维度，研究层级至县及县以下行政区，为学者研究地方经济社会宏观态势、经验模式、发展案例提供支撑，为地方政府决策提供参考。

中国文化传媒数据库（下设 18 个专题子库）

内容覆盖文化产业、新闻传播、电影娱乐、文学艺术、群众文化、图书情报等 18 个重点研究领域，聚焦文化传媒领域发展前沿、热点话题、行业实践，服务用户的教学科研、文化投资、企业规划等需要。

世界经济与国际关系数据库（下设 6 个专题子库）

整合世界经济、国际政治、世界文化与科技、全球性问题、国际组织与国际法、区域研究 6 大领域研究成果，对世界经济形势、国际形势进行连续性深度分析，对年度热点问题进行专题解读，为研判全球发展趋势提供事实和数据支持。

法律声明

"皮书系列"（含蓝皮书、绿皮书、黄皮书）之品牌由社会科学文献出版社最早使用并持续至今，现已被中国图书行业所熟知。"皮书系列"的相关商标已在国家商标管理部门商标局注册，包括但不限于LOGO（ ▨ ）、皮书、Pishu、经济蓝皮书、社会蓝皮书等。"皮书系列"图书的注册商标专用权及封面设计、版式设计的著作权均为社会科学文献出版社所有。未经社会科学文献出版社书面授权许可，任何使用与"皮书系列"图书注册商标、封面设计、版式设计相同或者近似的文字、图形或其组合的行为均系侵权行为。

经作者授权，本书的专有出版权及信息网络传播权等为社会科学文献出版社享有。未经社会科学文献出版社书面授权许可，任何就本书内容的复制、发行或以数字形式进行网络传播的行为均系侵权行为。

社会科学文献出版社将通过法律途径追究上述侵权行为的法律责任，维护自身合法权益。

欢迎社会各界人士对侵犯社会科学文献出版社上述权利的侵权行为进行举报。电话：010-59367121，电子邮箱：fawubu@ssap.cn。

社会科学文献出版社